JANIS A. SPRING

NACH DEM SEITENSPRUNG

Wie Sie den Schmerz bewältigen,
Selbstvertrauen zurückgewinnen und die
richtigen Entscheidungen treffen

NACH DEM SEITENSPRUNG

Wie Sie den Schmerz bewältigen, Selbstvertrauen zurückgewinnen und die richtigen Entscheidungen treffen

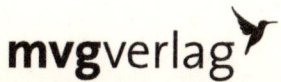 mvgverlag

JANIS A. SPRING

Bibliografische Information der Deutschen Nationalbibliothek

Die Deutsche Nationalbibliothek verzeichnet diese Publikation in der Deutschen Nationalbibliografie.
Detaillierte bibliografische Daten sind im Internet über http://dnb.d-nb.de abrufbar.

Für Fragen und Anregungen:

info@mvg-verlag.de

1., Auflage 2016

© 2016 by mvg Verlag, ein Imprint der Münchner Verlagsgruppe GmbH,
Nymphenburger Straße 86
D-80636 München
Tel.: 089 651285-0
Fax: 089 652096

© der Originalausgabe 1996, 2012 by Janis Abrahms Spring
Das Buch entstand in Zusammenarbeit mit Michael Spring.

Die amerikanische Originalausgabe erschien 1996 bei HarperCollins Publishers unter dem Titel *After the Affair. Healing the Pain and Rebuilding Trust When a Partner Has Been Unfaithful*. Die englische Taschenbuchausgabe erschien 2012 unter dem gleichen Titel bei William Morrow, einem Imprint von HarperCollins Publishers.

Übersetzung: Christa Trautner-Suder, München
Redaktion: Petra Holzmann, München
Umschlaggestaltung: Marc-Torben Fischer, München
Umschlagabbildung: Shutterstock/DanyL
Satz: Daniela Haberlandt, Erding
Druck: GGP Media GmbH, Pößneck
Printed in Germany

ISBN Print 978-3-86882-685-2
ISBN E-Book (PDF) 978-3-86415-952-7
ISBN E-Book (EPUB, Mobi) 978-3-86415-953-4

Weitere Informationen zum Verlag finden Sie unter

www.mvg-verlag.de

Beachten Sie auch unsere weiteren Verlage unter www.muenchner-verlagsgruppe.de.

Für meine besten Kameraden,
Aaron, Max und Michael

INHALTSVERZEICHNIS

DRITTES STADIUM
Von dem Seitensprung wieder erholen:
»Wie bauen wir unser Leben gemeinsam neu auf?«

EINLEITUNG
Kann ein Paar eine Untreue überleben?

Als klinische Psychologin, die seit fünfunddreißig Jahren verzweifelte Paare behandelt und berät, antworte ich mit Ja – vorausgesetzt, beide Partner sind willens, einen ehrlichen Blick auf sich selbst und ihren Partner zu werfen und sich die Fähigkeiten anzueignen, die sie brauchen, um diese zerrüttende Krise durchzustehen.

Vielleicht hilft es diesen Paaren zu wissen, dass sie nicht allein sind. Die Statistiken unterscheiden sich stark, aber einer der neuesten und angesehensten Studien zufolge sind 37 Prozent der verheirateten Männer und 20 Prozent der verheirateten Frauen schon einmal untreu gewesen.[1] Niemand kennt die genauen Zahlen, ich bin sicher, dass jemand, der seine Partnerin/seinen Partner anlügt, auch einen Wissenschaftler belügt. Aber selbst bei vorsichtigster Schätzung können wir mit einiger Sicherheit sagen, dass in den Vereinigten Staaten jedes 2,7. Paar – über 21 Millionen – von Untreue betroffen ist.[2]

Wann ist es ein Seitensprung?

Gehört zu einem Seitensprung unbedingt Sex dazu? Was ist mit einem Kuss? Was mit einem gemeinsamen Mittagessen?[3]

Ich versuche gar nicht, diese Fragen zu beantworten, weil letztlich nur das zählt, was für Sie Bedeutung hat. Ein Vertrauensbruch hängt in erster Linie davon ab, worüber Sie übereingekommen sind – oder dachten, übereingekommen zu sein. Nahezu jeder von Ihnen würde sich von einem Partner betrogen fühlen, der mit einer dritten Person Sex hatte, ob bei einem One-Night-Stand oder im Rahmen einer längeren emotionalen Affäre. Viele von Ihnen würden sich aber auch durch andere intime Verhaltensweisen betrogen oder zumindest hintergangen fühlen – beispielsweise durch eine Umarmung oder das Erhalten von einem Dutzend weißer Rosen. Vor fünf Jahren zog eine meiner Patientinnen namens Sharon ihre Bluse aus und zeigte dem Mann ihrer besten Freundin ihre Brüste. Sie gingen nie weiter, aber seither haben die beiden Paare mit dieser Grenzübertretung zu kämpfen.

Meinem Buch habe ich auch ein Kapitel über die »neue« Untreue eingefügt: die elektronische oder E-Affäre. Kapitel 10 wird Ihnen zu bestimmen helfen, was einen Seitensprung im Cyberspace ausmacht, und Ihnen die Hilfsmittel an die Hand geben, Ihre Differenzen zu überwinden.

Drei Urteile, die ich nicht fälle

1. *Ich urteile nicht pauschal, ob Seitensprünge für sich genommen gut oder schlecht sind.* Was den einen weiterentwickelt, kann den anderen zugrunde richten und die Beziehung zerstören. Ich habe jedoch festgestellt, dass eine anhaltende Affäre, die nicht das Einverständnis beider Partner hat, eine Störung in der Beziehung aufrechterhält und es beinahe unmöglich macht, eine enge Bindung aufzubauen. Wenn Sie ein untreuer Partner sind und die Beziehung ernsthaft retten möchten, müssen Sie nach meiner Überzeugung Ihre Geliebte/Ihren Liebhaber aufgeben.

2. *Ich trenne Sie beide nicht in Opfer und Täter, Betrogene(n) und Betrügende(n).* Jeder von Ihnen muss seinen Teil der Verantwortung dafür akzeptieren, dass etwas schiefgelaufen ist. Anstatt Schuld zuzuweisen, ermutige ich jeden von Ihnen, sich den eigenen Eigenschaften und Verhaltensweisen zu stellen, die zu der Affäre geführt haben, und sich so zu verändern, dass Vertrauen und Innigkeit wieder aufgebaut werden können. Das bedeutet nicht, dass ich Sie beide in gleicher Weise für die Affäre verantwortlich halte – niemand kann einen anderen Menschen zum Fremdgehen bringen. Aber ich bitte Sie beide, sich für die Kluft mitverantwortlich zu fühlen, die Sie haben entstehen lassen und die es einem anderen Menschen ermöglicht hat, sich zwischen Sie beide zu stellen.

3. *Ich empfehle weder, dass Sie um jeden Preis zusammenbleiben sollten, noch, dass Sie sich trennen sollten, nur weil Sie unzufrieden sind.* Stattdessen lade ich jeden von Ihnen dazu ein, gemeinsam mit mir Ihre ganz persönlichen Gründe dafür zu erkunden, einen Lover zu behalten oder aufzugeben, sich für einen Neuanfang zu entscheiden oder diesen abzulehnen. Sie sollten Ihre Entscheidung bewusst und gut überlegt treffen, nicht nur auf der Grundlage von Gefühlen, denn Ihre Gefühle könnten trügen.

Ein Wort zur Wahl der Begriffe

Ich beziehe mich in diesem Text auf den *verletzten* Partner und den *untreuen* Partner. Der verletzte Partner ist die Person in der ursprünglichen Beziehung, deren als selbstverständlich vorausgesetzte Annahme der Monogamie verletzt wurde. Der untreue Partner ist die Person, die eine Affäre hatte. Es war schwierig, für beide Seiten eine gute Bezeichnung zu finden. Auch der untreue Partner kann sich zeitweise verletzt fühlen. Im Allgemeinen empfindet jedoch die Person, deren Partner fremdgeht, eine stärkere Zerstörung. Ich klassifiziere die Partner nicht als *betrogene* oder *betrügende* Person, weil diese Worte eine gewisse moralische Rechtschaffenheit oder Verurteilung vermitteln und die Last der Verantwortung einer Person allein aufbürden, was praktisch jedoch nie zutreffend ist. Die Person, mit der Sie oder Ihr Partner die Affäre hatten, bezeichne ich als *Geliebte/Liebhaber* oder als *Seitensprung-Partner*. In der Regel verwende ich den Begriff *Geliebte/Liebhaber*, wenn ich von/mit dem untreuen Partner spreche und die Affäre noch besteht. Ich spreche von dem *Seitensprung-Partner*, wenn ich von/mit einem der beiden Partner spreche und die romantische Assoziation des Begriffs Geliebte/Liebhaber vermeiden und die Gefühle des verletzten Partners schützen möchte.

Die Zitate und Fallstudien, auf die ich mich im Buch beziehe, stammen aus den vielen Jahren meiner Praxis, ich habe jedoch alle Identitäten verschleiert, sodass ich keine vertraulichen Mitteilungen verletze.

Für wen ist dieses Buch gedacht?

Ich habe *Nach dem Seitensprung* für all die Paare geschrieben, die die Möglichkeiten ausloten möchte, ihre Beziehung wiederherzustellen, nachdem einer von beiden oder beide untreu waren. Dazu gehören verheiratete oder zusammenlebende Paare, ob heterosexuell oder homosexuell. Ich versuche, mich ausgewogen an verletzte und untreue Partner zu wenden.

Mein Buch richtet sich aber auch an:

- Menschen, deren Beziehung als Folge einer Untreue beendet wurde, die Probleme haben, diese Erfahrung abzuschließen, und die verstehen möchten, warum ihre Beziehung nicht überlebt hat und inwieweit sie selbst einen angemessenen Teil an Verantwortung dafür akzeptieren sollten, dass etwas schiefgelaufen ist;
- Menschen, die eine Untreue besser verstehen möchten, die sie in ihrer Kindheit oder Jugend in ihren eigenen Familien erlebt haben, um ähnliche Verhaltensmuster in ihren eigenen Beziehungen zu vermeiden;

- Berufskollegen und spirituelle Führungspersönlichkeiten, die Einzelpersonen und Paare behandeln, die von Untreue betroffen sind;[4]
- Partner, die über einen Seitensprung nachdenken und ihre Gefühle besser verstehen wollen, bevor sie einen unumkehrbaren Schritt gehen;
- Partner, die über die Vor- und Nachteile nachdenken, eine beendete Affäre zu beichten;
- Partner, die nicht die Absicht haben, eine beendete Affäre zu beichten, die jedoch ihre Beziehung neu aufbauen und etwas über sich selbst lernen möchten;
- Partner, die den Verdacht eines Seitensprungs ihres Partners haben, diesen jedoch nie mit dieser Vermutung konfrontiert haben;
- Paare, die mit Geheimnissen, Lügen und Vertrauensproblemen kämpfen, die mit Untreue nichts zu tun haben;
- Paare, die lernen möchten, mit der unvermeidlichen Entzauberung im Lauf des Ehelebens umzugehen, bevor sie überlegen, fremdzugehen.

Die drei Stadien der Heilung

Das Buch geleitet Sie durch drei erkennbare Stadien – man könnte sie auch als Minenfelder bezeichnen: Ihre Reaktion auf einen Seitensprung, die Auseinandersetzung mit einem Seitensprung und die Erholung von einem Seitensprung.

Das erste Stadium: Die Gefühle wieder normalisieren

Ist ein Seitensprung gebeichtet, werden wahrscheinlich beide Partner von einem emotionalen Wirbelsturm ergriffen. Den verletzten Partner überwältigt ein tiefes Verlustgefühl, der untreue Partner hat mit widersprüchlichen Entscheidungen und Emotionen zu kämpfen. Indem ich Ihre Gefühle in Worte fasse, kann ich Sie hoffentlich dahingehend beruhigen, dass Sie weder verrückt noch labil sind, dass andere denselben Schmerz und dieselbe Verwirrung erlebt haben, dass Sie damit nicht allein sind.[5]

Das zweite Stadium: Entscheiden, ob Sie es noch einmal miteinander probieren wollen oder sich besser trennen

Bevor sich Ihre Emotionen wieder beruhigen können, müssen Sie sich der Entscheidung stellen, ob Sie lieber zusammenbleiben oder sich trennen wollen. Durch das Erkunden Ihrer Optionen werden Sie in der Lage sein, eine durchdachte Entscheidung zu treffen, basierend auf Ihren jeweiligen Umständen und Bedürfnissen. »Was kann ich von der Liebe erwarten?«, »Soll ich meinen Gefühlen vertrauen?«, »Wie kann ich wissen, ob mein Partner der richtige für mich ist?« – dies sind die Fragen, bei deren Beantwortung ich Ihnen helfen möchte.

Das dritte Stadium: Die Beziehung neu aufbauen

Wenn Sie sich für einen Neuanfang entscheiden, werden Sie wahrscheinlich Monate, vielleicht sogar Jahre damit zubringen, Vertrauen und Innigkeit wiederherzustellen. Indem ich mit Ihnen einige Strategien bespreche, kann ich Ihnen hoffentlich Hilfsmittel an die Hand geben, um:

- die Bedeutung des Seitensprungs zu entziffern und einen angemessenen Teil an Mitverantwortung zu akzeptieren;
- sich von Ihrer Geliebten/Ihrem Liebhaber zu verabschieden;
- Vertrauen zurückzugewinnen (wenn Sie der untreue Partner sind) oder zu kommunizieren, was Sie brauchen, um wieder vertrauen zu können (wenn Sie der verletzte Partner sind);
- sich so zu äußern, dass Ihr Partner Sie hören und Ihren Schmerz verstehen kann, und so zuzuhören, dass es Ihren Partner ermutigt, Ihnen gegenüber offen zu sein;
- zu erkennen, wie Sie möglicherweise durch Erfahrungen in der Kindheit geschädigt wurden und wie Sie diese Erfahrungen davon abhalten können, Ihre heutige Beziehung zu kontaminieren;
- Ihre Differenzen und Unzufriedenheiten so in den Griff zu bekommen, dass Sie auch dann miteinander verbunden bleiben können, wenn Sie sich nicht besonders geliebt fühlen oder lieben;
- wieder miteinander Sex zu haben;
- Ihrem Partner und sich selbst zu vergeben.

Im gesamten Buch gehe ich davon aus, dass die Affäre dem anderen Partner bekannt ist, was in einigen Fällen jedoch nicht zutreffen wird. Im Epilog helfe ich dem untreuen Partner, das Pro und Kontra abzuwägen, dem anderen von seinem Seitensprung zu erzählen. Egal wie Sie sich entscheiden, Sie und Ihr Partner können immer noch daran arbeiten, Ihr gemeinsames Leben neu aufzubauen.

Todesurteil oder Weckruf?

Einige von Ihnen werden das Risiko nicht eingehen wollen, neu zu beginnen und sich weiteren Verletzungen oder Enttäuschungen auszusetzen. Einer kaputten Beziehung den Rücken zu kehren, kann die einfachste oder sinnvollste Lösung sein, die von der Tyrannei des Hoffens befreit. Sie kann aber auch der Weg sein, der Sie daran hindert, erwachsen zu werden, sich einigen bitteren Wahrheiten über das Leben, die Liebe und sich selbst zu stellen und die große Last der Mitverantwortung für das Funktionieren Ihrer Beziehung zu übernehmen.

Dieses Buch wendet sich an diejenigen, die durch einen Seitensprung tief verwundet, aber auch so hin- und hergerissen oder so mutig sind, sich einzugestehen, dass sie noch immer zusammenbleiben möchten, die sich den Fragen stellen wollen, wie sehr jeder von beiden zu der Untreue beigetragen hat, und die daran arbeiten wollen, Vertrauen und Innigkeit neu aufzubauen. Falls Sie sich dafür entscheiden, einen Neuanfang zu wagen, werden Sie den Seitensprung bald nicht mehr nur als bedauerliches Trauma, sondern auch als Alarm, als Weckruf sehen. Irgendwann werden Sie entdecken, dass Sie einen Paukenschlag wie einen Seitensprung gebraucht haben, um Ihre bisherige Konstruktion wegzufegen und einer gesünderen, bewussteren und reiferen Version Platz zu machen. Angeschlagen, wie Sie beide sind, werden Sie nicht viele Gelegenheiten haben, die Stärke Ihrer Beziehung zu testen. Ich ermutige Sie, in den Prozess einzusteigen, die Verletzung zu hinterfragen und zu sehen, was Sie gemeinsam daraus machen können. Im Wesentlichen lade ich Sie beide ein, in den Ring zu treten, die Boxhandschuhe auszuziehen und sich die Hände zu reichen.

ERSTES STADIUM

Auf den Seitensprung reagieren: »Sind meine Gefühle normal?«

KAPITEL 1
Die Reaktion des verletzten Partners:
Begraben unter einer Lawine von Verlusten

»Mit fünfzehn wurde ich vergewaltigt. Das war nichts verglichen mit deinem Seitensprung. Der Vergewaltiger war ein Fremder, aber dich habe ich für meinen besten Freund gehalten.«

»Als ich dein Geheimnis entdeckte, habe ich aufgehört, besondere Gefühle für dich zu haben. Auf einer tieferen Ebene habe ich jedoch das Vertrauen in die Welt und in mich selbst verloren.«

Diese Kommentare lassen nur erahnen, wie stark und umfassend die Verluste sind, die Sie wahrscheinlich empfinden werden, wenn Sie erfahren, dass Ihr Partner untreu gewesen ist. Es gibt keine Möglichkeit, wie Sie sich auf diese vernichtende Enthüllung vorbereiten könnten. Ihre Sicht auf Ihr Leben und die Welt, in der Sie leben, kann weggefegt werden. Alles, was Sie in der Vergangenheit an Selbstbewusstsein und Sicherheit empfunden haben, kann nun naiv oder falsch wirken. »Wo bin ich nur gewesen?«, fragen Sie sich vielleicht. »Lebe ich wirklich auf diesem Planeten?«

Ihre Seele und Ihr Körper stehen wahrscheinlich unter Schock. Ihr Grundempfinden für Ordnung und Gerechtigkeit in der Welt ist dahin. Auch Ihr Gefühl, das Leben unter Kontrolle zu haben, Ihre Selbstachtung, Ihre Vorstellung von sich selbst, alles ist weg. Sie werden sich vielleicht von allen verlassen fühlen – von der Familie, den Freunden, von Gott. Sich selbst fremd, werden Sie von einem Extrem ins andere geraten, in einem Moment entschlossen und vertrauensvoll, im nächsten gedemütigt und bedürftig. Sie werden von so intensiven Gefühlen gebeutelt sein, dass Sie sich vielleicht zu fragen beginnen: »Werde ich etwa verrückt?«

Ich möchte Ihnen versichern, dass Sie nicht verrückt werden – was Sie empfinden, ist die normale und angemessene Reaktion auf eine akut traumatisierende Erfahrung. Sie werden nicht nur durch den Verlust einer intakten Beziehung aus der Bahn geworfen, sondern auch durch den Verlust einer Illusion – der Illusion, für Ihren Partner etwas ganz Besonderes zu sein und die Innigkeit, die Sie mit diesem Menschen zu teilen glaubten, würde für immer und ewig halten. Angesichts so niederschmetternder Neuigkeiten wäre es seltsam, wenn Sie sich nicht verloren fühlen würden.

Marsha, eine vierzigjährige Sozialarbeiterin und Mutter, brauchte länger als zehn Jahre, um wieder auf die Füße zu kommen:

Nach dreizehnjähriger Ehe verkündete mir Larry, er werde mich austauschen gegen unsere Babysitterin, die vierzehn Jahre jünger war als er. Meine erste Reaktion war: »Das kann uns gar nicht passieren, wir sind doch das perfekte Paar. Die Babysitterin ist für mich wie eine Tochter, wie kann sie mein Vertrauen so missbrauchen?« Als Larry mit ihr zusammenzog, lag ich einen Monat lang nur noch im Bett. Über Nacht war ich von einer leistungsfähigen, selbstständigen Person voller Lebensfreude zu einem absoluten Zombie geworden – gelähmt durch eine Depression, die ich bisher nur aus der Theorie gekannt hatte. Eines Nachts lag ich im Bett und verglich die Stille im Haus mit dem Grauen und der Verwirrung in meinem Kopf, als ich die Garagentür hörte. »Er kommt zurück«, dachte ich. »Er will unser Problem lösen.« Ich rannte im Schlafanzug die Treppe hinunter – warf rasch noch einen Blick in den Spiegel, um mein Aussehen zu prüfen –, nur um festzustellen, dass sich das Garagentor überhaupt nicht bewegt hatte. Ich hatte mir das nur eingebildet. Plötzlich kam mir der Gedanke: »Ich habe nicht nur meinen Ehemann, sondern auch meinen Verstand verloren.« Mein Selbstvertrauen schwand immer mehr dahin. Ich sah mich als Mogelpackung, als leere Hülle, zu leer, um in meinem Beruf zu arbeiten, ein Kind aufzuziehen oder einen vernünftigen Partner zu verdienen. Das Leben gehörte den anderen, nicht mir. Drei Jahre später kämpfte ich noch immer mit meinen Depressionen – da waren mein Mann und ich bereits lange wieder zusammen –, als ich in einem Seminar über posttraumatische Belastungsstörungen erfuhr, dass ein Mensch unter extremer emotionaler Belastung dazu neigt, sich vom Leben zurückzuziehen und die Verbindung zu sich selbst zu verlieren, ja sogar Wahnvorstellungen zu erleben.[1] In meinem Kopf machte es klick: Das also war es. Meine Depression hatte einen Namen. Ich drehte nicht durch, was ich erlebte, war normal. Wenn ich das doch nur früher gewusst hätte, dann hätte ich mich weniger

allein gefühlt und wäre vielleicht auch früher für die Möglichkeit einer weiteren gemeinsamen Zukunft offen gewesen. Hätte mir nur jemand geholfen
zu verstehen, was da ablief, so wäre dies ein höchster Gnadenakt gewesen.

Damit beginnt dieses Kapitel, es bereitet Sie auf die Verluste vor, die praktisch
alle verletzten Partner bei einer Untreue des Partners notgedrungen erleiden. Sobald Ihnen klar wird, wie weit verbreitet Ihre Reaktionen sind, werden Sie sich
durch den Verrat wahrscheinlich weniger demontiert fühlen, weniger gebeutelt
von Ihren heftigen Emotionen. Wenn Sie Ihre Reaktion vorhersehen und sie benennen können, werden Sie sie möglicherweise besser aushalten können. Der
Heilungsprozess beginnt, wenn Sie über Ihre Gefühle Zeugnis ablegen können
und Ihr Schmerz einen Sinn bekommt. Entscheidend ist, nicht zu vergessen: Die
größte Bedrohung für eine Erholung ist der Verlust der Hoffnung.

Die physiologischen Auswirkungen des Seitensprungs

Wahrscheinlich erleben Sie in dieser Phase Veränderungen in Ihrem Nervensystem und bei Ihren kognitiven Funktionen. Da Ihr Nervensystem von Adrenalin und weiteren mit Stress in Beziehung stehenden Hormonen überschwemmt
wird, erleben Sie einen Zustand erhöhter Erregung. Ständig halten Sie nach Anzeichen dafür Ausschau, dass Ihr Partner Sie wieder betrügt. Da Sie unter chroni-
scher Angst und Unruhe leiden, dauert es länger, bis Sie einschlafen, Sie wachen
nachts häufig auf und sind geräuschempfindlicher. Durch den Schlafmangel und
das viele Grübeln fühlen Sie sich erschöpft.

Sie werden durch Erinnerungen, Empfindungen und Bilder im Kopf durch-
einandergebracht. Die Qualität Ihrer Träume wird heftiger und beängstigender.
Wenn Sie wach sind, kommt es vor, dass Sie sich plötzlich verirren oder in anderer Weise desorientiert fühlen.

Typisch ist, was Gloria passierte, einer dreißigjährigen Journalistin: »Einen
Tag nachdem mein Mann zugegeben hatte, dass er eine Affäre hatte, verirrte
ich mich auf dem Weg zur Arbeit«, erzählte sie mir. »Ich hatte schreckliche
Angst, verrückt zu werden. Schließlich fuhr ich diese Strecke seit fünf Jahren
täglich.«

Pam, eine siebenunddreißigjährige Immobilienmaklerin, erzählt etwas Ähn-
liches: »Als Jeff zugab, dass er sich in eine andere Frau verliebt hatte, ließ ich ihn

seine Sachen packen und ausziehen. Am folgenden Wochenende besuchte ich Freunde auf Block Island, um nicht mit meiner Einsamkeit konfrontiert zu sein. Unterwegs hielt ich bei einem Golfturnier und ging auf dem Gelände spazieren. So weit, so gut. Als ich jedoch zu meinem Auto zurückgehen wollte, konnte ich mich nicht erinnern, wo ich es geparkt hatte. Nachdem ich eine Stunde gesucht hatte, fand ich es schließlich, aber ich war so erschüttert, dass ich auf dem gesamten Heimweg weinte. Ich sagte den Besuch ab und blieb stattdessen die ganze Zeit zu Hause im Bett. Was mich so stark beunruhigte, war weniger meine Orientierungslosigkeit als die Bedeutung, die ich ihr gab, nämlich den Verstand zu verlieren.«

Durch die Veränderungen in Ihrem Nervensystem können Ihre intensiven Emotionen Sie mit einem Gefühl von Entsetzen und Hilflosigkeit überwältigen. »Das gesamte System abgestimmter, koordinierter und zielgerichteter Aktivitäten ist beeinträchtigt«,[2] erklärt Abram Kardiner in einer Beschreibung der neurophysiologischen Effekte eines Traumas.

Eine weitere, völlig andere physiologische Veränderung erfolgt durch die Freisetzung endogener, dem Morphium ähnlicher Opioide ins Nervensystem. Dadurch wird Ihre Schmerzwahrnehmung gedämpft und Sie werden vor extremem emotionalem Stress geschützt. Anders gesagt: »Ihr Körper fährt zurück«, geht sozusagen in den Winterschlaf und reduziert seine Aktivität. Ihr Gefühls- und Empfindungsspektrum reduziert sich und Sie verlieren das Interesse an Beziehungen und Aktivitäten, an denen Sie wenige Wochen zuvor noch Freude hatten und die Ihnen wichtig waren. Während Sie damit kämpfen, sich zusammenzureißen, stellen Sie fest, dass Sie nur noch mit Mühe funktionieren. Ihre Gedanken schweifen ab. Sie haben Konzentrationsschwierigkeiten. In der Arbeit schieben Sie die Papiere auf dem Schreibtisch hin und her, zu Hause starren Sie Löcher in die Luft. Da Sie das Vertrauen in Ihre Fähigkeit verloren haben, ziehen Sie sich in Ihr Schneckenhaus, in die Isolation zurück. Sie fühlen sich merkwürdig betäubt und allein.

»Es ist, als ginge man mit dem Bewusstsein durchs Leben, dass ein Teil von einem gestorben ist«, erklärte Stephanie, eine zweiundvierzigjährige Pädagogin. »Früher einmal hatte ich das Gefühl gehabt, John und ich wären wie durch einen roten Faden miteinander verbunden. Ich musste nur zu ihm hinüberschauen und spürte die Energie, die uns zueinander zog. Heute kann ich bestenfalls sagen, dass ich zurechtkomme. Wir sind noch zusammen, aber im Inneren bin ich tot.«

In seinem Roman *Die Geometrie der unwägbaren Beziehungen* beschreibt Dan Franck die Gefühle des verletzten Partners, als die Realität des Seitensprungs seiner Frau in sein Bewusstsein eindringt: »Der bisherige Schrecken, in dem er gelebt hat, weicht nun den sanften und dumpfen Gestaden der Traurigkeit. Schrecken ist lebhaft, Traurigkeit stagniert. Wie das Wasser in einer Blumenvase.«[3]

Die psychologischen Auswirkungen des Seitensprungs

Es gibt neun verschiedene Arten von Verlust, die Sie als verletzter Partner wahrscheinlich empfinden werden. Alle sind Variationen eines einzigen grundlegenden Verlusts, der über den Verlust Ihres Partners hinausgeht: des Verlusts Ihrer selbst. Es wird schwer für Sie sein, diesen Verlust in jeder dieser Formen zu erkennen, da keiner davon greifbar ist. Aber obgleich Sie für andere wirken mögen wie immer, spüren Sie, dass Ihr Herz blutet. Sie merken plötzlich, was Sie alles verloren haben:

1. Ihre Identität
2. Das Gefühl, etwas Besonderes zu sein
3. Ihre Selbstachtung, weil Sie sich erniedrigen und Ihre Grundwerte aufgeben, um Ihren Partner zurückzugewinnen
4. Ihre Selbstachtung, weil Sie nicht zugeben können, dass Sie schlecht behandelt wurden
5. Die Kontrolle über Ihre Gedanken und Ihr Handeln
6. Das grundsätzliche Gefühl von Ordnung und Gerechtigkeit in der Welt
7. Die religiöse Gläubigkeit
8. Die Verbindung zu anderen
9. Den Lebenssinn – bis hin zum Lebenswillen

Identitätsverlust: »Ich bin nicht mehr der Mensch, der ich war.«

Die Entdeckung des Seitensprungs Ihres Partners zwingt Sie, sich auf grundlegendste Weise neu zu definieren. »Wenn du, mein Lebenspartner, nicht die Person bist, für die ich dich gehalten habe, und wenn unsere Ehe eine Lüge war, wer bin ich dann?«, fragen Sie sich. Plötzlich sehen Sie sich zerbrochen, entstellt, anders, als Sie sich bisher gekannt haben.

In der Vergangenheit haben Sie sich vielleicht als kompetent, selbstständig, lustig, wagemutig, freundlich, warmherzig, stabil, liebevoll, großzügig und attraktiv beschrieben. Weiter nichts. Nun erleben Sie sich selbst auf hunderterlei negative Weisen – als eifersüchtig, wütend, rachsüchtig, unkontrolliert, kleinlich, klein gemacht, verbittert, ängstlich, einsam, körperlich krank, entehrt, hässlich, misstrauisch, gesellschaftlich blamiert. Blind gemacht durch den Betrug Ihres Partners, verlieren Sie den Blick für Ihr vertrautes Selbst und zweifeln daran, gut und begehrenswert zu sein, aber auch an Ihrer grundsätzlichen Fähigkeit, mit der Welt umzugehen.

»Lebhaft, sportlich, mutig‹ – so wurde ich im College-Jahrbuch charakterisiert«, erinnerte sich Jane, eine einunddreißigjährige Buchhalterin, die seit fünf Jahren verheiratet war. »Jetzt, nach Johns Seitensprung, habe ich nicht einmal mehr die Energie oder Lust, das Haus zu verlassen. Ich fühle mich zu verletzlich.«

Auch Roberta, die seit vierzehn Jahren verheiratet war, rang mit dem plötzlichen Verlust ihrer Identität. »Ich hatte mich selbst gemocht. Ich hatte mich als nette Person empfunden, als einen liebevollen, liebenswerten Menschen. Damit ist Schluss. Jetzt werde ich den Gedanken nicht mehr los, dass Don mich betrogen hat, weil ich zu lieb, zu gewöhnlich bin. Vielleicht bin ich deswegen jetzt allein. Vielleicht möchte niemand, dessen Bekanntschaft sich lohnen würde, eine Beziehung mit mir haben.«

Wenn Sie eine Depression haben wie Roberta, werden Sie Ihre Fehler gerne aufbauschen und einen übergroßen Teil eigener Verantwortung für das ehebrecherische Verhalten Ihres Partners akzeptieren. Alles, was Sie bisher an sich kritisiert haben, definiert Sie nun vorrangig. Sie vermuten, dass Sie allein schuld daran sind, dass diese schlimme Sache passiert ist. »Ich muss mich nur verändern, dann kann ich meinen Partner zurückgewinnen«, denken Sie und betrügen sich selbst, indem Sie glauben, das Schicksal Ihrer Beziehung läge in Ihrer Hand. Später sollten Sie in der Lage sein, sich selbst objektiver zu sehen und die Schuld gleichwertiger zu verteilen. In diesem Moment allerdings haben Sie wahrscheinlich nicht genügend Abstand oder Überblick, um jedem gegenüber fair zu sein, am wenigsten sich selbst gegenüber.

Der Verlust Ihres grundlegenden Selbstgefühls ist eine Verletzung, die viel tiefer reicht als die Untreue selbst. Denn was könnte erschreckender sein als die

Erfahrung, in einer Haut zu stecken, die sich fremd anfühlt, abgeschnitten von diesem Kern des »Selbst«, das Ihnen immer zuverlässig gesagt hatte, wer Sie sind?

Der Verlust des Gefühls, etwas Besonderes zu sein: »Ich dachte, ich würde dir etwas bedeuten. Jetzt merke ich, dass ich austauschbar bin.«

Mit Ihrem Selbstgefühl wurde auch Ihre Überzeugung hinweggefegt, dass Sie und Ihr Partner füreinander bestimmt sind, dass niemand den anderen glücklicher machen könnte, dass Sie zusammen eine wesentliche und unhintergehbare Verbindung darstellen, unteilbar und untrennbar. Der Seitensprung markiert das Ende zweier treuherzig-naiver Illusionen: dass Ihre Ehe eine Ausnahme ist, und dass Sie einmalig oder besonders wertvoll sind.

Als Miriam ins Teenageralter kam, wurde sie von ihrem Stiefvater missbraucht und von ihrer Mutter im Stich gelassen, die sich weigerte, ihre Anschuldigung zu glauben. Miriam bekam von sich das Bild einer beschädigten Ware und stellte fest, dass sie sich zu Männern hingezogen fühlte, die sie ebenso schäbig behandelten wie ihre Eltern. Nachdem sie die Sekretärinnenschule erfolgreich abgeschlossen hatte, bekam sie eine Stelle als Empfangsdame in einer Anwaltskanzlei. Dort lernte sie Ed kennen. Anfangs misstraute sie seinem Interesse an ihr – warum sollte sich jemand von ihr um ihrer selbst willen angezogen fühlen, fragte sie sich. Allmählich jedoch vertraute sie auf seine Großzügigkeit und seinen Schutz. Nachdem sie drei Monate mit ihm zusammengelebt hatte, nahm sie seinen Heiratsantrag an. Sie war nicht leidenschaftlich in ihn verliebt, aber er war der erste Mann, der ihr das Gefühl gab, respektabel, wertgeschätzt und anständig zu sein. Als sie ein Jahr später entdeckte, dass er mit seiner Sekretärin schlief, verlor sie ihr neu gefundenes Selbstwertgefühl. »Du warst für mich die wichtigste Person auf der Welt«, sagte sie ihm, »mein bester Freund, die erste Person, der ich völlig vertraut habe. Mit dir fühlte ich mich vollkommen sicher, dir konnte ich alles sagen. Noch wichtiger war jedoch, dass du es mir ermöglicht hast, an mich zu glauben – daran, dass ich okay bin, dass das, was mir als Kind passiert ist, nicht mein Fehler war und nicht geschehen ist, weil ich schlecht war. Zum ersten Mal im Leben fühlte ich mich als etwas Besonderes und geliebt, so wie ich bin. Nun merke ich, dass ich ein Wegwerfartikel bin, Müll.«

Wenn Sie, so wie Miriam, vorsätzlich von jemandem ausrangiert werden, der Ihnen früher einmal das Gefühl gegeben hat, unersetzlich zu sein, werden Sie sich vielleicht nicht nur als Partner abwerten, sondern auch als Mutter oder Vater. Durch die Zerstörung Ihrer Kernfamilie demoralisiert, werden Sie auch die Bedeutung abschreiben, die Sie für Ihre Kinder haben, und werden glauben, Sie hätten niemandem viel zu geben, nicht einmal denen, die Sie am meisten lieben und brauchen.

»Ich habe ernsthaft darüber nachgedacht, mich aus dem Staub zu machen und alle und alles hinter mir zu lassen«, gestand Nancy, die Mutter eines neun Monate alten Mädchens. »Ich hatte das Gefühl, mit Jims Freundin nicht konkurrieren zu können – sie wirkte so jung und lebendig im Vergleich zu mir. Warum sollte mein Kind bei mir, der Verliererin, bleiben wollen? Was könnte ich ihr überhaupt bieten? Ich verlor mein Gefühl dafür, ein sorgender, bedeutsamer, wertvoller Mensch zu sein. Gott sei Dank erkannte ich irgendwann, dass meine Depression mir diese Gedanken eingab, und ich blieb. Vielleicht war ich für Jim nichts Besonderes mehr, aber für meine Tochter blieb ich die einzige Mutter.«

Wenn Sie, so wie Nancy, das Gefühl dafür verlieren, etwas Besonderes zu sein und sich nur noch als Schatten Ihrer selbst sehen, ist es wichtig, dass Sie erkennen, dass Ihre Selbstwahrnehmung, gefiltert durch die Untreue Ihres Partners, nicht vertrauenswürdig ist. Ihre Fähigkeit, sich selbst klar zu sehen, ist zu dieser Zeit auf einem Tiefpunkt.

Der Verlust Ihrer Selbstachtung, weil Sie sich erniedrigen und Ihre Grundwerte aufgeben, um Ihren Partner zurückzugewinnen: »Ich werde alles tun, um diese Beziehung zu erhalten.«

Nichts mag Ihnen unverzeihlicher erscheinen als die Art, wie Sie in die Knie gehen, um Ihren Partner zurückzugewinnen, wenn ein Seitensprung aufgedeckt wurde. Sie merken, dass Ihre Verzweiflungstaten Ihre Kernwerte und Prinzipien verletzen. Nicht nur Ihr Partner hat Sie verlassen, Sie haben sich selbst aufgegeben.

Janes Geschichte ist ein Beispiel für die extremen Verhaltensweisen, zu denen Sie möglicherweise greifen, um Ihren Partner zurück zu zwingen – Verzweiflungstaten, die Sie später mit Scham und Wut erfüllen werden.

»Ein Jahr bevor ich vom Seitensprung meines Mannes erfuhr, bekam ich Brustkrebs«, erzählte sie mir. »Die radikale Brustamputation und das Silikonimplantat schienen wieder Ordnung in mein Leben zu bringen. Als Dave mir jedoch erzählte, dass er ein Verhältnis mit einer anderen Frau angefangen hatte, bekam ich so starke Depressionen, dass ich nicht mehr essen konnte und schnell fünf Kilo abnahm – wodurch meine gesunde Brust im Vergleich zu der künstlich aufgepolsterten flach wirkte. Da beschloss ich, mir auch dort ein Implantat einsetzen zu lassen. Ich kann gar nicht glauben, dass ich so dumm gewesen bin zu denken, das wäre wichtig. Der plastische Chirurg, den ich konsultierte, fragte mich nie nach meiner Motivation und informierte mich auch nicht über die Risiken. Ein Facharzt für Mammografie warnte mich aber davor, an dem gesunden Brustgewebe eine Manipulation vornehmen zu lassen. Er sagte, dadurch könnte eine künftige Untersuchung schwieriger werden, aber ich beschloss, nicht auf ihn zu hören, und ließ die Operation vornehmen. Mein Aussehen schien mir das Wichtigste zu sein, meine Fähigkeit, körperlich mit der Geliebten meines Mannes konkurrieren zu können. Was letztlich natürlich passierte, war, dass ich wieder zunahm und meine gesunde Brust nun voller ist als die entfernte mit Silikonaufbau.«

Janes Mann kam zu ihr zurück, aber sie hörte nicht auf, sich zu geißeln. »Noch immer frage ich mich: ›Wo war ich? Wo war mein Verstand? Wie konnte ich die Verbindung zu mir selbst verlieren? Wie konnten meine Prioritäten so den Bach hinuntergehen?‹ Immer wieder betrachte ich mich selbst im Spiegel und versuche zusammenzufügen, was passiert ist.«

Ruth, eine siebenundvierzigjährige Buchhalterin, ist ein anderes Beispiel dafür, wie verletzte Partner ihre Würde und ihre Selbstachtung opfern, um ihre Beziehung am Leben zu erhalten. »Ich schaffte es einfach nicht, nicht mit Jerrys junger Geliebter zu konkurrieren und mich dabei natürlich unterlegen zu fühlen«, erzählte sie mir, »daher verbrachte ich – ich sollte sagen, vergeudete ich – viele Stunden und viel Geld in der Dessous-Abteilung, um knapp sitzende Reizwäsche anzuprobieren und zu kaufen, während ich eigentlich meine Mutter hätte besuchen sollen, die sich im Krankenhaus von der operativen Entfernung eines bösartigen Tumors erholte. Es ist so deprimierend. Es macht mich krank, das zu erzählen. Ich fühle mich gedemütigt durch das, was ich getan habe – wer ich geworden bin.«

Jed, ein dreiunddreißigjähriger Lektor in einem großen Verlag in New York, kämpfte mit denselben Problemen:

Meine Frau Julie versprach mir sicher hundert Mal, sie werde mit ihrem Freund Schluss machen, und jedes Mal glaubte ich ihr. Einmal bat sie mich um die Erlaubnis, ein Wochenende mit ihm wegzufahren, damit sie ihre Liebe testen könnten, und ich war verrückt genug, dem zuzustimmen. Natürlich traf sie sich weiterhin mit ihm. Dann bat sie mich, ein paar Tage in unser Strandhäuschen zu ziehen, damit sie in unserer New Yorker Wohnung ein paar letzte Tage verbringen könnten. Können Sie sich vorstellen, dass ich tatsächlich gegangen bin? Ich fühlte mich wie jemand, der ins Exil gezwungen wird, wie der Komplize eines Verbrechens.

Ich vermute, dass ich damals das Gefühl hatte, keine andere Wahl zu haben. Ich verdiente schlecht und konnte es mir nicht leisten, einfach auszuziehen. Dadurch, dass ich einer Sache zustimmte, der ich eindeutig nie hätte zustimmen dürfen, veränderte ich mich innerlich. Ich fühlte mich von Julie missbraucht, schlimmer noch, von mir selbst missbraucht. Wir sind inzwischen wieder zusammen, aber ich kämpfe noch immer damit, meine Selbstachtung zurückzugewinnen. Ich muss sagen, dass ich ihr kein Ultimatum gestellt habe. Ich habe mich kaum gewehrt. Ich wurde benommen wie ein Tier in Gefangenschaft. Ich stellte mir vor, sie würde zu mir zurückkommen, wie sie es immer getan hatte, und so war es auch. Aber ich fragte mich nie: »Was bedeutet das für mich? Welchen Preis zahle ich dafür?«

Für jeden, der so fühlt wie Jed, Jane oder Ruth, ist es wichtig zu verstehen, dass sich nicht die eigenen Grundwerte verändert haben, sondern dass der emotionale Wirbel vorübergehend die Fähigkeit erschüttert hat, gut überlegte Entscheidungen zu treffen, um das eigene beste Ich zu verteidigen. Mit der Zeit werden Sie ein klareres und mitfühlenderes Bild davon entwickeln, was Sie durchmachen und warum Sie sich so verhalten. Wenn Sie das Gefühl haben, sich selbst verloren zu haben, kann ich Ihnen versichern, dass Sie damit nicht allein sind und dass Ihre Reaktion der Schwere der Verletzung genau angemessen ist. Der emotionale Schock bringt praktisch jeden Menschen dazu, sich auf eine Weise zu verhalten, die Selbsthass und Bedauern erzeugt. Wenn Sie akzeptieren können, wie tief die Untreue Sie physiologisch und psychisch verändert hat, können Sie vielleicht lernen, sich selbst nicht so hart zu verurteilen.

Der Verlust der Selbstachtung, weil Sie nicht zugeben können, dass Sie schlecht behandelt wurden: »Warum habe ich keine Grenze gesetzt?«

Ihre Selbstachtung kann bröckeln, wenn Sie an die Tage zurückdenken, bevor das Geheimnis gelüftet wurde, und wenn Ihnen klar wird, wie Sie den Verdacht verdrängt oder für sich behalten haben. »Wie konnte ich das Leugnen meines Partners so duckmäuserisch hinnehmen?«, fragen Sie sich. »Wie konnte ich so dumm und feige sein, meinen Partner nicht mit der Wahrheit zu konfrontieren?«

Natürlich ist nicht jeder Verdacht berechtigt. Manche Menschen sind obsessiv misstrauisch und bilden sich etwas ein, was gar nicht ist. Häufig jedoch sind die Hinweise unmissverständlich.

Nach dem Seitensprung seiner Frau schreckte Tom ungläubig vor der Tatsache zurück, monatelang intuitiv gewusst zu haben, was da ablief, diese Tatsache jedoch verdrängt zu haben: »Meine Frau verkauft Computer-Software und arbeitet sehr viel. Als sie einmal aus London zurückflog, wollte ich sie überraschen und am Flughafen abholen. Ich sah sie und ihren Chef zusammen durch den Zollbereich kommen, und an der Art, wie er sie um die Taille fasste, erkannte ich sofort, dass sie ein Verhältnis hatten. Aber was tat ich? Ich verschwand und erzählte ihr nie, dass ich am Flughafen gewesen war, sondern schickte ihr Blumen mit einer Karte, auf der stand: ›Ich habe Angst, dich zu verlieren.‹ Als sie das las, machte sie sich über meine Unsicherheit lustig. Und wissen Sie was? Ich brauchte es so sehr, das zu hören, dass ich es glaubte. Ich begann an dem, was ich gesehen hatte, zu zweifeln. Aber in meinem Inneren wusste ich Bescheid.«

Betty, eine seit elf Jahren verheiratete Psychologin, war ebenso verwirrt über das Zauberkunststück, das sie in ihrem Kopf vollführte, um verstörende Informationen zu verdrängen: »Als ich von einer Tagung über Verhaltenstherapie zurückkam, die auswärts stattgefunden hatte, fragte ich meinen Mann Jim, wie er den Samstagabend verbracht hatte. Er erzählte mir, er sei erschöpft gewesen und gleich nach dem Abendessen ins Bett gegangen. Aus irgendeinem Grund fragte ich auch die Babysitterin, was sie am Abend gemacht hatte. Sie erzählte mir, sie sei lange aufgeblieben und habe mit Jim über seine berufliche Laufbahn gesprochen – am Küchentisch. Ich wusste, dass sich die beiden Geschichten widersprachen, konnte aber mit der Bedeutung dieser Tatsache nicht umgehen. Es überstieg meine Möglichkeiten, dies zur Sprache zu bringen. Ich sagte nichts. Die Wahrheit war jedoch beschämend offensichtlich.«

Dave, seit vier Jahren verheiratet, erzählte mir, wie er mit einem ähnlichen Betrug umging: »Eines Tages fand ich im Auto meiner Frau ein ungeöffnetes Kondom. Es war eine andere Marke als die, die wir normalerweise verwendeten, daher fragte ich sie, was es damit auf sich hätte. Sie lieferte schnell eine Ausrede – es wäre ein Muster, das in der Post gewesen sei –, eine Story, die der größte Idiot nicht geschluckt hätte. Wenn ich heute zurückblicke, frage ich mich, warum ich sie nicht mit der Wahrheit konfrontiert habe, warum ich keine Grenze zog.«

Dave, Betty, Tom – sie alle haben ihre Stimmen mundtot gemacht und aufgehört, dem zu trauen, wovon sie irgendwie wussten, dass es die Wahrheit war. Um ihre Illusionen zu erhalten, leugneten sie die Legitimität ihres Verdachts. Ihr Versagen, das Geschehen zu verarbeiten oder dagegen zu protestieren, schadete ihrem größten Trumpf – ihrem authentischen Selbst. »Der Verlust des Selbst fällt mit dem Verlust der Stimme in der Beziehung zusammen«, führt Dana Crowley Jack in *Silencing the Self* aus. »Die Stimme ist ein Indikator für das Selbst.«[4]

Sobald ein Seitensprung aufgedeckt ist, können Sie damit rechnen, in das andere Extrem zu fallen: in eine übergroße Wachsamkeit. Ihre Verdächtigungen werden wahrscheinlich so instinktiv und unerbittlich, dass Sie, egal was Ihr Partner sagt oder tut, die Wahrheit nicht mehr von der Einbildung unterscheiden können. Sie werden nicht nur Ihrem Partner nicht mehr trauen, sondern auch Ihren eigenen Wahrnehmungen. »Was verbirgt mein Partner vor mir?«, fragen Sie sich, »und was verberge ich vor mir selbst?«

In gewisser Weise ist die Wandlung vom Blindsein zur übermäßigen Beobachtung eine Anpassung, Ihr Verstand behält die Verletzung in Erinnerung und will Sie damit vor künftigem Schaden bewahren. Sollten Sie und Ihr Partner sich trennen, wird Ihr Misstrauen Sie wahrscheinlich in neuen Beziehungen begleiten. Sollten Sie zusammenbleiben, wird es sich abschwächen, wenn sich Ihr Partner als zuverlässig erweist, wahrscheinlich jedoch nie wieder ganz verschwinden.

Der Verlust der Kontrolle über Ihre Gedanken und Ihr Handeln: »Wie kann ich meinen Kopf ausschalten? Wie kann ich mich selbst stoppen?«

Bei dem Versuch, das Geschehene zu entwirren, können Ihre Gedanken und Ihr Handeln außer Kontrolle geraten. Die Wahrscheinlichkeit ist groß, dass Sie zwanghafter werden, dass Sie auf den Lügen Ihres Partners, den Einzelheiten des Seitensprungs und den Ereignissen, die zum Seitensprung geführt haben, herumreiten. Auch bei der Arbeit und im Spiel können Sie zwanghafter werden, Sie werden alles forcieren und frenetischer sein, um Ihre Angst zu zerstreuen. Keine dieser Reaktionen wird Ihnen jedoch die Erleichterung verschaffen, nach der Sie suchen. Lassen Sie uns einige davon ansehen und besprechen, warum das so ist.

Zwanghafte Gedanken: »Wie kann ich meinen Kopf ausschalten?«
Der Kopf hat »seinen eigenen Kopf« und lässt sich in Zeiten wie diesen nicht kontrollieren. Ihre Zwangsvorstellungen übernehmen das Kommando, und Sie ertappen sich dabei, wie Sie Löcher in die Luft starren, während Bilder von Ihrem Partner und dem Seitensprung-Partner Ihr Unterbewusstsein bombardieren, Ihren Schlaf unterbrechen und Ihre Konzentration stören.

Ab dem Tag, als beispielsweise Lynn von Marks Seitensprung erfuhr, war sie völlig darauf fixiert. »Meine Gedanken drehen sich im Kreis – wie eine kaputte Schallplatte«, erzählte sie mir. »Ich führe endlose eingebildete Gespräche mit ihm: ›Ich war immer für dich da, Mark‹, sage ich ihm, ›ich war immer da.‹ Nachts um drei Uhr wache ich auf, träume von ihm und der anderen Frau, sehe die beiden zusammen im Bett, überlege, wie sie ihn berührt hat, wie er sie erregt hat. Ich spiele es immer wieder im Kopf durch und versuche, mehr Sinn darin zu erkennen. Aber das Einzige, was ich damit erreiche, ist, dass ich mich selbst krank mache.«

Ein anderer verletzter Partner, Steve, verbrachte jeden freien Moment damit, die Hinweise über den Betrug seiner Frau zusammenzufügen. Allein oder wenn er mit ihr zusammen war, spielte er ständig dasselbe Band im Kopf ab: »Als du an unserem Jahrestag letzten Mai gesagt hast, du wärst auf einer Geschäftsreise, warst du tatsächlich also mit ihm zusammen?«, »Als ich zu dir hereinkam und du telefoniert hast, hast du also mit ihm gesprochen – in unserem Schlafzimmer?«

»So sehr ich es hasse, betrogen zu werden«, sagte mir Steve, »was mich wirklich krank macht, ist, wie sehr meine Gedanken verseucht sind. Vorher habe ich nie so gedacht.«

Wundern Sie sich nicht, wenn Sie sich dabei ertappen, Szenen heftiger Rache gegenüber Ihrem Partner oder dem Seitensprung-Partner im Geiste heraufzubeschwören. Die Bösartigkeit dieser Bilder mag Sie alarmieren – sie sind so untypisch im Vergleich zu Ihrer normalen Denkweise –, aber unter diesen Umständen sind sie nicht ungewöhnlich.

»Ich hatte mich immer als ziemlich entspannt empfunden«, erzählte mir ein verletzter Partner. »Und jetzt werde ich von Hass zerfressen. Ich höre, wie ich meiner Frau und ihrem Freund Beleidigungen hinwerfe, und wünsche mir, dass sie auch leiden. Als ich ihn gestern die Straße überqueren sah, überlegte ich, ihn zu überfahren. Letztlich bin natürlich ich es, der leidet. Den beiden kann es völlig egal sein, wie verrückt ich werde.«

Wenn Ihre wiederkäuenden Grübeleien Ihre Funktionsfähigkeit ernsthaft beeinträchtigen, können Sie in Kapitel 7 weiterlesen, dort finden Sie Anregungen, wie Sie diese Gedanken abstellen können. Sie können auch einen Arzt aufsuchen und sich etwas zur Beruhigung und für einen besseren Schlaf verschreiben lassen. Gleichzeitig sollten Sie versuchen, das, was in Ihnen vorgeht, als angemessene Reaktion auf den Schock der Enthüllung zu akzeptieren. Das Beste, wozu Sie in dieser Phase vielleicht in der Lage sind, ist, einen Schritt zurückzutreten und Ihre Zwangsvorstellungen mit Mitgefühl zu beobachten. Diese Vorstellungen führen zu keinem produktiven Ergebnis, sie sind aber eine Möglichkeit für Ihren Verstand, wieder Ordnung und Gerechtigkeit in Ihre Welt zu bringen und Ihnen das Gefühl von Kontrolle zu vermitteln.

Zwanghaftes Verhalten: »Wie kann ich mich selbst stoppen?"

Ihr Misstrauen wird Sie dazu bringen, sich zwanghaft, reflexhaft zu verhalten – ohne Verstand oder Hemmung.

»Es sind jetzt sechs Monate, seit ich herausgefunden habe, was zwischen ihm und seiner Assistentin läuft«, erzählte mir Marge, »aber ich kann einfach nicht damit aufhören, seine Jackentaschen, Schreibtischschubladen oder was auch immer zu durchsuchen. Wenn er schläft, scrolle ich seine SMS durch. Ich gehe bei Restaurants und Hotels vorbei, wo er mit seiner Freundin hinzugehen pflegte. Ich habe gelernt, seine Aufenthaltsorte auf seinem iPhone zu verfolgen. Ich rufe ihn im Büro an, um zu sehen, ob er dort ist, und wenn er nicht am Platz ist, benütze ich sein Passwort, um seinen Anrufbeantworter abzuhören. Gelegentlich engagiere ich einen Privatdetektiv, um zu erfahren, ob er wirklich dort ist, wo er gesagt hat, dass er hingeht. Ich zähle sogar seine Viagra-Tabletten ab, um zu sehen, ob er mit jemand anderem zusammen gewesen ist. Ich beobachte, kontrolliere, stelle Fallen. Und ich vergeude damit unglaublich viel Zeit und auch Geld. Ich weiß, dass ich außer Kontrolle bin, aber wie es scheint, kann ich nicht anders.

Wer hat mich zu einem Detektiv gemacht?«

Genau wie Marge sind auch Sie sicherlich entschlossen, sich nie mehr zum Narren halten zu lassen. Wenn Ihr Partner Treue verspricht, kann ein gewisses Maß an Kontrolle etwas konkrete Sicherheit liefern. Ihre ständige Wachsamkeit wird Sie jedoch wahrscheinlich körperlich und mental erschöpfen und Ihre Selbstachtung weiter untergraben. Sie wird auch sicherlich nicht das Vertrauen oder die Nähe zurückbringen, die Sie wiederherstellen möchten.

Das Kontrollieren Ihres Partners ist nur eine Form exzessiven Verhaltens. Rauchen, Trinken, Shoppen, das Umdekorieren der Wohnung – dies alles sind Versuche, Ihre Angst zu reduzieren, Ihren Schmerz zu betäuben und sich selbst zu belohnen an den wenigen Tagen, die Sie für sich zur Verfügung haben.

Vielleicht stellen Sie auch fest, dass Sie – manchmal sogar in unverantwortlicher oder unangemessener Weise – mehr Interesse an Sex entwickeln. Eine Patientin namens Gail ist typisch dafür: »In der Nacht, in der ich Toms Seitensprung entdeckte, ging ich in eine Bar, betrank mich und hatte ungeschützten Sex mit einem Fremden. Ich wusste nicht einmal seinen Namen. Am nächsten Tag war ich auf einer Hochzeit und flirtete mit dem Mann meiner Zimmergenossin von der Uni. Ich war so verrückt, dass ich sogar versuchte, einen Typen aufzureißen, der neben mir in der U-Bahn saß. Es ist beschämend, wie ich mich zur Schau gestellt und mich herabgesetzt habe. Nicht, dass mein Verhalten ungerechtfertigt oder unmoralisch war, es war dumm und selbstzerstörerisch. So, als hätte ich, weil ich verletzt worden war, die ganze Welt wissen lassen wollen, dass alles gleichgültig ist. So, als müsste ich, weil ich mich wie ein Niemand fühlte, alle anderen ebenfalls so behandeln. Ich war so verbittert, dass ich alles Gute oder Anständige wegfegen wollte – mich eingeschlossen.«

Eine andere übliche Form zwanghaften Verhaltens ist übermäßiger Sport oder Diäthalten – Aktivitäten, von denen Sie vielleicht hoffen, sie würden Ihnen mehr Kontrolle über Ihr Leben geben, Sie für Ihren Partner attraktiver machen und Ihre Selbstachtung wiederherstellen. Auch wenn diese Aktivitäten durchaus einige kurzfristige Vorteile haben können – Sie verbessern Ihre Gesundheit, werden körperlich fitter und lösen aufgestaute Spannungen –, sollte Ihnen klar sein, dass Sie in Ihrem überkritischen und deprimierten Zustand nicht in der Lage sind, Ihre körperliche Attraktivität zu bewerten, und Gefahr laufen, sich einer Diät zu unterwerfen, die bestrafend, einschränkend und extrem ist. Nur zu, Sie können natürlich Gewichte stemmen oder sich von Salat ernähren, wenn Sie sich dabei besser fühlen, aber erkennen Sie bitte, dass kein Fitnesstraining und keine mediterrane Diät die Probleme an der Wurzel packen werden, nämlich Ihre Angst, verlassen zu werden, und Ihr zerrüttetes Selbstgefühl.

Ein weiteres zwanghaftes Verhalten besteht darin, an Menschen heranzutreten, die Einfluss auf Ihren Partner haben, und diese dazu anzuhalten, Ihnen dabei zu helfen, Ihren Partner zurückzugewinnen. Wenn überhaupt, hält dies Ihre Hoffnungen aufrecht und gibt Ihnen, genau wie exzessiver Sport, die Illusion, Macht oder zumindest Mitsprache beim Schicksal Ihrer Beziehung zu haben. Es ist schwer, passiv zu bleiben und zuzusehen, wie das Leben auseinanderfällt.

»Ich war verzweifelt darum bemüht, Glenn zurückzugewinnen, daher verbrachte ich Stunden damit, Beziehungen mit all den Menschen zu pflegen, auf die er möglichweise hören würde«, erinnerte sich Abbey. »Ich nahm zu seinen Eltern und zu mehreren seiner besten Freunde Kontakt auf und flehte sie an, mit ihm zu sprechen. Ich rief seine Brüder und deren Frauen an – sogar den Pfarrer. Ich drohte damit, mit den Kindern wegzuziehen, falls die Ehe zerbrechen würde – nicht, dass ich das tatsächlich gemacht hätte, aber ich wollte seine Eltern damit überzeugen, die es nicht ertragen hätten, ihre Enkel zu verlieren. Sie sollten Druck auf ihn ausüben, bei mir zu bleiben. Ich tappte im Dunkeln, aber ich weigerte mich, einfach zu warten und dafür zu beten, dass er zurückkäme.«

Einige von Ihnen werden sich vermutlich zwanghaft zwischen den Extremen bewegen: im einen Moment fest entschlossen, die Beziehung zu retten, im nächsten Augenblick eher geneigt, sie zu beenden. »Meine Stimmung ändert sich ständig«, erklärte eine verletzte Partnerin namens Tina. »Einmal wache ich auf und möchte mit meinem Mann nichts mehr zu tun haben und möglichst weit weg von ihm sein. Eine Stunde später liebe ich ihn über alles und möchte jede Minute mit ihm verbringen. Ständig frage ich mich: ›Ist er es wirklich wert, um ihn zu kämpfen?‹ Beantworte ich die Frage mit Ja, verhalte ich mich so lieb wie möglich, sorge dafür, toll auszusehen, und koche ihm sein Lieblingsessen. Ich werde es ihm nicht leicht machen, mich zu verlassen. Aber dann frage ich mich wieder: ›Will ich diesen Mann tatsächlich halten? Er ist widerlich‹, und ich lasse mir einen Termin beim Anwalt geben und wappne mich, für meine Rechte zu kämpfen. Es ist nicht so, dass ich keine Entscheidungen treffen könnte, ich treffe im Gegenteil ständig andere.«

Um sich zu zerstreuen und die Einsamkeit zu vertreiben, planen Sie zu viel mit zu vielen Leuten, die Ihnen nichts bedeuten. Wie andere Formen zwanghaften Verhaltens dienen diese Zerstreuungen als vorübergehendes Gegenmittel zu Gefühlen von Angst oder Leere. Wenn Sie jedoch wieder auf die Beine kommen möchten, müssen Sie Tempo herausnehmen, sich Ihrem Schmerz stellen, herausfinden, warum es zu dem Seitensprung kam, und entscheiden, wie Sie damit umgehen wollen.

Das Gefühl, die Kontrolle über Körper und Geist verloren zu haben, die Tatsache, dass der Kopf so wenig Einfluss darauf hat, wie Sie Ihr Leben leben, ist beängstigend. Seien Sie jedoch versichert, dass Ihr Verhalten nicht sonderbar ist, auch wenn Sie sich selbst in dieser Phase als sonderbar empfinden.

Der Verlust des grundsätzlichen Gefühls von Ordnung und Gerechtigkeit in der Welt: »Die Welt ist sinnlos geworden.«

Vermutlich dachten Sie, Sie hätten verstanden, wie die Welt funktioniert, und dass Sie durch dieses Verständnis eine gewisse Kontrolle über Ihr Leben ausüben könnten. »Was man sät, wird man ernten«, »Wie man sich bettet, so liegt man« – Solche und ähnliche Redewendungen, nach denen Sie früher gelebt haben, können unanfechtbar gewirkt haben. Wenn Sie jedoch vom Seitensprung Ihres Partners erfahren, wird Ihr Glaube an die Ordnung und Gerechtigkeit der Welt hinweggefegt und mit ihm auch Ihre Annahme, dass Sie gut sind und dass die Welt grundsätzlich sicher und sinnvoll geordnet ist.

Wenn Sie eine persönliche Verletzung dieses Ausmaßes erleiden, werden Sie gezwungen, sich Ihren grundsätzlichen Gedanken darüber zu stellen, was unter jedem Lebensaspekt fair und gerecht ist, auch in der Liebe und in der Ehe. Sie haben diese Annahmen vielleicht nie formuliert, aber sobald ihnen zuwidergehandelt wird, trifft es Sie schwer, wie sehr Sie davon abhängig sind. Ihr Glaube daran, dass Y folgen würde, wenn Sie X tun – das heißt, dass Sie voraussehen können, was nötig ist, um geliebt zu werden, und sich entsprechend verhalten können –, sorgte dafür, dass Sie sich erfolgreich und sicher fühlten, und gab Ihrer Welt eine Struktur, auf die Sie zählen konnten. Nun stellen Sie fest, wie wenig Kontrolle Sie über Ihr eigenes Glück haben und wie wenig Sie sich darauf verlassen können, von allen fair behandelt zu werden, sogar von Menschen, die Sie lieben.

Als Sam erfuhr, dass seine Frau Jane mit einem dreiundzwanzigjährigen Zimmermann schlief, geriet seine Welt komplett aus den Fugen: »Ich hatte mich für einen grundsätzlich anständigen Ehemann gehalten, der die Liebe seiner Frau verdient«, erzählte er mir. »Ich war ihr völlig ergeben und versuchte, immer für sie da zu sein – half ihr im Haus, unterstützte sie beim Lernen für ihr Aufbaustudium. Ich versuchte, immer ausgeglichen und rücksichtsvoll zu sein, selbst wenn sie es nicht war. Meine Mutter pflegte zu sagen: ›Behandle deine Frau wie eine Königin, dann wird sie dich zu ihrem König machen.‹ Was für ein schlechter Witz. Vielleicht versagte ich auf irgendeinem wichtigen Gebiet, aber sie ließ mich das nie wissen und gab mir keine Chance, etwas zu ändern. Jetzt fühle ich mich getäuscht und betrogen. Ich sehe, dass man keinen Preis gewinnt, wenn man anständig ist, sondern dafür tatsächlich sogar einen Schlag ins Gesicht bekommen kann. Ich hasse sie für das, was sie mir angetan hat. Ich bin zynisch und egoistisch geworden und bezweifle, dass ich die Menschen oder die Liebe jemals wieder für gut werde halten können.«

Bevor die Anarchie Ihres Alltags durch den Seitensprung eintrat, haben Sie wahrscheinlich genau wie Sam gewisse allgemeine Annahmen unterstützt, wie eine Beziehung funktioniert, die da wären:

- »Ich habe ein Wort dabei mitzureden, wie meine Ehe läuft.«
- »Wenn ich grundsätzlich gut und liebevoll bin, werde ich im Gegenzug geliebt.«
- »Wenn ich ein anständiger Partner bin, kann meiner Ehe nichts passieren.«
- »Ich weiß, was ich tun muss, um meinen Partner glücklich zu machen.«
- »Ich kann meiner besten Freundin/meinem besten Freund vertrauen.«

Diese früher so selbstverständlichen Gedanken mögen Ihnen jetzt schrecklich naiv erscheinen. Anstatt sie jedoch aufzugeben, beginnen Sie möglicherweise, Ihre Güte, Ihre Anständigkeit und Ihr Urteilsvermögen infrage zu stellen. Um allem einen Sinn zu geben, fangen Sie an zu glauben, dass Sie bekommen haben, was Sie verdienen.

Deprimiert und verwirrt, wie Sie sind, können Sie entweder annehmen, dass die Welt nicht nach den Prinzipien funktioniert, die Sie bisher für sicher gehalten hatten (ein Zustand, der zu äußerem Chaos führt), oder dass Sie ihr nicht gerecht werden (ein Gedanke, der zu innerem Chaos führt). Vielleicht noch nicht gleich, aber später einmal werden Sie erkennen, dass beide Sichtweisen übertrieben und zu verallgemeinernd sind. Sie müssen wirklich weder sich noch die Welt quälen. Das Leben ist nicht so regellos und Sie sind nicht so schlecht, wie Sie in dieser Phase meinen.

Der Verlust der religiösen Gläubigkeit: »Warum hat Gott mich verlassen?«

Einige von Ihnen, die versuchen, eine Erklärung für ihr Leid zu finden, werden sich vielleicht von Gott bestraft oder verlassen fühlen. Wie Rabbi Harold Kushner in *Wenn guten Menschen Böses widerfährt* ausführt, ist eine der häufigsten Fragen von Menschen, die von einem Unglück getroffen werden: »Wenn es Gott gäbe, wenn er ein Mindestmaß an Fairness hätte oder liebend und vergebend wäre, wie könnte er mir das antun?«[5]

Wie auch immer Sie es sehen – ob ein grausamer Gott Sie betrogen, ein gleichgültiger Gott Sie verlassen hat oder ein gerechter Gott Sie für unwürdig befand und Ihnen gab, was Sie verdienen –, wahrscheinlich werden Sie des Trostes beraubt, den Sie bisher in der Religion oder einem religiösen Ritual gefunden haben, und werden sich einsamer und bedürftiger fühlen als zuvor.

Ihr Glaube wird möglicherweise noch weiter ausgehöhlt durch das, was Sie als Gefühllosigkeit oder Distanziertheit Ihrer religiösen Mentoren ansehen, und durch den Verlust der spirituellen Familie, von der Sie sowohl eine soziale Identität als auch emotionale Unterstützung bezogen haben. In einer Zeit, in der Sie von den Gemeindesprechern Hilfe für Ihre psychische Wiederherstellung, eine Stärkung traditioneller familiärer Werte oder einfach Trost erhoffen, fühlen Sie sich möglicherweise entsetzlich im Stich gelassen.

Einige Mitglieder der Geistlichkeit werden die alten religiösen Plattitüden über Sie ergießen und Ihnen beispielsweise erzählen, dass Ihnen vergeben wird, wenn Sie vergeben. Andere, die sich Sorgen um Beiträge und Kirchenbesucher machen, werden keine Stellung beziehen wollen. Viele werden natürlich auch einfühlsam und unterstützend sein, aber da Sie sich so erbärmlich fühlen, wird momentan wahrscheinlich niemand Sie trösten können.

Wieder ein Beispiel: Obgleich Rachels Mann einen Seitensprung gemacht hatte, war sie es, die von ihrem Rabbi gemieden wurde:

Mein religiöser Glaube hat mir immer sehr viel bedeutet. Ich war Präsidentin des örtlichen jüdischen Familiendienstes, als mein Mann, der große und sehr angesehene jüdische Führer der Gemeinde mit einem nicht jüdischen Mädchen daherkam. Ich weiß nicht, ob ich mich versteckte oder ob die Menschen vor mir zurückschreckten, aber ich fühlte mich von jedem in der Gemeinde zurückgewiesen, sogar vom Rabbi. Als ich einmal sah, wie er meinem Mann seinen Arm um die Schultern legte, dachte ich :»Das ist der Mann, der mich zur Bar Mitzwa eingesegnet hat, der mich verheiratet und meine beiden Kinder beschnitten hat. Eines Tages wird er meine Eltern bestatten.« Irgendwie dachte ich, wenn überhaupt jemand, dann würde er sich für mich einsetzen, aber jedes Mal, wenn ich nach dem Gottesdienst seinem Blick begegnete, wandte er ihn ab. Als er weiterhin nichts sagte – keinen Rat, kein Wort des Mitgefühls –, beschloss ich: »Das war es. Ich will keine Jüdin mehr sein.« Um meinen Schmerz loszuwerden, kehrte ich mich von meiner Religion ab.

Ich musste mich davon trennen, musste eine andere Identität finden, auch wenn es eine Anti-Identität war. Mein Mann kehrte letztlich zu mir zurück, aber es dauerte acht Jahre, bis ich mich bei der Beobachtung jüdischer Rituale wieder wohlfühlen konnte. Eines Tages ging ich zu dem Rabbi und konfrontierte ihn mit meiner Wut. Er schien all die Jahre keine Vorstellung davon gehabt zu haben, wie verletzt und einsam ich gewesen war. Nun, da er es wusste, sagte er mir, er fühle sich verletzt, *dass ich nicht früher zu ihm gekommen sei*, um mir seine Weisungen anzuhören.

Ich kann es nicht mit Sicherheit sagen, aber ich vermute, dass er zu ängstlich, zu politisch war, um sich da hineinziehen zu lassen. Mein Mann war schließlich einflussreich. Für mich war dies ein Mann mehr, der weder den Mut noch die Menschlichkeit besaß, seine Eigeninteressen hinter sich zu lassen, und der von mir erwartete, ihm das Gefühl von Wichtigkeit zu geben. ›Fick dich ins Knie‹, war mein Gefühl dabei. In diesen Monaten entledigte ich mich einer Menge Müll und fand allmählich andere Wege, um meine spirituellen Bedürfnisse wahrzunehmen.

So wie bei Rachel kann es auch Ihnen passieren, dass sich Ihr Glaube in eine Farce und Ihr Gott in eine unbeteiligte und machtlose Symbolfigur verwandeln, wenn Sie von Ihren religiösen Führungspersönlichkeiten im Stich gelassen werden.

Ob ein Angehöriger der Kirche Sie desillusioniert oder Gott selbst, Sie werden sich wahrscheinlich von einer Ihrer vertrautesten und umfassendsten Quellen der Bestätigung und spirituellen Nahrung im Stich gelassen fühlen. Versuchen Sie, nicht zu vergessen, dass solche Gefühle in diesem Stadium normal sind und nicht notwendigerweise einen dauerhaften Verlust des Glaubens vorhersagen.

Der Verlust der Verbindung zu anderen: »Wem kann ich noch vertrauen? Wer ist für mich da?«

Ihr Gefühl von Scham und Minderwertigkeit kann möglicherweise dazu führen, dass Sie denken, alle würden über Sie reden und würden Sie meiden wie die Pest – warum sonst würden sie nicht mehr anrufen oder Sie einladen?

Während ein Teil von Ihnen die Hände ausstrecken und der Welt erzählen möchte, dass Sie verletzt wurden, möchte ein anderer Teil den Mund halten und allein bleiben. In einem Moment sehnen Sie sich nach der Bestätigung, dass Sie ein liebenswerter Mensch sind, und möchten sich an jeden hängen, der Ihrer Geschichte zuhören und anerkennen möchte, dass Sie verletzt wurden. Im nächsten Moment ziehen Sie sich in die Isolation zurück, getrieben von Stolz, der Angst vor Lächerlichkeit und dem abwegigen Gefühl, die Person schützen zu müssen, die Sie betrogen hat.

Mary, Tochter eines etablierten Investment-Bankers, wurde so erzogen, dass man Familiengeheimnisse für sich behält und Probleme selbst löst. Als sie herausfand, dass ihr Mann eine Affäre hatte, hätte sie ihre Familie und ihre Freunde gebraucht, verschloss sich jedoch stattdessen. »Nach dem, was mir der Bastard angetan hat, ist es unglaublich, dass ich es als meine heilige Aufgabe betrachtet habe, seinen Namen zu schützen«, erzählte sie mir rückblickend. Als er jedoch weiterhin fremdging, gestattete sie es sich, die Unterstützung von Verbündeten zu suchen. »Soll er sich doch selbst um sein Ansehen sorgen«, sagte sie.

Wenn Ihre Eltern noch leben, zerbrechen Sie sich wahrscheinlich den Kopf darüber, ob Sie es ihnen erzählen sollen. Ihre Entscheidung wird immer erhebliche Risiken bergen, und Sie werden sich fragen: »Werden künftige Familientreffen unerträglich, wenn sie es wissen? Wird es für meinen Partner schwieriger, wenn ich meine Eltern gegen ihn aufbringe? Will ich wirklich, dass meine Eltern von meinen Beziehungsproblemen wissen? Will ich von ihnen abhängig sein – will ich wieder von ihnen gehätschelt werden? Kann ich mit ihrem Mitleid, ihrer

Missbilligung, ihrer Verurteilung umgehen? Will ich mit ihnen die schmutzigen, demütigenden Details des Seitensprungs teilen? Wenn ich wieder in die Kindesrolle geschlüpft bin, wie komme ich da wieder heraus?«

Wenn Sie Mutter oder Vater sind, quälen Sie sich vielleicht mit der Frage, ob Sie es Ihren Kindern erzählen sollen. »Ist es klug, sie mit der hässlichen Wahrheit zu belasten?«, fragen Sie sich eventuell. »Sind sie noch zu jung, um es zu verstehen?« Sie sehnen sich nach ihrem Mitgefühl, haben aber die Sorge, sie gegen ihren anderen Elternteil aufzubringen. Ein Teil von Ihnen sagt: »Ja, ich möchte ihre Beziehung zu der Person vergiften, die mich zerstört hat. Ich würde mich gerne rächen. Ich will, dass die Kinder mich mehr lieben.« Aber ein anderer Teil – der Teil, der weiß, dass jeder Elternteil ein unersetzliches Vorbild ist und dass Kinder von beiden Eltern lernen, was es bedeutet, erwachsen zu sein – schreckt bei dem Gedanken zurück, die Kinder dazu zu zwingen, ihre Loyalität aufzuteilen. »Will ich wirklich, dass sie mit einem unvollständigen oder verzerrten Selbstgefühl aufwachsen?«, werden Sie sich fragen. »Was wird die Wahrheit mit ihrer Selbsteinschätzung anstellen? Wird es dadurch wahrscheinlicher, dass sie selbst einmal Seitensprünge machen, wenn sie groß sind? Werden sie Angst davor haben, selbst enge Beziehungen einzugehen? Werden sie sich für das, was geschehen ist, die Schuld geben? Vielleicht müssen sie nie etwas davon erfahren, wenn es mir gelingt, die Ehe schnell wieder zu kitten.«

Sie zerbrechen sich vielleicht auch den Kopf darüber, ob Sie Ihren Freunden Ihr Herz ausschütten sollen. »Kann ich darauf vertrauen, dass sie es für sich behalten?«, fragen Sie sich eventuell. »Werde ich am Ende ein öffentliches Schauspiel abgeben? Niemand pflegt gerne Umgang mit einem unglücklichen Paar, werden wir also künftig samstags am Abend allein zu Hause sitzen? Freunde, denen ich mich anvertraue, werden wahrscheinlich über meinen Partner schimpfen, entweder, weil sie ehrlich wütend sind, oder weil sie wollen, dass ich mich besser fühle. Wird es dann nicht peinlich sein, wenn wir später wieder als Gruppe zusammenkommen? Und das Schlimmste: Was ist, wenn jemand für meinen Partner Verständnis hat?«

Es ist wichtig, sich klarzumachen, dass manche Leute einen Ehebruch wie eine ansteckende Krankheit betrachten, die ihre eigene Beziehung infizieren könnte, wenn sie zu engen Kontakt mit Ihnen haben. Da für solche Menschen das Thema Untreue tabu ist, sollten Sie nicht zu viel von ihnen erwarten und ihre

Kälte auch nicht persönlich nehmen. Sie fühlen sich wahrscheinlich durch etwas bedroht, was sie nicht verstehen, oder sie fürchten, dass ihre eigene Beziehung zerbrechlicher ist, als sie wissen oder zugeben wollen.

Die meisten Freunde werden Ihnen helfen und Sie trösten wollen, wissen aber ganz einfach nicht, was sie sagen oder wie sie anfangen sollen. Sogar für Beerdigungen gibt es eingeführte Riten mit vorformulierten Sätzen für das Kondolieren, aber bei der Nachricht über die Untreue eines Partners haben vielleicht selbst Ihre engsten Freunde keine Ahnung, wie sie Ihnen in Ihrem Kummer helfen können. Aus Unsicherheit, was sie sagen oder tun sollen, werden sie Sie vielleicht meiden. Sie sollten auf jeden Fall in Betracht ziehen, dass Ihre Freunde möglicherweise auf Hinweise von Ihnen warten, dass Sie ihre Gesellschaft wünschen, dass Sie nicht allein sein wollen. Häufig ist ihr Fernbleiben dadurch motiviert, dass sie Ihren vermeintlichen Wunsch nach Privatsphäre respektieren wollen. Vielleicht müssen Sie sie einfach nur wieder in Ihr Leben einladen.

Einige von Ihnen werden überlegen, einen Therapeuten aufzusuchen, eine anonyme und neutrale Person, die ihnen zuhört und zu helfen versucht. Das mag sehr logisch erscheinen, dennoch haben Sie dazu vielleicht widersprüchliche Gefühle. »Ich habe Monate gebraucht, mir einen Termin bei Ihnen geben zu lassen«, erzählte mir eine betrogene Ehefrau. »Ich dachte, meine Geheimnisse würden Sie schockieren.« Als diese Frau schließlich zu mir kam, erzählte sie mir alles über die aktuelle Affäre ihres Mannes, jedoch nichts über die vielen One-Night-Stands, die ihr vorausgegangen waren. »So verrückt es klingen mag, ich hatte Angst, Sie würden mir zureden, ihn zu verlassen, und ich war mir nicht sicher, ob ich das will«, gab sie zu. Sie hatte angenommen, in einer Therapie würde sie sich entscheiden müssen, ob sie die Ehe beenden wolle, während sie doch nur besser mit ihren ambivalenten Gefühlen umgehen lernen wollte (dabei werde ich Ihnen in den Kapiteln 3 und 4 helfen). Am Ende des ersten Termins stand sie auf und sagte: »Jetzt weiß ich, warum ich hier bin. Ich brauche es, darüber zu sprechen und meine Gefühle über das, was geschehen ist, zu sortieren. Ich muss nicht wissen, wohin das alles führen wird. Ich bin für mich hier, um mich ins Leben zurückzubringen.«

Wenn Sie sich anderen gegenüber öffnen, ist dies immer risikobehaftet. Eltern, Kinder, Freunde, Therapeuten – alle werden Ihnen in dieser schwierigen Zeit vielleicht helfen, sie werden aber auch Ihr Gefühl von Entfremdung nähren. Es ist schwer zu wissen, wem man vertrauen und wie viel man sagen kann. Es gibt keine Regeln, kein Richtig und kein Falsch. Sie können nichts weiter tun, als die Konsequenzen zu bedenken, die das Enthüllen des Geheimnisses haben kann. Nur Sie allein können die Risiken gegen Ihre Bedürfnisse abwägen.

Egal wie Sie sich entscheiden, hüten Sie sich davor, sich selbst zu isolieren und Ihr einsames Leben zu stark zu entwickeln. Wenn Sie davon ausgehen, dass Ihre engsten Freunde Sie nicht um sich haben wollen oder dass Sie in Gesellschaft immer heiter und unterhaltsam sein müssen, werden Sie sich nur noch einsamer machen und sich den Trost versagen, den Sie so dringend brauchen. Wenn es ein Netzwerk von Menschen gibt, die Ihr Leben vollständig und sinnvoll machen, gehen Sie hinaus und befassen Sie sich wieder mit ihnen, auch wenn Sie sich anfangs vielleicht unbehaglich und befangen fühlen.

Der Verlust des Lebenssinns – bis hin zum Lebenswillen: »Manchmal, wenn ich abends nach Hause fahre, denke ich, es wäre einfacher, von der Straße abzukommen und diese Qual zu beenden.«

Wenn Sie sich nicht vorstellen können, jemals wieder zu lieben oder geliebt zu werden, wenn Sie die Fähigkeit verlieren, sich selbst oder Ihr Leben wertzuschätzen, wenn es schmerzlicher erscheint zu leben, als nicht zu leben, überrascht es nicht, dass Ihre Gedanken Richtung Suizid wandern. Diese Reaktion auf den Seitensprung Ihres Partners ist besonders tragisch: der Verlust des Lebenswillens.

Paula, die Mutter einer geistig zurückgebliebenen Tochter, war mit ihrem zweiten Kind schwanger, als sie erfuhr, dass ihr Mann mit ihrer besten Freundin Sybil schlief. »Eines Tages verlor ich meinen Lebenswillen«, erzählte sie mir. »Mir fiel kein Grund mehr ein weiterzuleben. Ich fühlte mich wie ein kompletter Versager. Sybil war kultiviert und sexy. Die beiden Menschen, die ich für meine besten Freunde gehalten hatte, hatten mich betrogen. Mein ungeborenes Kind verdiente mehr, als ich ihm geben konnte oder als die Welt ihm geben konnte, dachte ich, also schloss ich das Garagentor, setzte meine Tochter neben mich ins Auto und ließ den Motor an. Hatte ich den Verstand verloren? Ich glaube ja – vor Kummer, vor Hass. Mich rettete die Erkenntnis, wie verrückt es war, was ich da tat, dass ich die Pflicht hatte, für meine Kinder da zu sein, und dass vielleicht auch mein Mann verrückt gehandelt hatte. Auf einer gewissen Ebene verstand ich, dass sein Seitensprung ein Versuch war, der Verantwortung für unsere Tochter zu entfliehen und mit der Angst um unser ungeborenes Kind klarzukommen. Ich beschloss, diese

Gedanken gemeinsam mit ihm zu ergründen, und wir kamen wieder zusammen und gestalten unsere Ehe seither neu. Das Leben war für uns immer hart, härter als für die meisten, denke ich. Aber ich fühlte damals und fühle auch heute noch, dass wir es einander schuldig waren, den Schmerz zu überwinden und uns zu vergeben, Menschen zu sein. Als Eltern waren wir beide so enttäuscht, vielleicht erwarteten wir, unsere Beziehung müsse ausgleichen, was das Leben uns nicht gab. Wir sind nun dabei, unsere Bitterkeit über die Karten, die man uns im Leben zugeteilt hat, abzulegen und als Freunde an einem Strang zu ziehen.«

Für Sie sind wie für Paula vielleicht nur wenige Ereignisse im Leben zerstörerischer als der Betrug des Partners. Vergessen Sie jedoch nicht, dass Ihre Depression wie ein dichter Morgennebel ist, der Ihre Sicht trübt, und dass es ein Unterschied ist, Suizidgedanken zu haben oder sie auszuführen. Wenn Sie jemals das Gefühl haben, sich oder andere ernsthaft zu gefährden, können Sie in die Notaufnahme eines Krankenhauses gehen oder einen Freund anrufen und mitteilen: »Ich habe eine Depression. Bitte schütze mich.« *Sie wollen nämlich nicht sich selbst töten, sondern Ihren Schmerz.*

Ihre Aufgabe ist es jetzt, Ihr Bestes zu geben, um Ihre Verzweiflung auszuhalten, selbst wenn Sie im Moment noch nicht wissen, wie Sie sie lindern können. In diesem Moment können Sie vielleicht nicht glauben, was ich Ihnen sage, aber Sie müssen daran glauben, dass Sie mit der Zeit lernen können, sich wieder selbst wertzuschätzen und authentische Verbindungen mit Menschen zu entwickeln, die Ihnen etwas bedeuten.

Unterschiede zwischen den Geschlechtern: Beeinflussen sie die Art, wie Sie auf einen Seitensprung reagieren?

Männer und Frauen neigen dazu, dem Seitensprung des Partners unterschiedliche Bedeutungen beizumessen, was wiederum ihre emotionale Reaktion darauf färbt. Es ist wichtig, nicht zu sehr zu verallgemeinern – was für manche Menschen zutrifft, gilt für andere nicht –, aber es gibt Belege dafür, dass die meisten Menschen zumindest teilweise geschlechtstypisch reagieren. Das Bewusstsein für diese biologischen und kulturellen Imperative, egal wie fließend und ungenau sie auch sein mögen, sollte Aufschluss über Ihre Reaktion auf einen Seitensprung geben und dafür sorgen, dass Sie sich weniger verrückt und einsam fühlen. Dies sollte auch Ihrem Partner helfen, Sie besser zu verstehen.

In der Regel versuchen Frauen eher, die Beziehung wiederherzustellen und am Leben zu erhalten; Männer sind viel mehr geneigt, sie zu beenden und einen Ersatz zu suchen. Frauen tendieren dazu, Depressionen zu entwickeln und auf sich selbst einzuschlagen; Männer hingegen dazu, wütend zu werden und auf andere einzuschlagen, wenn auch nur in ihren Fantasien. Frauen sind eher geneigt, den Seitensprung ihrer allgemeinen Unwürdigkeit zuzuschreiben, Männer ihrem sexuellen Ungenügen. Frauen übertreiben die Bedeutung des Seitensprungs eher und brauchen länger, um sich davon zu erholen; Männer schotten sich viel mehr gegen ihren Schmerz ab und schauen nach vorne.

Unterschied #1: Frauen versuchen, die Beziehung zu erhalten, Männer machen kehrt und laufen davon

Frauen: »Vielleicht können wir es aufarbeiten.«

Männer: »Bemühe dich nicht zurückzukommen.«

Ist der verletzte Partner eine Frau, ist die Wahrscheinlichkeit größer, dass sie daran arbeiten wird, die Beziehung zu erhalten[6] – was zum Teil daran liegt, dass die Gesellschaft ihr beigebracht hat, anderen zu gefallen und sich selbst zu verleugnen.[7] Ein Mann hingegen neigt eher dazu, einen Schnitt zu machen und sich Ersatz zu suchen, jemanden, der ihm die Liebe und Aufmerksamkeit schenkt, die er verdient hat – wie er meint. Frauen halten typischerweise den Mund oder verdrängen ihre Gefühle, wenn sie emotional verletzt wurden. Da sie sich unter Druck fühlen, den Anschein von Harmonie aufrechtzuerhalten, verbergen sie ihr authentisches Selbst und ihre innere Stimme, die ruft: »Das genügt mir nicht.«

Unsere Gesellschaft vermittelt die Botschaft, es sei die Aufgabe einer Frau – und ein Maß für ihren Selbstwert –, die Bindungen zu anderen zu erhalten. Eine faszinierende Studie[8] zeigt, dass Mädchen, die ungefähr acht Jahre alt sind, bei der Frage, wie sie sich fühlen, wenn sie von Jungen schlecht behandelt werden, ihre Wut genau kennen und darüber sprechen; stellt man denselben Mädchen jedoch mit etwa zwölf Jahren dieselben Fragen, antworten sie mit: »Keine Ahnung.« Diese gut dokumentierten Untersuchungsdaten weisen nach, dass viele Frauen mit zunehmendem Alter aufhören, ihren Intuitionen zu vertrauen, wenn ihnen Unrecht geschieht. Wenn es Ihnen als Frau nicht gelingt zuzugeben, wie sehr die Untreue Ihres Partners Sie verletzt, wenn Sie aufhören, direkt und entschieden über Ihre negativen Gefühle zu sprechen, nur um zusammenzubleiben, wenn Sie Angst haben, ein »Whistleblower"[9] zu sein, dann haben Sie die Lektionen der Gesellschaft gut verinnerlicht.

Ein weiterer Grund, aus dem heraus viele Frauen versuchen, selbst kaputte Beziehung zu erhalten, ist, dass sie glauben und fürchten, die Alternative dazu bestünde darin, allein zu leben. Die berühmte Ehe-Studie der Harvard- und Yale-Wissenschaftler Bennett, Bloom und Craig aus dem Jahr 1986 versetzte die Frauen in Panik, da in dieser Studie ein angeblicher Mangel an Junggesellen postuliert wurde.[10] Obgleich Susan Faludi 1991 aufzeigte, dass diese Statistiken extrem übertrieben waren,[11] erzeugten sie dennoch einen Zustand von »nuptuliatis«,[12] der noch heute anhält und bei dem Frauen glauben, ihre Möglichkeiten für eine Heirat würden ab einem Alter von vierzig Jahren gegen null gehen.[13]

Geschiedene Frauen leiden wirtschaftlich gesehen stärker als geschiedene Männer, teilweise weil sie die Verantwortung für die Kindererziehung übernehmen,[14] und teilweise, weil ihre Ex-Ehemänner eher die Raten für ein Auto abbezahlen als den Unterhalt für die Kinder.[15] Obgleich die Einkommensunterschiede zwischen den Geschlechtern langsam nachlassen, arbeiten eher Frauen in Geringverdienerjobs als Männer und verdienen in vergleichbaren Positionen oftmals weniger als ihre männlichen Kollegen.[16] Allein aus diesen praktischen Gründen kämpfen viele Frauen für den Erhalt ihrer Ehe.

Männer, die herkömmlicherweise finanziell besser abgesichert sind und die auch zuversichtlicher sind, Ersatz für ihre Partnerin zu finden, sind weniger daran interessiert, dass ihre untreu gewordene Ehefrau zurückkommt. Da sie sich weniger durch den Erfolg einer Beziehung definieren, haben sie auch weniger das Gefühl, etwas zu verlieren, wenn die Beziehung zerbricht. Frauen neigen dazu, den Mund zu halten und zu bleiben, Männer ergreifen eher die Flucht. Sie bewältigen die Verletzung, indem sie die Quelle ihres Schmerzes auslöschen.

Unterschied #2: Frauen werden depressiv, Männer werden wütend

Frauen: »Ich habe in der wichtigsten Beziehung meines Lebens versagt.«
Männer: »Wenn mir der Liebhaber meiner Frau über den Weg läuft, bringe ich ihn um.«

Frauen neigen dazu, auf einen Seitensprung mit Selbstvorwürfen zu reagieren; Männer dazu, mit Wut zu reagieren und – zumindest in ihrer Fantasie – auf diejenigen einzuschlagen, von denen sie verletzt wurden.

Bei Frauen ist die Wahrscheinlichkeit, eine klinische Depression zu entwickeln, doppelt so groß wie bei Männern, dies geht aus neueren Zahlen hervor, die in der Mayo Clinic erhoben wurden.[17] Ein Grund dafür ist, dass Frauen ihre Kritik eher nach innen auf sich selbst richten und nicht nach außen auf andere. Ein weiterer Grund ist, dass sie sich eher in Beziehung zu anderen definieren und ihren Selbstwert damit gleichsetzen, geliebt zu werden. Gerät eine Beziehung ins Schwanken oder scheitert, wird eine Frau eher depressiv und erlebt eine Reduzierung ihres Selbst. Sie verliert nicht nur ihren Partner, sie verliert sich selbst.[18]

Wenn Sie hingegen ein Mann sind, ist es wahrscheinlicher, dass Sie Ihre Wut auf Ihre Frau oder deren Liebhaber und dann erst gegen sich selbst richten.[19] Aggressive Männer müssen sich oft von Gewalttaten zurückhalten, aber sogar passive, selbstbeobachtende Typen ertappen sich bei Tagträumen, in denen sie gegenüber dem »Feind« gewalttätig werden. In jedem Fall erlaubt es Ihnen Ihre Wut, sich kraftvoll zu fühlen und die Kontrolle zu haben, wodurch Sie so verunsichernde Gefühle wie Scham und Selbstzweifel abwehren. Einige werden Ihre Partnerin als Opfer sehen wollen, manipuliert durch einen verführerischen Liebhaber. Indem Sie Ihre Wut auf ihn richten, vermeiden Sie es, sich der schmerzlichen Möglichkeit zu stellen, dass Ihre Partnerin sich für den Seitensprung entschieden hat, weil sie mit Ihnen ernsthaft frustriert war.

Unterschied #3: Frauen empfinden sich als unzulängliche Gefährtinnen, Männer fühlen sich als unzulängliche Liebhaber

Frauen: »Ich bin nicht gut genug. Ich kann meinen Mann nicht zufriedenstellen.«
Männer: »Mein Penis ist nicht gut genug. Ich kann meine Frau nicht befriedigen.«

Als Frau schreiben Sie die Untreue Ihres Mannes Ihrer eigenen Unzulänglichkeit als Mensch zu, nicht nur Ihren Leistungen im Bett. Sie gehen wahrscheinlich davon aus, dass Ihr Partner aus Liebe einen Seitensprung begangen hat, nicht nur wegen Sex, und dass ihn dabei mehr angezogen hat als das rein Körperliche. Folglich werden Sie der Affäre Ihres Partners vielleicht mehr Bedeutung zuweisen, als sie hat. Wenn er beteuert: »Ich habe die andere Frau nie geliebt, ich wollte unsere Ehe nie beenden, meine Affäre hat mir nichts bedeutet«, wird es Ihnen vielleicht sehr schwerfallen, seine Worte zu verstehen oder ihnen zu trauen, aber Sie sollten in Betracht ziehen, dass er das ehrlich meint.

Als Mann neigen Sie zu der Annahme, Ihre Frau habe Sie wegen besseren Sexes betrogen, eine Annahme, durch die Sie sich sexuell ungenügend empfinden und die Sie eifersüchtig macht, was zu Gewalt gegenüber Ihrer Frau oder deren Liebhaber führen kann. Männer übersehen oder bagatellisieren gerne andere, nicht sexuell motivierte Beziehungsprobleme wie Kommunikation und Innigkeit, die für ihre Frauen jedoch am meisten bedeuten können. Wenn Sie Ihre Ehe retten möchten, sollten Sie Ihre Partnerin erst einmal fragen, was sie in der Beziehung vermisst und was genau Sie tun können, damit sie sich geliebter und geschätzter fühlt.

Unterschied #4: Frauen steigern sich hinein, Männer lenken sich ab

Frauen: »Ich muss ständig an seine Freundin denken.«

Männer: »Ich weigere mich, über ihren Seitensprung nachzudenken.«

Da das Selbstgefühl von Frauen enger mit dem Erfolg in ihren innigsten Beziehungen verknüpft ist, neigen sie dazu, sich in einen Seitensprung ihres Partners mehr hineinzusteigern als ein Mann. Eine Frau befasst sich intensiver mit dem Betrug, was so weit gehen kann, dass sie alles andere ausschließt. Dabei nimmt die Erbitterung über die Lügen ihres Partners zu und sie bleibt lange misstrauischer.[20] Da sie die Affäre aktiv und in allen Einzelheiten immer wieder durchlebt, hält sie die Verletzung und die Unsicherheit lebendig.

Männer verbringen hingegen weniger Zeit damit, den Betrug immer wieder durchzukauen, sie engagieren sich stärker in körperlichen Aktivitäten, wodurch sie sich überlegener und souveräner fühlen.[26] Sie scheinen besser in der Lage zu sein, ihren Schmerz isoliert zu halten und weiterzumachen – häufig in Richtung auf eine neue Partnerin.

Haben diese Unterschiede zwischen den Geschlechtern tatsächlich Einfluss darauf, wie Sie auf einen Seitensprung reagieren? Können Sie auch als Mann so depressiv und selbstkritisch sein wie eine Frau? Können Sie sich auch als Frau so stark mit Ihrer sexuellen Leistungsfähigkeit beschäftigen?

Geschlechtsspezifische Muster wurden in neueren Forschungsarbeiten identifiziert, was jedoch nicht bedeutet, dass sie auf Sie zutreffen müssen. Zeitweise kann tatsächlich das Gegenteil der Fall sein. Natürlich sind auch betrogene Frauen in der Lage, ihre Wut zu zeigen. Euripides wusste dies bereits vor über 2000 Jahren, als er seine Geschichte über Medea schrieb, eine verlassene Ehefrau, die ihre Kinder und die Geliebte ihres Mannes aus Rache für seine Untreue tötete.

Schauen wir wieder 2400 Jahre nach vorne in eine heutige Talkshow, in der ich als Expertin zu Gast war. Dort wurde ich Zeugin, wie eine Frau aufs Podium stürmte und die Babysitterin schlug, die mit ihrem Mann geschlafen hatte.

Was die Reaktion betrogener Männer angeht, wäre es absurd zu sagen, dass sie sich nie in die Untreue ihrer Partnerin hineinsteigern oder nie dafür kämpfen, ihre Partnerin zurückzugewinnen. Keine einzige Reaktion passt ausschließlich zu einem Geschlecht. Die hier besprochenen Unterschiede zwischen den Geschlechtern sollen Ihnen und Ihrem Partner lediglich helfen, ein umfassenderes Bild Ihres jeweiligen Verhaltens in dieser Ausnahmezeit zu gewinnen. Egal ob Sie ein Mann oder eine Frau sind: Die Verluste, die Sie erleiden, sind tief und komplex.

Erfolg, sagte Emerson einmal, umfasst die Fähigkeit, einen Betrug durch einen geliebten Menschen zu überleben. Das ist bis zu einem gewissen Punkt richtig. Aber nun wird es Zeit für Sie, über das Überleben hinaus anzufangen zu heilen. Um diesen Prozess in Gang zu setzen, müssen Sie, der verletzte Partner, akzeptieren, dass Ihre anfängliche emotionale Reaktion – übertrieben, selbstbeschuldigend und verzweifelt – völlig normal und verständlich oder zumindest die beste Reaktion war, zu der Sie zu diesem Zeitpunkt fähig waren, wenn man Ihre Möglichkeiten und das Ausmaß Ihres Verlustes bedenkt. *Sie müssen sich selbst verzeihen können, dass Sie sich selbst verloren haben, und sich nun aus sich selbst heraus neu aufbauen.*

Um Ihre Beziehung zu erneuern, müssen Sie sich auch mit der Reaktion Ihres Partners auf den Seitensprung arrangieren, egal wie diese Reaktion sich von Ihrer eigenen unterscheidet. In diesem Kapitel war Ihr Partner aufgerufen, die Untreue mit Ihren Augen zu sehen. Im nächsten Kapitel sind Sie aufgerufen, die Untreue durch die Augen Ihres Partners zu sehen. Ob Sie es glauben oder nicht, der Mensch, der Sie betrogen hat, hat möglicherweise ebenfalls damit zu kämpfen, das Ganze zu verstehen.

KAPITEL 2
Die Reaktion des untreuen Partners: Verloren in einem Labyrinth von Auswahl-möglichkeiten

»In meine Ehe zurückzugehen, fühlt sich an, als würde ich ins Gefäng-nis geschickt. Aber ich kann meine Kinder nicht im Stich lassen.«

»Ich war nicht darauf aus, mich in jemand anderen zu verlieben, aber so ist es nun gekommen, ich habe mich schrecklich verliebt. Jetzt kann ich mich nicht entscheiden, welche Beziehung ich aufgeben soll.«

»Ich weiß, dass ich fremdgegangen bin, aber ich wollte dich nicht ver-letzen und ich habe nie aufgehört, dich zu lieben. Können wir nicht ge-meinsam weitermachen?«

Dies sind einige der Konflikte, mit denen Sie wahrscheinlich zu kämpfen haben, jetzt, da Ihr Seitensprung bekannt ist. Diese Konflikte unterscheiden sich ein-deutig von denen, mit denen Ihr Partner konfrontiert ist. Egal wie schlecht Sie sich fühlen, die Auswirkungen Ihrer Untreue sind für Sie praktisch nie ebenso niederschmetternd, desorientierend oder tiefgreifend wie für die Person, die Sie betrogen haben.

Warum ist das so? Zuerst einmal wurde Ihr Selbstgefühl nicht angegriffen. Sehr wahrscheinlich ist sogar das Gegenteil der Fall – die Erfahrung, eine Ge-liebte/einen Liebhaber zu haben, hat Sie aufgewertet. Sie fühlen sich von zwei Menschen begehrt, während Ihr Partner sich von niemandem geliebt fühlt. Der Seitensprung kann Ihnen auch ein neues Gefühl der Kontrolle über Ihre Welt verschaffen, mit mehr Kraft, mehr Wahlmöglichkeiten als je zuvor. Ihr Partner hingegen fühlt sich wahrscheinlich klein gemacht und von einer unsicheren Zu-kunft bedroht.

Obgleich Ihr Partner unter einem völlig anderen und signifikant lähmende-ren Verlust leidet als Sie, bin ich sicher, dass auch Sie Ihre eigene Art von Hölle erleben. Dass Sie Ihr Geheimnis preisgegeben haben, sollte Sie von einer gewal-

tigen Last befreit und eine vorübergehende Erleichterung bewirkt haben, aber
Sie sind wahrscheinlich noch immer so hin- und hergerissen wie zuvor. Während
ein Teil von Ihnen sich unwiderstehlich zu Ihrer Geliebten/Ihrem Liebhaber hingezogen fühlen wird, kann ein anderer Teil von Ihnen angeekelt sein von dem
Betrug oder von der Tatsache, dass dieser dazu führt, dass Ihre Kinder leiden.
Die Bitterkeit, die Sie Ihrem Partner gegenüber zu fühlen meinten, kann in Reue
über den Schmerz umgeschlagen sein, den Sie verursachen. Vielleicht beschließen Sie, Ihrer Beziehung noch eine Chance zu geben, nur um zu entdecken, dass
Ihr Partner nicht bereit ist, Sie so leicht davonkommen zu lassen. Während Sie
sich den Kopf über Ihre Optionen und die jeweils damit verbundenen Kompromisse zermartern, finden Sie sich in einem Minenfeld der Wahlmöglichkeiten
gefangen – wie gelähmt, unfähig zu bleiben oder zu gehen.

Während Sie damit kämpfen, Ordnung in dieses Chaos in Ihrem Leben zu
bringen, dürfen Sie nicht vergessen, dass Ihr Partner nicht in der geistigen Verfassung ist, Ihr Dilemma zu würdigen. Ihr Konflikt, ob Sie Ihre Geliebte/Ihren
Liebhaber verlassen sollen, Ihr Kummer, einen seelenverwandten Menschen
oder den besten Freund zu verlieren – warum sollte sich Ihr Partner darüber den
Kopf zerbrechen? Das sind allein Ihre Probleme, mit denen Sie allein fertigwerden müssen. Wenn Sie Sympathie oder Verständnis erwarten, verprellt das Ihren
Partner nur noch mehr.

Auch wenn Ihr Partner möglicherweise auf einer bedingungslosen Zusage
besteht, sind Sie wahrscheinlich nicht dafür ausgerüstet, in dieser labilen Zeit
irgendeine irreversible Entscheidung fürs Leben zu treffen (wir behandeln diese
Entscheidungen in den nächsten beiden Kapiteln). Ihre unmittelbare Aufgabe
– und auch die Ihres Partners – ist es, Ihre intensiven und widersprüchlichen
Gefühle zu identifizieren und zu erkennen, wie angemessen und normal sie in
dieser Phase sind. Hier eine Auflistung der üblichsten Gefühle. Versuchen Sie,
darunter Ihre eigenen zu erkennen:

- Erleichterung
- Ungeduld
- Chronische Angst
- Fehlendes Schuldbewusstsein
- Kummer über den Verlust der Geliebten/des Liebhabers
- Schuldgefühle wegen der Kinder

- Isolation
- Hoffnungslosigkeit
- Lähmung
- Selbstekel

Erleichterung: »Ich bin die Lügerei leid.«

Ist die Wahrheit erst einmal ausgesprochen, empfinden Sie wahrscheinlich eine große Erleichterung. Selbst wenn Sie nicht wissen, worauf Sie zusteuern, fühlen Sie sich eventuell herrlich befreit von den Komplikationen, die sich aus den Lügen und Täuschungen ergeben haben. Vielleicht fühlen Sie sich sogar wie geläutert oder gereinigt. Andrea, eine neununddreißigjährige Hausfrau, beschrieb ihre Erleichterung, als ihr Mann Jeff ihre Affäre entdeckte: »Es war irrwitzig geworden, zwei Leben unter einen Hut zu bringen. Ich konnte den Betrug und den Druck nicht mehr bewältigen. Wenn ich wusste, dass ich Mittwochnachmittag mit meinem Freund Sex haben würde, schlief ich Dienstagnacht mit Jeff, damit er es nicht so bald wieder erwarten würde. Ich begann seine Annäherungsversuche zu fürchten. Als er es schließlich herausfand, gab ich meinen Freund auf, und zum ersten Mal seit vielen Jahren rückte mein Leben wirklich ins Blickfeld. Es fühlte sich wunderbar an, nur noch eine Person zu sein.«

Marty, ein verheirateter siebenundvierzigjähriger Börsenmakler, war höchst erfreut, die Überholspur verlassen zu können: »Ich hatte so viele Leute angelogen, dass ich nicht mehr wusste, wer ich überhaupt war und was ich wem gesagt hatte. Ich konnte meine beiden Leben nicht mehr auseinanderhalten oder die Wahrheit von der Erfindung trennen. Ich hatte ständig schreckliche Angst, mich zu verplappern und aufzufliegen. Ich verbrachte den Abend mit meiner Freundin und raste dann nach Hause, wobei ich jede Ampel verfluchte. Ich war mit den Nerven am Ende und wusste, dass ich wieder zu spät kommen würde und in dem Moment, in dem ich zur Türe hereinspazierte, das Verhör meiner Frau über mich würde ergehen lassen müssen. Für so etwas war ich zu alt. Als sie es mir schließlich auf den Kopf zusagte, war ich mehr als bereit, die Wahrheit zuzugeben – ich wurde von Erleichterung überschwemmt.«

Die Beichte mag dazu führen, dass Sie sich, wie Marty, wieder als Ganzes empfinden, aber es wird nicht lange dauern, bis Ihre Gefühle wahrscheinlich durcheinander geraten und komplexer werden.

Ungeduld: »Ich habe meinen Liebhaber verlassen und dir alles erzählt. Was verlangst du denn noch von mir?«

Ist die Affäre erst einmal offenbart, versuchen Sie vielleicht ungeduldig, die Hand auszustrecken und neu anzufangen. Sie wollen nicht nur die Verbindung wiederherstellen, sondern wollen sich, etwas eigennütziger, nicht mehr jedes Mal schuldig fühlen müssen, wenn Sie mit dem Schmerz Ihres Partners konfrontiert werden. Ihr Partner jedoch, der nach einem anderen Zeitplan vorgeht, ist wahrscheinlich entrüstet über Ihre offenkundigen Bemühungen, den Schaden zu bagatellisieren und einfach weiterzumachen. Wie der Ehe- und Familienberater Dave Carder ausführt, braucht es der betrogene Partner, »die Wut so intensiv zu empfinden wie der untreue Partner seine Verliebtheit, die Qual so intensiv wie der Untreue seine Freude, die Vergeltung so intensiv wie der Untreue den Betrug«.[1]

Mit Bedauern, aber ungeduldig, mögen Sie sich fragen: »Wie lange muss ich die unaufhörlichen verbalen Angriffe meines Partners, die immer wieder Schuldgefühle hervorrufen, noch aushalten? Sie scheinen nichts zu lösen, sondern uns nur weiter voneinander zu entfernen.«

Chris, ein neununddreißigjähriger Autohändler, war stolz und fühlte sich geradezu befreit, weil er seiner Frau seine sexuellen Sünden gebeichtet hatte. Auf Drängen seiner Eltern wurde er wiedergeborener Christ und gelangte zu dem Glauben, dass seine Sünden durch seine Tränen abgewaschen würden. Da er sich selbst vergeben hatte, erwartete er dies auch von seiner Frau, aber sie blieb ungerührt. »Er fühlt sich reingewaschen – schön für ihn«, sagte sie. »Nun wird alles auf mich abgeladen. Und was wird von mir erwartet, wie soll ich mit diesem Betrug umgehen – frohlocken vielleicht?«

Schock, Verbitterung, Wut, Verzweiflung – dies sind die typischeren Reaktionen Ihres Partners, und wenn Sie erwarten, dass diese bald verschwunden sein werden, wird bei Ihnen die Frustration nur weiter zunehmen. Es gibt dafür keine schnellen Lösungen, keine Zauberformeln. Was Sie letztlich heilen wird, ist das, was Melanie Beattie als das »Vergehen durch Erfahrungen«[2] bezeichnet, konkrete kleine Taten, diese sich anhäufenden Augenblicke, die Ihren Partner davon überzeugen, dass Sie sich Ihrem eigenen falschen Spiel gestellt haben, Ihrem eigenen unschönen Selbst, und dass man Ihnen wieder sicher vertrauen kann (diese Erfahrungen bespreche ich in Kapitel 6). Das alles braucht Zeit. Vorerst müssen Sie mit so viel Mitgefühl und Nachsicht durchhalten, wie Sie aufbringen können, müssen das emotionale Chaos Ihres Partners beobachten und durch Fürsorglichkeit erreichen, dass Ihr Partner sich wieder sicher und wertgeschätzt fühlt und willens ist, das Risiko einzugehen, Sie wieder zu lieben.

Chronische Angst: »Solange ich beschäftigt bin, geht es mir gut.«

Eine Art, Ihre Angst in den Griff zu bekommen, nun, da die Affäre bekannt geworden ist, kann darin bestehen, dass Sie sich in hektische Aktivitäten stürzen, manchmal zweckmäßig, manchmal sinnlos, manchmal, um ein neues Leben aufzubauen, und manchmal, um nicht darüber nachdenken zu müssen.

Je größer Ihre Verwirrung ist, desto wahrscheinlicher werden Sie sich in zwanghafte Aktivitäten stürzen, um sich abzulenken. Jede Abwechslung ist willkommen – fernsehen, Sport treiben, online shoppen –, solange es Sie von der echten Aufgabe abhält, sich mit sich selbst und Ihrem Leben zu befassen.

»Nachdem ich es meiner Frau gebeichtet und mit meiner Freundin Schluss gemacht hatte, war ich ganz verrückt danach, ein völlig neues Leben zu haben«, erzählte mir Dave. »Ich gab mir keinerlei Gelegenheit nachzudenken und noch weniger, etwas zu fühlen. Innerhalb einer Woche hörte ich mit dem Rauchen auf, begann zu trainieren, entwarf einen neuen Flügel neben dem Schlafzimmer unseres Hauses, organisierte mein Büro um und kaufte ein neues, teures Freizeitspielzeug – ein schnelleres, schnittigeres Boot. Veränderung war das Wort, auf das es ankam. Es dauerte Monate, bis mir klar wurde, dass ich noch nicht einmal damit begonnen hatte, eines der echten Probleme anzugehen.«

Wie Dave entdeckte, können diese realitätsfernen Taktiken eine Zeit lang Ihre Angst unterdrücken und Sie dahingehend täuschen, dass Sie denken, Sie hätten wieder die Kontrolle über Ihr Leben und alles sei wieder in der Spur. Zwanghafte Geschäftigkeit ist jedoch nichts anderes als eine oberflächliche und vorübergehende Lösung, eine Ablenkung von tieferen, beunruhigenderen Problemen in Ihnen selbst und in Ihrer Beziehung, die letztlich in Angriff genommen werden müssen, wenn Sie sich gemeinsam ein neues Leben aufbauen wollen. Es ist gut, aktiv zu bleiben, und auch verständlich, dass Sie neu anfangen wollen. Es fühlt sich fast immer großartig an, eine neue Seite aufzuschlagen. Aber Sie müssen auch zur rechten Zeit Ihre Gefühle ordnen und die Probleme direkt angehen, die Sie überhaupt zu einem Seitensprung gebracht haben.

Fehlendes Schuldbewusstsein: »Ich tue, was ich will, und es fühlt sich richtig an.«

Selbst nachdem die Affäre offenbart ist, empfinden Sie vielleicht wenige oder keine Schuldgefühle wegen Ihres Verhaltens, keine Reue darüber, Ihren Treuebund gebrochen zu haben.

Diese offenkundige Herzlosigkeit, diese scheinbare Gleichgültigkeit gegenüber dem Leid, das Sie verursachen, wird auf Ihren Partner wahrscheinlich explosiv wirken. »Es ist der Gipfel der Kaltschnäuzigkeit, die abschließende Kränkung«, erzählte mir ein Patient namens Glen, als seine untreue Frau zugab, dieser Seitensprung tue ihr nicht leid. »Sie sagt, dass sie mich zurückgewinnen will, aber sie zeigt nicht den Hauch eines Bedauerns, mich betrogen zu haben. Ist sie völlig blind für meine Gefühle oder liegt es daran, dass ich ihr so wenig bedeute?«

Es gibt fünf häufige Gründe, warum Sie, wie Glens Frau, möglicherweise keine Schuldgefühle haben und die Notwendigkeit für eine Entschuldigung nicht sehen:

1. Sie haben die Beziehung abgeschrieben und nutzen den Seitensprung, um deren Ende zu beschleunigen.
2. Sie leiden an einer charakterologischen Störung, die es Ihnen unmöglich macht, Mitgefühl oder Reue einem anderen Menschen gegenüber zu empfinden.
3. Sie sind auf Ihren Partner wütend.
4. Sie sind durch Ihre Geliebte/Ihren Liebhaber in Hochstimmung.
5. Sie vertreten bestimmte Thesen über Untreue, die Ihren Seitensprung rechtfertigen.

Der erste dieser Gründe braucht keine weitere Erläuterung. Der zweite sprengt den Rahmen dieses Buches. Die anderen drei wollen wir uns näher ansehen.

Wut auf den Partner

Es kann viele Gründe dafür geben, dass Sie auf Ihren Partner wütend sind. Vielleicht fühlen Sie sich emotional unterernährt, als selbstverständlich betrachtet oder benützt. Sie können das Gefühl haben, zu viel für zu wenig aufgegeben zu haben, wichtige Ziele oder Träume geopfert zu haben, jede wirkliche persönliche

Erfüllung viel zu lange aufgeschoben zu haben. Jahre, in denen sich Groll ange-sammelt hat, lassen wenig Raum für eine andere Emotion.

Während Ihrer Affäre und sogar nachdem diese bekannt geworden ist, wer-den Sie Ihrem Partner gegenüber sicher mehr Wut als Schuld empfinden. Der Grund ist, dass beide Emotionen umgekehrt miteinander in Beziehung stehen: Je größer Ihre Wut, desto geringer Ihr Schuldgefühl, je mehr Gift Sie gegenüber Ihrem Partner versprühen, desto weniger versprühen Sie gegen sich selbst. Die Wut, die Sie empfinden, kann eine berechtigte Reaktion darauf sein, wie Ihr Part-ner Sie behandelt hat, oder eine Verteidigung gegenüber der Schuld, die Sie für Ihr Tun empfinden. (»Es gehört zur menschlichen Natur, die zu hassen, die man verletzt hat«, schrieb Tacitus vor beinahe 2000 Jahren.) Was es so schwer macht, den Unterschied zu erkennen, ist, dass sich die Wut immer gerechtfertigt anfühlt – das ist ein Grundmerkmal dieser Emotion.

Wut hat häufig einen Anflug von Scheinheiligkeit und sorgt möglicherweise dafür, dass Sie sich berechtigt fühlen, sich die verdiente Liebe und Aufmerksam-keit, die Sie zu Hause nicht bekommen, woanders zu holen. Das war bei John der Fall, der nach fünfundzwanzigjähriger Ehe seiner Frau gegenüber explodierte. »Ich fühle mich schon viel zu lange elend und du warst immer eine Hexe«, platzte er heraus. »Ich habe genug davon. Ich gehe.«

Johns Wutausbruch fühlte sich für ihn legitim und befreiend an. Er machte ihn blind für alles andere – seine zu langen Abwesenheiten von zu Hause, sein mangelndes Engagement für die Kinder, sein Scheitern, seiner Frau zu vermit-teln, dass sie ihm wichtig ist – und überzeugte ihn davon, sein Seitensprung sei nur der gerechte Ausgleich. Hätte er seine Wut beiseitegeschoben, hätte er viel-leicht festgestellt, dass weder er so unschuldig noch seine Frau so makelbehaftet war, wie er meinte.

Hochstimmung durch den Seitensprung

Getragen von einer intensiven sexuellen oder emotionalen Bindung an Ihre Ge-liebte/Ihren Liebhaber, losgelöst von den alltäglichen Pflichten einer dauerhaften Beziehung, kann es sein, dass es Ihnen gleichgültig ist oder Sie sich nicht einmal fragen, wie Ihr Seitensprung andere tangiert. »Ich fühle mich in höchstem Maße glücklich, so eins mit der Welt, dass ich es gar nicht analysieren will«, sagte mir eine Patientin. »Ich will tatsächlich gar nicht über die Konsequenzen nachdenken. Ich will einfach nur, dass es so bleibt.« Da es ganz natürlich ist, die eigenen Gefühle wichtig zu nehmen, könnte Ihnen die ungetrübte Freude, die Sie empfinden, signalisieren, dass das, was Sie erleben, endlich die wahre Liebe ist, und daher keinen Platz für Schuldgefühle lassen. Das muss nicht unbedingt bedeuten, dass Ihre ursprüngliche Beziehung dem Untergang geweiht ist, es kann einfach nur bedeuten, dass die Affäre Sie zu diesem Zeitpunkt stark und berauschend im Griff hat. Später werden Sie rückblickend möglicherweise erkennen, dass Sie in einem Wirbelwind von Emotionen gefangen und nicht in der Lage waren, diese zu sortieren, bis sich der Nebel lichtete.

Grundthesen, die eine Untreue rechtfertigen

Ein dritter Grund für das mögliche Fehlen von Schuldgefühlen kann sein, dass Sie bestimmte Grundthesen vertreten, die Ihr ehebrecherisches Verhalten rechtfertigen. Einige dieser Thesen sind wahrscheinlich älter als Ihre Beziehung und spiegeln lange vertretene Gedanken über Liebe und Engagement wider. Andere können Rechtfertigungsbemühungen sein, die heraufbeschworen werden, um Ihre Selbstachtung zu schützen, Ihre Schuldgefühle zu unterdrücken und Ihnen die Erlaubnis zum Seitensprung einräumen. Soweit Sie daran glauben, werden Sie wahrscheinlich kaum Gewissensbisse wegen Ihres Verhaltens haben. Solche Thesen könnten beispielsweise sein:

- »Meine Affäre ist zulässig, solange ich die andere Person liebe.«
- »Meine Affäre ist zulässig, solange ich die andere Person nicht liebe.«
- »Was mein Partner nicht weiß, verletzt ihn nicht.«
- »Ein One-Night-Stand, ein Seitensprung ändert nichts an unserer Beziehung.«
- »Ich habe nur ein Leben und verdiene es, so glücklich wie möglich zu sein. Es ist in Ordnung, wenn ich einige Bedürfnisse von meiner Geliebten/meinem Liebhaber erfüllt bekomme und den Rest von meinem Ehepartner.«
- »Meine Affäre hat mich zu einem glücklicheren Menschen und damit zu einem besseren Partner gemacht.«
- »Durch meine Affäre kann ich meine Bedürfnisse befriedigen, ohne meine Familie zu zerstören. Ich tue es für die Kinder.«
- »Der Mensch ist nicht für die Monogamie geschaffen.«

- »Ich habe keine Kontrolle über meine Triebe.«
- »Es ist mein biologischer Instinkt, ehebrecherisch zu sein.«
- »Jeder Mann ist ein Wolf.«
- »Jedes Paar hat seine Geheimnisse.«
- »Ich habe das Recht, einen Teil von mir verborgen und von meinem Partner getrennt zu halten.«
- »Da mein Partner wahrscheinlich über meine Affäre Bescheid weiß, mich jedoch nicht damit konfrontiert, muss es wohl in Ordnung sein, solange ich diskret bin.«
- »Ich sollte das, was ich brauche, nicht opfern müssen, damit mein Partner sich sicher fühlt oder zufrieden ist.«
- »Ich habe nie versprochen, perfekt zu sein.«
- »Wenn ich mich einer Person komplett hingebe, werde ich verletzlich.«

Ich will Sie ermutigen, sich solche und weitere Thesen anzusehen, die hinter Ihren Gefühlen stecken, und sich zu fragen:

- Sind diese Gedanken wirklich richtig?
- Sind diese Gedanken sinnvoll? Dienen sie mir heute noch?

Sie werden vielleicht entdecken, dass einige dieser Gedanken Ihre Fähigkeit untergraben, eine innige und vertrauensvolle Beziehung zu haben, und vielleicht entscheiden Sie sich daraufhin, sie zu revidieren oder zu verwerfen. Bedenken Sie, dass Sie mit einer inneren Haltung, die Untreue unterstützt, eher fremdgehen werden.

Ein Patient namens Len erzählte mir immer wieder, dass alle Männer betrügen. Als er sich diese Behauptung jedoch näher ansah, stellte er fest, dass er sie als Junge gepflegt hatte, um seinen untreuen Vater nicht zu hassen. Als Erwachsener handelte er weiterhin nach dieser Überzeugung und hatte sich dabei durch drei Ehen und eine Reihe von One-Night-Stands manövriert. Schließlich erkannte er, dass er nicht sein Vater war und diese These, hinter der er sich über zwanzig Jahre lang versteckt hatte, seinen Zwecken nicht mehr dienlich war.

Kummer über den Verlust der Geliebten/des Liebhabers: »Ich werde nie über die Trennung von dieser Person hinwegkommen, bei der ich mich als etwas Besonderes gefühlt habe.«

Nachdem Sie die Affäre beendet haben, fühlen Sie sich vielleicht schuldig, Ihre Geliebte/Ihren Liebhaber verlassen zu haben, und trauern diesem Menschen monatelang oder sogar jahrelang nach.

Ihre Gewissensbisse sind verständlich. Dieser neue Gefährte mag Ihnen wie eine Rettungsleine erschienen sein, die Sie in eine Welt für unerreichbar gehaltener sexueller Intimität und Begeisterung gezogen hatte. Sie haben sich möglicherweise in einer Weise verstanden und umsorgt gefühlt, von der Sie nicht mehr zu träumen gewagt hatten. Oder Sie hatten vielleicht einfach mehr Spaß und fühlten sich lebendiger. Vor allem könnte Ihre Geliebte/Ihr Liebhaber dafür gesorgt haben, dass Sie sich selbst anders erlebt haben – indem sie/er Ihre Selbstachtung stark korrigierend aufgebessert hat, sodass Sie sich intelligenter, fähiger, attraktiver, sinnlicher und abenteuerlustiger gefühlt haben. Wie Ethel Spector Person es in *Dreams of Love and Fateful Encounters* darstellt, kann die Erfahrung dieser romantischen Liebe Ihnen, kurz gesagt, geholfen haben, »die Einschränkungen des Selbst zu überwinden«.[3] Es ist ganz natürlich, Schuldgefühle zu haben, wenn Sie jemanden verlassen, der Ihnen etwas so Wertvolles geschenkt hat, besonders dann, wenn Sie diese Person mit ausgesprochenen oder stillschweigenden Versprechen geködert hatten, zusammenzubleiben.

Ein Patient namens John ist ein typisches Beispiel für dieses Ringen mit der Schuld, weil er die Affäre mit seiner fünfunddreißigjährigen Geliebten, einer Werbegestalterin, beendet hatte. »Sie gab mir – oder besser gesagt, ich nahm mir – die besten Jahre ihres Lebens«, sagte er. »Jetzt ist sie fünf Jahre älter und ihre Chancen, wieder jemanden zu finden und ein Kind zu bekommen, sind deutlich geringer. Ich verdanke ihr viel und ich fühle mich wie ein Schuft, weil ich sie verlassen habe, auch wenn ich es getan habe, um zu meiner Familie zurückzukehren.«

Schuld ist ein Gefühl, das sich wahrscheinlich einstellen wird; Kummer ist ein weiteres – Kummer über den Verlust eines Menschen, der möglicherweise Ihr jugendliches Selbstbild wiederhergestellt hat und Ihnen einen flüchtigen Blick auf ein besseres Leben verschafft hat. Dieser Kummer kann jederzeit zuschlagen, selbst Jahre später. Etwas, was Sie hören, sehen oder riechen, kann plötzlich eine Flut von Gefühlen auslösen.

»Ich stand in der Warteschlange bei McDonald's, über ein Jahr nachdem ich mit Dean Schluss gemacht hatte«, erzählte mir Alice, »als ich plötzlich merkte, dass der Fremde, der vor mir stand, dasselbe Aftershave verwendete wie er. Mir wurde übel und ich musste schnell rausgehen an die frische Luft.«

»Ich hatte angenommen, das Leben würde wieder einfacher werden, nachdem ich Joan gesagt hatte, dass ich zu meiner Frau zurückgehen würde«, sagte Burt. »Ich sagte mir: ›Aus den Augen, aus dem Sinn.‹ Aber je länger sie mir aus den Augen war, desto mehr dachte ich an sie. Ich kämpfte gegen den Drang an, ihr eine E-Mail zu schreiben, ihr wie zufällig zu begegnen. Ich bereue es nicht, zu meiner Familie zurückgekehrt zu sein, aber manchmal habe ich noch immer Sehnsucht nach Joan.«

Ihre Schuldgefühle, weil Sie Ihre Geliebte/Ihren Liebhaber verlassen haben, können Ihren Partner wütender machen als der Seitensprung selbst: Was könnte für einen Partner beleidigender und erniedrigender sein, als mit jemandem zusammenzuleben, der sich mehr Gedanken um die Gefühle der Geliebten/des Liebhabers macht als um seine? Nichts jedoch, nicht einmal Ihre Schuldgefühle, wird Ihren Partner tiefer treffen als die Art, wie Sie weiterhin um Ihren Verlust trauern, auch wenn Sie sagen, dass Sie daran arbeiten, gemeinsam neu anzufangen. Dieser Kummer mag vielleicht Ihre Bemühungen um die Wiederherstellung des Vertrauens nicht schwächen, aber die Ihres Partners. Wenn Sie jetzt um Verständnis bitten, dann können Sie damit rechnen, verächtliche Kritik zu ernten.

Ihr Partner wiederum sollte keine Beteuerungen verlangen, dass Sie sich emotional von Ihrer Geliebten/Ihrem Liebhaber gelöst haben. Eine solche Beteuerung können Sie wahrscheinlich nicht abgeben, sie bringt Sie in die Lage, zu lügen oder die Wahrheit sagen zu müssen und Ihren Partner erschauern zu lassen. Ihr Partner muss anerkennen, dass Sie diese Person vielleicht wirklich geliebt haben und dass jeder Versuch, sie zu diskreditieren, nur Unmut erzeugen wird. Sie wiederum müssen bedenken, dass Ihr Partner leidet und Ihre Geliebte/ Ihren Liebhaber vielleicht nur abzuwerten versucht, um die verlorene Selbstachtung wiederherzustellen und Sie zurückzugewinnen.

Sie sollten beide in Betracht ziehen, dass das, was Sie (der untreue Partner) so sehr geschätzt haben, nicht notwendigerweise die Geliebte/der Liebhaber war, sondern die Art, wie Sie sich in deren/dessen Gegenwart gefühlt haben. Sie haben nicht unbedingt nach einem Ersatz für Ihren Partner gesucht, sondern nach einer Veränderung Ihres grundlegenden Selbstgefühls. Das, was Sie brauchen, können Sie vielleicht auch bei Ihrem Partner finden, wenn Sie beide gewillt sind, sich einer Veränderung zu öffnen. Sie werden beide mit dem Gespenst der Geliebten/des Liebhabers leben müssen, was jedoch nicht bedeutet, dass Ihr gemeinsames Leben nicht reich und erfüllend sein kann.

Schuldgefühle wegen der Kinder: »Was für ein Vorbild gebe ich ab?«

Als Elternteil werden Sie sich wahrscheinlich Sorgen machen, welche Auswirkungen Ihre Affäre auf Ihre Kinder und deren Gefühle für Sie hat. Was könnte erschreckender sein als die Aussicht, ihre Liebe und Achtung zu verlieren? Sie wünschen sich von Herzen, von Ihren Kindern als ein Elternteil gesehen zu werden, zu dem sie aufschauen können, nicht als jemand, der verwirrt oder verloren ist, und auch nicht als jemand, der sie verlassen hat.

Als Bill sich vorstellte, seinem sechzehnjährigen Sohn von seiner neuen Freundin Heather erzählen zu müssen, überwältigten ihn Schuldgefühle. Seine erste Ehe hatte geendet, als seine Frau bei einem Autounfall ums Leben gekommen war, und er hatte John, der damals ein Jahr alt war, allein erzogen. Nachdem er nun seit sechs Jahren zum zweiten Mal verheiratet war, wurde er mit einer unmöglichen Entscheidung konfrontiert. »Ich bin verrückt nach Heather«, sagte er mir, »aber ich will nicht, dass John noch eine Mutter verliert. Wie kann ich ihn jetzt, als Teenager, wieder traumatisieren? Er wird es mir nie verzeihen, wenn ich sein Zuhause ein zweites Mal zerstöre.«

Es gibt für Sie, wie für Bill, keinen risikosicheren Weg, Ihren Kindern über einen neuen Menschen in Ihrem Leben zu berichten. Wahrscheinlich werden sie es nicht verstehen und noch weniger Mitgefühl dafür haben, dass Sie zu Hause keine Erfüllung gefunden haben oder sich haben hinreißen lassen. Das Einzige, was sie hören, ist, dass Sie die Familie und die Sicherheit ihres Lebens bedrohen. Auf ihre eigene Art werden sie vielleicht versuchen, Ihr Verhalten zu rechtfertigen, weil sie Ihnen verbunden bleiben wollen, oder sie wenden sich gegen Sie, weil sie ihre Kindheit negieren.

Als Tina zu erklären versuchte, warum sie sich mit einem anderen Mann traf, wandte ihre achtzehnjährige Tochter sich angewidert ab. »Ich kann nicht verstehen, warum du nicht einfach mit Daddy sprichst und ihm klarmachst, wie unglücklich du bist«, sagte sie. »Du sagst, dass du ihn hasst, weil er so passiv ist, aber warum kannst du nicht einfach zu ihm sagen: ›Schau mal, ich brauche es, dass du mehr für mich tust – Rechnungen überweisen, eine Reservierung im Restaurant vornehmen, die Toilette reparieren, was auch immer. Nimm mir bitte ein paar dieser Aufgaben ab.‹ Ist dieses Problem bei allem, was wir als Familie sind und haben, wirklich so gewaltig, dass du es nicht lösen kannst? Ich hasse dich dafür, dass du die Familie zerstörst. Ich hasse dich dafür, dass du nur an dich denkst.«

Ihre Schuldgefühle Ihren Kindern gegenüber werden vermutlich noch zunehmen, wenn Sie selbst das Opfer elterlicher Untreue waren. Wenn Sie bedenken, dass Sie Ihre Kinder demselben grausamen Wechselbad aussetzen, sind Sie gezwungen, die Traumen Ihrer eigenen Kindheit neu zu durchleben.

So war es bei Frank. Als er dreizehn war, verließ sein Vater die Familie wegen einer anderen Frau und versetzte Frank in die Situation, sich zwischen zwei Haushalten entscheiden zu müssen. »Ich hasste meinen Vater, weil er mir das antat«, sagte er. Dreißig Jahre später fand Frank sich jedoch in der Haut seines Vaters wieder, er bereitete sich darauf vor, seine Frau für seine Geliebte zu verlassen und seine Kinder zu zwingen, sich zwischen den beiden Familien zu entscheiden. »Beende ich die Ehe und lasse meine Kinder leiden, oder bleibe ich und verleugne mich selbst?«, fragte er. »Es ist, als müsse man zwischen Luft und Wasser wählen.«

Keine von Franks Lösungen war schmerzfrei, daher tat er nichts; weder verließ er seine Frau noch seine Geliebte, er wartete einfach den richtigen Zeitpunkt ab – und der kam natürlich nie. Zuerst wartete er, bis sein zweiter Sohn ein Bar-Mizwa war, dann wartete er, bis zum Highschool-Abschluss seiner Tochter. So verging die Zeit. Frank löste sein Dilemma nie und er fühlt sich weiterhin in der Klemme, verbittert und in jeder der beiden Beziehungen nur Zaungast.

In Ihnen kämpfen, wie bei Frank, wahrscheinlich zwei Stimmen gegeneinander: das Kind, das Sie dazu ermutigt, auf Ihre Leidenschaft zu hören und im Augenblick zu leben, und der pflichtschuldige Elternteil, der Sie an Ihre größere, langfristige Verantwortung gegenüber Ihrer Familie erinnert. Es ist schwer zu entscheiden, auf welche Stimme man hören soll. Vielleicht können Sie im Moment nicht mehr tun, als sich mit dem Wissen zu trösten, dass keine Lösung Sie rundherum glücklich machen oder alle Ihre Bedürfnisse erfüllen wird. Egal welche Entscheidung Sie treffen, sie wird immer von Bedauern gefärbt sein (ich werde Ihnen in den Kapiteln 3 und 4 bei der Lösung dieser Ambivalenzen helfen).

Um diese Zeit durchzustehen, ist es vielleicht hilfreich, wenn Sie bedenken, dass Ihre Kinder groß werden, dass Sie wahrscheinlich viele Gelegenheiten haben werden, um mit ihnen über das Geschehene zu sprechen, und dass deren Gefühle Ihnen und Ihrer Affäre gegenüber sich mit der Zeit wahrscheinlich verändern werden. Auch Ihr eigenes Verständnis für das, was geschehen ist, wird sich verändern und damit auch die Art, wie Sie es erklären.

Isolation: »Niemand ist für mich da.«

Sobald Ihr Seitensprung bekannt ist, leidet nicht nur die Beziehung zu Ihren Kindern. Ihre Eltern und viele Freunde werden Sie vielleicht hart verurteilen und Ihnen ihre übliche emotionale Unterstützung entziehen.

Die grausamste Zurückweisung wird vielleicht von Ihren Eltern kommen. »Anfangs rief meine Mutter mich jeden Tag an, um mir zu sagen, dass ich sie krank mache«, erzählte mir Barry. »Sie ließ mich erst in Ruhe, nachdem ich nicht mehr ans Telefon ging. Neuerdings versucht sie, mich zu unterstützen, indem sie mich fragt, wie es mir geht, aber ich sehe, dass sie durch mich hindurchschaut und sich fragt, was sie falsch gemacht hat und wie ich so versagen konnte.«

Wenn Ihre Eltern tief religiös sind oder konservative Werte hochhalten, behandeln sie Sie möglicherweise wie einen verdorbenen, geächteten Menschen, der bei der Familie in Ungnade gefallen ist, und setzen Sie unter Druck, bei Ihrem Partner zu bleiben und die Affäre zu beenden. Sie werden sich möglicherweise fragen: »Interessieren sie sich überhaupt für mich und mein Glück oder nur für abstrakte Prinzipien und dafür, was ihre Freunde wohl dazu sagen werden?«

Einige Eltern werden sich selbst die Schuld für Ihr Verhalten geben und Ihre Bekundungen von Leidenschaft oder Schmerz werden bei ihnen auf taube Ohren stoßen. Häuslichen Frieden – das wünschen sich die Eltern für Sie. Das Letzte, was sie hören wollen, sind Ihre Eheprobleme oder Ihre Freuden in den Armen Ihrer Geliebten/Ihres Liebhabers.

Auch Ihre engsten Freunde werden möglicherweise schlecht darauf vorbereitet sein, sich Ihre Konflikte anzuhören, besonders die Freunde, die Sie und Ihren Partner als Paar kennen und die ängstlich darauf bedacht sind, nicht Partei zu ergreifen. Einige werden moralische Scheuklappen haben oder sich zu sehr durch die Zerbrechlichkeit ihrer eigenen Beziehungen bedroht fühlen, um Ihre Gefühle zu unterstützen oder Sie zu verteidigen. Andere werden Sie mit ihren Theorien über Liebe und Verpflichtung bestürmen, wenn Sie einfach nur ein mitfühlendes Ohr bräuchten.

Tina, eine vierundfünfzigjährige Profi-Golferin, lachte bei der Vorstellung, ihrer Familie von ihrem jungen Lover zu erzählen, dachte jedoch, sie könne mit ihrer besten Freundin Ginny über ihre Ängste sprechen. Aber Ginny war kein Trost: »Beherrsche dich!«, brüllte sie. »Du hast schließlich vier Kinder!«

Ängstlich darauf bedacht, das Urteil von Familie und Freunden zu meiden, halten Sie vielleicht alle auf Armlänge und verbringen Ihre Freizeit nur mit Ihrer Geliebten/Ihrem Liebhaber und deren/dessen Freunden. Dies wird Sie beide vielleicht enger miteinander verstricken, als Sie wollen oder wofür Sie bereit sind.

Es ist natürlich verlockend, aus der Isolation auszubrechen und sich mit Menschen zu umgeben, die Ihren Gedanken und Gefühlen schmeicheln. Wenn Sie sich selbst aber wirklich ehrlich sehen wollen, müssen Sie mit Menschen sprechen, die von Ihren Entscheidungen nicht persönlich betroffen sind – mit denen, die eisern für Sie da sind, die Sie aber auffordern werden, Ihre Mitschuld an Ihren Problemen zu Hause zu akzeptieren. Vergessen Sie jedoch nicht, dass diese Menschen, wie hilfreich sie auch sein mögen, nur einen Teil von Ihnen kennen – den Teil, den zu zeigen Sie sich entschlossen haben oder den Sie selbst nur kennen – und dass sie ihre eigenen privaten Drehbücher und Wahrnehmungsverzerrungen haben. Nur wenige kennen Sie wirklich gut genug, um Sie klug zu beraten oder Ihnen die benötigte Unterstützung zu geben.

Eine vernünftige Option in dieser verletzlichen Zeit ist, einen Therapeuten zu konsultieren – jemanden, der neutral ist und daher Ihre Gefühle respektieren und helfen kann, Ordnung in Ihr Chaos zu bringen.

Hoffnungslosigkeit: »Wie sollte diese Beziehung je wieder funktionieren.«

In diesem frühen Stadium ist es normal, dass Sie Ihre Beziehung als emotionales Vernichtungslager sehen, ohne Chance auf Vergebung oder Entrinnen. Es gibt viele Gründe, warum Sie sich vielleicht dafür entscheiden zu bleiben – Angst vor dem Alleinsein, Schuldgefühle, die Kinder, finanzielle Sicherheit, das Empfinden einer moralischen Verantwortung –, aber Sie gehen wahrscheinlich davon aus, dass die Liebe für immer dahin ist und dass Ihr Partner nicht in der Lage ist, Ihre Bedürfnisse zu erfüllen.

Möglicherweise haben Sie recht, es kann aber auch sein, dass Sie die Wahrheit zugunsten Ihrer Geliebten/Ihres Liebhabers verzerren. So war es bei Jerry. Der fünfundfünfzigjährige Ingenieur konnte seine Geliebte Cindy nicht oft genug loben und an seiner Frau Judy etwas aussetzen. »Cindy scheint noch vor mir zu wissen, was ich brauche und denke«, sagte er mir. »Sie schafft es, dass ich mich wertgeschätzt fühle. Sie akzeptiert mich so, wie ich bin. Judy hat keine Ahnung von mir und ich glaube nicht, dass sie sich ändern kann. Ich werde wegen der Kinder bei ihr bleiben, aber ich fühle mich, als würde ich mich selbst einkerkern.«

Jerrys Überzeugung, seine Frau könne ihm nicht beistehen, wurde zu einer selbsterfüllenden Prophezeiung. Er kommunizierte niemals so mit ihr, dass sie hätte heraushören können, worum er bat. Er gab ihr nie die Chance, sich zu ändern. Er probierte nie aus, ob sie seine Bedürfnisse würde erfüllen können.

Ihre Situation könnte sich als weniger trostlos erweisen – allerdings nur, wenn Sie es Ihrem Gefühl von Hoffnungslosigkeit nicht erlauben, Ihr Verhalten zu diktieren. Es wäre traurig, wenn Sie aufgrund Ihrer derzeitigen Gefühle Ihren Partner nie versuchen lassen würden, Ihnen zu gefallen.

Lähmung: »Ich habe keine Ahnung, was ich tun soll.«

Gehen oder bleiben, mit der Geliebten/dem Liebhaber abhauen oder sie/ihn verabschieden – diese wichtigen Entscheidungen lähmen Sie möglicherweise zur Unentschlossenheit, sodass Sie zu nichts fähig sind. Sie wissen nur, dass Sie nicht länger mit zwei Leben jonglieren können – das ist Ihnen alles zu viel.

Joy, eine vierunddreißigjährige professionelle Spendenbeschafferin, war seit sieben Jahren verheiratet, als ein Flirt auf einer Weihnachtsfeier aus dem Ruder lief. »Ich blieb an diesem Abend lange, trank zu viel, versuchte, meine Hemmungen zu ertränken. Als Evan mich zum Tanzen aufforderte, war ich total von den Socken, wie toll er sich anfühlte. Bevor ich es überhaupt mitbekam, küssten wir uns. Ich dachte keine Sekunde über die Konsequenzen nach, weil ich nie erwartet hätte, dass dies zu irgendetwas führen würde, aber zwei Wochen später trafen wir uns in seiner Wohnung und hatten Sex, der Rest ist, wie es so schön heißt, bekannt. Ich hätte nie damit gerechnet, mich zu verlieben, aber ich tat es, und jetzt weiß ich nicht, was ich tun soll. Mein Mann ist ein anständiger Mensch und ich bin in unserer Ehe nicht unglücklich, ich bin aber auch nicht bereit, auf Evan zu verzichten. Ich kann nicht einfach in die Ehe zurückkehren und behaupten, dort sein zu wollen. Ich sehe wirklich kein Land mehr.«

Henry, der fünfzigjährige Vorsitzende einer staatlichen Firma, erging es emotional genauso. Er hatte zugestimmt, bei seiner Frau zu bleiben und sich auf ihre gemeinsamen Probleme zu konzentrieren, aber er konnte die Hände nicht von seiner Geliebten Edie lassen. Eines Tages, als er sich einsam und verwirrt fühlte, lud er Edie zum Mittagessen ein. Die Erfahrung war zugleich anregend und Angst erzeugend. »Ich habe mich selbst zum Narren gemacht«, gab er zu. »Ich habe sie unter dem Tisch befummelt und gekichert wie ein Achtzehnjähriger. Aber ich war so heiß auf sie. Ich hatte mich nicht unter Kontrolle. Ich bin ein erwachsener Mann, der Geschäftsführer einer großen Firma, was zum Teufel tue ich, ich renne herum und benehme mich wie ein Tier zur Paarungszeit. Einerseits erzähle ich meiner Frau: ›Lass uns die Probleme aufarbeiten‹, andererseits schleiche ich mich mit Edie davon. Und je mehr Zeit ich mit ihr verbringe, desto verwirrter werde ich.«

Wie bei Henry kann ein Teil Ihrer Ambivalenz daher rühren, dass Sie in eine Affäre hineingezogen werden, ohne die Konsequenzen wirklich zu begreifen oder ohne bewusst danach gesucht zu haben, und nun befinden Sie sich im festen Griff der Emotionen und haben keine Kontrolle darüber. Sie sind möglicherweise auf eine Weise vom Leben berauscht, wie Sie es jahrelang nicht mehr gewesen sind, und schaffen es nicht, sich dieser Begeisterung zu entziehen.

Jede Lösung mag reizvoller erscheinen als dieser unmögliche Balanceakt, aber nichts ist klar oder offensichtlich, und jede Lösung scheint durch einen Kompromiss belastet. Ihre Beziehung zu Ihrem Ehepartner ist vielleicht gar nicht so schlimm, die Beziehung zur Geliebten/zum Liebhaber möglicherweise auch gar nicht so fantastisch. »Wenn ich in meine Ehe so viel Zärtlichkeit und Fürsorge investieren würde wie in meine Affäre, wäre sie dann ebenso gut?«, beginnen Sie sich vielleicht zu fragen.

Durch die Affäre befinden Sie sich momentan vielleicht in einem Höhenflug, dieser könnte jedoch zum Kriechgang werden, wenn Sie mit Ihrer Geliebten/ Ihrem Liebhaber zusammenziehen und sie einander aus nächster Nähe bei gewöhnlichem Tageslicht sehen. Wenn Sie einander so erkennen, wie Sie sind, nicht so, wie Sie sich den anderen vorstellen, könnte es durchaus geschehen, dass Sie eine unbefriedigende Beziehung gegen eine andere unbefriedigende Beziehung eintauschen – dieses Mal belastet durch Unterhaltszahlungen und Besuchsrecht an jedem zweiten Sonntag. Orientierungslos wie ein Boot, das sich aus seiner Verankerung gelöst hat, wünschen Sie sich dann vielleicht nichts sehnlicher, als hier wie dort zu flüchten und alle Aussichten auf Liebe frohgemut gegen ein Leben in Frieden und Einsamkeit einzutauschen.

In der Ambivalenz gefangen, können Sie damit rechnen, von Fragen bombardiert zu werden, auf die es keine offenkundigen Antworten gibt:

- »Liebe ich meinen Partner noch?«
- »Was ist Liebe?«
- »Bin ich normal?«
- »Bin ich im Recht?«
- »Woher bekomme ich Antworten?«
- »Warum geschieht das alles?«
- »Wie komme ich da wieder raus – und vor allem, aus welcher der Beziehungen?«

Liebe ist nicht unverfälscht; sie besteht aus vielen komplexen, manchmal widersprüchlichen Gefühlen. Während ein Teil von uns sagt: »Könnte ich nur einen klaren Bruch mit meiner Geliebten/meinem Liebhaber machen und mich ganz meinem Ehepartner verpflichten«, erwidert ein anderer Teil: »Könnte ich nur mit meiner Geliebten/meinem Liebhaber weglaufen und die Vergangenheit verdrängen.«

Wie auch immer Sie sich entscheiden, Ihr Partner wird wahrscheinlich durch Ihre Anhänglichkeit an eine andere Person schwer mitgenommen sein und daran zweifeln, dass Sie beide sich jemals wieder lieben können. In dieser Phase Ihrer Odyssee müssen Sie beide offen sein für viele sich bekriegende Emotionen, ohne daraus übereilte Schlussfolgerungen über die Zukunft zu ziehen. Der Mensch ist nicht dafür gemacht, über irgendetwas immer in derselben Weise zu denken – am wenigsten über die Liebe.

Selbstekel: »Ich habe zu meiner Verteidigung nichts vorzubringen. Ich fühle mich wie Abschaum.«

Egal wie Sie Ihr Liebesleben nun empfinden – entlastet, bereichert, ambivalent, in der Klemme –, fühlen Sie sich möglicherweise auch zutiefst beschämt über die Verletzung religiöser oder familiärer Werte, nach denen Sie gelebt hatten, um das

Ehegelöbnis einzugehen und die Sache durchzuziehen. Nachdem Sie nun Ihre Skrupel mit Füßen getreten und vielleicht das Herz Ihres Partners gebrochen haben, könnten Sie sich so fühlen, als hätten Sie alle betrogen, die Ihnen wichtig sind, sich selbst eingeschlossen.

Grace, seit zwölf Jahren verheiratet, machte sich Vorwürfe, weil sie mit einem Tennislehrer aus ihrem Fitnessclub geschlafen hatte. »Ich fühlte mich in meiner Ehe so ungeliebt«, erzählte sie mir. »Mein Mann berührte mich fast nie. Es war so weit gekommen, dass er mich ganz bewusst zurückwies, wenn er merkte, dass ich gerne Sex gehabt hätte. Er musste immer die Kontrolle haben und ich wurde fast verrückt vor Einsamkeit. Trotzdem fühle ich mich durch diese verbotene Beziehung wie eine Schlampe. Ich kann einfach nicht glauben, wie leicht ich Treue, Hingabe, Ehrlichkeit – allen Werten, an die ich zu glauben meinte – den Rücken gekehrt habe. Ich bekomme nun endlich die Liebe, die Aufmerksamkeit und die Bestätigung, die ich so verzweifelt brauche, aber ich habe sämtliche Regeln gebrochen, um sie zu bekommen, und habe auch meine Seele verkauft. Ich fühle mich heute zwar geliebter, aber, was mich angeht, beschissen.«

Manchmal gibt es keine Rechtfertigung für die eventuell erbärmliche, ja sogar teuflische Weise, wie Sie Ihren Partner behandeln. »Ich kann einfach nicht glauben, wie gemein ich zu meiner Frau war, in der Zeit, als ich mich mit Meg traf«, gab Joe zu, ein zweiunddreißigjähriger Elektriker: »Ich hatte diese Baseballparty für die Jungs geplant, mit denen ich arbeite – wir würden einfach abhängen mit Bier und Pizza und uns die Play-offs im Fernsehen anschauen. Zu den ›Jungs‹ gehörte auch Meg, es war für sie kein Geheimnis, dass wir mehr als Freunde waren. Ich wusste, dass meine Frau an nichts davon Interesse hatte – sie war schwanger und sie hasst Baseball und Trinken –, daher zählte ich darauf, sie werde das tun, was sie in der Vergangenheit immer getan hatte: über das Wochenende zu ihrer Schwester fahren. Ich konnte an nichts anderes denken als daran, die Nacht mit Meg zu verbringen. Aber direkt vor der Party bekam Susan Blutungen. Sie rief den Arzt an und er organisierte für den nächsten Tag eine Ausschabung im Krankenhaus für sie. Sie wollte niemandem zur Last fallen und bot an, die Nacht in ein Motel zu gehen, damit sie gut schlafen und ich meine Party haben konnte. Ich willigte ein. Ich ließ sie sogar am nächsten Tag allein ins Krankenhaus fahren.«

Joe schüttelte den Kopf. »Ich weiß, dass ich auf Sie total abscheulich wirken muss. Es gibt keine Entschuldigung für mein Verhalten. Ich ließ meine Frau im

Stich, als sie mich am dringendsten gebraucht hätte. Ich kann nur sagen, dass ich total in diese Affäre verstrickt war und wie ein egoistischer Idiot gehandelt habe. Ich glaube nicht, dass mein Verhalten ein Abbild meines wahren Charakters ist. Ich glaube, ich hatte mich einfach selbst verloren.«

Einige von Ihnen sind vielleicht von sich selbst angewidert, weil sie versucht haben, ihren Partner auf ihr Niveau herunterzuziehen – indem sie bei ihm ein ebenso unrühmliches Verhalten provoziert haben wie das eigene, nur um selbst besser dazustehen.

Sid, ein sechsundzwanzigjähriger Student der Betriebswirtschaft, ertappte sich dabei, dass er seine Frau Ingrid benutzte, um ihm den Weg freizumachen: »Ich war absichtlich gemein zu ihr, weil ich hoffte, sie würde ebenso gemein reagieren und mir damit einen Grund geben, sie zu verlassen. Ich wollte sie mit hineinziehen, wollte, dass sie sich die Hände schmutzig macht, dass sie einen Teil der Verantwortung für die Trennung übernehmen muss und nicht alle Schuld auf mich fällt. Ich habe sogar versucht, einen Freund anzustiften, eine Affäre mit ihr anzufangen, in der Hoffnung, es würde ihren Ruf besudeln und sie auf mein Niveau herunterziehen. Dann ging ich mit ihr zu einem Paartherapeuten, damit er die Drecksarbeit erledigte und sie davon überzeugte, *sie* solle ausziehen. Das Schlimmste war, wenn sie nett zu mir war – das konnte ich nicht ertragen. Als ich ihr sagte, ich würde sie verlassen, half sie mir sogar meine Sachen packen. Ich zerstörte ihr Leben und sie packte meine Sachen. Ihre Nettigkeit erstickte mich und ich wehrte sie ab, um wieder atmen zu können.«

Sid ließ sich von Ingrid scheiden und reflektierte vier Jahre später sein Verhalten. »Ich war schrecklich zu ihr. Sie verdiente meine Gemeinheit nicht. Aber ich war jung und wusste nicht, wer ich war oder was ich wollte oder was man tun kann, damit eine Ehe funktioniert. Wofür ich mich immer hassen werde, ist, dass ich nicht einfach gegangen bin, als ich so unglücklich war, sondern sie mit in den Schmutz gezogen habe.«

Schuldgefühle können eine gesunde Erinnerung daran sein, dass Sie sich selbst untreu geworden sind, sie können die Botschaft vermitteln, genauer nach Ihren Überzeugungen zu leben. Wenn die Schuldgefühle Sie jedoch dazu veranlassen, sich selbst schlecht zu machen, lernen Sie nichts daraus. Wenn die Schuldgefühle dazu führen, dass Sie sich selbst als schlecht abschreiben, betrügen Sie sich selbst um wertvolle Selbsterkenntnis. Daher schlage ich vor, dass Sie

Ihre Vorwürfe nicht auf sich als Person richten, sondern auf die spezifischen Eigenschaften, die Sie an sich verabscheuen oder für fehlangepasst halten und die Sie möglicherweise dazu gebracht haben, Ihren Partner während Ihrer Affäre so schäbig und unehrlich zu behandeln. Wenn Sie diese negativen Attribute isoliert betrachten, können Sie an ihnen arbeiten und sich einer konstruktiven Veränderung und Selbstvergebung öffnen.

Eigenschaften, die Sie an sich möglicherweise bemängeln:
- Sie fühlen sich so unsicher und ohne inneren Halt, dass Sie auf die Aufmerksamkeiten derer, die Sie aufbauen, empfindlich reagieren.
- Ohne Ihren Partner überhaupt etwas von Ihren unerfüllten Bedürfnissen wissen zu lassen (Kameradschaft, Zuneigung, Gespräche etc.), gehen sie woanders hin, um sie sich erfüllen zu lassen.
- Sie fühlen sich berechtigt, für die Erfüllung Ihrer Bedürfnisse zu sorgen, ohne Rücksicht auf die Bedürfnisse anderer zu nehmen.
- Sie lechzen so sehr nach Spannung und Neuem, dass Sie die Alltäglichkeit, die Vorhersehbarkeit einer anhaltenden Beziehung nicht ertragen können.
- Sie kennen Ihre eigenen persönlichen Konflikte nicht oder sind sich ihrer nicht bewusst und weisen die Schuld für Ihr Unglücklichsein allein Ihrem Partner zu.

Während Sie diese und weitere Eigenschaften, die Sie an sich als »unattraktiv« empfinden, erkunden sollten, erweisen Sie sich selbst keinen guten Dienst, wenn Sie sich ausschließlich darauf konzentrieren und die Rolle Ihres Partners außer Acht lassen. Sie haben nicht das Recht, Ihrem Partner die Schuld für Ihren Seitensprung zuzuweisen – niemand bringt Sie dazu, zu betrügen –, aber Sie haben jedes Recht anzusprechen, wie Ihr Partner zu Ihrer Unzufriedenheit beigetragen hat.

Unterschiede zwischen den Geschlechtern: Beeinflussen sie die Art und Weise, wie Sie auf die Affäre reagieren?

Geschlechtsunterschiede spielen bei Ihrer emotionalen Reaktion auf die Affäre ebenso eine Rolle wie bei der Reaktion Ihres Partners. Wie ich im letzten Kapitel ausgeführt habe, sind diese Unterschiede alles andere als allgemeingültig, aber sie können Ihr Verständnis für Ihr Verhalten um eine weitere Facette erweitern.

Aktuelle Studien über Einstellungen und Verhaltensweisen zu außerehelichen Beziehungen zeigen, dass Frauen eher zu einem Seitensprung geneigt sind, um Liebe und Gesellschaft zu finden,[4] während sich Männer bei einem Seitensprung öfter ausschließlich mit Sex zufriedengeben.[5] Frauen glauben häufiger, dass ihre Untreue gerechtfertigt ist, wenn sie aus Liebe geschieht, Männer hingegen halten ihre Untreue meist für gerechtfertigt, wenn sie *nicht* aus Liebe geschieht.[6] Frauen leiden wegen ihrer Affäre auch eher als Männer.[7]

Diese Ergebnisse werden in den Augen Ihres Partners keine Entschuldigung darstellen – Ihr Insistieren, dass Sie sich nicht anders zu helfen wussten, dass Sie genau das getan haben, was jeder Mann oder jede Frau in Ihrer Situation tun würde, wird Sie nicht sehr weit bringen –, aber es wird Ihrem Partner helfen, sich in Ihren Kopf hineinzuversetzen und eine sinnvolle Diskussion über die Bedeutung des Seitensprungs und die Mängel in Ihrer Beziehung in Gang zu setzen.

Unterschied #1: Frauen suchen einen Seelenfreund, Männer suchen eine Gespielin

Frauen: »Endlich habe ich jemanden gefunden, dem ich mich öffnen kann.«
Männer: »Meine Geliebte und ich haben so viele gemeinsame Interessen – Sex, Tennis, Jazz.«

In der Regel haben Frauen Affären, um eine emotionale Verbindung zu erleben, die sie in ihrer Partner-Beziehung vermissen. Sie gehen auf der Suche nach einem Seelenfreund fremd, mit jemandem, der ihren Gefühlen Aufmerksamkeit schenkt und sinnvolle Gespräche mit ihnen führt. Frauen unterhalten sich gerne und entwickeln durch verbale Interaktion eine innige Bindung. *The New Yorker* macht sich über diese Vorliebe in einer Karikatur lustig, in der eine Frau einen Strichjungen zum Mitkommen auffordert. »Oh yeah, Baby, ich werde dir zuhören«, sagt dieser, »ich werde dir die ganze Nacht lang zuhören.«[8] Wie Sextherapeuten gerne hervorheben, beginnt die Erregung bei einer Frau normalerweise außerhalb des Schlafzimmers. Ihr Partner gewinnt sie in einem emotionalen (nicht nur körperlichen) Vorspiel, das ihr ein starkes Empfinden von Wärme und Sicherheit gibt und im Gegenzug ihre sexuelle Reaktion fördert. Frauen, die fremdgehen, entwickeln häufig zu dem Seitensprung-Partner eine enge Freundschaft, bevor sie sich sexuell verstricken. Sobald sich eine körperliche Bindung entwickelt, suchen sie weiter nach einer engagierteren Innigkeit.

Männer hingegen neigen eher zu Affären ohne emotionale Bindung. Sie haben Freude daran, mit ihren Geliebten sexuell oder anderweitig aktiv zu sein und sich ihnen durch ein nonverbales Spiel näher zu fühlen.[9] Häufig ist es die körperliche Anziehungskraft auf eine andere Frau, nicht das Bedürfnis nach Freundschaft, das einen Mann in eine Affäre geraten lässt; und was ihn daran festhalten lässt, ist eher das unbeschwerte sexuelle Abenteuer als Verständnis oder Nähe. Während einer Affäre sind Männer weniger oft zu Hause unzufrieden als Frauen.[10] Bei homosexuellen Beziehungen sind Männer ebenfalls »entschieden promiskuitiver und fühlen sich stärker zu unpersönlichem Sex hingezogen« als Frauen, wie Robert Wright berichtet.[11] (Seine darwinistische Erklärung dafür besagt, dass Männer sich jedes Jahr Hunderte Male fortpflanzen können, Frauen jedoch nur einmal, daher müssen Männer nicht so anspruchsvoll sein.) Wie der Bühnenautor Edward Albee in *Drei große Frauen* verallgemeinert, gehen Frauen fremd, weil sie einsam sind, und Männer, weil sie Männer sind.

Beide, Männer und Frauen, können ihr Wissen über diese Geschlechtsunterschiede als eine Form der Schadenskontrolle nutzen. Wenn Sie eine Frau sind, können Sie sich beispielsweise fragen, wie direkt Sie Ihrem Partner vermittelt haben, wie unzufrieden Sie mit Ihrer Beziehung sind und was genau Sie brauchen, um die fehlende Innigkeit wiederherzustellen. Verletzte Partner, die von einem Seitensprung erfahren, klagen häufig, dass sie nicht einmal die Chance bekommen haben, sich mit der Unzufriedenheit ihres Partners auseinanderzusetzen.

Wenn Sie ein Mann sind, können Sie sich fragen, warum Sie sich mit einer anderen Person eingelassen haben und wie unglücklich Sie zu diesem Zeitpunkt in Ihrer ursprünglichen Beziehung waren. Was als oberflächliche Anziehung begann, kann plötzlich eine sexuelle Leidenschaft werden und sich dann zu einer starken emotionalen Bindung entwickeln. Schließlich werden Sie Ihren Partner vielleicht durch den neuen ersetzen, auch wenn Sie zunächst gar nicht so unzufrieden waren, nur um später zu entdecken, dass Ihre neue Beziehung mindestens ebenso konfliktbeladen ist, wie Ihre Ehe es war.

Unterschied #2: Frauen halten ihre Affäre für gerechtfertigt, wenn sie aus Liebe erfolgt, Männer hingegen dann, wenn keine Liebe im Spiel ist

Frauen: »Aber ich habe ihn geliebt.«

Männer: »Aber ich habe sie nicht geliebt.«

Frauen neigen eher dazu, ihre Affäre zu billigen, wenn Liebe im Spiel ist, Männer tun das gerade dann, wenn keine Liebe im Spiel ist. Frauen tendieren dazu, sich sowohl emotional als auch sexuell stärker an ihre Liebhaber zu binden, weshalb ihre Affären häufiger zu einer Scheidung führen.[12]

Männer glauben in der Regel, außerehelicher Sex sei akzeptabel und werde sogar von der Gesellschaft geduldet, solange es lediglich ein kurzes Abenteuer ist und niemand es entdeckt. Sie neigen dazu, die Bedeutung eines sexuellen Rendezvous zu bagatellisieren, sehen es als folgenloses Ereignis, als Unfall, als momentanes Loslassen.[13]

Unterschied #3: Frauen zerbrechen sich den Kopf über ihre Affären, Männer genießen sie

Frauen: »Meine Affäre hat mein Leben verkompliziert.«

Männer: »Meine Affäre hat mich lebendig gemacht.«

In der Regel neigen Frauen dazu, wegen ihrer sexuellen Verfehlungen mehr Konflikte zu empfinden als Männer und sie glauben auch weniger, dass ihre Affären unter irgendwelchen Umständen berechtigt seien.[14] Wie weiter oben bereits aufgezeigt, wird sich eine Frau, die sich auf eine Affäre eingelassen hat, wahrscheinlicher mit ihrem Liebhaber emotional verstricken und Schwierigkeiten haben, Sex und Liebe zu trennen. In einer neueren Studie über untreue Frauen stellte Carol Botwin fest, dass sich Frauen durch eine Affäre in der Regel nicht so befreit fühlen wie Männer. Sie zerbrechen sich mehr den Kopf, empfinden mehr Schuldgefühle, werden mit ihrer Ehe unzufriedener und fühlen sich von ihrem Liebhaber abhängiger.[15]

Frauen, die fremdgehen, leiden auch darunter, diese Zeit ohne ihre Kinder zu verbringen. Als die primären Betreuungspersonen sind meist sie diejenigen, die die Kinder einem Babysitter oder einer Kindertagesstätte anvertrauen, während sie ihren Liebhaber treffen – ein Schwindel, der dazu führen kann, dass sie ihre Situation als doppelt unerlaubt empfinden. Frauen, die den traditionellen weiblichen Tugenden trotzen – Selbstverleugnung, Selbstaufopferung, Selbstauslöschung, Selbstbeschränkung[16] –, fühlen sich eher schuldig, wenn sie selbstständig handeln und ihre eigenen Bedürfnisse, aus welchem Grund auch immer, an die erste Stelle stellen.

Männer scheinen besser dafür gerüstet zu sein, ihre Affären von den Hauptströmungen ihres Lebens zu trennen. Da sie eher weniger Zeit damit verbringen, über Leute nachzudenken[17] und in Erinnerungen an wichtige Momente ihrer Beziehung zu schwelgen,[18] stehen ihre Affären bei ihnen häufig nicht so sehr im Zentrum und beschäftigen sie weniger.[19] Ihre Fähigkeit, die distanzierten oder anonymen Aspekte ihrer sexuellen Beziehungen mehr zu genießen als Frauen, erklärt zum Teil ihre Vorliebe für nicht jugendfreie Filme. Da Männer leichter in einem Vakuum sexuell erregt werden – einfach durch den Anblick und die Neuheit visueller Eindrücke –, können sie auch besser die sexuelle Stimulation durch eine anonyme Geliebte genießen, ohne die emotionalen Komplikationen, die sie häufig fürchten. In einer neueren, landesweit in den USA durchgeführten Umfrage zum sexuellen Verhalten berichteten 54 Prozent der Männer, mindestens einmal am Tag erotische Gedanken zu haben, gegenüber nur 19 Prozent der Frauen.[20]

Wenn Sie eine Frau sind, die eine Affäre hat, haben Sie wahrscheinlich schon viel Zeit investiert, um sich über Ihren Liebhaber Gedanken zu machen. Es kann aber sein – seien Sie darauf gefasst, das nicht gerne zu hören –, dass diese Investition dazu geführt hat, dass Sie Ihrer verbotenen Beziehung mehr Liebe und Besonderheit zuweisen, als sie verdient. Wenn Sie, so wie viele Frauen, ein Problem damit haben, eine rein sexuelle Affäre zu rechtfertigen, können Ihre Schuldgefühle dazu führen, dass Sie Ihre Unzufriedenheit zu Hause übertreiben und die Liebe zu Ihrem Liebhaber verherrlichen.

Wenn Sie ein Mann sind, der eine Affäre hat, bringen Sie sich vielleicht mit einem Trick dazu zu glauben, Sie könnten sexuelle Beziehungen einfach auf diesem Level halten. Zu Ihrem Pech kann es aber sein, dass Ihre Geliebte typisch für Ihr Geschlecht reagiert und nach mehr Innigkeit und Verpflichtung verlangt, wodurch sie die Spielregeln verändert. Sollte dies geschehen, können Sie sich von der Freiheit und Verbesserung, die diese Affäre Ihnen einmal gebracht hat, verabschieden.

Letzte Anmerkungen

Bei dem Versuch, spezifische Unterschiede zwischen untreuen Männern und Frauen zu identifizieren, laufe ich Gefahr, diese zu verstärken oder zu verdinglichen. Wie wir im letzten Kapitel gesehen haben, sind diese geschlechtstypischen Unterschiede häufig verschwommen und können sich sogar umkehren. Es gibt natürlich auch Männer, die außerhalb der Ehe nach einer Freundin suchen, nicht nur nach einer Gespielin. Und wenn Carol Botwin in *Tempted Women*[21] und Dalma Heyn in *The Erotic Silence of the American Wife*[22] recht haben, gibt es eine neue Sorte von Frauen – Botwin nennt sie »die Wegbereiterinnen«[23] –, die offensiv nach Liebhabern für reinen Sex Ausschau halten und die Erfahrung relativ frei von Schuldgefühlen genießen.

Was Sie vermutlich am meisten teilen (sonst würden Sie dieses Buch nicht lesen), ist das absolut menschliche Ziel, die Verwirrung aufzulösen und zu tun, was für Sie am besten ist, gleichzeitig aber auch einigermaßen fair gegenüber den anderen zu sein. Dabei ist es hilfreich, wenn Sie Ihre erworbenen oder angeborenen Reaktionen als Mann oder Frau berücksichtigen, wobei zu dem Gesamtbild sehr viel mehr gehört als eine rein geschlechtstypische Reaktion.

Bisher haben Sie und Ihr Partner den ersten Schritt unternommen, Ihre Gefühle infolge des Seitensprungs zu benennen. Nun sind Sie für den nächsten Schritt bereit: gemeinsam eine vernünftige, gesunde, informierte Entscheidung über Ihre Zukunft zu treffen. Zuerst wollen wir uns Ihre Gedanken über die Liebe genauer ansehen und wie diese Sie verleiten können, sich einer unbefriedigenden Beziehung zu unterwerfen oder eine perfekt lebensfähige Beziehung wegzuwerfen.

ZWEITES STADIUM

Eine Überprüfung Ihrer Optionen: »Soll ich bleiben oder gehen?«

KAPITEL 3
Ihre Gedanken über die Liebe sondieren

»Eine Liebesbeziehung kann auf vielerlei Arten enden.«
(Clarissa Pinkola Estés, *Die Wolfsfrau.*
Die Kraft der weiblichen Ur-Instinkte)

Sobald der Seitensprung bekannt geworden ist, müssen Sie entscheiden, ob Sie an einem Neuanfang Ihrer Beziehung arbeiten oder diese beenden wollen. Welchen Weg Sie auch wählen, ich möchte Sie dazu anregen, die Entscheidung gut überlegt zu treffen und sich nicht nur auf Ihre Gefühle zu stützen. Gefühle jeglicher Intensität beruhen auf Mutmaßungen, die häufig sehr subjektiv sind und sich als unrealistisch, unbrauchbar oder unwahr erweisen können. Was sich momentan für Sie richtig anfühlt, werden Sie später möglicherweise als impulsive und unverarbeitete Reaktion bedauern, die sich leicht ins Gegenteil verkehren kann.

Zwei Ihrer Optionen sind Sackgassen. Die erste Option ist, zusammenzubleiben und nie anzusprechen, warum es zu dem Seitensprung kam, oder daran zu arbeiten, dass so etwas nicht mehr vorkommt. Damit haben Sie ein Ticket für ein Leben in stiller oder auch nicht ganz so stiller Verzweiflung. Die zweite Option ist zusammenzubleiben, wobei mindestens einer von Ihnen weiter untreu ist, während der andere gegen seine Depression oder Wut ankämpft. Das ist nicht vielversprechender.

Außer in den Fällen, in denen beide Partner aus freien Stücken zustimmen, eine »offene« Beziehung zu führen, oder in denen ein Partner körperlich oder geistig nicht in der Lage ist, als aktiver Sexpartner zu dienen, und der andere sich dafür entscheidet, bei ihm zu bleiben, um ihm zu helfen und ihn emotional zu unterstützen, habe ich nie erlebt, dass eine andauernde Affäre einem Paar genützt hätte. *Vielmehr habe ich nie etwas anderes erlebt, als dass eine lang andauernde Affäre etwas anderes erreicht hätte, als die Bemühungen eines Paares zu untergraben, sich ernsthaft mit den Defiziten an Intimität in der Beziehung zu beschäftigen.*

Es gibt tatsächlich nur zwei brauchbare Alternativen.

Die eine ist, dass Sie sich mit Ihrem Partner zusammentun und an einer Verbesserung Ihrer Beziehung arbeiten. Die Gefahr für Sie als verletzten Partner ist dabei, dass Sie sich blindlings zu Ihrem Partner hingezogen fühlen und Ihre Beziehung um jeden Preis intakt halten wollen. Das ist ein Beispiel für *unglückliche Liebe*. »Ich will einfach nur meinen Partner zurück«, sagen Sie. Aber werden Sie damit glücklich sein?

Die andere Alternative ist, Adieu zu sagen und jeder für sich ein neues Leben aufzubauen. Die Gefahr für Sie als untreuen Partner ist dabei, dass Sie blindlings von Ihrer Geliebten/Ihrem Liebhaber angezogen werden und unbedingt mit dieser Person zusammenbleiben wollen. Das ist ein Beispiel für *romantische Liebe*. »Da die Liebe, die ich empfinde, so stark ist, muss sie auch echt sein«, sagen Sie. Aber stimmt das wirklich?

Wir wollen uns diese beiden Arten der Liebe genauer ansehen, bevor Sie irreversible Entscheidungen treffen. Jetzt ist nicht die Zeit für schnelle Lösungen.

Unglückliche Liebe: »Wenn ich ihn nicht so sehr lieben würde, könnte ich die Art, wie er mich behandelt, nicht aushalten.«

Unglückliche Liebe ist eine intensive, aber ungerechtfertigte Zuneigung zu Ihrem Partner, die dazu führt, dass Sie zusammenbleiben wollen, egal wie gestört die Beziehung ist. Der blinde Fleck bei diesem Gefühl – was Sie also nicht erkennen – ist, wie lieblos Ihr Partner Ihnen gegenüber gewesen ist, wie schäbig Sie weiterhin behandelt werden und dass Sie daran nichts ändern können, egal was Sie tun.

Einige von Ihnen halten an diesen Beziehungen fest, obgleich es für jeden externen Beobachter offensichtlich ist, wie mangelhaft oder missbräuchlich sie sind. »Aber ich liebe diese Person«, sagen Sie verständnislos, als wäre dies Rechtfertigung genug für Ihre Anhänglichkeit.

Hartnäckig, manchmal verzweifelt, versuchen Sie, Ihren Partner zum Bleiben oder Zurückkommen zu bewegen, ohne zu prüfen, ob diese Person Ihnen wirklich guttut. Ihre Selbstachtung ist so gering, Ihre Ansprüche sind so unterentwickelt, Ihr Begriff von Liebe ist so eingeschränkt, dass Sie nicht einmal daran denken, sich zu fragen: »Was sind meine lebenswichtigen Bedürfnisse und welche davon werden in dieser Beziehung erfüllt oder mir in grober Weise vorenthalten? Kann sich mein Partner so ändern, wie es mir wichtig ist? Will sich mein Partner überhaupt ändern?«

Lindas Ehemann gab zu, eine Affäre mit seiner Stimmbildnerin zu haben, weigerte sich aber, darüber zu sprechen, und sah seine Geliebte weiterhin regelmäßig, kam oft spätabends zum Essen oder blieb über Nacht in der Stadt. Er wies Linda an, ihm keine Fragen zu stellen oder unangenehme Szenen zu machen, sie sollte aber auch nicht so tun, als sei zwischen ihnen alles normal und liebevoll (er hasste es, wenn sie nett zu ihm war, dadurch fühlte er sich manipuliert).

Auf der Suche nach Strategien, um ihren Mann zurückzulocken, lief Linda von einem Therapeuten zum nächsten. Sie wusste nicht, dass sie dabei eigentlich nach ihrem verlorenen Selbst suchte – dem Selbst, das ihr mitteilte, dass der starke Schmerz und die Leere, die sie fühlte, daher rührten, jemanden zu lieben, der so knallhart egoistisch war und sie mit Geringschätzung behandelte.

Als ich Gail das erste Mal begegnete, hatte ihr Mann Craig ihr gerade gebeichtet, dass er im Laufe ihrer vierzehnjährigen Ehe siebzehn Affären gehabt hatte. Sie befand sich in einem Schockzustand und wollte das alles nicht wahrhaben. »Unsere Ehe ist großartig«, schwor sie. »Craig ist perfekt für mich.« Ihr Glaube an ihn war absolut unerschütterlich. Als sie jedoch anfing, die Trümmer ihrer Ehe etwas genauer unter die Lupe zu nehmen, lichtete sich ihre selektive Amnesie und ihre Erinnerungen wurden präziser und detaillierter. Beispielsweise erinnerte sie sich daran, dass Craig klebrig oder verschwitzt ins Bett kam und Sex wollte. Wenn sie sich vorsichtig beklagt hatte, hatte er sich über sie lustig gemacht. Voller Bestürzung wurde ihr nun klar, dass er wahrscheinlich früher am Tag mit einer anderen Frau Sex gehabt hatte und sich nicht einmal die Mühe gemacht hatte, sich zu waschen. Ihr fiel auch ein, wie Craig sie nach einer Mammografie wegen eines verdächtigen Knotens in der Brust vom Arzt nach Hause gefahren hatte. Er hatte während der gesamten Fahrt am Handy mit seinem Börsenmakler geredet und mit keinem Wort nach den Untersuchungsergebnissen gefragt – und sie hatte sich mit keinem Wort ihre Desillusionierung und Wut eingestanden.

Gail benötigte viele Sitzungen mit mir, bis sie diese Schicht der Selbstverleugnung ablegen und sich damit konfrontieren konnte, wie sehr sie sich während ihrer Ehe abgewertet gefühlt hatte und dass sie völlig dabei versagt hatte, ihre Verdachtsmomente zu verarbeiten. »Wenn ich meinen Mann nicht so sehr geliebt hätte, hätte ich es nicht ertragen können, wie er mich behandelt«, sagte sie eines Tages. Es war ein Schritt in die richtige Richtung, als sie erkannte, dass er sie verletzte, auch wenn sie ihn deshalb nicht weniger liebte.

Gails geringe Erwartungen an sich und ihre Ehe wurden verständlich, als sie auf ihre Beziehung zu ihren Eltern zurückblickte. Ihr Vater war ein ungestümer und beleidigender Schürzenjäger, der seine zurückhaltende und überangepasste Frau mit höhnischen Untreuevorwürfen verspottete. Die Reaktion ihrer Mutter darauf war, zu Hause zu bleiben, mehr zu arbeiten und ihm sexuell immer zur Verfügung zu stehen. »Wenn du willst, dass dein Mann treu bleibt«, sagte sie ihrer Tochter, »sag niemals Nein, wenn er Sex will.«

Gail wuchs mit der Überzeugung auf, geliebt zu werden, bedeute, zum Besitz zu werden. In ihrer Ehe arbeitete sie für ihren Mann und entwickelte keinerlei Interessen außerhalb ihres Zuhauses. Erst als sie ihre Definition von Liebe weiter fasste, als sie es bei ihren Eltern und mit Craig erlebt hatte, begann es in ihr zu lodern. »Ich will und verdiene sehr viel mehr«, stellte sie fest.

Wie Gail sollten auch Sie sich fragen: »Habe ich mich bezüglich der Liebesfähigkeit meines Partners selbst beschwindelt? Habe ich das Verhalten dieses Menschen viel zu lange entschuldigt? Gibt es in mir oder in meiner Vergangenheit irgendetwas, was mich dazu treibt, Menschen zu lieben und mich bei ihnen einzuschmeicheln, die mich betrügen oder schikanieren?«

Es ist nicht Thema dieses Buches, Sie davon zu überzeugen, dass Sie das Recht auf ein eigenes Leben haben und in der Lage sind, es selbst zu gestalten. Wenn Sie daran jedoch zweifeln, sollten Sie sich professionelle Hilfe suchen, um Ihr Selbstbild zu korrigieren, bevor Sie automatisch wieder in eine emotionale Wüste geraten.

Wichtig ist auch, wie Sie selbst Ihren Partner behandeln. Möglicherweise provoziert Ihr negatives Verhalten die negative Behandlung, die Sie erhalten. Wenn Sie selbst kalt oder kritisch sind, sollten Sie sich nicht wundern, wenn auch Ihr Partner kalt oder kritisch ist. Sie müssen die Verantwortung dafür übernehmen, wie Ihr Verhalten zum Elend in Ihrer Beziehung beigetragen hat, und haben das Recht, dasselbe auch von Ihrem Partner zu erwarten.

Bedenken Sie auch, dass manche Menschen Persönlichkeitsstörungen haben, wodurch sie unfähig oder nicht gewillt sind, sich emotional und psychisch zu ändern. Gails Ehemann Craig beispielsweise würde wahrscheinlich als narzisstisch diagnostiziert werden. Solche Menschen setzen voraus, einen Anspruch auf Liebe zu haben, sind zu einer authentischen Bindung aber nahezu unfähig. Da sie sich innerlich leer fühlen, binden sie sich nur an andere Menschen, um ihr eigenes Ansehen zu vergrößern. Sie verstehen die Gegenseitigkeit nicht – das Miteinander von zwei Menschen, die sich gegenseitig in fördernder Weise etwas geben. Diese Menschen empfinden häufig weder Schuld noch Reue, weil sie zu Empathie unfähig sind. Wenn Sie solchen Menschen gegenüber Ihre Bedürfnisse äußern, wird dies eher als Kritik aufgefasst, der andere fühlt sich bedroht oder gar von Ihnen im Stich gelassen.[1]

Falls Sie eine Beziehung mit einem solchen Menschen haben, werden Sie mehr brauchen als gute Absichten und ein Selbsthilfebuch, um für das Funktionieren dieser Beziehung zu sorgen. Eine Paartherapie dürfte in diesem Fall ebenfalls keinen Erfolg bringen. Wegen ihrer Probleme, sich inneren Konflikten zu stellen, wegen ihres Misstrauens anderen gegenüber und wegen ihrer Unfähigkeit, zwischenmenschliche Probleme zu bewältigen, können Narzissten die Intimität einer Therapie häufig nicht aushalten und brechen sie ab oder eilen von einem Arzt zum nächsten. Wenn Sie in einer solchen Beziehung bleiben, müssen Sie dem Partner ständig schmeicheln, und selbst dann wird dieser sich wahrscheinlich benachteiligt und ungerecht behandelt fühlen und Sie letztendlich austauschen.

Narzissten, die durch den Verlust ihrer Partner psychisch am Boden sind, können in eine so tiefe Depression verfallen, dass sie für eine Veränderung zugänglich werden. Bevor sie jedoch ihre Beziehungen neu aufbauen, müssen sie sich selbst erneuern. Falls Sie diesen Prozess abwarten wollen, müssen Sie über dessen Dauer eine realistische Vorstellung haben – Monate, Jahre, nicht einmal ein ganzes Leben können dafür ausreichen.

Der Narzisst ist ein Typus einer geschädigten Persönlichkeit. Ein anderer Typus ist der Soziopath oder die antisoziale Persönlichkeit, die zwanghaft lügt, Arbeits- und Familienpflichten auf unverantwortliche Weise nicht erfüllt und eine schlechte Impulskontrolle aufweist, was häufig zu körperlicher Gewalt und rechtswidrigem Verhalten führt.[2] Dieser Menschentyp kann eine monogame Beziehung in der Regel höchstens ein Jahr durchhalten.

Andere Partner leiden unter einer sogenannten Borderline-Persönlichkeitsstörung. Davon Betroffene sind häufig launisch, ängstlich, unsensibel und feindselig. In einer Beziehung mit einem solchen Menschen werden Sie sich wahrscheinlich chronisch wütend, unsicher oder erschöpft fühlen – vorausgesetzt, Sie stehen zu Ihren Gefühlen.

Es gibt noch weitere Persönlichkeitstypen, die sich einer Veränderung widersetzen und mit denen es nicht einfach sein wird, eine Bindung aufrechtzuerhalten: Alkohol- oder Drogenabhängige, Menschen, die körperlich oder verbal beleidigend handeln, auf unangemessene Weise sexuell provozieren oder sich einfach weigern, ihre Probleme ernst zu nehmen und mit Ihnen an der Stärkung der Beziehung zu arbeiten. Das heißt nicht, dass Ihr Partner hoffnungslos schlecht für Sie ist und Sie ihn verlassen sollten, wenn Sie unzufrieden sind. Ich ermuntere Sie jedoch dazu, für die Realität Ihrer Beziehung die Augen zu öffnen und anzuerkennen, wenn Sie verletzt wurden. Ihre Gefühle der Liebe sollten verdient sein, sie sollten nicht aus einer überaktiven Quelle in Ihnen sprudeln, die Liebe herauspumpt, ungeachtet dessen, wie Sie behandelt werden. Hüten Sie sich davor, »erlaubende Geschichten« zu erfinden – unwahre Erzählungen, die Ihnen das Gefühl geben, alles sei gut, auch wenn das nicht zutrifft, und die Sie dazu bewegen »immerwährende Vergebung anstelle der Möglichkeit einer Veränderung« zu wählen.[3]

Um zu vermeiden, dass Sie falsche und schädliche Schlussfolgerungen über Ihren Partner ziehen, können Sie sich genauer über dysfunktionale Persönlichkeitsstörungen in dem Buch von Beck, Freeman und Davis *Kognitive Therapie der Persönlichkeitsstörungen* informieren.[4] Letztendlich müssen Sie für sich selbst entscheiden, ob Ihr Partner fest im Griff therapieresistenter Kräfte steckt, die eine Veränderung unmöglich machen, oder ob er einfach nicht motiviert ist, Ihnen die Liebe zu geben, die Sie in dieser stürmischen Zeit brauchen. Wie viel ist irreversibel, wie viel eine Frage entsprechenden Trainings, wie viel das Ergebnis einer dauerhaft geschädigten Psyche und wie viel das Ergebnis der wandelbaren Umstände Ihrer Beziehung? Dies sind grundlegende Fragen und es wäre besser, Sie könnten sie beantworten, wenn Sie Ihren Partner erst einmal entthront haben und sich offenen Auges den Täuschungen und Verzerrungen einer unglücklichen Liebe stellen.

Romantische Liebe: »Ich bin bereit, alles für einen Menschen zu riskieren, der mich so glücklich und lebendig macht und von dem ich mich so geliebt fühle.«

Romantische Liebe ist eine intensive Zuneigung, die Sie, der untreue Partner, möglicherweise für Ihre Geliebte/Ihren Liebhaber empfinden. Dabei stellt sich bei Ihnen wahrscheinlich der Wunsch ein, Ihren Partner zu verlassen, egal wie zufriedenstellend Ihr bisheriges gemeinsames Leben war.

IHRE GEDANKEN ÜBER DIE LIEBE SONDIEREN

»Meine Liebe zu meiner Geliebten/meinem Liebhaber muss echt sein«, vermuten Sie, »sonst würde die Chemie zwischen uns nicht so gut stimmen und ich wäre nicht bereit, so viel für diese Person zu opfern.« Der blinde Fleck bei diesem Gefühl – das, was Sie nicht erkennen – ist, dass Ihre sogenannte große Leidenschaft vielleicht mehr mit unerfüllten Bedürfnissen aus Ihrer Kindheit oder mit heutigen Anforderungen zu tun hat als damit, wer diese Person tatsächlich ist. Für ein beglückendes Hochgefühl, das sich zwangsläufig nivellieren wird, wenn die Beziehung länger anhält, riskieren Sie, eine potenziell rettenswerte, lohnende, lebenslange Beziehung mit Ihrem Partner wegzuwerfen.

Wie können Sie die Bedeutung der mitreißenden, berauschenden Gefühle für Ihre Geliebte/Ihren Liebhaber und Ihre Verbitterung oder Enttäuschung gegenüber Ihrem Ehepartner verstehen? Wie können Sie unterscheiden zwischen einer glühenden, aber vorübergehenden Verbundenheit und einem anhaltenden Bund der Liebe? Warum dieser wunderbaren Liebelei den Rücken kehren oder bei Ihrem Partner bleiben, wenn Ihr Bauchgefühl sagt, Sie sollten weglaufen?

Wenn Sie emotional mit Ihrer Geliebten/Ihrem Liebhaber verstrickt sind, haben Sie wahrscheinlich kein Interesse, sich diese Fragen zu stellen, sondern wollen einfach nur genießen. Ich lade Sie jedoch zum Weiterlesen ein, um zu erkunden, was romantische Liebe ist und was nicht, damit Sie Ihre vermutlich irreversible Entscheidung, zu bleiben oder zu gehen, später nicht bereuen.

Zuerst wollen wir uns die emotionalen, kognitiven und chemischen Veränderungen ansehen, die in Ihnen stattfinden, wenn Sie nur an Ihre Geliebte/Ihren Liebhaber denken oder sie/ihn sehen.

Emotionale Veränderungen durch eine romantische Liebe

Romantische Liebe ist voller »Rausch, Begeisterung, Transzendenz und Glückseligkeit«, schreibt Ethel Spector Person in *Lust auf Liebe: Die Wiederentdeckung eines romantischen Gefühls*.[5] Diese unvergleichliche Beziehung, bei der, wie es oft heißt, die Chemie stimmt, ist mühelos und erfüllt Sie mit dem Gefühl, den perfekten Partner gefunden zu haben. »Möglicherweise ist jede Romanze so«, schreibt Jeanette Winterson in *Verlangen*, »sie ist kein Vertrag zwischen gleichwertigen Partnern, sondern eine Explosion von Träumen und Begierden, die im Alltag kein Ventil finden. Dafür braucht es ein Schauspiel, und während das Feuerwerk noch anhält, hat der Himmel bereits eine andere Farbe.«[6]

Bei einer romantischen Liebe wird Ihre Geliebte/Ihr Liebhaber häufig zum einzigen Mittelpunkt Ihres Lebens, der Sie, Ihren Körper und Ihre Seele erfüllt. Sie empfinden den starken Wunsch, jede freie Minute zusammen zu verbringen, einzutauchen, eins zu werden. Ständig denken Sie an Ihre Geliebte/Ihren Liebhaber. Ständig möchten Sie etwas für und mit dieser Person tun. Und da der Mensch dazu neigt, seinen Gefühlen und seinem Verhalten eine Bedeutung beizumessen, interpretieren Sie diese Reaktion als wahre Liebe. Was sonst könnte Ihre alles umfassende Obsession erklären?

Je mehr Zeit und Gefühle Sie in Ihre Geliebte/Ihren Liebhaber investieren – indem Sie Geschenke kaufen, SMS schreiben –, desto mehr Liebe empfinden Sie wahrscheinlich für diese Person. Je weniger Zeit und Gefühle Sie entsprechend in Ihren Partner investieren, desto weniger Liebe werden Sie wahrscheinlich für ihn empfinden.

Kognitive Veränderungen durch eine romantische Liebe

Wenn Sie sich verlieben, kommt es normalerweise zu einer Verzerrung der Wahrnehmung, und Sie idealisieren die geliebte Person, schreiben ihr mehr positive Attribute zu, als ein Mensch überhaupt haben kann. Das Objekt Ihrer Zuneigung wird schön, geistreich, anregend, einfühlsam und vor allem: der perfekte Partner für Sie. Es wurde die Theorie aufgestellt, dass diese Verzerrungen Evolutionszwecken dienen, indem sie Partner für die wichtige Aufgabe der Kindererziehung aneinander binden.[7] Wie die Gründe auch sein mögen, durch das Übertreiben und selektive Konzentrieren auf die positiven Attribute, während die fragwürdigeren ausgeblendet werden, räumen Sie Ihrer Geliebten/Ihrem Liebhaber eine Position ein, mit der kein langfristiger Partner konkurrieren kann.

Gleichzeitig malen Sie Ihren Partner ebenso verzerrt, in diesem Fall allerdings in negativer Richtung, als Gegenstück zu Ihrer Geliebten/Ihrem Liebhaber. Langweilig, eingeschränkt, freudlos, kritisch – mit solchen Worten diffamieren Sie Ihren Partner und rechtfertigen damit, warum Sie ihn verlassen und sich an jemand anderen binden. »Der Ehepartner wird zumindest als beschränkt gesehen, wenn nicht sogar als hassenswert«, schreibt Ethel Spector Person. »Die Ehe wird, wenn sie nicht wirklich schlecht ist, als lähmend erlebt.«[8] Diese Sichtweise mag Ihnen das Verlassen der Beziehung erleichtern, ist jedoch wahrscheinlich verzerrt oder löchrig.

Chemische Veränderungen durch eine romantische Liebe

Liebe ist ein »natürlicher Drogenrausch«, schreibt Anthony Walsh in *The Science of Love: Understanding Love and Its Effects on Mind and Body*.[9] Mit anderen Worten: Ihre Erfahrung einer intensiven Leidenschaft hat eine biologische Grundlage, bei der Ihr Körper im wahrsten Sinn des Wortes von amphetaminähnlichen chemischen Substanzen wie Dopamin, Norepinephrin und Phenylethylamin (PEA) überschwemmt wird. Die bezaubernde Wirkung dieser Drogen, insbesondere PEA, hält jedoch nicht ewig an. Der Körper entwickelt allmählich eine Toleranz und braucht mehr davon, als er produzieren kann, um denselben euphorischen Zustand zu erreichen. Im nächsten Stadium der Liebe setzt das Gehirn eine Reihe neuer chemischer Stoffe frei, Endorphine. Dies sind natürliche Schmerzkiller, die Sie beruhigen und für ein Gefühl von Sicherheit und Ruhe sorgen. Jene chemischen Stoffe helfen Ihnen, aus einer heißen Verliebtheit zu einer innigeren, anhaltenderen Bindung überzugehen.

Die zeitliche Befristung dieses biologischen Modells bewirkt, dass der Übergang von der romantischen zur reifen Liebe glatt und mühelos erscheint, als würden die chemischen Stoffe des Gehirns und des Körpers Sie automatisch von dem einen emotionalen Zustand in den nächsten tragen. In jeder langfristigen Beziehung jedoch werden Sie und Ihr Partner wahrscheinlich durch eine anhaltende Phase der Entzauberung gehen, gefolgt von Intervallen der Nüchternheit. Wir wissen nicht, was chemisch in Ihnen während dieser schwierigen Zeiten abläuft, aber wir wissen, dass Sie, wenn Ihre Beziehung überleben soll, auf diesen Wandel der Liebe vorbereitet sein müssen.

Blicken Sie Ihren unrealistischen Erwartungen über Liebe und Ehe ins Auge

Wenn Ihre Beziehung Ihren Vorstellungen über die Liebe nicht gerecht wird, ist das Problem vielleicht nicht die Beziehung, sondern Ihre Vorstellung. Unrealistische Erwartungen, nicht Ihr Partner, können für Ihre Unzufriedenheit verantwortlich sein. Diese Erwartungen können sein:

- »Mein Partner und ich sollten jederzeit eine tiefe Bindung spüren, die keiner Worte bedarf.«
- »Mein Partner sollte meine Bedürfnisse vorhersehen.«

- »Ich sollte mir die Liebe nicht erarbeiten müssen.«
- »Ich sollte mir das Vertrauen nicht erarbeiten müssen.«
- »Ich verdiene es, geliebt zu werden.«
- »Entweder die Chemie stimmt, oder sie stimmt nicht.«
- »Mein Partner sollte mich bedingungslos lieben.«
- »Mein Partner sollte jederzeit emotional für mich verfügbar sein, wenn ich ihn brauche.«
- »Liebe ist ein Gefühl, das man nicht erzwingen oder erzeugen kann. Entweder sie ist da oder sie fehlt.«
- »Eine gute Ehe ist konfliktfrei.«
- »Wenn ich in meiner Beziehung nicht glücklich bin, ist das die Schuld meines Partners.«
- »Wir sollten uns nicht darum bemühen müssen, einander sexuell zu begehren, das muss ganz natürlich kommen oder eben nicht.«
- »Stirbt die Leidenschaft, gilt dies auch für die Beziehung.«

Denken Sie über diese Äußerungen über die Liebe nach, für sich allein und mit anderen und fragen Sie sich, welche davon Sie für richtig halten und wie realistisch und nützlich sie für Sie sind. Vielleicht weisen Sie sie als unausgereifte Vermutungen von Leuten zurück, die weniger anspruchsvoll oder scharfsinnig sind als Sie, aber lassen Sie sich nicht täuschen. Einige davon stecken wahrscheinlich hinter Ihrer Unzufriedenheit.

Es ist nicht einfach, genau zu beurteilen, welcher Anteil an Ihrer Unzufriedenheit auf Ihre unrealistischen Erwartungen zurückzuführen ist (was bedeutet, dass Sie sich ändern müssen) und welchen Anteil die Unfähigkeit Ihres Partners hat, Ihre Grundbedürfnisse zu erfüllen (was bedeutet, dass sich Ihr Partner ändern muss). Das ist eine komplexe und höchst subjektive Entscheidung, die Sie nur treffen können, indem Sie tief in Ihrem Inneren suchen. Ihre eigene blauäugige vorgefasste Meinung über die Liebe kann jedoch dazu führen, dass Sie eine Schlappe erleiden, wenn:

- Sie sich wünschen, dass Ihr Partner zugleich Freund, Gefährte, Beschützer, Gespiele, Mentor und Lover ist – und, natürlich, die jeweilige Rolle automatisch und freundlich entsprechend Ihren momentanen Bedürfnissen übernimmt;

- Sie von Ihrem Partner erwarten, dass er genau das tut, was Sie wollen, und zwar sofort in dem Moment, in dem Sie es wollen, und sich anderenfalls zufrieden selbst beschäftigt, wenn Sie zu tun haben;
- Sie von Ihrem Partner erwarten, dass er Sie auf eine Weise aufwertet, die Sie über sich hinauswachsen lässt, sodass Sie sich klüger, liebevoller, kompetenter und niemals unterlegen fühlen;
- Sie sich wünschen, dass Ihr Partner mit Ihnen verschmilzt, dass er eins mit Ihnen wird, Sie jedoch nicht mit Begeisterung oder Abhängigkeit erstickt und Sie ganz sicherlich nie langweilt;
- Sie von Ihrem Partner erwarten, dass er Ihre Bedürfnisse kennt und sie unmissverständlich kommuniziert, selbst wenn sie unvernünftig sind;
- Sie von Ihrem Partner erwarten, dass er Ihnen Ihre menschlichen Grenzen verzeiht, selbst dann, wenn Sie seine Unvollkommenheiten ablehnen.

Wenn Sie entdecken, dass Sie von der Liebe zu viel erwarten, sich aber wünschen, dass Ihre Liebe andauert, steht es Ihnen frei, Ihre Erwartungen zu verändern oder neue zu übernehmen, die dem derzeitigen Stadium Ihrer Beziehung angemessener sind. Bescheidenere, praktikablere Anschauungen können Sie toleranter und nachsichtiger machen und Sie vor der natürlichen Desillusionierung in jeder reifen Beziehung abschirmen.

Entzauberung: Von der romantischen zur reifen Liebe

Liebe ist nicht statisch. Wir werden unzufrieden und entfernen uns voneinander; die Zuneigung kehrt zurück und wir ziehen wieder am selben Strang. Manche Menschen, die über diesen Prozess nicht Bescheid wissen, ziehen sich zurück, wenn die guten Zeiten enden, und gehen davon aus, die schlechten Zeiten würden nun für immer anhalten. Diese Menschen flüchten, lassen den Kopf hängen oder schlittern in eine Affäre. Andere sehen das Auf und Ab als Teil eines dynamischen Prozesses, der, wenn er erwartet und verstanden wird, ihre Beziehung bereichern und neu beleben, ihr sogar einen zusätzlichen Impuls geben kann.

Wenn Sie akzeptieren, dass Liebesgefühle weder gleichbleibend noch beständig sind, sondern natürliche Zyklen durchlaufen, werden Sie besser darauf vorbereitet sein, den Turbulenzen standzuhalten, die auf Perioden der Zufriedenheit folgen, und vorauszuschauen. Einige Wissenschaftler haben dokumentiert, dass diese Phasen der Unzufriedenheit im Abstand von vier Jahren auftreten.[10] Ande-re beobachten die verschiedenen Stadien der Liebe in einer eher linearen Progres-sion von der romantischen Phase über die Desillusionierung zur Reife.

Wie es die Psychologen Barry Dyn und Michael Glenn formulieren[11], ist das erste Stadium eine Zeit der Entfaltung und der Verheißungen. Das zweite ist eine Phase der Rezession und der Enttäuschungen, wenn beide Partner weniger kom-promissbereit, weniger offen für eine Veränderung werden und anfangen, sich in eingefahrene Muster und routinemäßige Verhaltensweisen zurückzuziehen, von denen viele älter als die Beziehung sind. An diesem Punkt fühlen sie sich wahrscheinlich voneinander im Stich gelassen und in ein paar fest umrissenen zwischenmenschlichen Streitereien gefangen, alles Variationen über die immer gleichen Themen, die sich in unterschiedlicher Form während der gesamten Dauer ihrer Beziehung wiederholen. Wenn Sie sich bei diesen häuslichen Szenen nicht völlig zerfleischen oder aufreiben und wenn Sie sich mit Ihren jeweiligen Grenzen arrangieren können, werden Sie wahrscheinlich das dritte Stadium der Liebe erreichen: eine Zeit des Ausgleichs, des Entgegenkommens, des Zusam-menwachsens und der Entschlossenheit.

Daher muss irgendwann nach dem romantischen Vorspiel und als Vorausset-zung für das Erreichen einer solideren, sichereren, innigeren Beziehung eine Pha-se der *Entzauberung* stattfinden. Es zeigt sich dann, dass die Person, die Sie ver-göttert haben, auch Schwächen hat. Das Märchen, das Sie erlebt haben, wird nun, wie es scheint, eine wahre Geschichte ohne »… und wenn sie nicht gestorben sind, dann leben sie noch heute«. Kritik und Vorwürfe werden zunehmen und schriller werden, Ihre sexuelle Begeisterung wird abnehmen. Wenn Sie diese bewegte See überbrücken wollen, müssen Sie damit zurechtkommen, dass alles, was einmal so mitreißend oder einfach wirkte, als Sie umeinander geworben haben, nachlässt.

Sie als der untreue Partner haben vermutlich eine ganze Litanei an Beschwer-den über Ihren Partner vorzubringen. Aber wie sieht es mit den Gefühlen für Ihre Geliebte/Ihren Liebhaber aus? Typisch dafür ist ein Gespräch, das ich mit einer Anwältin geführt habe, die ihren Ehemann für den Referendar verlassen hat, der im Sommer bei ihr arbeitete:

»Was gefällt Ihnen an Ihrem Liebhaber nicht?«

»Da gibt es absolut nichts.«

»Worüber streiten Sie beide?«

»Wir streiten nicht.«

»Wenn Sie in die Zukunft blicken, welche Art von Konflikten erwarten Sie, die sich zwischen Ihnen ergeben könnten?«

»Ich kann mir überhaupt keine vorstellen.«

Wenn Sie über dieses herrliche, aber trügerische Stadium romantischer Liebe noch nicht hinausgekommen sind, werden Sie zweifellos wenig gegen Ihre Geliebte/Ihren Liebhaber einzuwenden haben. Daher ist, wie es die Paartherapeuten Stuart und Jacobson formulieren, »die Zeit des Umwerbens eine Zeit höchster menschlicher Täuschung.«[12] Während die chemischen Stoffe Ihres Körpers Sie mit Verzauberung und idealisierten Wahrnehmungen vollpumpen, bleiben Sie für die Fehler Ihrer Gelieben/Ihres Liebhabers blind. Die Tage, in denen Sie mit der unvermeidlichen Desillusionierung der Liebe werden ringen müssen, liegen noch vor Ihnen.

Jede dauerhafte Beziehung kennt diese Momente von Verdruss und Enttäuschung, ihre Wundstellen und Wermutstropfen, und wenn es nur daran liegt, dass zwei Menschen selten zum selben Zeitpunkt dieselben Bedürfnisse haben. Eigenschaften, die Sie an einem Tag an Ihrem Partner mögen, werden Sie an einem anderen Tag vielleicht hassen, und zwar nicht, weil Ihr Partner irgendetwas anderes sagt oder tut, sondern aufgrund von Konflikten in Ihnen selbst. Die Aufmerksamkeit, für die Sie letzten Dienstag so dankbar waren, mag Ihnen heute als Bedrohung Ihrer Selbstständigkeit erscheinen. Charme und Ritterlichkeit, die Sie am Mittwoch so bewundert haben, lehnen Sie am Donnerstag möglicherweise ab und interpretieren sie als übermäßiges Bedürfnis nach Aufmerksamkeit. Wenn Sie nicht gerade blind vor Liebe sind, ist es unmöglich, eine Seite ohne die andere zu erkennen oder diese zu leugnen; es gibt keine Möglichkeit, das, was Sie lieben, von dem zu trennen, was Sie hassen, denn es sind die beiden Seiten ein und derselben Person (mehr dazu in Kapitel 5).

Menschen, die sich scheiden lassen und wieder heiraten, erwarten, glücklicher zu sein, die Statistiken erzählen jedoch eine andere Geschichte. Dem führenden Eheforscher John Gottman zufolge scheitern zweite Ehen sogar öfter als erste Ehen: 50 Prozent der Erst-Ehen und 60 Prozent der Zweit-Ehen enden mit einer Scheidung.[13] Kommen Stiefkinder hinzu, steigt die Rate gescheiterter Zweit-Ehen sogar auf 70 Prozent. Es ist durchaus hilfreich zu bedenken, dass die glücklichsten Paare in Amerika etwa 69 Prozent ihrer Probleme nicht lösen.[14]

Wenn Sie vor der Entscheidung stehen, ob Sie Ihren Partner verlassen sollen oder ob Sie bleiben und wieder Vertrauen aufbauen wollen, ermuntere ich Sie dazu, etwas weiter als nur auf den Augenblick zu schauen und zu versuchen, Ihren Partner objektiver zu betrachten. Das bedeutet für diejenigen, die noch unter dem Einfluss glücklich machender chemischer Substanzen ihres Körpers stehen, hinter die blinden Flecken der romantischen Liebe zu blicken und sich der Möglichkeit zu öffnen, eine weniger feurige, aber wärmere und anhaltendere Liebe mit ihrem Partner zu pflegen.

Die Abkühlung einer romantischen Liebe bringt unvermeidlich ein Gefühl des Verlustes mit sich, wie in den ersten Herbsttagen, öffnet aber auch die Türe zu einer reiferen, verbindlicheren Beziehung, in der Sie akzeptieren, was Sie aneinander lieben und hassen, in der Sie ambivalente Gefühle im Rahmen einer liebevollen Beziehung tolerieren und verständnisinnig verbunden bleiben, selbst wenn Sie einmal verletzt oder verärgert sind.

Geben Sie Ihren Partner nicht zu leichtfertig auf. Fragen Sie sich: »Liegt das Problem in unserer Beziehung oder bei mir? Habe ich mich entliebt, weil mein Partner mir niemals geben kann, was ich brauche, oder weil ich vorübergehend unter dem Verlust der *Illusion* von Liebe leide: der Illusion, die mich zu dem Glauben verführt hat, Liebe sei immer gleichbleibend, ich würde für meinen Partner immer nur positive Gefühle haben, ich würde nie mit Konflikten zu kämpfen haben, die mich dazu bringen könnten, unsere grundsätzliche Verträglichkeit als Paar infrage zu stellen.«

Woher Ihre Gedanken über die Liebe stammen

Liebe ist zugleich eine Auffassung und ein Gefühl. Wie Sie Liebe definieren und was Sie sich von ihr erwarten, wird sich signifikant darauf auswirken, welchen Partner Sie sich suchen und wie zufrieden Sie mit ihm sein werden.

Da sich in Ihrer Auffassung von Liebe normalerweise spiegelt, wie Ihre Eltern oder Bezugspersonen mit Ihnen oder miteinander umgegangen sind, ist es aufschlussreich, auf diese Beziehungen zurückzublicken und zu erkunden, wie Sie während Ihrer Kindheit davon beeinflusst wurden.

John Money zufolge, einem ehemaligen Sexualforscher der Johns Hopkins University, haben wir alle einen einmaligen »subliminalen« (unterschwelligen) Wegweiser zu unserem Idealpartner im Kopf. Diese »Liebes-Landkarte" hat sich in der Zeit, in der wir das Jugendalter erreichten, im Schaltkreis unseres Gehirns eingeprägt. Wenn wir eine ausreichende Anzahl von Entsprechungen oder Ähnlichkeiten zwischen dem geliebten Menschen und unserer Karte verzeichnen, sagt Money, empfinden wir Liebe.[15] Je mehr Ähnlichkeiten vorhanden sind, desto besser stimmt wahrscheinlich die Chemie.

Wenn Ihre Bezugspersonen Ihnen das Vorbild reifer Liebe gegeben haben, stehen die Chancen gut, dass auch Sie eine reife Liebe erleben werden. War das Vorbild dysfunktional und Sie konnten sich nicht sicher, geborgen und als etwas Besonderes fühlen, werden Sie wahrscheinlich von einem Partner angezogen, der möglicherweise anders zu sein scheint als Ihre Bezugspersonen, der Sie letztlich jedoch in derselben verkümmerten, aber vertrauten Art und Weise behandeln wird und damit alte Wunden aufreißt.[16]

John wuchs mit einer unter Asthma leidenden Mutter und einem alkoholkranken Vater auf, der von einem Job in den nächsten wechselte. Von John wurde ein überaus verantwortungsbewusstes Verhalten verlangt, er erfüllte viele Aufgaben im Haushalt – Einkaufen, Kochen und Putzen, wenn sich seine Eltern wieder einmal gestritten hatten. Als Studienanfänger fühlte er sich zu einem Mädchen namens Debby hingezogen, die klinisch depressiv war. Er fühlte sich sehr wohl, ganz er selbst, sorgte für sie und machte ihr bei der fünften Verabredung einen Heiratsantrag. Seine Glückseligkeit hielt ungefähr sechs Monate an, dann stellte er fest, dass er, genau wie in seiner Jugend, überfunktionierte. Seine selbstlose Hingabe an Debby, durch die er sich anfangs gut gefühlt hatte – gebraucht, wichtig, erfolgreich –, lastete nun schwer auf ihm, sodass er sich wie ein Gefangener fühlte und Groll entwickelte.

Mary, eine andere Patientin, wuchs mit einem Vater auf, der sie ständig kritisierte und erniedrigte, daher fühlte sie sich zu Peter hingezogen, bei dem sie sich sehr anstrengen musste, um seine Anerkennung zu gewinnen, die er ihr dann doch versagte. Man hätte erwartet, sie würde sich genau nach dem Gegenteil sehnen – nach jemandem, der sie unterstützte und bedingungslos an sie glaubte. Aber nur ein Mensch wie Peter, der bei ihr das alte, vertraute Selbstgefühl hervorrief, bei dem sie sich selbst genau so erlebte, wie sie sich als Kind gekannt hatte, konnte Gefühle der Liebe in ihr hervorrufen. Ihre Bindung an Peter war dysfunktional, aber auf einer unterbewussten Ebene fühlte sie sich zu Hause.

Die Vorbilder aus Ihrer eigenen Kindheit können erklären helfen, warum Sie, der verletzte Partner, weiterhin einen treulosen Partner lieben und warum Sie, der untreue Partner, sich zu Ihrer Geliebten/Ihrem Liebhaber hingezogen fühlen.

Als der verletzte Partner entscheiden Sie sich möglicherweise dafür, in einer Beziehung zu bleiben, die keine Erfüllung für Sie bringt, weil sie das Einzige ist, was sie als Kind gekannt haben und was Sie heute kennen, und weil es sich für Sie wie Liebe anfühlt. Da Sie in der Vergangenheit gefangen sind, gelingt es Ihnen nicht, das, was für Sie am besten ist, von dem zu unterscheiden, was Sie von Ihren Eltern gelernt haben. Da Sie nicht in der Lage sind, die Vernachlässigung oder das Leid zu erkennen, das Sie erfahren, bleiben Sie bei jemandem, von dem Sie wenig oder nichts zurückbekommen, wobei Sie sich niemals fragen, welche anderen Optionen Sie hätten.

Als der untreue Partner nehmen Sie es Ihrem Partner möglicherweise übel, dass er Ihnen nicht geben kann, was Sie schon als Kind nie bekommen haben, und lassen sich Ihre Bedürfnisse von einem anderen Menschen erfüllen. Sie vertrauen Ihre Zukunft einer Geliebten/einem Liebhaber an, die/den Sie kaum kennen. Anstatt Ihre Desillusionierung durch Ihren Partner und Ihre inneren Konflikte aufzuarbeiten, suchen Sie sich aktiv einen anderen, neuen Partner oder werden für einen solchen Partner zugänglich.

Dieses Mal fühlt es sich anders an, sagen Sie. Durch intensive, alles überragende Gefühle blind gemacht, glauben Sie eine Zeit lang auch daran. Sie schreiben dieser wunderbaren Leidenschaft eine heilende Kraft zu, erleben sich selbst anders als je zuvor. Sicher wird diese Person, die so völlig anders zu sein scheint als alle, die Sie in früheren Beziehungen verletzt oder beeinträchtigt haben, Ihnen das Selbstgefühl und die Liebe geben, nach der Sie sich zeitlebens gesehnt haben, die sich Ihnen jedoch immer entzogen hat. So glauben Sie zumindest.

Was Sie jedoch so unaufhaltsam zu Ihrer Geliebten/Ihrem Liebhaber zieht und dafür sorgt, dass Ihr Körper viele positive chemische Stoffe produziert, ist möglicherweise nicht die perfekte Liebe, sondern das noch nicht abgeschlossene Werk Ihrer Kindheit und die Verheißung, von den Missständen und Entbehrungen der Vergangenheit befreit zu werden. Diese gute Chemie kann, wie bereits gesagt, durch ein ungesundes Vorbild für die Liebe ausgelöst werden. Eine schwächere Chemie kann bedeuten, dass Sie einen Partner gewählt haben, der es Ihnen erlaubt, sich positiver, erfüllter zu erleben, als Sie das als Kind konnten. Sie werden vielleicht die Augen verdrehen, wenn Sie das hören, aber Beziehungen, die mit weniger Hochgefühl beginnen, können weniger Probleme aus der Vergangenheit aufwirbeln und sich langfristig als zufriedenstellender und anhaltender erweisen.

Letztlich werden Sie möglicherweise zu dem Schluss kommen, besser dran zu sein, wenn Sie mit Ihrer Geliebten/Ihrem Liebhaber zusammenleben als mit Ihrem Ehepartner. Liebe kann transformativ sein, sie ist im Leben einer der hervorragendsten Schmelztiegel für Veränderung und erlaubt es Ihnen, sich zu entwickeln, sich zu entfalten, Ihr bestes Selbst zu finden. Eine Affäre kann die positiven Eigenschaften in Ihnen wieder wecken, die in einer beraubenden oder missbräuchlichen Beziehung ausgemerzt wurden, und Ihnen neues Selbstvertrauen geben, sodass Sie die kaputte Beziehung verlassen und einen zugänglicheren Partner in Anspruch nehmen können.

Bevor Sie jedoch Ihrem bisherigen Partner den Rücken kehren, möchte ich Sie dazu anregen, Ihren Streitereien und Enttäuschungen sorgfältig zuzuhören; sie können nämlich erzählen, wo Sie während der Kindheit in Ihrer Entwicklung stecken geblieben sind und was Sie in Ihrer gegenwärtigen Beziehung erreichen müssen, um heilen zu können. Bevor Sie sich davonmachen, sollten Sie sich fragen: »Ist es ein legitimer Schritt zur Selbstverwirklichung, wenn ich meine Beziehung verlasse, oder lediglich eine Entschuldigung, um meine ungelösten Konflikte aus der Kindheit zu umgehen?«

Gleichgültig welchen Partner Sie wählen, Sie werden immer eine Desillusionierung erleben und werden hart daran arbeiten müssen, Ihre Beziehung lebendig und gut zu erhalten. Sollten Sie anders darüber denken, betrügen Sie sich noch immer selbst.

In diesem Kapitel habe ich Sie beide, den verletzten und den untreuen Partner, dazu aufgefordert, Ihre Vorstellungen über die Liebe zu prüfen. Dennoch werden vielleicht viele Vorbehalte gegenüber einem Neuanfang zurückgeblieben sein. Das nächste Kapitel hilft Ihnen, sich diesen Vorbehalten zu stellen und die wichtige Entscheidung zu treffen, ob Sie bleiben oder gehen sollen.

KAPITEL 4
Stellen Sie sich Ihren Zweifeln und Ängsten

Im letzten Kapitel habe ich Sie ermuntert, sich verschiedene Auffassungen von Liebe anzusehen, bevor Sie unwiderrufliche Entscheidungen über Ihre Zukunft treffen. Nun ermuntere ich Sie, sich Ihren Zweifeln und Ängsten zu stellen, einen Neuanfang in der Beziehung zu wagen, damit diese Sie nicht überfordern und blindlings in eine Richtung drängen, die Sie später bereuen.

Am besten ringen Sie mit diesen Sorgen für sich allein. In Anwesenheit Ihres Partners ist die Wahrscheinlichkeit größer, dass Sie Ihre Position verteidigen, anstatt sie infrage zu stellen oder sich Ihre Denkfehler einzugestehen. Zudem ist es praktisch unmöglich, dass Sie sich selbst gegenüber ehrlich sind, wenn Sie Ihre Gedanken zensieren oder in eine euphemistische Sprache fassen, um die Gefühle Ihres Partners nicht zu verletzen. Sie müssen Ihre Ambivalenz so sehen, wie sie ist, und sie nicht schön oder klein reden.

Lassen Sie uns zehn übliche Bedenken ansehen, mit denen Männer und Frauen nach einem Seitensprung zu kämpfen haben. Einige sind für den verletzten Partner relevant, andere für den untreuen Partner. Die meisten treffen auf beide zu.

1. »Können wir, nachdem so großer Schaden angerichtet wurde, jemals wieder zusammenkommen?«
2. »Wie kann ich nach deiner Untreue darauf vertrauen, dass du nicht wieder fremdgehen wirst?«
3. »Können wir uns beide so ändern, dass es etwas nützt? Oder passen wir etwa grundsätzlich nicht zusammen?«
4. »Ja, du bist dabei, dich zu ändern, um unsere Beziehung zu retten, aber werden diese Änderungen dauerhaft sein und sind sie ernst gemeint?«
5. »Willst du wirklich mich behalten oder das Gesamtpaket (finanzielle Sicherheit, ein intaktes Zuhause, gemeinsame Kindererziehung)?«
6. »Sind meine Gründe zu bleiben ausreichend?«
7. »Sollten wir wegen der Kinder zusammenbleiben?«
8. »Nach dem zu schließen, was du getan hast, hast du mich wohl nicht mehr geliebt, was spricht also dafür zusammenzubleiben?«

9. »Ist es nicht ein Fehler, wenn ich zu liebevoll bin, zu viel Zeit mit dir verbringe, bevor ich wirklich weiß, dass ich mit dir einen Neuanfang wagen will?«

10. »Werde ich mich nicht besser für oder gegen meine Geliebte/meinen Liebhaber entscheiden können, wenn wir mehr Zeit zusammen verbringen?«

Es sollte Ihnen helfen, eine fundiertere, besser überlegte und Sie selbst aufwertende Entscheidung über eine Trennung oder das Zusammenbleiben zu treffen, wenn Sie alle diese Sorgen schonungslos und genau betrachten.

Sorge #1 (für Paare): »Können wir, nachdem so großer Schaden angerichtet wurde, jemals wieder zusammenkommen?«

Nach einem Seitensprung ist es normal anzunehmen, dass die verloren gegangene Liebe und das einmal zerstörte Vertrauen nie wieder zurückgewonnen werden können. Wozu ich Sie heute jedoch auffordere, ist, Ihr gemeinsames Leben nicht anhand der heutigen Gefühle zu beurteilen, sondern danach, welche Gefühle Sie in der Vergangenheit hatten. Blicken Sie zurück. Waren Sie jemals glücklich oder einander innig verbunden? Können Sie sich daran erinnern, was Sie zueinander gezogen hat, als sie sich umworben haben? Eine günstige Prognose für die Zukunft hängt häufig davon ab, wie stark die Beziehung in diesen frühen Jahren gewesen ist. Wenn Ihre Anfangszeit gut war – das heißt, wenn Sie beide versucht haben, Konflikte konstruktiv zu lösen, wenn Sie sich gegenseitig geliebt haben und eine ähnliche Vorstellung von der Zukunft hatten, wenn der Sex für Sie beide befriedigend war und Sie genügend gemeinsame Aktivitäten geteilt haben –, besteht für Ihre Beziehung mehr Hoffnung, als Sie glauben. Wenn Sie jedoch wenig finden, worauf Sie aufbauen können – wenn Sie die Beziehung also selten als gut empfunden haben –, wird sie heute möglicherweise nicht zu retten sein.

Eine Gefahr beim Rückblick auf Ihr gemeinsames Leben ist, dass Sie mit Ihren Erinnerungen vielleicht unfair umgehen und sie durch einen Schleier voller Bitterkeit sehen werden. Achten Sie darauf, die Vergangenheit nicht zu verdrehen, um der Gegenwart gerecht zu werden. Untreue Partner erinnern sich sehr oft selektiv nur an die schlechten Zeiten, um ihren Seitensprung zu rechtfertigen, während verletzte Partner sich selektiv die guten Zeiten in Erinnerung rufen, um sich reinzuwaschen und zu beweisen: »Ich war kein so schlechter Partner, wie du mich heute hinstellst, und unsere Beziehung war nicht so schlimm, wie es heute aus deinem Mund klingt.«

Versuchen Sie einzugestehen, was wirklich gut und was tatsächlich schlecht war, und versuchen Sie, alles ohne »revisionistische« Brille zu sehen. An diesem Punkt machen Paare gerne pauschale, vereinfachende, jedem selbst dienende Äußerungen über ihre Beziehung. Diejenigen, die gehen wollen, erinnern sich: »Wir haben geheiratet, weil sie schwanger war«, oder: »Ich kam immer an letzter Stelle, nach dem Hund und dem Baby.« Diejenigen, die die Sache durchstehen wollen, erinnern sich: »Wir waren so aufgeregt, als das Baby kam«, oder: »Wir hatten tolle Zeiten miteinander.« Wenn Sie die Geschichte umschreiben, um Ihre heutigen Gefühle zu rechtfertigen, hat diese Übung keinerlei Nutzen.

Prophezeiungen können selbsterfüllend sein. Allein schon die Annahme, Ihre Beziehung könne nicht wiederhergestellt werden, da würde nichts mehr helfen, kann alles zunichtemachen. Wenn Sie Ihren Partner bereits abgeschrieben haben, müssen Sie sich bewusst machen und sich fragen, warum Sie ein Gefühl von Hoffnungslosigkeit erzeugen, das ungerechtfertigt oder verfrüht ist. Das Glück, das Sie einmal geteilt haben, ist zwar keine Garantie für künftige Freuden – die Honeymoon-Jahre überleben eine Welt mit Hypotheken und vollen Windeln möglicherweise nicht. Die Vorhersagen für Ihre Beziehung sind jedoch besser, wenn Sie früher zusammen glücklich waren.

Sorge #2 (für verletzte Partner): »Wie kann ich nach deiner Untreue darauf vertrauen, dass du nicht wieder fremdgehen wirst?«

Wenn Sie betrogen wurden, werden Sie sich vermutlich fragen, ob Sie Ihrem Partner jemals wieder vertrauen oder sich in der Beziehung wieder sicher fühlen können. Sind diese Sorgen berechtigt? Es gibt natürlich keine wasserdichte Formel, um Ihr Risiko einzuschätzen, aber es gibt fünf Hinweise, die Anhaltspunkte liefern.

Hinweis #1: Grundlegende Einstellungen

Ein erklärtes Bekenntnis zur Monogamie ist keine Garantie, aber wenn Ihr Partner Ihnen nicht einmal diese Versicherung liefern kann, die Sie brauchen, haben Sie weniger Grund, ihm zu vertrauen.

Als eine meiner Patientinnen ihren Mann fragte, warum er sie betrogen habe, erklärte er: »Ich habe nicht erwartet, dass du es herausfinden würdest.« »Deiner Logik zufolge besteht also kein Grund, nicht zu betrügen, solange du nicht davon ausgehst, erwischt zu werden«, schäumte sie. »Dein Gewissen wird demnach nur vom Risiko einer Strafe geleitet?« Die Einstellung ihres Mannes, jedes Verhalten sei zulässig, solange es nicht entdeckt würde, nährte ihre Zweifel, dass er ihr treu bleiben würde. Und sie hatte recht. Bereits knapp zwei Wochen später erwischte sie ihn dabei, wie er mit einer alten Freundin bei einem Kir Royal in einem örtlichen Lokal saß und sie küsste.

In Kapitel 2 haben wir uns eine Reihe von Einstellungen angesehen, die hinter der Untreue eines Partners stecken können oder sie begründen.

Ich rege Sie dazu an, diese Liste zu besprechen, um etwas über die Überzeugungen Ihres Partners zu erfahren und fundierte Vermutungen über ihr oder sein künftiges Verhalten anstellen zu können. Zu den üblichsten Überzeugungen gehören folgende:

• »Was mein Partner nicht weiß, macht ihn nicht heiß.«
• »Ich habe nur ein Leben und verdiene es, so glücklich wie möglich zu sein.«
• »Durch meine Affäre kann ich meine Bedürfnisse erfüllen, ohne meine Familie zu zerstören. Ich tue es für die Kinder.«
• »Der Mensch ist nicht für die Monogamie geschaffen.«
• »Ich habe keine Kontrolle über meine Triebe.«
• »Ich habe nie versprochen, perfekt zu sein.«
• »Da mein Partner wahrscheinlich über meine Affäre Bescheid weiß, mich jedoch nicht damit konfrontiert, muss es wohl in Ordnung sein, solange ich diskret bleibe.«

Eine verletzte Partnerin namens Leah fragte ihren Mann anhand dieser Liste: »Glaubst du noch immer, dass der Mensch biologisch zum Ehebrechen programmiert ist?«

»Nein«, antwortete er, »aber manchmal werden die Leute von ihren Emotionen überwältigt und können sie nicht kontrollieren.«

»Du willst also sagen«, gab sie zurück, »dass du nicht gewillt bist, die Verantwortung für dein Verhalten zu übernehmen. Wie soll ich dir dann wieder vertrauen können? Was ich von dir hören müsste, ist: ›Ich bin nicht sicher, aber ich widerstehe jeden Tag verschiedenen Versuchungen. Ich esse Salat, obwohl ich Gelüste auf einen Eisbecher mit Schokosauce habe, ich zwinge mich, ins Fitness-Studio zu gehen, obgleich ich todmüde bin, ich diszipliniere mich bei hunderter-lei Gelegenheiten, um gesund zu bleiben, und dasselbe kann ich für unsere Be-ziehung tun.‹ Wenn du so unsicher bist, ob du deine Triebe kontrollieren kannst, warum sollte ich dann glauben, dass du mich nicht wieder betrügen wirst?«

Nachdem Sie so tief verletzt wurden, sind Sie wahrscheinlich skeptisch, Ih-rem Partner zu schnell wieder zu vertrauen. Schließlich können Sie nicht wissen, ob Sie nicht wieder betrogen werden. Sprache dient dem Verbergen der Wahrheit ebenso gut wie dem Vermitteln der Wahrheit. Ich rege jedoch dazu an, die Worte Ihres Partners nicht als Lügen abzuschreiben, sondern sie in den kommenden Monaten an ihrem oder seinem Verhalten zu prüfen. Wenn Sie es ernsthaft noch einmal miteinander probieren wollen, warum sollten Sie Ihrem Partner dann nicht die Chance geben, es zu beweisen?

Selbst wenn sich die Einstellung Ihres Partners zur Monogamie grundlegend von Ihrer zu unterscheiden scheint, sollten Sie die Hoffnung nicht aufgeben. Das Problem könnte sein, dass Ihre Ansichten gar nicht unvereinbar sind, sondern dass Ihr Partner vorübergehend in der Defensive ist und nicht bereit ist, von seiner Position abzurücken.

Als seine Frau ihn verdorben nannte, weil Tom mit der achtzehnjährigen Ba-bysitterin geschlafen hatte, schrie er zurück: »Sieben Milliarden Menschen auf der Welt versuchen, ihrem Leben einen Sinn zu geben, wie kannst du dir anma-ßen, über mich zu urteilen?« Er war nicht wirklich der Meinung, im Recht zu sein, aber er empfand es als Angriff auf seine Integrität und musste sich schnells-tens schützen. Er und seine Frau verbrachten Tage damit, verbal miteinander zu kämpfen, wie Sie das vielleicht auch mit Ihrem Partner tun. Mit der Zeit stellte sich heraus, dass ihre Ansichten weniger polarisierend waren, als es schien. Tom willigte ein, mit seiner Frau zu einer Paartherapie zu gehen, um seine Unzufrie-denheit aufzuarbeiten.

Hinweis #2: Eine Geschichte von Lug und Trug

Ein Partner, der bereits mehrfach ein falsches Spiel getrieben hat, wird eher er-neut lügen und betrügen als jemand, der nur einmal fremdgegangen ist.

Als Marilyn auf ihre zwölf Jahre mit Marshall zurückblickte, erkannte sie, dass er vom ersten Tag an ein doppeltes Spiel gespielt hatte. Während ihrer Verlobungszeit rief sie eine unbekannte Nummer auf seinem BlackBerry an und sprach mit einer Frau, die er weiterhin traf. Kurz nachdem Marilyn ihr erstes Kind zur Welt gebracht hatte, verließ ihr Mann das Krankenhaus für vier Stunden – um Pizza zu holen, wie er sagte. Eine Woche später bekam sie einen Anruf aus einem nahegelegenen Motel, ob sie ein Paar Ohrringe im Zimmer vergessen hätte.

Marshalls Lügengeschichten betrafen nicht nur sein sexuelles Verhalten. Er erzählte Marilyn, er habe in Amherst studiert (wie sich herausstellte, war es die University of Massachusetts), er sei Spanier (er war Puerto Ricaner), sein Vater sei Arzt (er war Labortechniker). Lügen war für ihn eine Lebensart, ein tief verwurzeltes Muster, das seine Beziehung zu anderen Menschen definierte. Als Marilyn ihn schließlich mit seiner neuesten Affäre konfrontierte, gab er alles zu, versprach jedoch, ein neuer Mensch zu werden und nie wieder fremdzugehen. Marilyn blickte auf ihr gemeinsames Leben zurück und sagte, er solle seine Sachen packen.

Ich will damit nicht andeuten, dass ein einmaliger Seitensprung verzeihlicher wäre als siebzehn Affären, oder dass eine einzelne Affäre bedeutet, dass es nicht wieder passieren wird. Ein Partner, der bereits eine lange Liste von Lügen und Betrug aufzuweisen hat, wird jedoch eher Schwierigkeiten haben, dieses Muster zu durchbrechen, als jemand, der nur einmal fremdgegangen ist.

Hinweis #3: Die Fähigkeit, offen zu kommunizieren

Partner, die sich ihrer Bedürfnisse bewusst sind und im Geiste der Gegenseitigkeit und der Kompromisse darüber sprechen können, werden eher zu Hause bleiben und ihre Probleme aufarbeiten. Bei Partnern, die sich ihrer Bedürfnisse nicht bewusst sind, die jedoch erwarten, dass der andere Partner diese intuitiv erahnt, oder die ihre Bedürfnisse aus Angst vor einem Konflikt unter Verschluss halten, wird die Unzufriedenheit eher nagen und zunehmen. Da ein solcher Partner den anderen Partner für seine Gefühle der Entfremdung verantwortlich macht, sucht er sich seine Erfüllung in einem fremden Bett.

Einigen Partnern fehlt es einfach nur an den Kommunikationsfähigkeiten, sie haben keine Ahnung, wie sie sich ausdrücken sollen, da sie es nie zuvor getan haben. Das Leben kann ihnen beigebracht haben, ihre Gefühle besser zu vertuschen, intime Gespräche zu vermeiden und ihre Bedürfnisse für sich zu behalten.

Was in diesem Fall für Sie mehr Gewicht haben sollte als das Schweigen Ihres Partners, ist daher dessen Fähigkeit, seine Bedürfnisse als das zu erkennen, was sie sind – ein Nährboden für Unzufriedenheit –, und mit Ihnen daran zu arbeiten, freimütiger und direkter zu werden.

Es ist nicht allein Ihre Aufgabe, dieses Schweigen zu brechen, aber Sie können Ihrem Partner helfen, indem Sie ihn ermutigen, Ihnen gegenüber offener zu werden, und indem Sie eine Atmosphäre von Toleranz und Akzeptanz für das schaffen, was Ihr Partner zu sagen hat. Bitten Sie Ihren Partner, nicht Ihre Gefühle schützen zu wollen, sondern Ihnen zu vertrauen und die Wahrheit über ihre/seine Gefühle zu sagen. Wenn Sie beide lernen, ehrlicher miteinander zu sein und offener über Ihre Bedürfnisse zu sprechen, werden Sie einen Mechanismus dafür entwickeln, Ihre Probleme innerhalb Ihrer Beziehung zu lösen, und damit das Risiko reduzieren, dass einer von beiden fremdgeht.

Ein vierundvierzigjähriger Finanzberater namens Sam fühlte sich von seiner deutlich jüngeren Frau gravierend schlecht behandelt; anstatt dies jedoch zuzugeben und eine Konfrontation zu riskieren, unterdrückte er seinen Ärger und suchte sich eine Geliebte. Die Affäre wirkte wie ein Katalysator und gab ihm den Mut, endlich den Mund aufzumachen. Als er mit seiner Frau in meiner Praxis saß, entfesselte er die Wut, die er jahrelang in sich verschlossen gehabt hatte. »Es stört mich, dass du dich immer über meine Wampe und meine beginnende Glatze lustig machst«, schäumte er. »Es ärgert mich, dass du nicht einmal von deinen Zeitschriften aufblickst, wenn ich abends nach Hause komme. Ich ärgere mich darüber, dass du mir vorschreibst, wie ich mein Geld ausgeben sollte, obwohl ich mehr als genug für uns beide verdiene.«

Sams Frau saß da, sprachlos, schockiert. Als er schließlich fertig war, holte sie tief Luft und sagte »Okay. Es ist gut, deine Beschwerden zu hören, zu wissen, was du denkst und fühlst. Ich habe nie gemerkt, wie sehr dich diese Dinge gestört haben. Ich kann daran arbeiten, es anders zu machen – und ich will das auch tun.«

Hinweis #4: Die Fähigkeit, Ihnen zuzuhören und Mitgefühl für Ihren Schmerz zu haben

Partner, die nicht über ihre eigenen Bedürfnisse hinausschauen und ihre Bedürfnisse auch nicht anerkennen können, werden eher wieder betrügen. Daher ist es sinnvoll, wenn Sie sich fragen, ob Ihr Partner:

- Sie als eigenständige Person sehen kann, nicht als eine Erweiterung von sich selbst;
- anerkennen kann, was Sie durchgemacht haben und welchen emotionalen Schaden der Seitensprung verursacht hat;
- Mitgefühl für Ihren Schmerz und Reue empfinden kann;
- Ihren Standpunkt anhören kann, auch wenn er von ihrem/seinem eigenen abweicht.

Falls Sie die meisten Fragen mit Nein beantworten, müssen Sie sich nicht fragen: »*Wird* mein Partner wieder fremdgehen?«, sondern: »Warum *sollte* mein Partner *nicht wieder* fremdgehen?«

Hinweis #5: Die Bereitwilligkeit, die Bedeutung des Seitensprungs eingehend zu prüfen und einen angemessenen Teil der Verantwortung dafür zu übernehmen

Solange Ihr Partner nicht gewillt ist herauszufinden, warum es zu dem Seitensprung gekommen ist, und es ablehnt, einen angemessenen Teil der Verantwortung dafür zu übernehmen, dürften Ihre Hoffnungen auf eine verbindliche Beziehung auf Sand gebaut sein.

»Kevin hatte vor sechs Jahren eine Affäre, aber bis heute weigert er sich, mit mir darüber zu sprechen«, klagte mir eine siebenundvierzigjährige Dekorateurin. »Ich weiß so gut wie keine Einzelheiten, aber diese Affäre steht zwischen uns. Ich fühle deren Präsenz. Ich glaube nicht, dass er mich wieder betrügt, aber ich habe keine Sicherheit darüber, was morgen sein wird, weil ich keine Ahnung habe, was ich falsch gemacht habe oder wie und ob er sich geändert hat.«

Wenn man nichts dazulernt und sich nicht verändert, bleibt das Problem bestehen und damit auch die Versuchung zum Fremdgehen.

Dieser Abschnitt ist für die verletzten Partner gedacht, enthält aber auch eine Botschaft für die untreuen Partner: Wenn Sie ergründen möchten, warum es zu dem Seitensprung kam und was Sie zum Fremdgehen bewogen hat, wenn es Ihnen aufrichtig leidtut, dass Sie Schaden verursacht haben, und Sie das ernsthaft wiedergutmachen wollen, ist jetzt der richtige Zeitpunkt, dies ohne Bitterkeit oder Verdrehung der Tatsachen auszusprechen. Sparen Sie sich Ihre Gegenbeschuldigungen und eigennützigen Rechtfertigungen für später auf, wenn Sie einen besseren Überblick haben. Jetzt würden diese nur dazu führen, dass Ihr Partner die Aufrichtigkeit Ihrer Zusage, dass Sie sich ändern wollen, anzweifeln würde. Nur wenn Sie die innere Stärke zeigen, sich Ihren Unvollkommenheiten zu stellen und Ihre Mitschuld zu akzeptieren, wird Ihr Partner sich sicher genug fühlen, auf eine Zukunft mit Ihnen zu setzen.

Sorge #3 (für Paare): »Können wir uns beide so ändern, dass es etwas nützt? Oder passen wir grundsätzlich nicht zusammen?«

Mutmaßungen nehmen ihre ganz eigene Realität an. Wenn Sie annehmen, Ihr Partner sei der Falsche für Sie und könne sich nicht ändern, werden Sie die Beziehung wahrscheinlich abschreiben und sich nach jemand anderem umschauen. Behandeln Sie Ihre Mutmaßung als genau das – eine subjektive Realität, die zutreffen kann oder auch nicht –, können Sie Ihrem Partner die Chance geben, Ihnen zu beweisen, dass Sie sich getäuscht haben.

Um den Wahrheitsgehalt Ihrer Mutmaßungen zu testen, sagen Sie Ihrem Partner ganz genau, entweder von Angesicht zu Angesicht oder schriftlich, welche Veränderungen Sie brauchen, um sich geliebter, respektierter und umsorgter zu fühlen. Versuchen Sie, sich ohne Aggressivität oder Zwang auszudrücken, ohne Drohungen oder Ultimaten. Versuchen Sie auch, Ihre Anliegen positiv und nicht negativ zu formulieren, wirklich konkret, nicht allgemein. Wenn Sie sagen: »Du gibst mir nie das Gefühl, wichtig für dich zu sein«, kommuniziert dies Ihr Bedürfnis weniger deutlich, als wenn Sie sagen: »Du kannst dafür sorgen, dass ich mich wichtiger für dich fühle, wenn du an den meisten Abenden zum Essen nach Hause kommst, für die Wochenenden nette Unternehmungen für uns planst und von dir aus zeigst, dass du Sex möchtest.«

Zu den Anliegen, die ich am häufigsten höre, gehören:
- »Halte dein Temperament besser im Zaum. Sage mir ohne Sarkasmus, was dich stört.«
- »Hör auf zu trinken.«
- »Sage mir, was du dir wünschst.«
- »Unternehme Dinge mit mir, die ich mir wünsche, auch wenn sie dir nicht so gut gefallen.«
- »Lobe mich öfter. Sage mir, was du an mir magst und liebst.«

- »Zeige mehr Zuneigung.«
- »Beteilige dich stärker an der Kindererziehung (hole sie vom Fußballtraining ab oder lies ihnen eine Gute-Nacht-Geschichte vor).«
- »Erzähle mir, was in deinem Leben so alles geschieht.«
- »Zeige Interesse für das, was in meinem Leben so alles geschieht.«
- »Nimm es nicht persönlich, wenn ich einmal Zeit allein verbringen möchte.«
- »Sorge dich weniger um die Zukunft, konzentriere dich lieber mehr auf das Hier und Heute.«

Um sicherzustellen, dass Sie genau wissen, was sich Ihr Partner wünscht, empfehle ich eine häufig verwendete Kommunikationsübung, die als *Spiegeln* oder *Zuhören mit offenem Herzen* bezeichnet wird. Partner A sagt Partner B, was ihn stört, und nennt Änderungen, die Partner B vornehmen sollte. Dann fasst Partner B in seine eigenen Worte, was gesagt wurde, bis sich Partner A ausreichend verstanden fühlt. Anschließend werden die Rollen getauscht.

Versuchen Sie, sich die Veränderungen, die sich Ihr Partner wünscht, sehr genau und ohne dabei in die Defensive zu gehen anzuhören. Um zu beurteilen, ob diese fair und für Sie erreichbar sind, fragen Sie sich:

- »Was enthüllen diese Bitten über mich – über das, was an mir liebenswert und was unsympathisch ist?«
- »Bin ich in der Lage, das zu tun, was sich mein Partner wünscht?«
- »Will ich das versuchen?«
- »Werden mich diese Veränderungen als Mensch verbessern oder werden sie meine Integrität kompromittieren? Werden sie zu persönlichem Wachstum beitragen oder mein Wohlbefinden bedrohen?«
- »Habe ich solche Beschwerden kürzlich oder in der Vergangenheit schon von anderen gehört?«
- »Haben sich meine Eltern oder andere Bezugspersonen in meiner Kindheit in einer Weise verhalten, die ich jetzt an mir ändern soll? Wiederhole ich dieselben Verhaltensweisen, die ich bei anderen tadelnswert finde?«

Ihre erste Reaktion auf die Anliegen Ihres Partners kann sein: »Du bittest mich, jemand völlig anderes zu werden, als ich bin.« Damit können Sie recht haben. Partner sagen oft »Wenn du *nur* ...« und bitten dann um eine Eigenschaft, die völlig untypisch für den anderen ist. In dieser Phase der Entwurzelung kann jedoch selbst die kleinste Bitte unzumutbar erscheinen. Wenn Sie sich mit Ihrem Partner in einem Machtkampf befinden, werden Sie keinen Zentimeter Boden kampflos aufgeben wollen. Es kann jedoch sein, dass Ihr Partner nur um kleine Änderungen bittet, die Sie nicht kompromittieren, die in der Art, wie Sie sich gegenseitig erfahren, jedoch einen großen Unterschied bewirken können.

Wenn Sie die Beschwerden Ihres Partners bereits früher gehört haben – von früheren Liebhabern, von der Familie oder von Freunden –, werden Sie mit etwas Unschönem an sich selbst konfrontiert, das Ihre Fähigkeit einschränkt, zu anderen Menschen eine engere Beziehung zu pflegen, und das sich ändern muss, wenn Sie jemals eine reife Beziehung aufrechterhalten wollen. Es könnte sein – und das ist eine bittere Pille, die Sie schlucken müssten –, dass die Veränderungen, um die Ihr Partner bittet, aus Ihnen einen liebenswerteren Menschen machen würden.

Dabei sollten Sie aber nicht automatisch davon ausgehen, dass nur Sie allein sich ändern müssen. Wenn Sie deprimiert sind oder Ihren Partner verzweifelt zurückgewinnen wollen, hüten Sie sich vor der Versuchung, dem Unmöglichen oder viel zu viel zuzustimmen. (Beispielsweise sagte eine Frau zu ihrem Mann, sie erwarte von ihm, dass er 90 Prozent der Beziehungsarbeit übernehme, und er fühlte sich so anspruchslos, war so aufopfernd und fürchtete sich so davor, sie zu verlieren, dass er sagte: »In Ordnung, das mache ich.«)

Bedenken Sie, dass Ihr Partner möglicherweise Dinge an Ihnen aussetzt, um seine eigene Unzufriedenheit zu begründen oder um zu vermeiden, selbst Verantwortung dafür übernehmen zu müssen. Dies sollte offensichtlich sein, wenn:

- Ihr Partner Sie aus genau den Gründen um eine Veränderung bittet, die ihn ursprünglich angezogen haben (beispielsweise wird Ihre früher geschätzte Spontaneität jetzt als Verantwortungslosigkeit abgelehnt);
- Ihr Partner Ihnen Eigenschaften vorwirft, die ihm selbst fehlen, worum er Sie jedoch unbewusst beneidet (beispielsweise ärgert sich Ihr zurückhaltender Partner über Ihre Fähigkeit, Dinge für sich allein zu machen);

- Ihr Partner versucht, Sie herabzusetzen oder zu unterwerfen;
- die Bitten Ihres Partners übertrieben sind und unmäßige Bedürfnisse widerspiegeln. (Ein Partner sagte zu seiner Frau: »Ich bin der King in dieser Gemeinde, ich bin der King in meiner Firma und ich erwarte, auch zu Hause der King zu sein.« Als sie ihn einmal bat, seine schmutzigen Schuhe auszuziehen, bevor er in die Küche komme, reagierte er aufbrausend: »Du brauchst mir nicht sagen, was ich in meinem Haus zu tun habe.«)

Dieselben Mahnungen gelten auch für Sie. Wenn Sie an der Reihe sind, um Veränderungen zu bitten, sollten Sie die Quelle Ihrer Unzufriedenheit prüfen und nicht automatisch davon ausgehen, dass Ihr Partner das Problem ist. Bevor Sie Ihre Beschwerdeliste vortragen oder weggehen, weil Ihr Partner nicht darauf anspricht, sollten Sie in sich gehen und sich fragen, wie berechtigt Ihre Klagen sind. Ich empfehle Ihnen, sich zu fragen:

- »Verlange ich mehr, als mein Partner oder irgendjemand sonst mir geben kann?«
- »Beschuldige ich meinen Partner, dass er mir das Gefühl gibt, ungenügend, ungeliebt oder unsicher zu sein, obwohl ich mich schon immer so gefühlt habe?«
- »Ist es folgerichtig, dass mein Partner mich im Stich gelassen hat, weil ich unzufrieden bin?«
- »Wie groß ist mein eigener Anteil an meiner Unzufriedenheit – meine unrealistischen Erwartungen, meine ungelösten Konflikte, meine übergroßen Bedürfnisse, meine verdrehte Wahrnehmung meines Partners und unseres Umgangs?«

Die Leute wissen häufig ganz genau, wie sich ihr Partner ändern muss, haben hingegen nur wenige Erkenntnisse darüber, wie sie sich selbst ändern müssten. Jay, ein siebenundvierzigjähriger Geschäftsmann, ist ein passendes Beispiel. »Ich kann mir meine Frau [Joan] nicht leisten«, beschwerte er sich. »Ihre Ansprüche sind zu hoch, dadurch fühle ich mich klein.« Da er überzeugt war, sie nie zufriedenstellen zu können, verließ er sie für eine Frau, die halb so alt war wie er und die ihn um nichts bat. Um seine Großzügigkeit zu beweisen, verwöhnte er sie mit extravaganten Geschenken.

Als Jay überlegte, ob er zu seiner Frau zurückkehren sollte, gab er ihr eine Liste mit zwanzig Wünschen, die damit begann: »Zeige mehr Wertschätzung, wenn ich dir etwas schenke, und gib mir nicht das Gefühl, ich könnte nicht für dich sorgen.«

Joan war verblüfft. Sie hatte ihren Mann immer als finanziell erfolgreich betrachtet und sich glücklich gefühlt, einen so lockeren Lebensstil mit ihm teilen zu können. »Als wir in Hongkong waren, bist du in den teuersten Laden gegangen und hast eine Südsee-Perlenkette anprobiert, die 100 000 Dollar gekostet hat«, erinnerte Jay sie. »Du hast nie etwas gesagt, aber ich wusste, dass du erwartet hast, ich würde sie dir kaufen. Als wir wieder zu Hause waren, wollte ich, dass du dir einen Audi kaufst, aber der war nicht gut genug, du musstest einen Lexus haben. Du hast mir das Gefühl gegeben, billig zu sein.«

Joan hörte ihm ungläubig zu. Sie hatte die Kette aus Spaß anprobiert, da war sie sich sicher. Und was die Autos betraf, hatten ihm beide gefallen und er hatte ihr die Wahl überlassen.

Was Jay nicht sehen konnte, war, dass er Joan aus seinen eigenen Gefühlen des Ungenügens heraus beschuldigte – Gefühlen, die begonnen hatten, als sein Vater ihn als Kind nicht beachtete, und die sich verstärkten, als er weit abgeschlagen hinter seinem Vater in dem Familienunternehmen tätig war. Während es Dinge gab, bei denen Joan eine Änderung zusagen konnte, damit sich Jay erfolgreicher und sicherer fühlte – sie konnte ihm mit größerer Begeisterung für Geschenke danken und diese nicht umtauschen, wie sie es manchmal tat –, hatte seine Unzufriedenheit mit der Ehe ebenso viel mit ihm selbst zu tun. Joan allein würde sein beschädigtes Selbstgefühl niemals heilen können.

Es gibt keine einfachen Antworten auf die Fragen »Soll ich mich ändern, damit mein Partner zufrieden ist?« und »Sollte sich mein Partner ändern, damit ich zufrieden bin?« Was Sie sich voneinander wünschen, kann unangemessen und eigennützig sein oder es kann der Katalysator werden, den Sie beide brauchen, um Ihr jeweils altes Selbst zu transzendieren und den Weg für eine tiefere und anhaltendere Beziehung frei zu machen.

Sie können versucht sein, der Unbequemlichkeit einer zu großen Selbstprüfung zu entkommen, indem Sie Ihre Beziehung beenden und sich an einen neuen Partner binden. Wenn Sie jedoch die Probleme, die zu dem Seitensprung geführt haben, nicht untersuchen oder Ihre Mitverantwortung für Ihre Unzufriedenheit nicht akzeptieren, verpassen Sie eine Gelegenheit, als Person und als Partner zu wachsen.

Sorge #4 (für Paare): »Ja, du bist dabei, dich zu ändern, um unsere Beziehung zu retten, aber werden diese Änderungen dauerhaft sein und sind sie ernst gemeint?«

Häufig kommt es vor, dass sich Ihr Partner plötzlich und aus freien Stücken in der Weise ändert, um die Sie gebeten haben oder die Sie stillschweigend erhofft haben. Ein übergewichtiger Partner macht plötzlich Sport oder ein immer abwesender Vater nimmt sich Zeit für seine Kinder.

Diese Veränderungen mögen anfangs vielversprechend wirken, schon bald aber werden Sie sich vermutlich fragen, wie aufrichtig oder anhaltend sie wohl sein werden. Sie können darüber sogar verärgert sein und sich fragen: »Warum waren ein Seitensprung und eine drohende Trennung nötig, um meinen Partner so weit zu bekommen, dass er tut, was ich all die Jahre lautstark eingefordert habe?«

Diese Veränderungen können Ihnen auch Angst machen, weil Sie sich dadurch verführt fühlen, jemandem zu vertrauen, der Sie vielleicht wieder betrügen wird. Als der verletzte Partner werden Sie sich vielleicht fragen: »Werde ich manipuliert? Wirst du, wenn ich mich erst einmal wieder auf dich eingelassen habe, annehmen, dass alles gut ist, und in deine alten Verhaltensweisen zurückfallen?« Als der untreue Partner haben Sie vielleicht Bedenken wie: »Änderst du dich nur, um mich zurückzulocken und mich dazu zu bringen, meine Freundin/meinen Freund aufzugeben? Wirst du, wenn ich zu dir zurückgekommen bin, wieder selbstzufrieden werden, sodass ich mir wünsche, ich wäre für immer gegangen?«

Sollte sich Ihr Partner weigern, sich in Dingen zu ändern, die für Sie wichtig sind, oder sollte er seine Versprechen nicht einhalten, wird es klug sein, wenn Sie Ihre Sachen packen und ausziehen. Wenn Sie jedoch sehen, dass er sich bemüht, sollten Sie Ihre Skepsis im Zaum halten, Ihr Misstrauen reduzieren und Ihrem Partner eine ehrliche Erfolgschance geben. Ihr Partner kann nur wieder in Ihr Leben eintreten, wenn Sie ihm die Türe öffnen.

Sorge #5 (für Paare): »Willst du wirklich mich behalten oder das Gesamtpaket?«

Ihr Bedürfnis, um Ihrer selbst willen in der Beziehung erwünscht zu sein, ist jetzt wahrscheinlich größer denn je; das gilt auch für Ihr Misstrauen gegenüber den Motiven Ihres Partners. Sollte Ihr Partner einen Neuanfang wollen, werden Sie vielleicht annehmen, der Grund dafür seien nicht Sie, sondern eine Reihe günstiger Umstände, die Sie nur am Rande miteinschließen. Diese Annahmen mögen unbewusst oder falsch sein, werden jedoch stark auf Ihre Entscheidung über den Verbleib in der Beziehung abfärben.

»Warum sollte ich meinen Mann zurücknehmen?«, fragte mich eine Patientin namens Gail. »Er hat Angst, seine Kinder, den Garten, den Golden Retriever und den 54-Zoll-Fernseher zu verlieren. Wer weiß? Vielleicht hat er nur gemerkt, dass das Leben als Single nicht so großartig ist und wünscht sich wieder jemanden, der seine Hemden aus der Wäscherei abholt. Ich bin nicht einmal sicher, ob ich ein Teil dieses Bildes bin.«

Jeff, ein untreuer Partner, zweifelte ebenfalls daran, wie wichtig er für seine Frau war. »Judy möchte, dass ich zurückkomme, weil ich ihre Visa-Rechnungen bezahle und weil sie sich Kinder wünscht«, klagte er. »Dabei liebt sie aber gar nicht mich. Dafür wäre jeder Mann recht.«

Es ist normal, wenn Sie sich fragen, welche Rolle Sie bei der Entscheidung Ihres Partners für einen Neuanfang spielen, und Sie sollten ernsthaft an eine Trennung denken, wenn Sie anscheinend nur wegen der Unterhaltszahlungen oder der regelmäßigen Mahlzeiten geschätzt werden. Wenn Sie jedoch erwarten, *ausschließlich* um Ihrer selbst willen geliebt zu werden, und sich billig und kompromittiert fühlen, wenn dies nicht der Fall ist, haben Sie unrealistische Vorstellungen darüber, was Paare zusammenhält.

Selbst in der Zeit des Umwerbens wurde Ihr Partner wahrscheinlich nicht komplett von Ihnen selbst angezogen, sondern von einem idealisierten Bild von Ihnen und Ihrer Fähigkeit, sein Selbstbild zu verbessern. Finanzielle und emotionale Sicherheit, Gesellschaft, die Bequemlichkeit und Vertrautheit des Zuhauses, Unterstützung bei Krankheit oder im Alter – all das sind Elemente jeder anhaltenden Beziehung. Alle sind ebenso grundlegende und starke Anreize, zusammenzubleiben und diese Bedürfnisse zu erfüllen, wie die Liebe selbst. Wenn Sie zu Hause zufrieden sind, wird es Ihnen nichts ausmachen, für das geschätzt zu werden, was Sie, außer sich selbst, in die Beziehung einbringen. Sie werden sich möglicherweise sogar aufgewertet fühlen, wenn Sie wissen, dass Sie Ihren Partner auf so viele verschiedene Arten zufriedenstellen. Wenn Sie jedoch unzufrieden sind, werden Sie vermutlich denken, Ihr Partner liebe Sie aus den falschen Gründen, und Sie werden sich benützt und nicht wertgeschätzt fühlen.[1]

Es kann schmerzlich sein, dies zuzugeben, aber nach einem Seitensprung ziehen beide Partner das Gesamtpaket einander vielleicht tatsächlich vor. Keinesfalls jedoch lassen sich die Faktoren, durch die Sie voneinander angezogen werden, prozentual bestimmen. Sollten Sie sich darum bemühen, wieder eine innige Verbindung aufzubauen, werden Sie mit der Zeit wahrscheinlich sehen, dass Ihrer beider Leben auf Tausende verschiedene Arten miteinander verwoben sind und dass es weder möglich noch besser ist, die Person, als die Sie sich selbst bezeichnen, von dem Gesamtpaket zu trennen.

Sorge #6 (für Paare): »Sind meine Gründe zu bleiben ausreichend?«

Vielleicht sorgen Sie sich auch darum, aus den falschen Gründen zu bleiben. Auch hier können Sie recht haben.

»Ich bin geblieben, weil ich katholisch bin, basta«, gab eine Patientin zu. »Ich bin eine Verpflichtung eingegangen, die für immer gelten sollte. Aber ich fühle mich so elend, dass ich mich frage, was ich tun soll.«

»In meiner Familie wurde noch nie jemand geschieden«, sagte mir ein anderer Patient. »Ich wüsste gar nicht, wo ich anfangen soll. Aber es graut mir davor, in einer Ehe zu bleiben, die ebenso lähmend ist, wie die Ehe meiner Eltern war.«

Wenn Sie nur aus Schuldgefühlen, Angst oder Pflichtgefühl an der Beziehung festhalten, sollten Sie Ihre Entscheidung noch einmal überdenken oder sich auf ein Leben selbst auferlegter Einkerkerung vorbereiten: Ein Partner ist der Gefangene, der andere hat die Schlüsselgewalt.

Lassen Sie uns einige dieser fragwürdigen Gründe ansehen.

Grund #1: »Ich komme allein nicht zurecht.«

Wenn Sie nur bei Ihrem Partner bleiben, weil Sie glauben, finanziell oder emotional allein nicht zurechtzukommen, halten Sie inne und fragen Sie sich: »Bin ich fair zu mir selbst? Oder unterschätze ich meine Fähigkeiten, zu arbeiten, mich selbst zu unterstützen, ein erfüllendes Leben für mich selbst außerhalb dieser Beziehung zu gestalten?« Mag sein, dass Sie vor dem Alleinsein Angst haben, aber vielleicht entdecken Sie bei einem objektiveren Blick auf Ihr Leben, dass Sie früher bereits Zeit allein verbracht haben und gut klargekommen sind oder dass Sie nicht gut klargekommen sind, damals aber jünger, weniger einfallsreich, finanziell weniger gut gestellt oder verschuldeter waren als heute.

Sie sehen sich möglicherweise als finanziell abhängig von Ihrem Partner, unterschätzen jedoch Ihre Qualifikationen oder überschätzen, was nötig ist, um einen Job zu finden. Haben Sie schon einmal gearbeitet? Übertreiben Sie möglicherweise, wie sicher und beschützt, wie gut versorgt Sie bei Ihrem Partner sind bzw. waren? Hier ein Beispiel: Eine Frau, die glaubte, allein nicht überlebensfähig zu sein, stellte fest, dass ihr Mann, der großartige Ernährer, den Großteil ihrer Ersparnisse verspielt hatte. Sie war es, der es gelang, die Bank von einer Zwangsvollstreckung ihres Hauses abzuhalten.

Es ist wichtig, dass Sie sich fragen, was genau Sie daran ängstigt, ohne Partner zu sein. Häufig wird dieser Gedanke nur durch die eigene Interpretation so furchterregend oder deprimierend – vielleicht, weil Sie glauben, Sie seien nicht gut genug, um auf jemand anderen anziehend zu wirken, Sie hätten etwas grundsätzlich Nicht-Liebenswertes an sich. Möglicherweise erscheinen Ihre negativen Vermutungen schrecklicher, als es die Realität des Alleinlebens dann ist. Wenn Sie ehrlich zu sich selbst sind, stellen Sie vielleicht fest, dass Sie sich darauf konzentriert haben, wie einsam Sie *außerhalb* der Beziehung sein könnten, und dabei außer Acht lassen, wie einsam Sie *innerhalb* der beleidigenden und einschränkenden Beziehung sind.

Grund #2: »Meine Religion besagt, dass ein Ehegelöbnis unantastbar ist und nicht gebrochen werden darf.«

Obgleich Ihr Ehevertrag gebrochen wurde, mahnt Ihre Religion Sie wahrscheinlich weiterhin, die Ehe als heilig, Scheidung als eine Sünde und Vergebung als göttlich zu betrachten.

Eine religiöse Doktrin kann dem Leben Sinn geben, kann als Quelle moralischer Sicherheit, spiritueller Erfüllung und Trost dienen.[2] Neuere Untersuchungen zeigen jedoch, dass Ihre Chancen besser stehen, die Qualität Ihrer Beziehung zu verbessern, wenn Ihr religiöser Glaube einen tief empfundenen Wunsch zum Neuanfang verstärkt, als wenn er wie ein von oben auferlegter Zwang wirkt.[3] Wenn das religiöse Dogma Ihr einziger Grund ist zu bleiben, stellen Sie am Ende Ihren Glauben zufrieden, aber weder sich selbst noch Ihren Partner.

Grund #3: »Schon allein der Gedanke, die Beziehung abzubrechen, erscheint erdrückend.«

Bereits der Gedanke an eine Trennung kann Sie überfordern. »Ich nehme das iPad, mein Mann den Laptop?«, fragte sich eine meiner Patientinnen, als sie sich vorstellte, wie sie ihre Besitztümer aufteilten. »Das überfordert mich momentan völlig.« Und dennoch stellte sie sich auch die Frage, was wohl schlimmer sein würde: das Trauma einer Trennung oder die Realität, für den Rest des Lebens in einer beschädigten Beziehung zu leben. »Das eine ist eine kurze Phase, das andere dauert lebenslang«, sagte sie, kurz bevor sie Kontakt zu einem Rechtsanwalt aufnahm.

Grund #4: »Ich bin dafür verantwortlich, für meinen Partner zu sorgen.«

Einige von Ihnen werden fürchten, dass ihr Partner zerbricht, wenn sie ihn verlassen. Diese Sorge kann einen gesunden Wunsch offenbaren, die Beziehung neu aufzubauen, sie kann aber auch Ihre Angst vor einer Trennung verdecken, Ihre Bedenken, allein zu sein, Ihr Bedürfnis, gebraucht zu werden, Ihr Zögern, ein Leben einzuschlagen, das Ihnen guttut.

Wenn Sie sich lediglich selbst opfern, wird es Ihr Partner wahrscheinlich vorziehen, von Ihnen befreit zu sein und die Chance zu haben, jemandem zu begegnen, der sein Leben aufrichtig mit ihr/ihm teilen möchte. Wenn Sie sich nicht wirklich verpflichtet fühlen, können Sie wenig tun, um das Selbstgefühl Ihres Partners wiederherzustellen oder zu nähren, und Ihr Partner ist wahrscheinlich besser dran, wenn er sich bei einem anderen Menschen Unterstützung suchen kann.

Sorge #7 (für Paare): »Sollten wir wegen der Kinder zusammenbleiben?«

Eltern quälen sich wegen der Folgen, die eine Scheidung und die Aufspaltung der Familie auf ihre Kinder haben werden. Und das sollten sie auch.

Zwar hängen die Befunde vom Alter, dem Geschlecht und dem Grad psychischer Anpassung zum Zeitpunkt der Scheidung ab[4], die meisten Studien bestätigen jedoch, dass Kinder aus Scheidungsfamilien in den Bereichen schulische Leistung, Benehmen, psychische Anpassung, Selbstachtung und soziale Kompetenz zumindest in den ersten beiden Jahren nach der Trennung schlechter abschneiden als Kinder aus intakten Familien.[5]

Ebenso klar ist jedoch, dass das Wohlbefinden eines Kindes nicht von der Anwesenheit beider Eltern im selben Haushalt am stärksten bestimmt wird, sondern davon, wie stark ein Kind den Konflikten zwischen seinen Eltern ausgesetzt ist – vor, während und nach der Scheidung. Es ist für Kinder besser, in einer geschiedenen Familie mit weniger Konflikten zu leben als in einer intakten Familie mit starken Konflikten.[6]

In ihrer Studie mit achtundneunzig Scheidungsfamilien stellte die Soziologin Connie Ahrons fest, dass Männer wie Frauen glaubten, wegen der Kinder zusammenzubleiben sei ein Fehler, dass sie sich früher hätten trennen sollen und dass es ihren Kindern »in einem ehrlichen und gut funktionierenden Haushalt besser ging, selbst wenn die Eltern geschieden waren«.[7] Die Menschen neigen natürlich dazu, für ihr Verhalten Begründungen zu liefern. Hätten diese Paare beschlossen, zusammenzubleiben und die Probleme aufzuarbeiten, wären sie vielleicht zu anderen Schlussfolgerungen gekommen.

Niemand würde Sie ermuntern, sich aus einer Laune heraus zu trennen, ohne zuvor versucht zu haben, die Konflikte zu lösen. Wenn Sie jedoch nur der Kinder wegen zusammenbleiben – wenn Sie also aus Schuldgefühlen, Angst oder Pflichtbewusstsein in einer verbitterten, geistlosen Ehe auf der Stelle treten –, werden Sie Ihren Kindern langfristig wahrscheinlich keinen Gefallen tun. Im Gegenteil, Sie laufen Gefahr, Ihren Kindern ein bedauernswertes Vorbild für die Liebe zu liefern, ein Vorbild, von dem Sie nicht wollen, dass Ihre Kinder es später nachahmen. Darüber hinaus werden Ihre Kinder wahrscheinlich unter Ihrer emotionalen Zurückgezogenheit leiden, wenn Sie in Ihrer Ehe keine Erfüllung finden und übermäßig mit sich selbst beschäftigt und depressiv sind.

Wenn Sie sich für eine Trennung oder Scheidung entscheiden, wird die physische Distanz zwischen Ihnen und Ihren Kindern vielleicht weniger schädlich sein als eine emotionale Distanz. Sie sind eine Familie, ob sie nun in einem Haushalt leben oder nicht, und die psychische Anpassungsfähigkeit Ihrer Kinder hängt mehr von Ihrer emotionalen Verfügbarkeit ab als von Ihrer physischen Nähe.

Wenn Sie ausziehen oder Ihre Kinder nur zeitweise sehen, sollten Sie jede Anstrengung unternehmen, eine liebevolle Verbundenheit zu ihnen aufrechtzuerhalten. Wie Joan Kelly in ihrer Studienübersicht zur Anpassungsfähigkeit nach einer Scheidung folgert, werden Kinder, »die in guter psychischer Verfassung sind, wenn die Scheidungserfahrung beginnt, und die zu beiden Elternteilen eine enge und liebevolle Beziehung haben«, ihre Anpassungsfähigkeit wahrscheinlich beibehalten, »wenn sie ihre Beziehung zu beiden Elternteilen auf einer sinnvollen Basis fortsetzen können«.[8]

Ihre Entscheidung, sich zu trennen, wird für die Anpassungsfähigkeit Ihrer Kinder weniger ausschlaggebend sein als Ihre Bereitschaft, mit Ihrem Ex-Partner eine »Elternpartnerschaft« zu entwickeln.[9] Kelly stellte fest, dass Kinder, die vor der Trennung positiv anpassungsfähig waren, auch nach der Scheidung eine ähnlich gute Anpassungsfähigkeit beibehielten, wenn die Eltern direkte, aggressive Äußerungen ihrer Konflikte vor ihnen vermieden. Die Kinder wurden nicht deprimiert und zeigten kein abweichendes Verhalten, es sei denn, »ein Elternteil bat sie, Nachrichten zu übermitteln, stellte aufdringliche Fragen über den anderen Elternteil oder erzeugte in dem Kind das Bedürfnis, Informationen oder Gefühle über den anderen Elternteil zu verheimlichen«.[10] Anders gesagt: Es gelang den Kindern, die Trennung relativ unbeschadet zu überleben, solange sie sich nicht in den Konflikt hineingezogen fühlten.

Bedenken Sie bei der Prüfung Ihrer Optionen, dass Sie nicht nur zwischen unglücklich verheiratet oder glücklich geschieden wählen können, sondern dass Sie auch die Möglichkeit haben, eine Ehe, die es wert ist, intakt zu halten, indem Sie Ihre Differenzen und Unzufriedenheiten aufarbeiten. Es überrascht nicht, dass sich die meisten Kinder wünschen, dass ihre Familie zusammenbleibt und miteinander auskommt. Wenn Sie selbst genügend gute Gründe finden, der Beziehung eine neue Chance zu geben, können Sie nicht nur die Kernfamilie für Ihre Kinder erhalten, sondern ihnen auch eine wertvolle Lektion fürs Leben mitgeben: die Lektion, dass Menschen, die sich einmal verletzt haben und vielleicht sogar hassen, lernen können, sich wieder zu lieben, dass sich Menschen trennen und wieder zusammenkommen können, dass zwischenmenschliche Konflikte erfolgreich gelöst werden können und dass eine Krise in der Vertrautheit zu einer bedeutsamen Veränderung und stärkeren Verbindung führen kann.

Sorge #8 (für verletzte Partner): »Nach dem zu schließen, was du getan hast, hast du mich wohl nicht mehr geliebt, was spricht also dafür zusammenzubleiben?«

Wenn Sie überzeugt davon waren, dass Ihr Partner niemals mit jemand anderem schlafen und Sie immer lieben würde, fallen Sie nun möglicherweise in Verzweiflung oder Entrüstung und geben eine Beziehung auf, die Sie tief in Ihrem Herzen gerne retten würden.

Einige von Ihnen werden ihren Schmerz vielleicht nach innen kehren mit Gedanken wie »Ich bin ein Verlierer«, »Ich kann nicht konkurrieren«, »Ich bin nicht liebenswert« und werden die Beziehung als schlechten Scherz abschreiben. Andere werden ihren Schmerz nach außen kehren und vorsorglich zurückschlagen, indem sie die Person verlassen, von der sie betrogen wurden. Die Tatsache, dass Ihr Partner mehr Wahlmöglichkeiten und weniger zu verlieren zu haben scheint, wenn die Beziehung scheitert, kann Ihren Wunsch noch verstärken, die Oberhand zu gewinnen. Durch Ihre Wut fühlen Sie sich wahrscheinlich stärker und wollen daher ungern darauf verzichten, obgleich sich dahinter vielleicht nur Gefühle von Selbstzerfleischung, Bedürftigkeit, Eifersucht oder Desillusionierung verbergen.

Es ist ganz natürlich, dass Sie jemandem den Rücken kehren wollen, der Sie verletzt oder ersetzt hat, und dass Sie verkünden wollen, allein ginge es Ihnen besser – wer wollte letztlich nicht glauben, dass diese Person entbehrlich ist? Ich ermahne Sie dennoch, keine endgültige Lebensentscheidung zu treffen, solange Sie sich so verletzt fühlen. Ihre Annahme, Ihr Partner liebe Sie nicht oder habe Sie nie geliebt, muss nicht zutreffen. Es kann Gründe für den Seitensprung geben, die mit Ihrem gemeinsamen Leben wenig oder gar nichts zu tun haben. Ihr Partner fühlt sich möglicherweise gedemütigter oder zerknirschter, als er/sie zugeben will, und will mit Ihnen daran arbeiten, die Beziehung wiederherzustellen, wenn Sie für diese Möglichkeit offen sein können.

»Ich war drauf und dran, meinen Mann zu verlassen, weil er mich einmal zu viel betrogen hatte«, sagte mir eine Patientin namens Betty. »Ich dachte: ›Was ist die Liebe wert, wenn sie sich nicht in einem liebevollen Verhalten äußert?‹ Mein Mann kam jedoch zu der Erkenntnis, die er mir ebenfalls nahebringen konnte, dass er sich nicht zu anderen Frauen hingezogen fühlte, weil er mit mir unglücklich war oder weil er sie liebte, sondern aus Angst vor Intimität mit irgendeinem Menschen – aus Sorge, wenn irgendjemand ihn wirklich kennenlernen würde, würde er als Mogelpackung entlarvt. Als ich das verstanden hatte, fühlte ich mich persönlich nicht mehr so zurückgewiesen und versuchte, Geduld zu haben, während er mit seinem Therapeuten an seinen Problemen arbeitete. Es war ein Anfang.«

Wenn Sie in Depressionen versinken, versuchen Sie, die emotionale Selbstgeißelung oder zwanghafte Konzentration auf sich selbst als Opfer zu überwinden und von außen zu betrachten, was Ihnen die Affäre über das beschädigte Selbst Ihres Partners erzählt. Wenn Sie zornig sind, versuchen Sie, das Risiko einzugehen, die Schwachstelle Ihrer Wut zu zeigen – die Angst, Verletzung, Demütigung, die ihr zugrunde liegen. Egal wie Sie sich fühlen, ob deprimiert oder wütend, Sie müssen Ihren Schmerz in einer Weise äußern, die es Ihrem Partner erlaubt, für Sie da zu sein – und die es Ihnen erlaubt herauszufinden, ob diese Person sich genügend für Sie interessiert, um Ihnen zuzuhören, und ob sie erwachsen genug ist, um für ihren eigenen Anteil an dem Problem die Verantwortung zu übernehmen.

Sorge #9 (für Paare): »Ist es nicht ein Fehler, wenn ich zu liebevoll bin, zu viel Zeit mit dir verbringe, bevor ich wirklich weiß, dass ich mit dir einen Neuanfang wagen will?«

Einige von Ihnen mögen der Meinung sein, sie sollten Abstand zu ihrem Partner halten und nicht zu liebevoll sein, bevor sie nicht sicher wissen, ob sie wieder mit ihm zusammenkommen wollen. Das Problem bei dieser Strategie ist, dass Sie damit garantiert einen noch tieferen Keil zwischen sich treiben werden. Wie können Sie erwarten, mehr positive Gefühle für jemanden zu entwickeln, wenn Sie es ablehnen, eine positivere Beziehung zu diesem Menschen zu pflegen?

Als Bob eine Affäre mit Laura begann, ging er davon aus, es sei falsch, weiterhin mit seiner Frau Susan zusammenzuleben, daher suchte er sich eine Wohnung und zog aus. Da er unsicher war, wie sich beide Beziehungen entwickeln würden, willigte er ein, Susan einmal pro Woche zu sehen, um den Kontakt aufrechtzuerhalten und praktische Angelegenheiten zu regeln (wie beispielsweise einen Tierarztbesuch mit dem Hund, den Besuch bei kranken Verwandten und die Bezahlung von Haushaltsrechnungen).

Bob mied jede sexuelle Beziehung zu seiner Frau und enthielt sich aller Anzeichen von Zuneigung (er rief sie an ihrem Geburtstag nicht an, wünschte ihr am ersten Tag bei ihrer neuen Arbeitsstelle kein Glück), obgleich er liebevolle Gefühle für sie hatte. »So gehört es sich«, beharrte er, »solange ich mit einer anderen Frau zusammen bin.«

Bob war weder böse auf Susan noch verrückt nach Laura, aber sein Leben drehte sich jetzt um Laura und sie war seine einzige Quelle für Gemeinsamkeiten, sowohl als Freundin als auch als Sexpartnerin. »Vermutlich wäre die Sache mit Susan damit beendet gewesen«, gab Bob später zu, »aber sie bat mich, ich solle mich nicht völlig zurückziehen. Ich ging nach Hause, sie wartete mit meinem Lieblingsessen auf mich, dann schauten wir uns mit unseren besten Freunden einen Film an. Oder wir saßen wie früher im Wohnzimmer, tranken heiße Schokolade und machten es uns auf der riesigen Couch mit unseren Büchern gemütlich. Anfangs fühlte ich mich dabei unglaublich unbehaglich. Ich fand es sogar unheimlich. Aber nach und nach merkte ich, dass ich sie unglaublich vermisste. Es brachte unsere glückliche gemeinsame Zeit zurück. Es half mir bei der Entscheidung, bei ihr zu bleiben.«

Sie, der verletzte Partner, werden wahrscheinlich auf schwerwiegenden Gesprächen über die Bedeutung des Seitensprungs beharren, und Sie, der untreue Partner, müssen dafür zur Verfügung stehen, um zu beweisen, dass Ihnen die Qualen nicht gleichgültig sind, die Sie verursacht haben, und dass Sie bereit sind, sich zu ändern. Genau jetzt brauchen Sie beide jedoch mehr als schmerzliche Konfrontationen, um wieder in die Spur zu kommen, daher empfehle ich Ihnen, solche Gespräche immer wieder beiseitezulassen und Ihrer Beziehung die Chance zum Atmen zu geben. Es hilft, wenn Sie Dinge tun, die Sie früher gerne zusammen gemacht haben.

Eine Freundin erzählte mir, dass sie und ihr Mann nach einer langen Paartherapiesitzung gemeinsam chinesisch essen gingen. »Unser Gehirn war völlig ausgelaugt von dem Abend, an dem wir gekämpft hatten«, erzählte sie mir. »Wir taten nichts weiter, als uns Frühlingsrollen zu teilen und darüber zu lachen, wie wir jetzt wohl auf den Therapeuten wirken mussten, aber es war einer der nettesten und intimsten Augenblicke seit Monaten.«

Wenn es Momente gibt, in denen einer von Ihnen Liebesgefühle empfindet und körperliche Zuneigung zeigen möchte, empfehle ich Ihnen, sich klar zu äußern und den Partner entscheiden zu lassen, ob Ihre Annäherungsversuche erwünscht sind. Auch wenn Sie nicht zusammenleben, müssen Sie emotional und auch sexuell nicht getrennt sein, solange Sie beide ehrlich versuchen, Ihre Ambivalenz zu verarbeiten, und Ihr Partner nicht denkt, Sie seien stärker engagiert, als Sie das sind.

Mir ist klar, wie unglaublich beängstigend es für Sie, den verletzten Partner, sein muss, sich verletzlich zu machen, nur um möglicherweise zu riskieren, dass Ihre Gefühle wieder mit Füßen getreten werden. Sollten die sexuellen Annäherungsversuche Ihres Partners auf Sie wirken, als würden Sie bedroht oder missbraucht, müssen Sie diese Gefühle selbstverständlich anerkennen und Abstand halten. Aber es kann sein, dass Sie, losgelöst von Sex, Äußerungen körperlicher oder verbaler Zuneigung noch immer genießen und sogar pflegen können. Wahrscheinlich werden Sie sich damit wohler fühlen, wenn Ihr Partner bei anderen Gelegenheiten bereit ist, die belastenderen Probleme anzusprechen, die zwischen Ihnen stehen.

Auch wenn Ihr Umgang miteinander in dieser Phase sehr befangen sein kann, errichten Sie nur eine höhere Mauer zwischen sich, wenn Sie einander meiden. Vielleicht nehmen Sie an, Ihr Partner wolle nichts mit Ihnen zu tun haben, bis Sie Ihre Ambivalenz überwunden haben, aber damit können Sie falsch liegen. Der Druck, sich absolut sicher fühlen zu müssen, bevor Sie gemeinsame Zeit verbringen, kann selbstverursacht sein und nichts, was Ihr Partner verlangt oder überhaupt nur von Ihnen erwartet.

Sorge #10 (für den untreuen Partner): »Werde ich mich nicht besser für oder gegen meine Geliebte/meinen Liebhaber entscheiden können, wenn wir mehr Zeit zusammen verbringen?«

Wenn Sie behaupten, dass Sie nur deshalb jede freie Minute mit Ihrer Geliebten/Ihrem Liebhaber verbringen, um herauszufinden, wie sich diese Beziehung entwickelt, verpassen Sie der körperlichen Lust möglicherweise nur ein ehrbares Gesicht. Vielleicht sind Sie aber auch ehrlich verwirrt über die Intensität Ihrer Gefühle und suchen nach einer Strategie, um Ihre Ambivalenz gegenüber einem Neuanfang zu lösen.

Das Problem bei diesem einseitigen Ansatz ist, dass Sie wahrscheinlich stärker in die Dynamik der Affäre hineingezogen werden und dabei wenig oder nichts über Ihre Gefühle gegenüber Ihrem Partner erfahren. Wenn Sie auf eine Romanze aus sind, machen Sie weiter so, vertiefen Sie sich in Ihre Geliebte/Ihren Liebhaber, machen Sie sich dabei aber bewusst, wie dies den Blick auf Ihren Partner beeinflusst. In dem Roman *Die Geometrie der unwägbaren Beziehungen* erkennt der verletzte Partner den Unterschied zwischen sich, der seit sieben Jahren Ehemann ist, und dem neuen Freund seiner Frau: »Die Entdeckung ist vorüber, was bleibt, ist nur das Wiedererkennen ... Und das Ungestüm der Eroberung wird immer, wenn auch nur vorübergehend, den Sieg über die Zärtlichkeit davontragen ... Daher kommen diejenigen, die lieben, schlechter weg als diejenigen, die verliebt sind.«[11]

Später, wenn die Leidenschaft verblasst und Konflikte auftauchen, werden Sie Ihre Geliebte/Ihren Liebhaber vielleicht kritischer sehen und Ihren Partner stattdessen wieder in einem günstigeren Licht. Möglicherweise ist es dann aber nicht mehr möglich, zu diesem Partner zurückzukehren.

Wenn Sie mit dem Seitensprung-Partner Zeit verbringen, erleichtert Ihnen das eine kluge Entscheidung nicht, es wird Sie dieser Person nur näherbringen. Wenn Sie prüfen wollen, wie stark die Beziehung zu Ihrem Partner ist, müssen Sie in diesen Partner investieren, auch wenn Ihre Gefühle für den Seitensprung-Partner weiterhin stark sind.

Für eine Entscheidung entscheiden

Vor Ihnen liegt eine wichtige Lebensentscheidung: Sollen Sie Ihre Beziehung neu aufbauen oder sich trennen? Wie die meisten Paare werden Sie vielleicht davon ausgehen, der beste oder einzige Weg, dieses Dilemma zu lösen, sei, auf Ihr Herz zu hören. Selbst Fachleute für menschliche Beziehungen stellen die Gefühle an erste Stelle. Als ich einen hervorragenden Psychiater fragte, warum er seine Frau nach fünfundzwanzig Jahren verlassen habe, um eine seiner Studentinnen zu heiraten, überlegte er einen Moment und antwortete: »Meine Geliebte gibt mir das Gefühl, lebendig zu sein.« Das war es. Ich hatte erwartet, er werde eine seiner komplizierten psychologischen Theorien aus seinem akademischen Gepäck ziehen, aber seine Gefühle erschienen ihm so stark und richtig zu sein, dass er keinen Grund sah, sie genauer zu prüfen.

Ich empfehle Ihnen jedoch, Ihre Entscheidung auf eine bewusstere und überlegtere Weise zu treffen, eher kognitiv als emotional. Ich rate Ihnen nicht, Ihre Gefühle zu ignorieren, aber stellen Sie die Mutmaßungen infrage, die sich dahinter verbergen und die zur Entstehung Ihrer Gefühle beitragen – Mutmaßungen über Ihren Partner, über die Liebe und über Verpflichtung.

Bei den meisten Paaren, die einen Seitensprung erfolgreich überstehen, beginnt der Heilungsprozess mit einem allumfassenden Gefühl der Ambivalenz.

Wenn Sie erwarten, zu 100 Prozent motiviert oder sicher sein zu müssen, werden Sie nie den ersten Schritt gehen. Wichtiger ist, dass Sie sich bewusst dafür entscheiden, den Prozess zu beginnen. Sie, der untreue Partner, müssen Ihre sexuelle oder romantische Beziehung beenden oder zumindest für die Dauer aussetzen, auf die Sie und Ihr Partner sich einigen. Sie, der verletzte Partner, müssen Ihren Partner wieder in Ihr Leben einladen. Und Sie beide müssen sich dem Prozess des Aufbaus einer neuen Verbindung voll verpflichten, wie in diesem Buch dargelegt. Das heißt nicht, dass Sie sich bezüglich einer gemeinsamen Zukunft sicher sein müssen, sondern nur, dass Sie sich so verhalten, als wären Sie sich sicher, während Sie daran arbeiten, die Art zu ändern, wie Sie einander wahrnehmen und miteinander umgehen. Legen Sie Ihre negativen Gefühle beiseite, engagieren Sie sich füreinander, demonstrieren Sie dieses Engagement, indem Sie Strategien übernehmen, die Vertrauen und Innigkeit aufbauen, und dann, erst dann schauen Sie, ob Sie mehr Liebe empfinden und sich stärker geliebt fühlen. Wenn Sie erst warten, bis Sie positiver empfinden, bevor Sie positiver handeln, wird Ihre Beziehung dies nicht überdauern.

Erste Schritte

Wenn Sie sich für den Versuch eines Neuanfangs entschieden haben, fühlen Sie sich möglicherweise überfordert von dem, was eine meiner Patientinnen so formulierte: »Die Stunden der Wiederherstellungsoperation liegen vor uns.« Nachfolgend einige praktische Tipps für die ersten Schritte.

Vorausschau

Stellen Sie sich vor, wie Ihre Beziehung sein würde, wenn Sie einige Änderungen vornehmen würden, um die Ihr Partner Sie bittet, und Ihr Partner für Sie dasselbe täte. Kleine Veränderungen können einen großen Unterschied ausmachen.

Versuchen Sie nun, sich als Paar in sechs Monaten, einem Jahr, fünf Jahren vorzustellen, wie Sie Freude aneinander haben und wissen, dass Ihre Entscheidung zusammenzubleiben richtig war. Wenn Sie sich vorstellen können, die Bitterkeit und Verzweiflung hinter sich zu lassen und das, was Sie aus der Affäre gelernt haben, zu nutzen, um Ihrer Beziehung neues Leben einzuhauchen, ist die Wahrscheinlichkeit größer, dass es gelingt.

Eine Zusicherung geben

Eine Zusicherung gibt Ihrer Vereinbarung eine offiziellere Note und setzt Ihnen ein klares Ziel, auf das Sie hinarbeiten und an dem Sie Ihre Fortschritte messen können. Ein Paar traf folgende Vereinbarung:

»Du bist mir wichtig genug und ich denke gut genug über dich, um daran arbeiten zu wollen. Ich liebe dich nicht zu 100 Prozent oder bin nicht zu 100 Prozent sicher, dass diese Entscheidung für mich richtig ist, aber diese Prozentzahl wäre wahrscheinlich auch unrealistisch nach dem, was wir durchgemacht haben. Ich verspreche, dass ich prüfen werde, wie ich zu den Problemen in unserer Beziehung beigetragen habe, und dass ich die Änderungen vornehmen werde, die dir am wichtigsten sind, beispielsweise Änderungen in der Art, wie wir kommunizieren und miteinander umgehen. Ich will, dass du glücklich mit mir bist, und ich werde daran arbeiten, dass dies gelingt.«

Neutrales Zuhören

Hören Sie bei Kränkungen vonseiten Ihres Partners nicht zu genau zu und nehmen Sie diese nicht zu wörtlich. Zwischen Ihnen besteht so viel Bitterkeit und es gibt so viele Missverständnisse, dass es klüger ist, »Ohrstöpsel" zu tragen, als defensiv und boshaft auf jede Anklage Ihres Partners zu reagieren. Versuchen Sie, hinter die Worte Ihres Partners zu blicken und die Verletzung hinter ihnen zu hören. Sie kämpfen beide damit, das Geschehene zu verstehen, Ihr Selbstgefühl wiederherzustellen und etwas Ausgeglichenheit in Ihr gemeinsames Leben zu bringen. Zu diesem Zeitpunkt weiß niemand, wie es weitergehen wird.

Der Blick nach vorne

Es ist nicht leicht, nach einer Untreue die Beziehung wiederherzustellen, aber auch eine Trennung ist nicht einfach. Diejenigen unter Ihnen, die einen ehrlichen Blick nach innen werfen können, die mit ihrem Partner eine starke, positive Geschichte geteilt haben, die darum gekämpft haben, ihren Partner bei seiner beruflichen Laufbahn und den Belastungen des Lebens zu unterstützen – finanziellen Belastungen, persönlichen Unsicherheiten, Schwiegereltern, Gesundheitsproblemen, unerreichten Zielen und dem unglaublichen Gefühl des Ungenügens, wenn es um das Elternsein geht –, die haben die einmalige, vielleicht nur einmal im Leben sich bietende Gelegenheit, ihre Wunden zu lecken und sich sicherer und liebevoller aneinander zu binden, ohne ihre goldenen Erinnerungen opfern zu müssen. Ich bitte Sie dringend, sich nicht leichtfertig davon abzuwenden.

Der folgende Teil dieses Buches wird Ihnen helfen, eine beschädigte Vergangenheit in eine liebevolle und hoffnungsvolle Zukunft zu verwandeln – eine Erfahrung, die für sich allein bereits zutiefst heilend wirken kann. Das nächste Kapitel beginnt diesen Vorgang, indem es Ihnen hilft, die Bedeutung und die Geschichte der Affäre zu entwirren.

DRITTES STADIUM

Von dem Seitensprung wieder erholen: »Wie bauen wir unser Leben gemeinsam neu auf?«

KAPITEL 5
Aus dem Seitensprung lernen

>»Wie beängstigend ist die Vergangenheit, die uns erwartet.«*
Antoni Slonimski (polnischer Dichter)

Sehr oft geben wir unserem Partner die Schuld für das, was schiefläuft, und übersehen dabei den Zusammenhang zwischen unseren persönlichen lebenslangen Konflikten und den Konflikten in unserer Beziehung – zwischen dem Schaden, den wir in uns tragen, und dem Schaden, den wir als Paar erleben.

Bei dem Versuch, die Verantwortung für die Untreue zuzuweisen, denken verletzte Partner gerne: »Du hast mit jemand anderem geschlafen. Gib mir ja nicht die Schuld dafür.« Untreue Partner denken gerne: »Du warst nicht für mich da, du hast mich verscheucht.« Sie beharren beide auf ihrer eigenen, wahrscheinlich eigennützigen, sicher widersprüchlichen und häufig zu vereinfachten Version desselben Konflikts. Typisch sind die folgenden wechselseitigen Sichtweisen:

Sie: »Mein Mann flirtet munter weiter, sogar nach seinem Seitensprung.«
Er: »Meine Frau ist krankhaft argwöhnisch.«

Er: »In der Öffentlichkeit widerspricht sie mir immer. Das ist beschämend und beleidigend.«
Sie: »Er lässt mich nie zu Wort kommen. Immer muss er den Experten mimen.«

Sie: »Er ignoriert mich, dadurch fühle ich mich unwichtig.«
Er: »Sie ist einfach nicht zufriedenzustellen. Wenn ich mal etwas für mich mache, fasst sie das als Zurückweisung auf.«

In diesem Kapitel werden Sie gebeten, nicht länger mit dem Finger aufeinander zu zeigen und eine angemessene Mitverantwortung für den Seitensprung zu akzeptieren. Das heißt nicht, dass Sie beide gleich schuldig sind, und wäre es nur deswegen, weil man einen anderen Menschen nicht dazu bringen kann, fremdzugehen. Anstatt jedoch über prozentuale Anteile zu zanken – wie viel Schuld hattest du daran und wie viel ich –, müssen Sie beide sich fragen, wie Sie zu Ihren häuslichen Problemen beigetragen haben.

Auf der Suche nach Hinweisen hilft es, Folgendes zu prüfen:

- Wie sehr wurden Sie durch Erfahrungen in der Kindheit möglicherweise geschädigt und wie könnte diese Schädigung Ihre heutige Beziehung untergraben?
- Wie wurden Sie durch Untreue innerhalb Ihrer Familien geschädigt?
- Inwieweit können Eigenschaften, die Sie an Ihrem Partner ablehnen, mit Eigenschaften zu tun haben, die Sie mögen oder beneiden und an sich selbst vermissen?
- Wie könnten belastende Ereignisse zur Zeit des Seitensprungs Sie aus dem Gleichgewicht gebracht und zu Ihren häuslichen Problemen beigetragen haben?

Lassen Sie uns Ihre Beziehung unter jedem dieser Aspekte betrachten und Ihre Erkenntnisse anschließend in einer konkreten Übung zusammenführen.

Angesichts Ihres entstellten Selbst: Erkunden Sie, wie Sie durch Erfahrungen in der Kindheit möglicherweise geschädigt wurden und wie diese Schädigung Ihre heutige Beziehung untergraben könnte

Im Umgang mit Ihren Eltern, Geschwistern und weiteren wichtigen Menschen in Ihrer Kindheit und bei der Beobachtung, wie diese miteinander umgegangen sind, haben Sie bestimmte vorherrschende Arten zu fühlen, zu denken und sich zu verhalten entwickelt, die zu der Person zusammengeflossen sind, als die Sie sich heute kennen. Dieses Selbstgefühl hat sich über die Jahre verfestigt und beeinflusst, wie Sie heute mit anderen Menschen umgehen, auch wenn Ihre frühen Bezugspersonen vielleicht nicht mehr leben. Hartnäckig halten Sie an diesem vertrauten Selbst fest, auch wenn es dysfunktional ist. Diese Person kennen Sie am besten, es ist die Person, die Sie zeitlebens waren, mit der Sie sich am wohlsten fühlen.

Nachfolgend ein paar Emotionen, die Sie als Kind möglicherweise erlebt haben. Versuchen Sie, die zu identifizieren, die auf Sie zutreffen, und fügen Sie Ihre eigenen hinzu.

Positive Gefühle: sicher, zufrieden, vertrauensvoll, beachtet, gelobt, respektiert, akzeptiert, wertgeschätzt, ermuntert, sich auszudrücken.

Negative Gefühle: ängstlich, unzureichend, misstrauisch, einsam, eifersüchtig, gelangweilt, benachteiligt, vernachlässigt, unter Druck, ungeliebt, gedemütigt, kritisiert, eingeschränkt.

Diese und weitere Gefühle beeinflussen und definieren Ihre Komfortzone als Erwachsener. Wahrscheinlich werden Sie heute von Menschen in romantischer Verliebtheit angezogen, bei denen Sie ähnliche Emotionen (wieder)erleben, ob positive oder negative.

Zusammen mit diesen Gefühlen haben Sie wahrscheinlich bestimmte vorherrschende Schemata entwickelt – verwurzelte Wahrnehmungen und Überzeugungen –, wer Sie sind und was Sie können oder sollten und was Sie von anderen erwarten. Wurden Sie beispielsweise von einem Elternteil verlassen, haben Sie die Erwartung gelernt, dass Menschen, die Sie lieben, Sie verlassen werden. Wurden Sie emotional oder körperlich missbraucht, haben Sie gelernt, dass die Welt ein unsicherer Ort ist und Sie sich davor schützen müssen, wieder verletzt zu werden.

Sie haben auch spezifische Verhaltensweisen im Umgang mit anderen gelernt. Sie haben gelernt, was Sie sagen oder tun müssen, um zu bekommen, was Sie sich wünschen, oder wie Sie den Schmerz der Ablehnung schlucken oder mit ihm leben müssen. Sie fühlen sich mit einem gewissen Maß an Intimität (oder Mangel an Intimität) inzwischen wohl und haben gelernt, wie Sie handeln müssen, um diese zu erhalten. Schließlich haben Sie in der kleinen privaten Welt, die Sie als Zuhause kennen, Ihre alltäglichen Interaktionen beherrscht oder wurden durch diese zum Opfer gemacht.

Sie haben Ihr Bestes getan, um trotz Ihrer vererbten Veranlagungen und Ihrer begrenzten Mittel als Kind sicher und zufrieden zu sein; wenn Ihnen jedoch eine der folgenden wichtigen Wachstumserfahrungen entgangen ist, haben Sie sich vielleicht nie vollständig zu einem gesunden, geborgenen, kompetenten Erwachsenen entwickelt:[1]

1. Sie haben sich sicher und geborgen gefühlt.
2. Sie haben in der Welt selbstständig agiert.
3. Sie hatten solide emotionale Verbindungen zu anderen.
4. Sie wurden wertgeschätzt.

5. Sie hatten die Möglichkeit, sich frei auszudrücken.
6. Sie durften loslassen und Spaß haben.
7. Sie haben innerhalb realistischer Grenzen gelebt.

Wurde Ihnen eine dieser wichtigen Erfahrungen vorenthalten, sind Sie wahrscheinlich mit emotionalen Wunden aufgewachsen, die die Wahl Ihrer Partner und Ihren Umgang mit ihnen folgendermaßen beeinflussen:

Sie werden von jemandem angezogen, bei dem sich im Lauf der Zeit Ihre frühen Erfahrungen mit der Liebe wiederholen, so wenig erfüllend diese auch gewesen sein mögen.
Im idealisierenden Stadium des Umwerbens mag diese Person die Zauberkraft besessen haben, Sie zu heilen – die frühere Schädigung ungeschehen zu machen und Sie von Ihrem alten, vertrauten Selbst zu befreien. Mit der Zeit werden Sie aber möglicherweise feststellen, dass Sie sich jemanden ausgesucht haben, der in Ihnen dieselben negativen, aber tief verwurzelten Emotionen weckt, die Sie in Ihrer Kindheit erlebt haben.[2]

Sie interpretieren die Worte und Taten Ihres Partners so, dass die maladaptiven Erfahrungen als Kind verstärkt werden.
Dies ist eine Variation des Phänomens: »Wer als Werkzeug nur einen Hammer hat, sieht in jedem Problem einen Nagel.« Sie sehen also in anderen das, was Sie kennen oder wonach Sie suchen, basierend auf Ihren frühen Erfahrungen. Wurden Sie als Kind beispielsweise stark kontrolliert, können Sie Ihren Partner als kontrollierend wahrnehmen, ob das nun stimmt oder nicht. Wie Anaïs Nin schreibt: »Wir sehen die Dinge nicht so, wie sie sind, sondern wie wir sind.«[3] »So gesehen«, schreibt der klinische Psychologe Jay S. Efran, »sind alle unsere Wahrnehmungen im wahrsten Sinn des Wortes *Innen*ansichten, einschließlich der Illusion, die am schwersten ins Wanken zu bringen ist: dass wir in der Lage wären, eine unabhängige äußere Wirklichkeit zu sehen.«[4]

Sie können Ihren Partner unbewusst so manipulieren, dass er verletzend, aber für Sie vertraut reagiert.
Anders gesagt, spornen Sie Ihren Partner unwissentlich dazu an, Sie so schlecht zu behandeln, dass Sie sich selbst, die Welt und die anderen Menschen so ver-

dreht erleben, wie Sie das gewöhnt waren.[5] Haben Ihre Eltern beispielsweise Konflikte gelöst, indem sie Sie ignoriert haben, provozieren Sie, dass Ihr Partner Sie ebenfalls wieder ignoriert.

Wir wollen uns nun ansehen, wie das Aufwachsen ohne die sieben prägenden, zuvor aufgelisteten Wachstumserfahrungen Ihren heutigen Beziehungen schaden kann.

Sie können sich nicht sicher oder geborgen fühlen

Ihre Eltern könnten auf zwei häufige Arten eine unsichere häusliche Umgebung für Sie geschaffen haben:

1. Ihre Eltern haben Sie körperlich oder emotional im Stich gelassen, sodass Sie sich in Ihrer Kindheit chronisch ängstlich und bedürftig gefühlt haben. In Ihren Beziehungen als erwachsener Mensch nehmen Sie dann etwas zu schnell und zu oft als Zurückweisung wahr. Ihr Schema des Verlassenwerdens sagt: »Menschen, die ich liebe, werden mich verlassen.«

2. Ihre Eltern haben Sie körperlich oder emotional missbraucht, sodass Sie misstrauisch, eingeschüchtert und gedemütigt aufgewachsen sind. In Ihren Beziehungen als erwachsener Mensch nehmen Sie dann zu leicht und zu häufig etwas als Kontrolle und Unterwerfung wahr. Ihr Misstrauensschema sagt: »Menschen, die ich liebe, werden mich verletzen.«

Lassen Sie uns nun betrachten, wie diese beiden schädigenden Erfahrungen – Verlassenwerden und Missbrauch – Ihren Umgang mit Ihrem Partner beeinflussen können.

Der untreue Partner

Da Sie nicht in der Lage sind, »alles zu riskieren und voll und ganz zu lieben«,[6] suchen Sie sich eine Geliebte/einen Liebhaber, um sich von Ihrem Partner zu distanzieren oder die emotionale Temperatur zwischen Ihnen zu senken. Ihr Seitensprung reduziert Ihre Angst, emotional von jemandem abhängig zu werden, der Sie, wie Sie annehmen, unvermeidlich verlassen oder verletzen wird. So können Sie vor Ihrem Partner auch geheim halten, wie Sie wirklich sind, und gewinnen wenigstens vorübergehend ein Gefühl von Freiheit und Kontrolle.

Ein Seitensprung kann auch dazu dienen, Ihren Partner zu bestrafen und damit die Bilanz auszugleichen. Nachdem Sie früher in Ihrem Leben betrogen wurden, betrügen Sie nun den Menschen, den Sie lieben, um für vergangenes Unrecht Wiedergutmachung zu finden.[7] Wenn Sie als Kind einen Machtmissbrauch erlebt haben, suchen Sie nun selbst nach Macht, um unverwundbar zu werden. Das Teilen der Macht brächte Sie in Gefahr, das Ausüben von Macht bedeutet, die Kontrolle zu behalten. So wird Ihre Beziehung zu einem heimischen Schlachtfeld, auf dem Sie um die Überlegenheit kämpfen.

Als Jane zehn Jahre alt war, zog ihre Mutter mit ihr weit weg von ihrem alkoholkranken Vater. Sie sah ihn nie wieder. »Jane ist ein großartiges Kind«, schnappte sie einmal auf, als ihre Mutter mit ihm telefonierte. »Sie ist auch dein Kind. Du solltest sie kennenlernen. Sie braucht dich.« Siebzehn Jahre und Dutzende unbeantworteter Briefe später heiratete Jane einen Mann, den sie als »emotionalen Eisberg" bezeichnete und bei dem sie sich so unbedeutend und ungeliebt fühlte wie bei ihrem Vater. Während ihrer Ehe konfrontierte sie ihn selten mit ihrer Einsamkeit, rächte sich aber durch eine Reihe von One-Night-Stands. Ihre Ehe nahm die Züge eines Wettbewerbs an: Sieger war der Partner, der den anderen weniger brauchte. »Er hält sich für so schlau«, vertraute Jane mir an, »dabei hat er keine Ahnung von meinem Privatleben. Wenn er sich keine Zeit für mich nimmt, mache ich eben mein eigenes Ding.«

Der verletzte Partner

Wurden Sie in Ihrer Kindheit im Stich gelassen, können Sie mit anderen nicht auf authentische Weise umgehen und klammern sich letztlich an Ihren Partner oder stellen an ihn übermäßige Anforderungen, zum Beispiel was seine Zeit anbelangt. Sie bedrängen Ihren Partner zudem mit unbegründetem Misstrauen (das aus Ihren früheren Erfahrungen stammt und dem Seitensprung Ihres Partners vorausgeht).

Waren Sie als Kind einem Machtmissbrauch ausgesetzt, werden Sie als Erwachsener übermäßig nachgiebig und passiv, fühlen sich dann in der Falle und nehmen es Ihrem Partner insgeheim übel, dass er Ihr Leben bis ins Kleinste zu managen scheint und immer darauf beharrt, dass alles auf seine Art gemacht wird. Alternativ können Sie den früheren Missbrauch auch spiegeln, indem Sie herrisch und manipulierend werden und die Bedürfnisse Ihres Partners ständig ignorieren oder ablehnen. Beide Verhaltensweisen dürften eine Belastung für Ihre Beziehung werden und bei Ihnen dasselbe Gefühl der Entfremdung hervorrufen, das Sie von früher kennen. Vielleicht beschleunigen Sie dadurch sogar das, was Sie am meisten fürchten: verlassen zu werden.

Sheilas Vater hatte eine lange Zeit ständig wechselnde Sexpartnerinnen. Sie erinnert sich, wie sie sich spätnachts in ihrem Zimmer versteckte und den Streitereien ihrer Eltern über seine Untreue zuhörte. Ihr Vater gab seine Seitensprünge nie zu und ihre Eltern trennten sich nie, aber die Atmosphäre im Haus war immer angespannt und traurig. Nach zwei Jahren auf einer berufsbildenden Schule heiratete sie Sam. Jeden Morgen, wenn er sich auf den Weg zur Arbeit in einer anspruchsvollen Führungsposition in New York machte, beschäftigte sie sich zwanghaft mit seinem heimlichen Leben. Ihr Misstrauen nahm eine Eigendynamik an und sie begann, ihn zu beschuldigen, er bliebe absichtlich lange im Büro und schlafe mit seiner Assistentin. Sam konnte mit ihren unablässigen Verhören und Wutausbrüchen nicht umgehen. »Sie war untröstlich«, erzählte er mir. »Ich konnte sie durch nichts meiner Liebe versichern und war nahe dran, mich selbst zu Hause zum Gefangenen zu machen. Nach einer gewissen Zeit hatte sie gewonnen. Sie hatte mich fertiggemacht. Ich wagte es nicht mehr, nach Hause zu kommen, und fing tatsächlich an, mit einer Frau auszugehen. Seither treffe ich mich mit ihr.«

Sie sind unfähig, selbstständig zu handeln

Wenn Ihre Eltern Sie daran gehindert haben, Ihre eigene Identität herauszubilden, ein selbstständiges Leben zu entwickeln oder Ihren eigenen Entscheidungen zu vertrauen, haben Sie sich beim Heranwachsen womöglich abhängig, verletzlich oder unzulänglich gefühlt. In Ihren Beziehungen als erwachsener Mensch fühlen Sie sich dann von den emotionalen Bedürfnissen anderer kontrolliert und schuldig oder ängstlich, wenn Sie versuchen, Ihre eigenen geltend zu machen. Ihr Schema mangelnder Autonomie sagt: »Allein kann ich das nicht.«

Der untreue Partner

Für Sie kann ein Seitensprung ein Akt der Rebellion sein, eine Möglichkeit, Ihre Unabhängigkeit von einer Beziehung zu erklären, die sich für Sie zu intim oder verschlingend anfühlt. Da Sie in einer Familie erzogen wurden, in der Grenzen ignoriert wurden und es keine Privatsphäre gab, haben Sie gelernt, Ihr Selbstgefühl durch Heimlichkeit und Täuschung zu erwerben. Da Sie in Gegenwart Ihres

Partners nicht Sie selbst sein können, haben Sie das Bedürfnis, die Beziehung immer wieder zu verlassen, um atmen zu können.

David wuchs ohne Vater auf. Seine Mutter, eine Holocaust-Überlebende, fürchtete, ihr einziges Kind (physisch und emotional) zu verlieren und verbot ihm, Freunde mit nach Hause zu bringen. Jeden Tag holte sie ihn von der Schule ab. Er erlebte seine Mutter als erstickend aufdringlich und sich selbst als abhängig und schwach. Liebe bedeutete für ihn, mit einer anderen Person zu verschmelzen und sich selbst zu verlieren. »Meine Beziehung zu meiner Mutter war wie die einer Motte zu einer Flamme«, sagte er mir. »Es war gefährlich, zu nahe zu kommen, aber ich konnte auch keinen Abstand halten.«

David wurde von Muriel angezogen, weil sie, wie seine Mutter, ängstlich und unsicher war und ihn sehr brauchte. In ihrer Ehe kämpfte er damit, einen Weg zu finden, mit ihr verbunden zu sein und dennoch eigenständig und sich selbst treu zu bleiben. Er brauchte ihre Liebe, um sich vollständig zu fühlen und seine Angst zu bezwingen, aber wenn er ihre Bedürfnisse erfüllte, fühlte er sich eingeengt und gereizt. »Ich habe zwei geschädigte Frauen auf mich genommen, meine Mutter und meine Frau, und habe mich beiden geopfert«, sagte er mir. Nur bei Prostituierten glaubte er, seinen Bedürfnissen gerecht werden zu können.

Der verletzte Partner

Da Sie sich davor fürchten, sich ein eigenes Leben zu gestalten, beneiden Sie die Eigenständigkeit Ihres Partners und sind jedes Mal ängstlich, wenn Ihr Partner unabhängig von Ihnen agiert. Sie erwarten von Ihrem Partner, dass er Ihr dürftiges Leben bereichert, ohne dass Sie dazu etwas beitragen. Oder Sie gehen in die andere Richtung, werden erbittert selbstständig und erlauben Ihrem Partner nie, Ihnen zu helfen.

Anna, ein Einzelkind, wurde von einer Mutter erzogen, die dafür lebte, sie zu beschützen und für sie zu sorgen. Als Anna drei Jahre alt war und im Hof spielte, ging ihre Mutter ins Haus, um die Wäsche zusammenzulegen. Als sie wieder hinauskam, war Anna fort. Die Mutter fand sie ein ganzes Stück weiter an der Straße, wo sie weinend auf dem Bordstein saß. Sie war von einem Mann entführt worden, der sie in sein Auto gehoben und beschwatzt hatte, ihm einen runterzuholen.

Von dem Tag an wurde Annas schuldbewusste Mutter noch beschützender und unterdrückte jeden Versuch ihrer Tochter, etwas selbstständig zu tun. Sie durfte zu Hause ihre Zimmertüre nicht abschließen und auch nicht im Studentenwohnheim wohnen. Die Haltung ihrer Mutter »Pass auf, tu das bloß nicht« machte es Anna unmöglich, in ihren Interaktionen mit der Welt ein Gefühl für Effektivität oder Beherrschung zu entwickeln. Als Erwachsene verlobte sie sich mit einem Mann, der als Partner überfunktionierte und sie weiterhin vor dem Leben beschützte. Ihre Passivität, Abhängigkeit und mangelnde Spontaneität gingen ihm jedoch allmählich auf die Nerven und er hatte eine Affäre mit einer Frau, die lebhafter und interaktiver, einfach »echter« war.

Sie sind unfähig, sich emotional mit anderen Menschen zu verbinden

Wenn Ihre Eltern es versäumt haben, mit Ihnen auf warmherzige, fürsorgliche Weise umzugehen, und Sie in einem emotionalen Vakuum aufgewachsen sind, fühlten Sie sich wahrscheinlich einsam, vernachlässigt und leer. In Ihren Beziehungen als Erwachsener erleben Sie andere dann als desinteressiert oder kalt und reagieren so, dass Sie distanziert bleiben, von einer Beziehung in die nächste treiben oder verzweifelt die Aufmerksamkeit von Menschen suchen, von denen Sie dann im Stich gelassen werden. Ihr Schema emotionalen Mangels sagt: »Niemand ist für mich da.«

Da Ihnen in der Kindheit keine Fähigkeiten beigebracht wurden, um liebend und kooperativ zu sein, werden Sie wahrscheinlich zu niemandem ein inniges Verhältnis haben, sich selbst eingeschlossen. Engagement, Intimität, geteilte Verantwortung – das sind für Sie nur abstrakte Begriffe.

Der untreue Partner

Sie schlafen sich durch die Betten, immer in der Hoffnung, jemanden zu finden, der mit Ihnen eine bedeutsame und dauerhafte Bindung eingeht. Um dem Gefühl innerer Öde zu entfliehen, entwickeln Sie eine zwanghafte Sexualität und lechzen nach der Erregung und Neuheit kurzzeitiger, rasch aufeinanderfolgender Begegnungen. Anhaltende Beziehungen erscheinen Ihnen unerträglich vorhersehbar und desillusionierend.

Chucks Eltern waren geschieden, er wuchs bei seinem narzisstischen Vater auf, der mit seinen Geschäftsabschlüssen zu beschäftigt war, um von ihm

Notiz zu nehmen. »Ich glaube, wir haben kein einziges Mal offen und vertrauensvoll miteinander gesprochen«, erzählte er mir. »Das einzige Mal, dass er mit mir prahlte, übertrieb er die Wahrheit. Ich schlug beim Baseball in einem Inning [Spielabschnitt] drei Batter, aber er erzählte jedem, ich hätte einen No-Hitter geworfen. Der Mann hatte keine Ahnung von mir.«

Als Chuck neunzehn Jahre alt war, fing er eine Beziehung mit Marilyn an. Nach sechs Monaten entdeckte er, dass sie mit seinem besten Freund schlief. Chuck und Marilyn söhnten sich aus und heirateten, aber Chuck glaubte nie, sie zufriedenstellen zu können. Kurz nach der Geburt ihres ersten Kindes fing er an, einen Begleitservice zu nutzen. Obgleich Marilyn ihm nun treu blieb, schrieb er sie als kalt und distanziert ab und erinnerte sie immer wieder an ihre vergangene Untreue, um eine Ausrede für seine eigenen Seitensprünge zu haben. In seinem Inneren hatte er Angst, sich eng zu binden. Er war sicher, sie würde weiterhin kalt bleiben, auch wenn er sie an sich heranlassen würde. Da er sie auf Armlänge hielt, konnte er nie prüfen, ob sie für ihn da sein würde, ob sie ihn akzeptieren würde. Anonymer Sex und selbstgerechte Wut ermöglichten es ihm, risikolos unverbindlich zu bleiben.

Der verletzte Partner

Ihre Familie hat Ihnen nie beigebracht, wie man liebevoll miteinander umgeht, und hat nie eine helfende Hand ausgestreckt, als Sie sich isoliert fühlten. Heute kompensieren Sie das, indem Sie Ihre Liebe vorenthalten oder mehr verlangen, als irgendjemand geben kann, wodurch Sie Ihre Partner vertreiben.

Sara wuchs ohne elterliche Betreuung auf. Ihre Mutter war klinisch depressiv und verließ ihr Schlafzimmer nur selten. Ihr Vater arbeitete achtzig Kilometer von zu Hause entfernt als Anwalt und machte viele Überstunden. Als sie zwölf Jahre alt war, zog er mehrere Monate in eine eigene Wohnung. Weder Vater noch Mutter zeigten Interesse für ihre Gefühle oder erklärten ihr, was vor sich ging. Sie fühlte sich ungeliebt, einsam, verloren – ohne ein Gefühl für die Einheit einer Familie, ohne ein »Wir«-Gefühl. Der Mann, den sie sich dann als Ehemann aussuchte, war emotional für sie nicht verfügbar, immer mit sich selbst beschäftigt. »Manchmal ist die einzige Möglichkeit, seine Aufmerksamkeit zu bekommen, ihn anzuschreien«, erzählte sie mir. Kürzlich schlug er vor, sie sollten sich probeweise trennen. Sie hat den Verdacht, dass er sich mit einer anderen Frau eingelassen hat.

Sie können sich selbst nicht wertschätzen

Wenn Ihre Eltern Sie als Kind häufig kritisiert haben und Ihnen das Gefühl gaben, ihre Erwartungen nicht zu erfüllen, fühlten Sie sich wahrscheinlich mangelhaft, nicht liebenswert, nicht unterstützt, beschämt, da Ihnen Lob oder Ermutigung fehlten. Im Erwachsenenalter nehmen Sie dann in Ihren Beziehungen vieles zu schnell als Spott, Ablehnung oder Vorwurf wahr. Ihr Selbstachtungsschema sagt: »Ich bin nicht gut genug.«

Der untreue Partner

Da Sie Probleme mit Ihrer persönlichen Zulänglichkeit haben, sind Sie anfällig für die Fürsorglichkeit eines verehrenden Bewunderers. Fühlen Sie Ihre Weiblichkeit oder Männlichkeit bedroht (beispielsweise durch eine Fehlgeburt oder eine Insolvenz), suchen Sie sich eine Geliebte/einen Liebhaber, um Ihre Gefühle von Blamage oder Minderwertigkeit zu verschleiern. Scheinbar werden Sie speziell von dieser Person angezogen, vielleicht geschieht es aber nur, weil Sie das Bedürfnis haben, Ihr verletztes Selbst wiederherzustellen – um sich sexy, begehrt und siegreich zu fühlen.

John, ein gefeierter Rechtsanwalt, war in seine Söhne vernarrt – in alle bis auf den jüngsten, Chris. Während die anderen wie ihr Vater auf der privaten Harvard University studierten, musste Chris eine staatliche Universität besuchen. Während die anderen erfolgreich ihre juristischen Laufbahnen begannen, fing Chris an, Sportbekleidung für Damen herzustellen. Er lachte, wenn die Familie ihn als schwarzes Schaf bezeichnete, war innerlich dadurch aber verletzt.

Chris heiratete Rita, weil sie zu ihm aufblickte und er sich dadurch gut fühlte. Als sein Geschäft jedoch den Bach hinunterging, konnte sie nichts tun, um seine Demütigung ungeschehen zu machen. Als sie ihm ihren Rat anbot, meinte er, die Stimme seines Vaters zu hören: »Typisch. Dir gelingt einfach nichts.« Chris begann ein Verhältnis mit Debbie, seiner vierzehn Jahre jüngeren Vertriebsleiterin, die ihm half, sich von seinen finanziellen Verlusten zu erholen und seine Selbstachtung zurückzugewinnen.

Der verletzte Partner

Ihre Probleme mit Ihrer persönlichen Zulänglichkeit machen es Ihnen unmöglich, mit jemandem eine intensive und enge Beziehung zu haben. Durch

Ihre Negativität werten Sie sich beide ab und treiben Ihren Partner aus dem Haus.

Als Susans Eltern geschieden wurden, blieb sie bei ihrer Mutter. Als ihre Mutter es jedoch nicht schaffte, eine willensstarke Tochter und einen Vollzeitjob zu bewältigen, wurde Susan zu ihrem Vater abgeschoben. Dessen jüngere Frau beklagte sich offen über diesen Eindringling. Susan hatte nie das Gefühl, ein Zuhause oder einen Ort zu haben, wo sie erwünscht war. Schließlich heiratete sie Rob und setzte darauf, dass er ihr das Gefühl geben würde, komplett zu sein. Ihre Bedürftigkeit machte es jedoch schwer, sie zu lieben. Letztlich fand Rob Zuflucht bei ihrer besten Freundin, was ihr Gefühl von Mangelhaftigkeit nur noch verstärkte.

Sie können sich selbst nicht äußern

Wenn Ihre Eltern Ihnen früher nie eine eigene Stimme gestattet haben, versuchen Sie heute, anderen zu gefallen, und halten den Mund, um Konflikte zu vermeiden. Sie sind daran gewöhnt, sich unterjocht, missverstanden, manipuliert, abgelehnt zu fühlen. In Ihren Beziehungen nehmen Sie andere als kontrollierend und für Ihre Bedürfnisse unempfänglich wahr. Ihr Unterwerfungsschema sagt: »Meine Bedürfnisse zählen nicht.«

Der untreue Partner

Sie halten Ihre Bedürfnisse unter Verschluss und ärgern sich dann stillschweigend darüber, dass Sie so viel mehr geben, als Sie zurückbekommen. Irgendwann gehen Sie dann woandershin, um Ihre Bedürfnisse erfüllt zu bekommen. Es gelingt Ihnen, den Frieden zu erhalten, aber letztlich fühlen Sie sich als Opfer, nicht anerkannt und einsam.

Fritz wuchs in einem Haushalt auf, der von seinem erfolgreichen Vater beherrscht wurde. Seine Mutter lächelte viel. Niemand machte jemals Ärger. Als Erwachsener arbeitete Fritz für seinen Vater und heiratete eine Frau mit starkem Willen, Roberta, die er mit Aufmerksamkeiten und Geschenken überhäufte. Anfangs schien das Paar perfekt zusammenzupassen, aber es dauerte nicht lange, bis Roberta ihn dafür angriff, im Schatten seines Vaters zu leben. Fritz sagte nichts, drückte aber schließlich seine Wut so aus, dass er eine Affäre mit einer jungen Buchhalterin begann.

Der verletzte Partner

Durch das Verschweigen Ihrer Bedürfnisse können Sie in Ihrer Beziehung eine zuckersüße Freundlichkeit aufrechterhalten. Aber in Ihnen brodeln Langeweile und Frustration. In regelmäßigen Abständen bricht die Feindseligkeit aus Ihnen heraus und vertieft den Riss zwischen Ihnen. Ihr Schweigen ist nicht die Ursache für die Untreue Ihres Partners, sie versetzt Sie jedoch in die unerträgliche Lage, diese zu tolerieren.

Mindys Mutter versuchte, das Haus möglichst stressfrei zu halten, um den Zustand ihres unter Asthma leidenden Mannes nicht zu verschlimmern. Mindy lernte in ihrer Kindheit, nie Ärger zu machen. Schließlich heiratete sie Sal, einen Anästhesisten mit einem atemberaubenden Anspruchsdenken und verbrachte ihre Zeit damit, ihm zu schmeicheln, während er sich selbst schmeichelte. Seine Gleichgültigkeit ihr gegenüber fraß ebenso an ihr wie seine Selbstbeweihräucherung, aber sie sagte nichts. »Ich kann ihm die Liebe nicht gesetzlich vorschreiben«, sagte sie zu mir. »Wenn ich gut zu ihm bin, wird er Zeit mit mir verbringen wollen.«

Anscheinend war jedoch für Sal niemand anders gut genug als Sal und die Beziehung wurde immer schlechter. Mindy sah ihn immer seltener, bis sie ihn eines Tages mit dem Kindermädchen im Bett erwischte.

Sie sind nicht in der Lage, loszulassen und Spaß zu haben

Wenn es Ihre Eltern nie zugelassen haben, dass Sie Ihren eigenen natürlichen Neigungen folgen konnten und Spaß hatten, und Sie sich daher niedergedrückt und gestresst gefühlt haben, schultern Sie in Ihren Beziehungen als erwachsener Mensch zu viel Verantwortung und fühlen sich dann ausgenutzt. Ihr perfektionistisches Streben führt dazu, dass Sie sich selbst oder Ihren Partner übermäßig disziplinieren. Sie nehmen andere schnell als schwach oder faul wahr und sind nicht bereit, die Last zu teilen. Ihr Schema unerbittlicher Standards sagt: »Ich muss ohnehin wieder alles machen, also tue ich es am besten gleich.«

Der untreue Partner

Da Sie gelernt haben, übermäßig verantwortungsvoll, ja perfekt zu sein, suchen Sie sich eine Geliebte/einen Liebhaber, der Ihnen etwas von der Kindheit zurückgeben kann, die man Ihnen vorenthalten hat. Dieses Wiedererwachen schreiben Sie Ihrer Geliebten/Ihrem Liebhaber zu, während es tatsächlich darauf zurückzuführen ist, dass Sie sich endlich selbst erlauben, hemmungslos oder impulsiv zu sein und die verinnerlichten strengen Regeln durch solche zu ersetzen, die Ihre momentanen Bedürfnisse befriedigen.

Keith besuchte direkt nach der Highschool ein Whirlpool-Schulungsprogramm, um seinen arbeitslosen Vater und einen behinderten Bruder zu unterstützen, der zu Hause lebte. Er grollte beiden. Die Frau, die er heiratete, Michelle, hatte eine kindliche Spontaneität an sich und war so fröhlich, wie er ernst war. Es dauerte jedoch nicht lange, bis ihn ihre Fähigkeit störte, Arbeit und Vergnügen im Gleichgewicht zu halten – Zeit fürs Fitness-Studio zu finden, mit Freunden zu telefonieren, beim Essen zu trödeln –, während ihn die Arbeit in der Fabrik zermürbte. »Sie lebt in den Tag hinein«, beklagte er sich. »Sie nützt mich aus.« Als es ihm endlich gelang, aus seiner anstrengenden Arbeitsmoral auszubrechen und sich selbst etwas zu gönnen, tat er es per Skype mit einer Go-go-Tänzerin aus Rumänien.

Der verletzte Partner

Da Sie gnadenlosen Standards unterworfen waren, entwickelten Sie zwanghafte Gewohnheiten, die Ihrem Leben heute viel von seiner Verspieltheit, Romantik und Kreativität nehmen. Sie rennen so verbissen und schnell, dass Sie keine Zeit haben, den Duft der Rosen wahrzunehmen oder die Tatsache, dass Ihr Partner jemand anderem ein Dutzend davon mitbringt.

Dorothys puritanischer Vater schimpfte mit ihr, nur weil sie ein Mensch war. Sie heiratete Ernie, der mit seiner Dichtkunst zu sehr beschäftigt war, um sich um einen ausgeglichenen Kontostand zu kümmern oder die Kinder zur Schule zu fahren. Je mehr Dorothy versuchte, ihn zu ändern, desto gegensätzlicher wurden sie. Ihre mangelnde Flexibilität gab ihm das Gefühl, in ihrer Gegenwart nicht er selbst sein zu können. Ihre Forderungen waren genau wie ihr Ordnungsbedürfnis vernünftig, kannten jedoch keine Pause. Eines Tages sagte sie ihm, er solle den Müll rausbringen. Er ging stattdessen mit der Babysitterin aus.

Sie sind nicht in der Lage, realistische Grenzen zu setzen oder zu akzeptieren

Wenn Ihre Eltern Ihnen zu viel abgenommen oder Ihnen beigebracht haben, sich anderen überlegen zu fühlen, fehlt es Ihnen als Erwachsenem an Selbstdisziplin, Sie erwarten besondere Beachtung und nehmen es krumm, wenn Ihnen jemand Grenzen setzt oder Sie zwingt, sich an Regeln zu halten. Sie empfinden sehr schnell, dass andere Ihre Rechte verletzen, während Sie für deren Rechte unempfänglich sind. Dieses Schema des Anspruchsdenkens sagt: »Ich stehe über den anderen, ich verdiene so viel, wie ich nur bekommen kann.«

Der untreue Partner

Ihr Partner kann sich noch so abstrampeln, Ihrer Großartigkeit gerecht zu werden: Da Sie sich Ihrer Wirkung auf andere nicht bewusst sind, werden Sie dies wahrscheinlich nicht einmal bemerken. Stattdessen sehen Sie Ihren Partner vielmehr als jemanden, dem es nicht gelingt, Ihre Bedürfnisse zu erfüllen, und fühlen sich ungerecht behandelt und vernachlässigt. Da Sie ohne das Vorbild einer reifen Gegenseitigkeit aufgewachsen sind – einem gegenseitigen Geben und Nehmen –, sehen Sie nicht, dass Ihre Liebesforderungen übermäßig sind und dass Sie es versäumen, Ihren Partner in einer Form zu umsorgen, die Sie dazu berechtigt, die von Ihnen als verdient angesehene Behandlung zu beanspruchen. Ihre häusliche Unzufriedenheit und Ihre Affären erscheinen Ihnen völlig legitim, weil Sie sehr viel von Ihrem Partner, aber nur sehr wenig von sich selbst erwarten. Da Sie das Unbehagen einer Selbstprüfung meiden, ist es unwahrscheinlich, dass Sie zu einer Therapie gehen oder dieses Buch lesen.

Howard wurde von vermögenden, nach Macht strebenden Eltern erzogen, die das Erreichen von Status und Anerkennung immer betonten. Sie setzten ihm selten Grenzen und verließen sich nicht nur einmal auf ihre Anwälte, wenn er bei einem Gesetzesbruch erwischt wurde. Als Erwachsener schlitterte er von einer Ehe in die nächste, wobei er immer schrecklich verliebt war, bis Kinder zur Welt kamen, woraufhin er sich immer an den Rand gedrängt fühlte.

Der verletzte Partner

Da Sie nicht daran gewöhnt sind, sich innere Grenzen zu setzen oder sich Ihren persönlichen Mängeln zu stellen, werden auch Sie dieses Buch eher nicht lesen. Ihre Energie ist wahrscheinlich zu sehr damit beschäftigt, ein aufgeblasenes Selbstgefühl zu erhalten oder jemanden zu suchen, der es für Sie aufrechterhält. Sie fühlen sich berechtigt, umsorgt zu werden, während Sie wenig dafür tun, dies auch zu verdienen. Der Seitensprung Ihres Partners wird Sie aber möglicherweise zwingen, sich Ihren Unvollkommenheiten zu stellen, und Ihnen die Sichtweise geben, die Sie brauchen, um ein liebenswerterer Partner zu werden.

Michelles Mutter zog ihre fünf Schwestern groß und schwor sich, sie werde Michelle eine sorgenfreie Kindheit ermöglichen. Michelle wurde selten diszipliniert und konnte sich immer wieder vor der Verantwortung drücken – den Geschirrspüler auszuräumen, im Sommer einen Job anzunehmen –, ohne dafür bestraft zu werden. Sie wurde nie ermuntert, sich irgendwie hervorzutun. »Das Leben ist kurz«, sagte ihre Mutter. »Genieße es.«

Michelle heiratete Keith, der ihrer genusssüchtigen Art bald überdrüssig wurde und darauf bestand, dass sie sich einen Job suchte. Sie ärgerte sich über seine Ultimaten – bis Keith anfing, sich mit anderen Frauen zu treffen und sie entdeckte, dass sie austauschbar war.

ÜBUNG

Es ist unmöglich, in einem Buch alles zu identifizieren und aufzulisten, wodurch Sie als Kind vielleicht geschädigt wurden, oder alle Möglichkeiten zu bestimmen, wie Ihre Schädigungen die Entwicklung Ihrer Persönlichkeit, die Wahl Ihrer Partner oder Ihre Rolle bei dem Seitensprung beeinflusst haben könnten. Wie Ihre Eltern mit Ihnen umgegangen sind, bindet Sie an keine besonderen Verhaltensweisen oder Überzeugungen. Jedoch neigen wir Menschen dazu, unser beschädigtes Selbst in unsere engsten Beziehungen einzubringen und mit unseren Partnern die Kämpfe unserer Kindheit nachzuspielen. So schmerzlich oder wenig aufbauend sie auch sein mögen, sie sind das, was wir kennen und wovon wir tendenziell zehren.

Es ist schwierig zu klären, wie viel von Ihrer Unzufriedenheit Ihrem Partner anzulasten ist (wenn er Sie so behandelt, dass Sie sich wieder wie früher als Kind fühlen) und wie viel Ihnen selbst (wenn Sie Ihren Partner so manipulieren, dass er Sie in dieser früheren, dysfunktionalen Weise behandelt).[8] Um diese Unterscheidungen allmählich vornehmen zu können, müssen Sie mehr über Ihre Schwachstellen, Ihr eigenes unschönes Selbst erfahren. Als Ausgangspunkt sollten Sie versuchen, folgende Fragen zu beantworten:

Welche der sieben in diesem Abschnitt beschriebenen Wachstumserfahrungen wurden mir vorenthalten?

Welche Gefühle waren in meiner Kindheit am vorherrschendsten oder vertrautesten?

Was geschah in der Beziehung zu meinen Eltern, zu wichtigen Bezugspersonen oder zu meinen Geschwistern oder in deren Beziehungen mit anderen Menschen, was mir diese Gefühle beschert hat?

Was fehlte mir seitens meiner Mutter? Welches war mein größtes unerfülltes Bedürfnis? Wie hat dies beeinflusst, wer ich geworden bin und wie ich mich heute fühle?

Was fehlte mir seitens meines Vaters? Welches war mein größtes unerfülltes Bedürfnis? Wie hat dies beeinflusst, wer ich geworden bin und wie ich mich heute fühle?

Was gefiel mir an der Art, wie meine Mutter mich behandelt hat, am besten? Wie hat dies beeinflusst, wer ich geworden bin und wie ich mich heute fühle?

Was gefiel mir an der Art, wie mein Vater mich behandelt hat, am besten? Wie hat dies beeinflusst, wer ich geworden bin und wie ich mich heute fühle?

Was habe ich aus der Art, wie meine Mutter und mein Vater mich behandelt haben, über die Liebe gelernt?

Was habe ich aus der Art, wie meine Eltern miteinander umgegangen sind, über die Liebe gelernt?

Wer waren die anderen wichtigen Bezugspersonen in meinem Leben? Was haben sie mir über die Liebe beigebracht und wie hat dies meine Vorstellung von mir selbst beeinflusst?

Was werfe ich meinem Partner vor, was mich so fühlen lässt, wie ich mich immer gefühlt habe?

Was wirft mein Partner mir vor, was ihn so fühlen lässt, wie er sich immer gefühlt hast?

Wie verletze ich meinen Partner in einer Weise, in der er bereits verletzt ist?

Wie verletzt mein Partner mich in einer Weise, in der ich bereits verletzt bin?

Wodurch provoziere ich meinen Partner, sodass er auf eine verletzende Weise reagiert, an die ich gewöhnt bin?

Wodurch provoziert mein Partner mich, dass ich auf eine verletzende Weise reagiere, an die er gewöhnt ist?

Was gebe ich meinem Partner, was er am meisten schätzt?

Was braucht mein Partner von mir am meisten, um sich sicher, geborgen und wertgeschätzt zu fühlen?

Generationsübergreifende Verletzungen: Ergründen Sie, wie Sie durch Untreue innerhalb Ihrer Familie geschädigt worden sein könnten

Die Erfahrungen mit Untreue, die Sie als Kind gemacht haben, wirken sich wahrscheinlich darauf aus, wie Sie Untreue heute erleben und wie Sie darüber denken. War ein Elternteil untreu, sind Sie vermutlich in einer Atmosphäre aufgewachsen, die von Geheimnistuerei und Spannungen getrübt war, in der Ihre Grenzen verschwommen waren und Ihnen Ihr Recht auf eine stabile, geborgene Umgebung vorenthalten wurde. Vielleicht kümmerte sich die Babysitterin, auf die Sie nachts angewiesen waren, plötzlich um Ihren Daddy, vielleicht wurde der beste Freund Ihres Vaters der beste Freund Ihrer Mutter – und irgendwann Ihr Stiefvater. Vater oder Mutter können Sie durch einen neuen Spielgefährten ersetzt haben und es gab für Sie keine Möglichkeit, den Konkurrenzkampf zu gewinnen. Oder ein Elternteil vertraute Ihnen an, dass der andere Elternteil ein Ehebrecher war, und flehte Sie an, das Geheimnis nie auszuplaudern. Der untreue Elternteil, den die Leidenschaft der Affäre überwältigte, hatte vielleicht nur noch wenig Zeit für Sie und mied Sie oder wendete sich beschämt ab, um Ihrem missbilligenden Blick zu entgehen. Der verletzte Elternteil war vielleicht zu deprimiert, gedanklich zu zwanghaft mit dem Seitensprung-Partner beschäftigt, um auf Ihr Leid zu achten. Beide Elternteile könnten um Ihre Unterstützung oder Vergebung gewetteifert haben und dabei Ihren Schmerz übersehen oder abgetan haben.

Heute, lange nachdem die Untreue eingeräumt oder beendet wurde, leiden Sie vielleicht noch immer an der Wunde, hegen noch immer negative Gefühle gegenüber sich selbst und tragen diese in Ihre intimsten Beziehungen hinein. Von Unsicherheit gequält fällt es Ihnen vielleicht schwer, sich selbst als einen ebenbürtigen, liebenswerten besonderen Menschen wahrzunehmen. Es ist nicht leicht, zu lieben oder geliebt zu werden, wenn Gefühle von Verlassenheit, Entwertung oder Betrug den Kern Ihres Selbstgefühls ausmachen.

Lassen Sie uns nun betrachten, inwieweit diese frühen Muster der Untreue bei Ihnen möglicherweise Spuren hinterlassen haben könnten.

Die Auswirkungen früherer Untreue auf untreue Partner

Wenn ein Elternteil untreu war, ist die Wahrscheinlichkeit größer, dass auch Sie einmal einen Seitensprung machen.[9] Das mag auf den ersten Blick seltsam erscheinen. Warum sollten Sie diejenigen nachahmen, die Ihre Welt zerrissen haben? Werden Sie Ihrem Leben nicht lieber die Struktur und Stabilität geben wollen, die Sie nie kennengelernt haben? Die Antwortet lautet: Ja natürlich werden Sie das wollen, aber Sie werden nicht davon ausgehen, dass es auch gelingt, daher machen Sie einen Seitensprung, um eine sichere Distanz zwischen sich und Ihren Partner zu legen und sich davor zu schützen, erneut verletzt zu werden. Sie haben Ihre Lektion gelernt: Lieben heißt, sich dem Schmerz zu öffnen. Treu zu sein, gibt Ihnen das Gefühl, abhängig und verletzlich zu sein. Untreu zu sein, gibt Ihnen das Gefühl der Unbesiegbarkeit.

Mike vergaß nie den Tag, an dem sein Vater das Haus verließ. Es war sein dreizehnter Geburtstag und er fand seine Mutter schluchzend am Küchentisch. Drei Wochen vergingen, dann kam sein Vater unangemeldet vorbei, um seine Golfschläger und seine Gucci-Krawatten mitzunehmen. Seine Mutter erzählte ihm, was sein Vater nicht zugab, dass er nämlich zu einer anderen Frau gezogen war. Mike hatte nie das Gefühl gehabt, sein Vater sei stolz auf ihn, jetzt war er sich sicher. Als Erwachsener wurde ihm rückblickend klar, dass er an diesem Tag einen Pakt mit sich selbst geschlossen hatte, nie wieder jemanden so sehr zu lieben – und dieses Versprechen hielt er. Selbst nachdem er Barbara geheiratet hatte, führte er sein Leben mit häufigen Partnerwechseln weiter.

Ein Seitensprung kann Sie, wie Mike, in eine Macht- und Kontrollposition heben – was wäre besser geeignet, um zu erreichen, dass Sie sich nicht so fühlen, wie Sie sich durch Ihre fremdgehenden Eltern gefühlt haben, als selbst so zu werden? Durch die Identifizierung mit dem Angreifer schütteln Sie die Rolle des Opfers ab. Nun sind nicht länger Sie derjenige, der verlassen wurde, nun sind Sie es, der verlässt. Nun sind nicht länger Sie derjenige, der emotional beraubt oder missbraucht wird, nun berauben und missbrauchen Sie. Sie sind in Sicherheit und haben das Kommando.

Andrea wusste seit Jahren, dass ihr Vater ein Ehebrecher und ihre Mutter chronisch depressiv war. Sie konnte es kaum erwarten, zu Hause auszuziehen und von der Wärme einer liebevollen, engagierten Beziehung umhüllt zu werden. Eines Nachts jedoch hatte sie das Gefühl, ihrem Verlobten nicht wichtig zu sein, sie schrie ihn an, fuhr in eine Bar und warf sich einem verheirateten Mann an den Hals. Mit einem schnellen, alle Werte verratenden Schlag versuchte sie, sich über die Angst ihrer Vergangenheit zu erheben. »Ich brauche John [ihr Verlobter] nicht, er ist austauschbar«, sagte sie mir. »Nachts sind alle Schwänze gleich.«

Ein Seitensprung kann es Ihnen ermöglichen, sich selbst anstelle des fremdgehenden Elternteils zu hassen und die Wut, die Sie gegenüber dem Elternteil empfinden, der die Familie zerstört hat, gegen sich selbst zu richten. Indem Sie sich selbst zum Objekt Ihrer Verachtung machen, müssen Sie nie über den Verlust eines Elternteils trauern, der nicht für Sie da war. Manchmal ist es einfacher und weniger verwirrend, sich selbst zu hassen – sich selbst als schwach, moralisch verwerflich, egoistisch, impulsiv, »nicht gut« zu sehen –, als demjenigen gegenüberzutreten, der Sie fallen gelassen hat, insbesondere, wenn Sie sich aufgrund Ihrer Selbstverachtung so mangelhaft fühlen, wie Sie sich durch Ihre Eltern gefühlt haben. Indem Sie Ihre Verachtung und Scham gegen sich selbst richten, können Sie sich dem Elternteil, der sich von Ihnen getrennt hat, weiterhin verbunden fühlen und können die Kontrolle über Ihren Schmerz übernehmen.

Janet stellte sich nie der Wut, die sie gegenüber ihrem Vater empfand, der sich durch fremde Betten schlief, während sich ihre Mutter einer Chemotherapie unterziehen musste. Stattdessen schlief sie mit dem Mann ihrer besten Freundin, verwandelte ihre Wut in Scham und richtete sie innerlich gegen sich selbst. »Ich habe alle meine Wertvorstellungen aus dem Fenster geworfen«, sagte sie mir. Das Problem der verborgenen Wut war, dass sie dadurch mit niemandem eine authentische Beziehung haben konnte – weder mit ihrem Vater noch mit ihrem Mann oder mit sich selbst.

Es ist unwahrscheinlich, dass die Haltung Ihrer Familie gegenüber Untreue Sie dazu veranlasst hat, untreu zu werden, aber sie kann die Grundlage dafür gebildet haben.[10] Wenn Sie in einer Umgebung aufgewachsen sind, in der über Ehebruch geflissentlich hinweggesehen wurde, und Botschaften hörten wie »Jungen sind nun einmal so« oder »Was der Partner nicht weiß, macht ihn nicht heiß«, ist die Wahrscheinlichkeit größer, dass Sie als Erwachsener fremdgehen. Solche Botschaften verbreiten sich über Generationen.

Die Auswirkungen früherer Untreue auf verletzte Partner

Es ist kein Zufall, dass so viele meiner Patienten, deren Eltern Affären hatten, Partner haben, die ebenfalls fremdgehen. Indem Sie sich an jemanden hängen, der Sie betrügt, oder indem Sie diese Person provozieren, Sie zu betrügen, erleben Sie wieder dieselbe Ablehnung wie als Kind. Das heißt nicht, dass es Ihnen Freude macht, ersetzt zu werden, Sie suchen sich das Verlassenwerden nicht bewusst aus und gehen nicht absichtlich auf die Suche nach Schmerz. Was Sie unwissentlich vielleicht machen, ist, dass Sie sich jemanden aussuchen, der Sie in einer Weise behandelt, die Ihre früheren Erfahrungen wiederholt. Selbst wenn Ihr Partner hinter Ihnen steht, werden Sie wahrscheinlich aus seinem Verhalten etwas herauslesen, worauf Sie programmiert sind, und dann so reagieren, dass Ihre vorgefassten Meinungen verstärkt werden.

Eddies herrischer Vater, ein reueloser Schürzenjäger, machte es sich zur Gewohnheit, bei jeder Gelegenheit über seinen überempfindlichen Sohn herzuziehen. Als der Sohn zwanzig war, wurde er von einer promiskuitiven und herrischen Frau namens Alison zur Ehe gedrängt. Seine Anhänglichkeit an sie wiederholte seine frühere Liebeserfahrung: Es war eine Beziehung zwischen einem Tyrannen und einem Opfer. Nach zweijähriger Ehe und Alisons drittem Seitensprung konnte er genügend Selbstachtung mobilisieren, um aus der Spur auszubrechen und sie zu verlassen.

Als Eddie sich in Linda verliebte, schwor er, die vergangenen Muster nicht zu wiederholen. Er war jedoch so daran gewöhnt, beherrscht zu werden, dass er nicht wusste, wie er diese gegenseitig fördernde Beziehung aushalten sollte. »Es muss wirklich Liebe sein«, sagte er mir. Aber dann ertappte er sich dabei, wie er Konfrontationen arrangierte, die sein Glück untergruben. Sobald Linda einen anderen Mann nur ansah, bombardierte er sie mit Fragen über ihre Treue. Als er allein in meiner Praxis war, wertete er sie und ihre Beziehung ab. »Ich liebe sie gar nicht so sehr«, behauptete er. »Sie ist gar nicht so attraktiv oder besonders.«

Gleichzeitig schalt sich Eddie dafür, dass er versuchte, das Beste zu zerstören, was er je hatte. Geschah dies, um das Verlassenwerden, das er zuerst mit seinem Vater und dann mit seiner Ex-Frau Alison erlebt hatte, neu zu inszenieren?

Um Linda abzuwerten und sich selbst unabhängiger, weniger angreifbar zu machen? Um ihre Liebe zu testen? Um sein Gefühl zu verstärken, kein liebenswerter Mensch zu sein?

Eddie stellte in allen seinen Antworten auf diese Fragen eine gewisse traurige Wahrheit fest und redete sich selbst gut zu, um ihre Beziehung nicht länger zu vergiften. Es war nicht einfach. Es ist schwer, darauf zu vertrauen, dass der Partner einen liebt und hinter einem steht, wenn man zeitlebens etwas anderes erfahren hat. »Warum sollte ich nicht wieder verlassen werden, nachdem ich schon einmal verlassen wurde«, fragen Sie sich?

Die Geschichte wiederholt sich

Manchmal besteht eine verblüffende Ähnlichkeit zwischen den Umständen eines Betrugs, den Sie als Kind erlebt haben, und den Umständen Ihres Betrugs als Erwachsener. Ich glaube nicht, dass die Menschen dazu verurteilt sind, alte Muster zu wiederholen oder sie absichtlich nachzubilden, aber die Wiederholung tritt mit verstörender Regelmäßigkeit auf. Nachfolgend zwei typische Erfahrungen, die meine Patienten mit mir geteilt haben.

> Kurz vor Lauris Geburt verkündete ihr Vater, er werde ihre Mutter wegen einer anderen Frau verlassen. Lauri wuchs auf und kümmerte sich um ihre Mutter, bei der später Schizophrenie diagnostiziert wurde. Vierunddreißig Jahre später, als Lauri mit ihrem dritten Kind im neunten Monat schwanger war, verkündete ihr Mann, er habe sich in eine andere Frau verliebt und werde ausziehen. Lauri brachte ihre Tochter allein im Krankenhaus zur Welt und kehrte mit ihr in ein vaterloses Zuhause zurück.
>
> Stephanie wuchs bei einer alkoholkranken Mutter und einem untreuen Vater auf. Als junge Erwachsene betreute sie beide und predigte ihnen häufig, wie wichtig es sei, ihr Leben zu ändern. Um ihnen zu entkommen, verlobte sie sich mit Hal, nur um zu entdecken, dass er Alkoholiker war und bereits mit einer anderen Frau in einer anderen Stadt verlobt war. Sie predigte ihm häufig, er solle sein Leben ändern.

Egal wie groß die Ähnlichkeiten zwischen dem Seitensprung Ihres Partners und dem Ihres Elternteils waren, die heutige Verletzung wird wahrscheinlich schmerzlicher für Sie sein – wird in Ihnen einen verletzten Kanal wieder öffnen –, wenn Sie bereits früher im Leben einen Treuebruch erlebt haben. Das bedeutet nicht, dass Ihr Gefühl für eine Verletzung nicht authentisch oder sehr tief ist, aber es ist durch das Trauma der früheren Erfahrungen vergiftet. Dieses Trauma muss erkannt und gesondert angegangen werden. Sie können Ihre heutige Beziehung nicht wiederherstellen, bevor Sie nicht die Verletzung der Vergangenheit abgestreift haben.

ÜBUNG

Ich rate Ihnen dringend, sich Ihre Erfahrungen mit Untreue in der Kindheit gegenseitig anzuvertrauen. Besprechen Sie, wie Sie sich damals fühlten und wie Ihre Erfahrungen Ihre Fähigkeit reduziert haben könnten, sich selbst wertzuschätzen, sich sicher zu fühlen und in Ihre heutige Beziehung Vertrauen zu haben. Das Offenlegen Ihrer persönlichen Geschichten wird die Affäre nicht weniger schlimm machen, aber es kann Ihnen helfen, die Tiefe und Intensität Ihrer Reaktionen zu verstehen und sich einander näher zu fühlen – eher wie Verbündete und nicht wie Feinde. Ich rate Ihnen auch dringend, den Seitensprung mit Ihren Kindern zu besprechen, je nachdem, wie detailliert diese es verdauen können. Ermutigen Sie sie, ihre Gefühle zuzugeben – ihren Kummer, ihre Wut, ihre Verwirrung –, und stellen Sie sich diesen Gefühlen. Wenn Sie den Schmerz Ihrer Kinder anerkennen können – indem Sie offen zuhören, ohne sich zu verteidigen oder zu erklären –, können Sie ihnen damit vielleicht helfen, ähnliche Fehler zu vermeiden, wenn sie einmal erwachsen sind. Entschuldigen Sie sich für den Schmerz, den Sie verursacht haben, dafür, dass Sie nicht verfügbar und unsensibel waren. Sprechen Sie über sich selbst, wenn Sie wissen, dass Ihr Partner das ebenfalls tut. Fordern Sie die Kinder auf, das Thema immer wieder anzusprechen, sooft sie das brauchen. Haben Sie keine Angst davor, Ihren Kindern Ihren Schmerz über oder Ihre Hoffnung auf die Zukunft der Familie zu zeigen. Später können Sie mit ihnen vielleicht Ihr Verständnis darüber teilen, wie Sie persönlich zu den Eheproblemen beigetragen haben. Vielleicht wollen Sie ihnen auch über Ihre eigenen Erfahrungen mit Untreue in Ihrer eigenen Kindheit erzählen und davon, wie diese Ereignisse Sie geprägt haben.

Um die Verletzungen früherer Untreue zu heilen und Ihre Beziehung weiterzuentwickeln, empfehle ich Ihnen zu versuchen, die Vergangenheit von der Gegenwart zu trennen und sich mit dem Groll auseinanderzusetzen, den Sie noch gegenüber der Person hegen, von der Sie in der Kindheit betrogen wurden. Eine Möglichkeit dafür ist, dieser Person einen Brief zu schreiben und ihn so oft zu überarbeiten, wie es nötig ist, bis Sie das Gefühl haben, dass er genau das ausdrückt, was Sie sagen wollen. Ist diese Person noch am Leben, können Sie den Brief auch abschicken. Ihre Absicht ist nicht, dieser Person eine mitfühlende Antwort zu entlocken – falls das passiert, ist es natürlich großartig –, Sie müssen vielmehr darauf vorbereitet sein, keine Antwort oder eine defensive und feindselige Antwort zu erhalten. Wichtig ist vor allem, dass Sie die ganze Bandbreite Ihrer Gefühle anerkennen und mit Ihrer Vergangenheit Frieden schließen.

Nachfolgend ein Brief, den einer meiner Patienten namens Mike an seinen untreuen Vater geschrieben hat, und zwar beinahe dreißig Jahre nach dessen Affäre. Es war Mikes Weg, den stillschweigenden Pakt zu brechen, den er mit sich selbst geschlossen hatte, niemals wieder jemanden so nahe an sich herankommen zu lassen.

Lieber Papa,

ich habe beinahe dreißig Jahre gewartet, um das Thema, dass Du Mama und mich verlassen hast, anzuschneiden. Ich hoffe, es ist nicht zu spät, um mit Dir darüber zu sprechen. Ich schreibe Dir nicht, um Dir Vorwürfe zu machen oder Schuldgefühle bei Dir hervorzurufen, sondern ich hoffe, dass wir einander besser verstehen können, wenn wir darüber sprechen, und vielleicht die eine oder andere Kluft schließen können, die es zwischen uns immer noch gibt.

Papa, ich wollte Dich immer fragen, warum Du gegangen bist, ohne mit mir zu sprechen, warum Du so lange weggeblieben bist, wie es sein kann, dass Du nicht wusstest oder es Dir (anscheinend) gleichgültig war, wie mich das getroffen hat. Ich hatte das Gefühl, Dir völlig unwichtig zu sein. Tatsächlich hatte ich nie das Gefühl, genügend erreicht zu haben, um Dich stolz auf mich zu machen. Kannst Du mir helfen zu verstehen, warum Du so gehandelt hast? Deine Erklärung ist wahrscheinlich weniger schlimm, als ich immer angenommen habe.

Ich kritisiere Dich nicht, weil Du gegangen bist, weil Du in Deiner Ehe unglücklich gewesen bist, auch nicht dafür, dass Du nicht wusstest, wie Du die Dinge mit Mama bewältigen konntest. Ich bin jetzt seit zweiundzwanzig Jahren verheiratet und weiß, wie schwer es ist, eine Ehe zusammenzuhalten. Ich habe viele Fehler gemacht. Ich war sogar ebenfalls untreu.

Jahrelang konnte ich der Tatsache nicht ins Auge sehen, wie wütend ich auf Dich war, weil Du mich verlassen hast, weil Du mir selten das Gefühl gegeben hast, mich zu lieben oder stolz auf mich zu sein, weil ich mich wegen Dir um Mama kümmern musste. Ich bin inzwischen aber zu der Erkenntnis gelangt, zumindest für meinen Selbsterhaltungstrieb, dass das, was Du getan hast, nichts mit mir zu tun hatte – dass ich einfach nur ein Kind war, dass ich nichts Falsches getan habe, dass ich nicht in irgendeiner Weise mangelhaft war. Ich habe gelernt, das Geschehene nicht mehr so persönlich zu nehmen.

Als ich dreizehn war und Du gegangen bist, habe ich beschlossen, nie mehr jemanden so nah an mich herankommen zu lassen und nie wieder jemanden zu lieben. Ich habe mein Versprechen gehalten. Kürzlich jedoch, nachdem [meine Frau] Barbara meine Affären herausgefunden hatte, haben wir angefangen, ehrlicher miteinander zu sprechen, und ich fühle allmählich, dass ich sie nicht mehr auf Distanz halten muss und dass ich kein so kontrolliertes und isoliertes Leben mehr führen möchte. Ich reiche ihr die Hand, so wie ich Dir heute die Hand reiche.

Wenn Du mir antworten möchtest, freue ich mich sehr, von Dir zu hören. Wenn Du das nicht kannst, möchte ich nur, dass Du weißt – und das möchte ich mir selbst laut sagen –, dass ich meine Energie nicht länger dafür aufbringen werde, andere zu verletzen, dass ich mich nicht länger unsicher fühlen und die Welt nicht mehr auf Armlänge halten will. Ich vergebe Dir, weil Du sehr unglücklich gewesen sein musst, als Du gegangen bist. Ich vergebe Dir sogar, dass Du so gegangen bist, wie Du es getan hast. Ich wünsche Dir, dass Du jetzt ein besseres Leben hast. Ich wünsche mir selbst nun ein besseres Leben.

Den Kindern geht es übrigens großartig. Ich würde es begrüßen, wenn Du Dich für sie interessieren würdest. Ich bin sicher, dass sie Dich auch gerne besser kennenlernen würden.

In Liebe,
Mike

Den Flip-Flop-Faktor verstehen: Betrachten Sie, wie die Eigenschaften, die Sie an Ihrem Partner ablehnen, möglicherweise mit denen zusammenhängen, die Sie mögen oder um die Sie Ihren Partner beneiden und die Ihnen selbst fehlen

Sobald die Entzauberung eingesetzt hat, werden Sie wahrscheinlich die positiven Eigenschaften Ihres Partners ausblenden und sich selektiv auf die schlechten konzentrieren. Vielleicht vergessen Sie sogar, dass die positiven je existiert haben. Wenn Sie beide dies tun, müssen Sie lernen, dass die Eigenschaften, die Sie an Ihrem Partner mögen und ablehnen, häufig die Kehrseite derselben Medaille sind, dass Sie die eine nicht ohne die andere haben können und dass Ihre Unzufriedenheit ebenso viel über Ihre eigenen ungelösten inneren Konflikte aussagen kann wie über die Ihres Partners.

Becky wurde anfangs von Steves Beständigkeit angezogen, mit der Zeit jedoch fing sie an, seine mangelnde Spontaneität zu hassen. Was sie dabei übersah, war, dass beide Eigenschaften derselben Wurzel entsprangen. Das Problem war nicht, dass er sich geändert hatte, sondern dass sie ein und demselben Verhalten verschiedene Bedeutungen gegeben hatte. Einen Tag liebte sie die Sicherheit und Struktur, die er ihrem Leben gab, am nächsten Tag hasste sie, wie eingeengt sie sich durch ihn fühlte. Als sie auf das Chaos ihrer Kindheit zurückblickte – ihr Vater war drogenabhängig, ihre Mutter litt unter manischen Phasen –, stellte sie fest, dass die Eigenschaften, die sie an ihrem Mann kritisierte (seine mangelnde Flexibilität, seine Freudlosigkeit), mit denen verbunden waren, auf die sie bei ihm zählte (seine Vorhersehbarkeit, seine Zuverlässigkeit) und die ihr selbst fehlten.

Vicki versuchte ihre gesamte Kindheit lang, ihren überkritischen Eltern zu gefallen. An der Uni wurde sie von einem Mann angezogen, der, im Gegenteil zu ihr, völlig selbstgenügsam zu sein schien. Nachdem sie geheiratet hatten, ging sie auf seine Bedürfnisse ein und ermunterte ihn, ihre zu ignorieren. Es dauerte nicht lange, bis sie sich überfordert und nicht unterstützt fühlte, genau wie es in ihrem Elternhaus gewesen war. Sie sah die Eigenschaften ihres Partners nun anders. Was sie anfangs als Selbstgenügsamkeit empfunden hatte, interpretierte sie nun als Egoismus. Was sie als Unabhängigkeit gewertet hatte, erschien ihr nun als Distanziertheit.

Dieses Phänomen – dass ein bestimmter Grundzug der Persönlichkeit sowohl das auslöst, was Sie an Ihrem Partner lieben, als auch das, was Sie an ihm hassen – bezeichne ich als »Flip-Flop-Faktor«.[11]

Die Eigenschaften, die Sie als negativ betrachten, sind die Flop-Seite der Gleichung. Die Eigenschaften, die gut auf Sie gewirkt haben, als Sie anfangs voneinander angezogen wurden, oder die Ihnen auch heute noch zusagen, sind die Flip-Seite. Schreiben Sie beide nebeneinander, dann werden Sie entdecken, dass keine Seite isoliert besteht. Das, was Sie als gut betrachten, gehört unvermeidlich mit dem zusammen, was Sie als schlecht betrachten, und die Merkmale, die Sie abstoßen, können Sie, aus einem anderen Blickwinkel, auch anziehen.

Nachfolgend einige negative Merkmale, die Sie früher als positiv erlebt haben könnten:

Negative Eigenschaften (Flop-Seite)	Positive Eigenschaften (Flip-Seite)
Mangel an Spontaneität, Leidenschaft und Abenteuergeist; langweilig	Beständig, zuverlässig, ausgeglichen, zufrieden
Sucht ständig Anerkennung; zögerlich, halbherzig, schwach	Rücksichtsvoll, aufmerksam, entgegenkommend
Entrückt, egozentrisch, verantwortungslos	Kreativ, flexibel, spontan
Freudlos, zwanghaft, materialistisch, getrieben	Diszipliniert, produktiv, effizient, verantwortungsvoll, erfolgreich
Lasterhaft, bedürftig. sexbesessen	Hemmungslos, sexuell, leidenschaftlich
Nicht kommunikativ, verschlossen, lahm	Ruhig, friedlich, geheimnisvoll
Narzisstisch, nach Aufmerksamkeit suchend	Umgänglich, sozial kompetent, gesellig
Deprimierend, belastend	Tiefsinnig, nachdenklich
Albern, oberflächlich	Lebenslustig, unberechenbar
Erstickend aufdringlich, bedürftig, kontrollierend	Aufmerksam, großzügig, freigebig, engagiert
Kalt, distanziert, lieblos, egoistisch	Selbstständig, zuversichtlich, beständig, stark, eigenverantwortlich
Hysterisch, labil	Ausdrucksstark
Arrogant, kontrollierend	Meisterlich, kompetent

Es ist wichtig, dass Sie erkennen, wie Ihre ungelösten persönlichen Konflikte Sie auf der Flop-Seite verweilen lassen und sie daran hindern, mit irgendjemandem zufrieden zu sein, sich selbst eingeschlossen. Maggie Scarf nennt dies »die nicht eingestandenen, verleugneten und in keiner Weise integrierten Aspekte der eigenen Persönlichkeit« und erklärt: »Was früher an einem selbst inakzeptabel war, ist nun beim Partner unerträglich und inakzeptabel. Der Krieg innerhalb jedes Partners bei einem Paar hat sich in einen Krieg zwischen ihnen beiden verwandelt. Dabei glaubt jeder, Friede und Harmonie könnten erreicht werden, wenn sich nur der andere ändern würde.«[12] Anders gesagt: Die Eigenschaften, die Sie an Ihrem Partner hassen, können mit denen zusammenhängen, die Sie an sich selbst hassen. Sie können auch mit Eigenschaften zusammenhängen, die Ihnen fehlen und um die Sie Ihren Partner beneiden.

Die Geschichte von Keith und Michelle illustriert einige dieser Punkte. Keiths Vater tat alles, um hartes Arbeiten zu vermeiden, und flatterte von einer katastrophalen Strategie, um schnelles Geld zu verdienen, zur nächsten. Keith verübelte es seinem Vater, dass er keine Verantwortung übernahm, und identifizierte sich mit seiner Mutter, die die Familie mit ihrem Lohnscheck von Stop & Shop über Wasser hielt. Für Keith war Liebe ein anderes Wort für Selbstaufopferung.

Als Erwachsener war Keith knallhart, zielorientiert, ehrgeizig. Aber obgleich er schnell und effizient von Punkt A nach Punkt B kam, empfand er häufig, dass irgendetwas fehlte. »Ich fühle mich zu oft getrieben und reizbar«, sagte er mir. »Das Leben ist einfach kein Spaß.«

Anfangs fühlte sich Keith zu Michelle wegen ihrer Fröhlichkeit, ihrer Warmherzigkeit, ihrer Fähigkeit, den Augenblick zu genießen und mit ihrem Los zufrieden zu sein, hingezogen – den Eigenschaften, die ihm weitgehend fehlten. Es dauerte jedoch nicht lange, bis er anfing, diese Attribute auf der Flop-Seite zu sehen. Was ihm anfangs an ihr spontan erschienen war, empfand er nun als unverantwortlich; was er früher als lebenslustig angesehen hatte, wirkte nun undiszipliniert auf ihn. Er ärgerte sich, dass er sie und ihr Fotohobby unterstützen musste. Wenn sie eine Spielerei hatte, warum dann nicht auch er? Um seine Idee in die Tat umzusetzen, mietete er eine Einzimmerwohnung für seine »langen Büroabende« mit einer Nachbarin. Hier konnte er zum ersten Mal seinem übertrieben gewissenhaften angespannten Selbst entkommen. Er wollte seine Ehe nicht beenden, wusste jedoch nicht, wie es gelingen könnte, sich besser dabei zu fühlen. Nachdem Michelle alles entdeckt hatte – sie bemerkte, dass er große Geldsummen abhob, und stellte ihn zur Rede –, fing Keith an, sich mit sich selbst zu beschäftigen. Dabei entdeckte er, dass seine Unzufriedenheit ebenso viel mit ihm zu tun hatte wie mit Michelle.

»Mir ist jetzt klar, dass sie nicht die Ursache all meiner Unzufriedenheit ist und dass wir uns beide ändern müssen«, räumte er ein. »Mein Vater war eine finanzielle Belastung für uns und ich will nicht, dass meine Frau das auch wird. Ich weiß aber auch, dass ich in dieser Hinsicht überempfindlich bin, dass Michelle nicht mein Vater ist und dass sie mir guttut – mit ihrer Art, mich zum Lachen zu bringen und mir zu zeigen, dass das Leben nicht nur aus Geldverdienen besteht.«

Keith ließ es nicht zu, dass Michelles lästige Eigenschaften, wie er es nannte, ihre Beziehung vergifteten, und bemühte sich anzuerkennen, was ihm daran gefiel.

»Ich ärgere mich immer, wenn ich sehe, wie sie sich vor der Verantwortung drückt«, sagte er mir, »wie sie nach Hause kommt und, anstatt die Einkäufe zu verräumen oder die Wäsche zusammenzulegen, mit Freunden telefoniert oder ihre E-Mails checkt. Ich kann inzwischen aber akzeptieren, dass das Gute zum Schlechten gehört, und obgleich ich es hasse, wie undiszipliniert sie sein kann, bewundere ich, wie sie, im Gegensatz zu mir, das Leben genießt.«

Um sein neues Verständnis zu untermauern, erstellte Keith eine Auflistung, wobei er auf einer Seite notierte, was ihn störte, und auf der anderen Seite, was er an denselben Merkmalen bewunderte oder beneidete. Sehen Sie, was er aufgeschrieben hat:

Michelles negative Eigenschaften	Michelles positive Eigenschaften
Dinge aufschieben	Im Augenblick leben
Mangel an Disziplin	Spontan
Kein Interesse, Geld zu verdienen	Beziehungsorientiert
Schlampig	Unbekümmert
Verantwortungslos, verschwenderisch	Sorglos
Naiv	Optimistisch
Erwartet, versorgt zu werden; verwöhnt	Verbessert unsere Lebensqualität auf nicht finanzielle Weise

Lassen Sie uns nun mit Michelle beschäftigen. Auch sie war mit der Ehe nicht ganz zufrieden. Zwar war Keith fremdgegangen, aber nicht nur einmal hatte sie sich ausgemalt, selbst mit jemand anderem zu schlafen.

Michelles Mutter, die als Kind schwere Verantwortung übernehmen musste, ermunterte ihre Tochter, für den Moment zu leben. Michelle war dafür jedoch nicht dankbar. »Meine Mutter erwartete nichts von mir«, beklagte sie sich. »Sie schien zu glauben, dass ich keinerlei Kreativität besitze, als sei ich zu nichts anderem zu gebrauchen, als Spaß zu haben.«

Michelle fühlte sich zu Keith hingezogen, weil er an ihr künstlerisches Talent zu glauben schien. Er war fokussiert und im Gegensatz zu ihr unternehmerisch denkend. Er half ihr, ihre Energie zu organisieren und zu bündeln.

Drehen wir die Uhr drei Jahre weiter. Nun machen dieselben Eigenschaften ihres Mannes sie verrückt. »Ich dachte immer, er sei so produktiv«, sagte sie. »Inzwischen glaube ich, er ist einfach ein Workaholic. Er ermutigte mich nicht, eine Karriere anzustreben, weil er meine Fotos so liebte, sondern weil er mich nicht finanziell unterstützen wollte.«

Um Michelle zu helfen, die Flip-Seite von Keiths Eigenschaften zu würdigen – die Seite, von der sie sich anfangs vor allem angezogen gefühlt hat –, bat ich sie, eine Liste seiner negativen Eigenschaften zu erstellen und sie mit denen abzugleichen, die sie früher an ihm geliebt hat. Folgendes hat sie aufgeschrieben:

Keiths negative Eigenschaften	Keiths positive Eigenschaften
Kontrollierend, kann seine Macht nicht teilen oder an Entscheidungen mitwirken	Einfallsreich, kompetent, erfolgreich
Zwanghaft, getrieben, freudlos	Gut organisiert, produktiv, fokussiert
Unsicher bezüglich Geld	Verantwortungsvoll, ermutigt mich bei meiner Arbeit
Materialistisch	Fördert einen hohen Lebensstandard

Die Übung erinnerte sie daran, dass die Eigenschaften, die sie ablehnte, mit denen zusammenhingen, zu denen sie sich noch immer hingezogen fühlte. Das half ihr, sich wieder dem anzunähern, was sie an ihm mochte. Es zeigte ihr auch, dass die Dinge, die sie ihm übelnahm (sein Materialismus, seine zwanghafte Arbeitsmoral), mit den Eigenschaften verknüpft waren, die ihr selbst immer gefehlt hatten (Dranbleiben an einer Sache, Ehrgeiz). Wenn sie sich bei ihm zufriedener fühlen will, wird sie sich ihre eigenen Probleme genauer ansehen müssen.

»Meine Mutter hat nicht einen Tag meines Lebens verlangt, dass ich etwas arbeite«, sagte mir Michelle. »Sie lehrte mich, es sei mein Recht, abhängig zu sein.

Keith möchte die Regeln ändern, und das nehme ich ihm übel. Ich sehe jedoch, dass es nicht gemein oder unvernünftig von ihm ist, wenn er verlangt, dass ich selbst einen Teil der Verantwortung für mich übernehme.«

ÜBUNG

Der Flip-Flop-Faktor kann Ihnen genau wie Keith und Michelle beibringen, über Ihre Unzufriedenheit anders zu denken. Er kann Ihnen zeigen, dass ein Partner, der Sie ärgert oder frustriert, nicht automatisch unrecht hat oder für Sie falsch ist, dass, auch wenn Sie gelegentlich glauben, nicht zusammenzupassen, auf lange Sicht das Gegenteil zutreffen kann. Sie haben diese Person – einen Menschen, der völlig anders sein kann als Sie – nicht ohne Grund gewählt. Der Grund kann sein, dass Sie von etwas angezogen werden, was in Ihnen unerschlossen oder nicht entwickelt ist, was Sie beneiden, was Sie allein nicht ausdrücken können. Dieselben Eigenschaften, die Sie kritisieren, sind wahrscheinlich eng verbunden mit anderen Eigenschaften, die Sie weiterentwickeln und Ihnen helfen, Ihr eingeschränktes Selbst zu transzendieren. Damit Sie das erkennen können, stellen Sie sich einmal folgende Fragen:

1. Welche Eigenschaften gefallen mir nicht an meinem Partner?
2. Was verrät es über mich, dass ich diese Eigenschaften ablehne oder mich über sie ärgere? Stellen sie einen abgeleugneten Aspekt von mir dar?
3. In welcher Weise stehen diese negativen Eigenschaften mit Eigenschaften in Beziehung, die ich bewundere, die mich anfangs an meinem Partner angezogen haben?
4. Was verrät es über mich, dass ich von diesen Eigenschaften meines Partners angezogen wurde? Fehlen mir selbst diese Eigenschaften? Bin ich darauf neidisch?

Der Flip-Flop-Faktor fordert Sie auf, Ihre Differenzen in neuem Licht zu sehen, einem Licht, in dem Sie die hellen und die dunklen Seiten der Persönlichkeit Ihres Partners und Ihrer eigenen Persönlichkeit in Einklang bringen, tolerieren und zeitweise vielleicht akzeptieren können.

Eine Zeitleiste erstellen: Erkennen Sie, wie kritische Ereignisse in der Zeit des Seitensprungs Sie aus dem Gleichgewicht gebracht haben können

Werden die kritischen Lebensereignisse identifiziert, die direkt oder indirekt zu dem Seitensprung beigetragen haben, können Sie vielleicht besser verstehen, warum es zu diesem Seitensprung kam – und können möglicherweise auch zuversichtlicher sein, dass sich eine Wiederholung verhindern lässt.

Mit kritischen Lebensereignissen meine ich persönliche Krisen oder andere belastende Umstände, die Sie emotional aus dem Gleichgewicht bringen und die Art Ihrer Beziehung verändern – Umstände wie Geburt oder Tod eines lieben Menschen oder eine Veränderung der gesundheitlichen oder finanziellen Situation.

Zu den Auswirkungen dieser Lebensereignisse kann die Kongruenz (Übereinstimmung) mit Belastungen beitragen, für die Sie besonders anfällig sind. Wenn Sie beispielsweise mit einer besonderen Empfindlichkeit für Probleme wie Verlassenwerden oder Zurückweisung aufgewachsen sind, werden Sie wahrscheinlich eher deprimiert sein, wenn ein fürsorglicher Elternteil stirbt, als wenn Ihr Betrieb schwächelt. Wenn Sie jedoch mit einer besonderen Empfindlichkeit für Kompetenz- oder Leistungsprobleme aufgewachsen sind, werden Sie wohl eher deprimiert sein, wenn Ihr Betrieb schwächelt, als wenn Sie mit persönlicher Zurückweisung konfrontiert werden.[13]

Sie, als der verletzte Partner, werden mit solchen kritischen Lebensereignissen vielleicht schwer leben können, was Ihren Partner allerdings noch mehr vertreibt. Diese Ereignisse können Sie, den untreuen Partner, bedürftiger und labiler werden lassen, anfälliger für eine Versuchung. Ihr Seitensprung kann ein Versuch sein, sich von einer äußeren Krise zu erholen, die Ihr Selbstgefühl untergräbt, und hat daher vielleicht mehr mit dem zu tun, was in Ihnen geschieht, als mit einem spezifischen Beziehungsproblem.

Nachfolgend einige übliche Stressfaktoren, die einen von Ihnen aus dem Gleichgewicht bringen und einen Seitensprung herbeiführen können.

Krankheit oder Unfall

Sie oder jemand, den Sie lieben, wird schwer krank, hat einen Unfall oder erhält eine lebensbedrohliche medizinische Diagnose. Sie selbst fühlen sich dann vielleicht verwundbar, werden sich Ihrer Sterblichkeit bewusst. Sie geraten bei dem

Gedanken in Panik, was Sie alles noch nicht vollendet oder erlebt haben. Alternativ geraten Sie bei dem Gedanken in Panik, verlassen zu werden.

Als Barry mit zweiundvierzig Jahren einen Herzanfall bekam, ließ er sein Leben Revue passieren und kam zu dem Schluss, dass ihm die Zeit davonlief. »Es gibt noch so viel, was ich tun möchte, bevor ich sterbe«, dachte er. Zum ersten Mal seit zwanzig Jahren sperrte er sein Büro zu und ging mit seiner jungen Sekretärin auf eine große Reise.

Tracey bekam Eierstockkrebs. Ihr Mann hatte Angst, sie zu verlieren, und fühlte sich insofern abhängig von ihr. Er übernahm die Kontrolle über diese Gefühle, indem er eine Affäre hatte und seine Frau verließ, bevor sie ihn verlassen konnte.

Tod

Jemand, den Sie lieben (nicht Ihr Partner), stirbt. Sie empfinden sehr stark den Verlust der Unterstützung und des Zuspruchs, den diese Person Ihnen immer gegeben hatte und die Ihr Partner nicht ersetzen kann. Oder Sie fühlen sich vom Urteil dieser Person befreit und endlich frei, anders und ohne deren Billigung handeln zu können.

»Als mein Sohn sich das Leben nahm«, sagte Kate zu mir, »fand ich es leichter, meine Bitterkeit auf meinen Mann zu konzentrieren, als mich selbst im Kummer zu verlieren. Zum Trost wandte ich mich jemand anderem zu.«

»Scheidung war meiner Mutter verhasst und ich kam mit ihrer Missbilligung nicht zurecht«, erklärte Doug. »Innerhalb einer Woche nach ihrem Tod verließ ich meine Frau und zog zu der Frau, die ich liebte.«

Entwurzelung

Sie ziehen in eine andere Stadt und leiden unter dem Verlust der vertrauten Umgebung, der Familie, der Freunde. Sie kompensieren das, indem Sie sich eine Geliebte/einen Liebhaber nehmen. Oder Sie werden so deprimiert und ziehen sich so sehr zurück, dass sich Ihr Partner eine Geliebte/einen Liebhaber nimmt.

Durch seine Beförderung musste Mark von Peoria nach Manhattan umziehen. Seine Frau fühlte sich isoliert und verlassen, daher entzog sie sich ihm wütend. Mark, der nun niemanden hatte, um seinen Erfolg zu feiern, fühlte sich ebenfalls isoliert und verlassen und fing ein Verhältnis mit seiner Assistentin an.

Statusverschiebung

Sie erleben eine Veränderung der Machtverhältnisse oder der finanziellen Mittel. Der Partner, der es gewöhnt ist, sich abhängiger zu fühlen, wird vielleicht beruflich stärker anerkannt oder wird finanziell oder emotional selbstständiger. Der Partner, der es gewöhnt ist, den dominanten Part einzunehmen, fühlt sich daraufhin in den Schatten gestellt, hat Angst, verlassen zu werden (»Bestimmt wirst du mich verlassen, jetzt, da du nicht mehr von mir abhängig bist«), und hat eine Affäre, um sich gebraucht zu fühlen oder die Kontrolle zu behalten.

Solange sich Michael seiner Frau überlegen fühlte und sie kritisieren konnte, hielt ihre Ehe. Als sie sich jedoch seine Beanstandungen zu Herzen nahm – fünfzehn Kilo abnahm und an der Hochschule für Aufbaustudien ihren Abschluss nachholte –, wandte er sich seiner jungen Stimmbildnerin zu, die sein bedrohtes Gefühl von Macht und Bedeutung wiederherstellte.

Persönlicher Misserfolg

Sie erleben etwas, was Sie als persönlichen Misserfolg wahrnehmen, beispielsweise den Verlust Ihres Arbeitsplatzes, Unfruchtbarkeit, Insolvenz.

Eine Woche nachdem Ron als Investmentbanker entlassen worden war, begegnete er in einer Kneipe zufällig seinen Wall-Street-Kollegen und beendete den Abend mit einer Wertpapierhändlerin in einem Motel. »Ich war in einem Machtrausch«, gab er zu. »Ich fühlte mich wie in einem Wettkampf und nicht sonderlich erfolgreich.«

Übergangsphasen im Leben

Sie durchleben eine bedeutende Übergangsphase, in der sich die Art Ihrer Beziehung verändert, wie beispielsweise eine Schwangerschaft, die Geburt eines Kindes oder der Auszug der Kinder, wenn sie zu studieren beginnen (das Empty-Nest-Syndrom).

»Als das Baby geboren war«, erinnerte sich Dick, »zählte für meine Frau nichts anderes mehr. Ich fühlte mich völlig ersetzt. Also ging ich und ersetzte sie.«

Substanzmissbrauch

Sie oder Ihr Partner werden beispielsweise alkohol- oder drogenabhängig. »Ich wusste nicht, dass Adam wegen seiner Geschäfte Depressionen hatte und mit größeren Mengen Merlot Selbstmedikation betrieb«, erklärte seine Frau Holly, »aber ich wusste, dass er völlig ich-bezogen und nicht an mir interessiert war. Ich fühlte mich so zurückgewiesen und einsam, dass ich es als Kompliment auffasste, als mich mein Therapeut anbaggerte.«

Beispiel für eine Zeitleiste

Normalerweise führt nicht ein einzelnes Ereignis zu einem Seitensprung, sondern es sind mehrere, die gleichzeitig eintreten. Ich ermuntere Sie und Ihren Partner, zusammenzuarbeiten, um diese Ereignisse zu identifizieren, und ohne Anschuldigungen zu besprechen, wie diese für eine dritte Person Platz schaffen konnten.

Dean und Mary begannen diese Diskussion mit einer chronologischen Aufzeichnung kritischer Lebensereignisse und prüften, wie jedes einzelne dazu beigetragen hatte, ihre Beziehung zu destabilisieren.

Kritische Lebensereignisse …	… und deren Konsequenzen
Juli	
Wir zogen von Chicago nach New Haven. Dean fing einen Job bei einer Hotelkette an, in dem er unter starkem Druck stand und für einen Chef arbeitete, dem er es nie recht machen konnte. Mary hatte weder Familie noch Freunde.	*Dean:* »Ich hatte Angst, gefeuert zu werden. Ich fühlte mich für Marys Zufriedenheit verantwortlich, eine Belastung, über die ich mich ärgerte. Ich hatte zu viele Jahre für meine Mutter geradegestanden, nachdem mein Vater uns verlassen hatte, und konnte es nicht ertragen, mich wieder dieser Situation zu unterwerfen.« *Mary:* »Ich fühlte mich einsam und nicht beachtet. Ich war auf Dean zur Unterhaltung angewiesen.«
August bis November	
Mary wünschte sich ein Baby und versuchte, schwanger zu werden.	*Dean:* »Ich stimmte zu, um sie glücklich zu machen, aber ich war nicht sicher, wirklich dafür bereit zu sein. Unser Sex wurde zu einer temperaturkontrollierten Pflicht.« *Mary:* »Es war für mich eine glückliche Zeit. Dean ließ sich seine Ambivalenz nie anmerken.«
Dezember	
Mary wurde schwanger. Dean besuchte seinen besten Freund, dessen erstes Kind gerade geboren worden war.	*Dean:* »Ich sah, wie erschöpft mein Freund war und wie eingeengt sein Leben geworden war. Ich fühlte, wie hinter mir die Türe zufiel.«

Januar	
Marys Bruder hatte einen schweren Autounfall. Dean feierte seinen dreißigsten Geburtstag.	*Dean:* »Ich machte mir Gedanken über all die Dinge, die ich nie sehen oder tun würde." *Mary:* »Ich verbrachte viel Zeit im Krankenhaus bei meinem Bruder. Ich war für Dean tatsächlich nicht da.«
Februar	
Mary hatte eine Fehlgeburt.	*Dean:* »Ich fühlte mich beinahe erleichtert. Ich hatte nicht einmal das Gefühl, für mich sorgen zu können und noch viel weniger für eine Familie.« *Mary:* »Ich fühlte mich mangelhaft und demoralisiert und zog mich von Dean zurück.«
April	
Dean hatte eine Affäre.	*Dean:* »Ich fühlte mich frei, tüchtig, hatte die Kontrolle – ich schien mein altes strahlendes Selbst wiedergefunden zu haben.«

Die Identifizierung dieser kritischen Lebensereignisse entschuldigte Deans Affäre in Marys Augen nicht, half ihr jedoch, sie weniger persönlich zu nehmen. Zu wissen, dass sie nur ein Teil des Problems war, nahm ihr eine Last von den Schultern. Dies gab ihr auch die Zuversicht, erneut zu wagen, Dean zu lieben. Dean seinerseits erkannte, dass seine Unzufriedenheit weniger mit Mary zu tun hatte als mit dem Druck seines neues Lebens und seinen eigenen ungelösten Verantwortungsproblemen der Vergangenheit.

Die Übung lehrte beide zudem, so wie sie es Sie ebenfalls lehren kann, dass das Leben selbst der Feind sein kann – die Alltagsbelastungen verschwören sich gegen uns und wir müssen unsere Kräfte gegen sie bündeln, nicht gegeneinander.

Die Verantwortung teilen: Veränderung üben[14]

Diese Übung ist ein Rezept für Veränderung. Sie hilft Ihnen, die abstrakten Begriffe, über die wir in diesem Kapitel gesprochen haben, zusammenzufassen und sie immer dann in konkreter anschaulicher Form anzuwenden, wenn Sie sich in einem Konflikt befinden. Sie zeigt Ihnen die spezifischen Veränderungen, die Sie vornehmen müssen, um Ihre Differenzen beizulegen und die Chancen zu verringern, dass einer von Ihnen erneut fremdgehen wird.

Es reicht nicht, Ihr Handeln zu ändern. Wenn Sie alte Muster über Bord werfen wollen, müssen Sie auch die Art Ihres Denkens und Fühlens verändern. Ich habe diese Übung daher in drei getrennte, absichtlich vereinfachte Kategorien unterteilt:

1. Die Verhaltenskomponente – die Art, wie Sie mit Ihrem Partner umgehen
2. Die kognitive Komponente – die Erwartungen, die Sie mit Ihren Interaktionen verbinden
3. Die emotionale Komponente – die Art, wie Sie gegenüber Ihrem Partner empfinden

Sie lernen Schritt für Schritt:
- zu identifizieren, was an Ihrem Verhalten Ihren Partner verärgert oder provoziert;
- die Gedanken und Wahrnehmungen zu identifizieren, die Ihr Verhalten fördern;
- die spezifischen Veränderungen zu identifizieren, die sich Ihr Partner von Ihnen wünscht;
- eine Einstellung oder Sichtweise zu entwickeln, die diese Veränderungen für Sie akzeptabel macht;
- zu beobachten, wie sich Ihre Gefühle verändern, wenn sich Ihr Verhalten und Ihre Einstellung verändern.

Die Übung besteht darin, dass Sie Ihre Antworten auf die folgenden Fragen aufschreiben oder durchdenken. Sie können das gemeinsam oder jeder für sich machen. Um zu verdeutlichen, worum ich Sie bitte, habe ich eine Fallstudie eingefügt, der Sie folgen und die Sie auf Ihre eigenen Umstände anpassen können.

Das auslösende Ereignis

Was ist tatsächlich geschehen? Halten Sie sich an die Fakten, interpretieren Sie nicht, was sie für Sie bedeuten.

Fallstudie

Am dritten Tag ihres Skiurlaubs hatte Keith immer noch kein Interesse an Sex gezeigt. Er bestand darauf, dass sie jeden Morgen um sieben Uhr aufstanden, um auf der Piste zu sein, sobald der Lift seinen Betrieb aufnahm. Michelle wäre manchmal lieber noch im Bett geblieben und hätte Sex gehabt, aber sie spielte mit. Sie hätte gerne Zeit für ein nahrhaftes Frühstück gehabt, da sie jedoch wusste, wie missmutig er sein würde, sagte sie nichts, sondern schnappte sich an einer Tankstelle auf dem Weg zu den Skiliften ein paar Muffins. Schließlich schrie sie ihn an: »Ich weiß gar nicht, warum du mit mir diesen Urlaub machen wolltest. Anscheinend ist dir alles lästig, was ich tue. Du willst einfach nur genau das machen, wozu du Lust hast. Ich fühle mich wie eine Fremde für dich.« Keith fuhr einfach weiter.

Den Konflikt genau definieren

Ihr Verhalten: Was an Ihrem Verhalten hat Ihren Partner verletzt?
Fallstudie
Keith: »Ich habe mich darauf konzentriert, möglichst viel vom Skifahren zu haben, dabei habe ich Michelles Bedürfnisse ignoriert oder abgetan. Für Intimität habe ich keine Zeit gelassen.«

Michelle: »Ich habe meine eigenen Bedürfnisse ignoriert, habe mich Keiths Plänen gefügt und bin dann explodiert.«

Ihre Wahrnehmung: Was haben Sie gedacht oder vermutet, das Sie so hat handeln lassen?
Fallstudie
Keith: »Die Liftkarten sind teuer, deshalb sollten wir sie möglichst gut ausnutzen. Michelle braucht morgens so lange. Wahrscheinlich würde sie gerne unterwegs frühstücken, aber wenn ich nichts sage, lässt sie es vielleicht. Und für Sex ist später noch Zeit.«

Michelle: »Keith wäre lieber mit Jane zusammen [seiner Ex-Geliebten] – er fühlt sich sexuell nicht von mir angezogen und liebt mich nicht. Was ich möchte, zählt nicht. Ich habe in dieser Beziehung nichts zu sagen.«

Ihre Gefühle: Wie haben Sie sich bei diesem Konflikt gefühlt? Bewerten Sie jede Emotion für sich auf einer Skala von 1 bis 100 Prozent.
Fallstudie
Keith: »Ungeduldig 100 Prozent, verärgert 90 Prozent belästigt 100 Prozent unruhig-ängstlich 80 Prozent.«

Michelle: »Missachtet 90 Prozent ungeliebt 100 Prozent empört 100 Prozent, kontrolliert 90 Prozent.«

Konfliktlösung

Ihr Verhalten: Welche spezifischen Verhaltensänderungen würde sich Ihr Partner von Ihnen wünschen? Inwiefern würde Ihr Partner gerne anders behandelt?
Fallstudie

Keith: »Michelle möchte, dass ich das Tempo drossle. Dass ich *sie* frage, was sie gerne machen möchte. Dass ich unsere Pläne so einrichte, dass sie für die Interessen von uns beiden passen. Sie möchte, dass ich etwas für sie tue, ohne ihr dafür zu grollen oder das Gefühl zu haben, dass ich mich aufopfere. Sie möchte, dass ich lerne zu genießen, mich ihr nah zu fühlen. Dass ich Raum für Intimität schaffe.«

Michelle: »Keith möchte, dass ich ihm meine Bedürfnisse mitteile, anstatt bei seinen Plänen mitzumachen, mich missachtet und kontrolliert zu fühlen und dann plötzlich zu explodieren. Wenn ich mich dafür entscheide, das zu tun, was er gerne möchte, soll ich ihm das nicht vorhalten. Er möchte auch, dass ich verstehe, dass seine Zwanghaftigkeit nichts mit seiner Liebe für mich zu tun hat – er ist, wie er ist.«

Ihre Wahrnehmung: Welche Einstellungen oder Sichtweisen müssen Sie annehmen, um diese Veränderungen bereitwillig vorzunehmen?
Fallstudie

Keith: »Ich muss aufhören, Intimität durch Aktivität und Beziehungspflege durch Geschäftigkeit zu ersetzen. Meine Eltern haben mir über Zuneigung wenig beigebracht. Ich muss darüber nachdenken, inwiefern ich es in meiner Ehe mit Michelle anders machen möchte. Ich weiß, dass ich nach dem Skifahren für Sex zu müde sein werde, also sollte ich ihn entweder morgens einplanen oder früher mit dem Skifahren aufhören. Ich habe sie betrogen und sie braucht es jetzt, dass ich sexuelles Interesse für sie zeige, damit sie sich begehrt fühlt. Aber ich täusche mich selbst, wenn ich denke, dass ich es nur für sie tue. Wenn ich mir die Zeit nehme, mit ihr zu schlafen, bin ich normalerweise froh darüber.

Ich habe auf meine Kindheit verzichtet, um für meine Eltern zu sorgen, daher ärgere ich mich immer, wenn ich etwas für andere tun soll, Michelle eingeschlossen. Aber es ist ein Fehler, jede Gefälligkeit als Opfer zu betrachten. Dies ist schließlich nicht nur mein Urlaub.«

Michelle: »Ich kenne Keith. Er will für sein Geld möglichst viel bekommen. Ich tue mir selbst weh, wenn ich sein Verhalten persönlich nehme. Er liebt mich und hat gerne Sex mit mir. Er weiß nur einfach nicht, wie er innehalten oder etwas langsamer tun kann. Er weiß, dass er getrieben ist, und mag diese Seite von sich selbst nicht besonders. Zeitweise bewundere ich, wie gut organisiert und effizient er ist, und weiß seine Bemühungen zu schätzen, mir dabei zu helfen, meine Geschäfte in Gang zu bringen.

Ich tue Keith keinen Gefallen, wenn ich seinem Zeitplan nachgebe und meinen eigenen ignoriere und ihn dann dafür hasse, dass er mich schikaniert. Ich muss es ihm sagen, wenn mir das Frühstück so viel bedeutet, dann kommen wir eben eine halbe Stunde später auf die Piste.

Wenn ich mich missachtet fühle wie früher als Kind, neige ich dazu, das zu verdrängen, und explodiere dann irgendwann. Aber wenn ich Keith anschreie, treibe ich ihn in die Defensive und mache es ihm leicht, mich abzuschreiben. Ich muss ruhig, aber bestimmt mit ihm reden. Wenn ich schreie, wird er nicht auf mich hören.«

Ihre Gefühle: Wie sieht es jetzt mit Ihren Gefühlen aus?
Fallstudie
Keith: »Ungeduldig 60 Prozent, verärgert 30 Prozent, belästigt 70 Prozent, unruhig-ängstlich 30 Prozent.«

Michelle: »Missachtet 40 Prozent, ungeliebt 25 Prozent, empört 35 Prozent, kontrolliert 25 Prozent.«

So wie Keith und Michelle müssen auch Sie vom spezifischen Inhalt Ihres Streits einen Schritt zurücktreten und sehen, wie er in ein größeres Konfliktmuster passt. Die meisten Paare streiten ihr gesamtes gemeinsames Leben lang nur über ein paar wenige Probleme. Die Details ändern sich, aber fast immer ist der Konflikt eine Variation von ein paar wenigen abgenutzten Themen, für die sie in ihren frühen Jahren sensibilisiert wurden. Wie viele der Paare, die ich in meiner Praxis sehe, werden auch Sie wahrscheinlich erstaunt sein, wie oft sich diese Themen wiederholen – wie Sie immer wieder Ihren Partner falsch wahrnehmen und mit ihm in derselben maladaptiven Weise umgehen und dieselben schmerzlichen vertrauten Emotionen erleben, ungeachtet des Streits. Keith beispielsweise erkannte seine Tendenz, Produktivität über Intimität zu stellen, jeden Gefallen als Opfer zu sehen und sich emotional zu entziehen. Michelle erkannte ihre Tendenz, Einschränkungen und Zeitpläne nicht zu mögen, sich missachtet oder nicht wertgeschätzt zu fühlen, ihre Gefühle zu verdrängen und dann zu explodieren.

Durch das Teilen der Verantwortung – durch das Identifizieren wiederkehrender und verärgernder Gedanken und Verhaltensmuster, das Ausarbeiten konkreter Alternativen und das Schreiben neuer »Drehbücher« – lernten es Keith und Michelle, mit ihren Konflikten umzugehen und zeitweise über sie hinauszuwachsen. Diese Leistung verlangte harte Arbeit, Engagement, Selbsterkenntnis, Offenheit und Reife. Es war kein Selbstläufer. Aber als sie anfingen, sich im Dienst ihrer Beziehung und ihres besser integrierten jeweiligen Selbst zu verändern, erhielten sie von ihrem Partner positivere Reaktionen und entwickelten eine solidere Bindung.

Ich hoffe, dass auch Sie daran arbeiten werden, sich und Ihren Partner besser zu verstehen, Ihre gesammelte Weisheit zusammenzufassen, Mitgefühl und Vergebung für die Grenzen und schädigenden früheren Erfahrungen des anderen zu entwickeln und gemeinsam eine bessere Zukunft zu entwerfen, basierend auf einem vertieften Bewusstsein dafür, wer Sie sind und wer Sie werden wollen. Kurz gesagt hoffe ich, dass Sie die Verantwortung teilen, um sich zu Hause zufriedener und geliebter zu fühlen.

Lassen Sie uns nun die Aufmerksamkeit von den Lektionen der Vergangenheit auf die Gegenwart lenken, vom Verständnis, warum es zu dem Seitensprung kam, auf das Lernen, wie Sie sich davon erholen können. Das nächste Kapitel beschäftigt sich mit der sehr konkreten Aufgabe, das Vertrauen wiederherzustellen.

KAPITEL 6
Das Vertrauen wiederherstellen

»Herzen bekommt man nicht geschenkt, Herzen verdient man sich ...«
William Butler Yeats, *Gebet für meine Tochter*

Vertrauen ist kein Geschenk. Man muss es sich verdienen, und zwar nicht nur durch verbale Versicherungen, sondern durch konkrete Verhaltensänderungen. Sie, der untreue Partner, müssen Ihrem Partner durch deutliche, konkrete Taten demonstrieren: »Ich bin dir verpflichtet. Du kannst dich bei mir sicher fühlen.« Sie, der verletzte Partner, müssen sich der Möglichkeit öffnen, wieder zu vertrauen. Verstärken Sie die Bemühungen Ihres Partners, Ihr Vertrauen zurückzugewinnen. Sie können ihn nicht für immer bestrafen, können nicht für immer kalt und distanziert sein, sonst wird Ihr Partner seinen Versuch aufgeben, wieder eine Verbindung mit Ihnen herzustellen. Sie müssen konkret aussprechen, was Ihr Partner für Sie tun kann, und ihm eine Straßenkarte geben, die ihn zurück in Ihr Leben leitet.

Mit Vertrauen meine ich natürlich Ihre Überzeugung, dass Ihr Partner Ihnen künftig treu bleiben wird, aber auch das Vertrauen, dass Ihr Partner auf Ihren Kummer eingehen wird, wenn Sie es wagen, sich wieder auf die Beziehung einzulassen.

Der erste Teil dieses Kapitels lehrt Sie, Ihr Verhalten so zu ändern, dass es beide Arten von Vertrauen wiederaufleben lässt. Der zweite Teil stellt einige übliche Ansichten infrage, die Ihre Fähigkeit sabotieren, auf vertrauensfördernde Weise zu agieren. Indem Sie Ihr Verhalten ändern und Ihren Widerstand gegenüber einer Veränderung aufgeben, erhöhen Sie Ihre Chancen beachtlich, die Affäre hinter sich zu lassen und wieder eine liebevolle Beziehung aufzubauen.

Teil eins: Das Verhalten ändern

Wenn Sie Ihr Verhalten gegenüber Ihrem Partner ändern, müssen Sie zeitweise so tun, als würden Sie mehr Liebe, Sicherheit und Vergebung empfinden, als dies tatsächlich der Fall ist. Wenn Sie warten, bis die Zuneigung wirklich zurückkehrt, warten Sie möglicherweise, bis es zu spät ist. Wenn Sie Ihren Zweifeln und Ängsten nachgeben, könnte Ihre Beziehung zugrunde gehen. Verändern Sie zuerst Ihr Verhalten – agieren Sie bewusster und positiver –, dann werden auch die Liebesgefühle folgen.

Früher sind Sie abends vielleicht heimgekommen, haben Hallo gemurmelt, schweigend die Post durchgesehen und haben sich schnell verzogen, um sich zu waschen oder einige Telefonate zu erledigen. Sie haben Ihren Partner damit nicht unbedingt ausschließen wollen, Sie haben vielleicht nur versucht, nach einem langen Arbeitstag etwas Druck abzulassen. Nun jedoch, nach dem Seitensprung, müssen Sie – wie der Choreograf eines innigen Tanzes – genau überlegen, was Sie für sich beide erreichen möchten, und sich dann so verhalten, dass dies auch geschieht. Sie müssen offenlegen, was Ihnen wichtig ist, und wieder lernen, Ihren Partner so zu behandeln, dass Sie damit vermitteln: »Ich mag dich. Du bist mir wichtig.« Das ist genauso viel Arbeit, wie es klingt. Es braucht aber wahrscheinlich deutlich weniger Zeit und Mühe, als Sie beim Streiten vergeuden würden.

Es gibt viele Dinge, die Sie beide tun können, um das Vertrauen wiederherzustellen. Ich finde es hilfreich, sie in zwei Kategorien zu unterteilen – ich nenne sie *wohlfeile Verhaltensänderungen* und *aufwendige Verhaltensänderungen*.[1] Wie Sie sicher vermuten, ist wohlfeiles Verhalten in der Regel problemlos hervorzubringen, da es emotional weniger fordert. Aufwendiges Verhalten verlangt deutlich größere Opfer.

Wohlfeile Verhaltensänderungen

Weiter unten finden Sie eine Liste einiger wohlfeiler Verhaltensweisen, die Sie sich von Ihrem Partner vielleicht wünschen. Einige hält Ihr Partner möglicherweise bereits ein, andere wird er selten oder nie einhalten. Nehmen Sie diese Verhaltensweisen als Ausgangspunkt und erstellen Sie Ihre eigene Liste, was Sie sich von Ihrem Partner wünschen, und schreiben Sie sie in die mittlere Spalte der Tabelle zur Vertrauensbildung auf Seite 175.[2]

Sie, der verletzte Partner, werden wohl Verhaltensweisen erbitten, durch die Sie mehr Fürsorge, Wertschätzung und Geborgenheit empfinden (»Erzähle es mir, wenn du dem Seitensprung-Partner zufällig begegnest«; »Zeige mir deine Zuneigung gelegentlich ohne sexuelle Absicht«). Sie, der untreue Partner, erbitten wahrscheinlich Verhaltensweisen, die Ihnen die Zusicherung geben, dass Ihre

Bemühungen, das Vertrauen wiederherzustellen, Erfolg haben (»Sage mir, wenn du über unsere gemeinsame Zukunft optimistischer denkst«) und dass Ihr Partner versucht, sich mit Ihrer häuslichen Unzufriedenheit auseinanderzusetzen (»Zeige Verständnis für mein Bedürfnis, manchmal etwas Zeit für mich allein zu haben«; »Sage es mir, wenn dir mein Umgang mit den Kindern gefällt«). Achten Sie darauf, alle Aspekte Ihrer Beziehung zu berücksichtigen – Kommunikation, Freizeit, Finanzen, Sex, die Kinder und weitere Familienmitglieder, persönliche Gewohnheiten usw. Viele Verhaltensweisen, die Sie erbitten, wird sich Ihr Partner möglicherweise auch von Ihnen wünschen.

Hier eine Musterliste:
- »Gib mir einen genauen Reiseplan, wenn du unterwegs bist.«
- »Schränke deine Reisen mit Übernachtung ein.«
- »Erzähle es mir, wenn du dem Seitensprung-Partner zufällig begegnest oder etwas von ihm hörst.«
- »Sage mir, wie attraktiv du mich findest.«
- »Zeige mir, was dir sexuell gefällt.«
- »Erzähle es mir, wenn du stolz auf mich bist und warum.«
- »Rufe mich untertags einmal an oder schreibe mir eine SMS.«
- »Erzähle mir, wie du dich fühlst – teile deine intimen Gedanken mit mir.«
- »Erzähle es mir, wenn du über unsere gemeinsame Zukunft optimistischer denkst.«
- »Komme rechtzeitig von der Arbeit nach Hause, um mit der Familie zusammen zu essen.«
- »Nimm dir mehr Zeit für das Vorspiel – küssen und streicheln.«
- »Erzähle mir, was dich tagsüber geärgert hat.«
- »Erzähle mir, was dir tagsüber Freude gemacht hat.«
- »Konzentriere dich auf das, was ich sage, und lasse dich nicht ablenken, wenn wir uns unterhalten.«
- »Sage es mir, wenn du dich von mir enttäuscht fühlst.«
- »Arbeite daran, deine Wut loszulassen und wieder mit mir in die Spur zu kommen.«
- »Gehe mit mir zu einem Massagekurs.«
- »Zeige mir auch außerhalb des Schlafzimmers deine Zuneigung.«

- »Kaufe neue Möbel fürs Schlafzimmer (in das du den Seitensprung-Partner mitgebracht hast).«
- »Sprich ganz direkt mit mir über deine Gefühle. Verschließe dich nicht und ziehe dich nicht zurück oder greife mich an. Setze weder Humor noch Sarkasmus ein, um dich zu äußern.«
- »Frage mich, wie ich mich fühle, anstatt mein Verhalten zu interpretieren oder anzunehmen, du wüsstest, wie ich mich fühle.«
- »Nimm mich in den Arm und zeige Verständnis, wenn ich durcheinander bin. Gib nicht auf.«
- »Plane für unsere Wochenenden schöne neue Unternehmungen.«
- »Wenn du in einem abwertenden oder geringschätzigen Ton mit mir sprichst, entschuldige dich so bald wie möglich dafür.«
- »Sage mir, wenn du dich unsicher wegen uns fühlst, anstatt anzunehmen, dass ich dich täusche.«
- »Lies einen Ratgeber, wie wir unsere Beziehung besser gestalten können, und sprich mit mir darüber." (Zu den von mir empfohlenen gehören *Try to See It My Way* von B. Janet Hibbs[3], *Feeling Good Together* von David D. Burns[4] und *So viel Liebe, wie du brauchst* von Harville Hendrix.[5]

Bei der Zusammenstellung Ihrer eigenen Wunschliste sollten Sie auf Folgendes achten:

1. *Formulieren Sie möglichst positiv und genau.* Ihre Liste soll nicht nur eine Litanei von Beschwerden sein. Wenn Sie nur angeben, was Ihr Partner Störendes oder Verletzendes tut, kommunizieren Sie nicht, was Sie sich wünschen, und treiben Ihren Partner zwangsläufig in die Defensive. Konzentrieren Sie sich darauf, was Ihr Partner tun soll – auf die spezifischen wahrnehmbaren Verhaltensweisen, die Sie einander annähern werden. Anstatt beispielsweise etwas allgemein oder negativ formuliert zu erbitten (»Sei nicht so kontrollierend«), sagen Sie Ihrem Partner positiv formuliert und so präzise wie möglich, was Sie brauchen (»Passe dich gelegentlich meinen Plänen an, auch wenn es nicht genau das ist, was du möchtest, und sei dabei freundlich«).

2. *Respektieren Sie, dass die Bitten Ihres Partners für ihn/sie wichtig sind.* Jede Aufstellung ist in höchstem Maße persönlich. Was für Sie beruhigend ist (zum Beispiel »Rufe mich tagsüber einmal an und zeige dein Interesse dafür, wie

es mir geht«), kann Ihren Partner nerven. Die Veränderungen, um die Sie gebeten werden, mögen Ihnen albern oder überflüssig erscheinen, aber Sie müssen respektieren, dass sie für Ihren Partner bedeutsam sind.

3. *Gehen Sie auf verschiedene Bitten an unterschiedlichen Tagen ein.* Erfüllen Sie verschiedene Bitten. Gehen Sie nicht nur auf ein oder zwei ein, während Sie den Rest ignorieren. Bedenken Sie: Die kleinen fürsorglichen Dinge, die Sie tagtäglich füreinander tun, verändern die Art sehr stark, wie Sie füreinander empfinden. Das gilt auch für deren Fehlen.

4. *Legen Sie die Listen gut sichtbar aus.* Übertragen Sie sie auf die Startseite Ihres Computers, hängen Sie sie an den Spiegel oder an eine andere gut zugängliche Stelle, sodass Sie beständig daran erinnert werden, den Bitten Ihres Partners nachzukommen.

5. *Wenn Ihr Partner eine Ihrer Bitten erfüllt hat, tragen Sie in die Tabelle zur Vertrauensbildung jeweils das Datum ein.* Es mag etwas zwanghaft klingen, aber wenn Sie die bewussten Bemühungen Ihres Partners, Ihnen zu gefallen, anerkennen, verstärken Sie diese und erhöhen die Wahrscheinlichkeit, dass es so weitergeht. Sie können dabei auch einen kognitiven Fehler bei sich selbst korrigieren, bekannt als *selektiver negativer Fokus*, das heißt, wenn Sie auf dem Negativen verweilen und alles ausblenden, was dem widerspricht. Es ist normal, dass Sie die schlechten Zeiten lebhafter in Erinnerung haben als die guten, dass Sie den Tag eher anhand der Momente resümieren, die Sie enttäuschen oder Ihr Misstrauen schüren, als anhand der Momente, die ein Gefühl des Wohlbefindens verstärken. Durch das Notieren der Daten, an denen Ihr Partner aktiv geworden ist, erinnern Sie sich jedoch selbst daran, dass eine Veränderung möglich ist. Sollten Sie an Fortschritten zweifeln und glauben, dass nur Sie es versuchen und Ihnen trotz allen Bemühens doch nicht verziehen wird, müssen Sie sich für eine Realitätsprüfung nur diese Daten in der Tabelle anschauen und sollten sich dann geschätzter fühlen, hoffnungsfroher und geduldiger.

6. *Tun Sie, worum Ihr Partner Sie bittet, ob Sie nun hoffnungsvoll in die Zukunft blicken oder nicht.* Es mag Zeiten geben, an denen ein Neuanfang unmöglich erscheint – etwa wenn Sie Ihren Partner anschauen und sich fragen: »Kannst du dich wirklich so sehr ändern, dass ich dich wieder lieben kann oder dass ich mich von dir wieder geliebt fühle? Bin ich dir wirklich wichtig

oder machst du das alles nur pro forma?« Versuchen Sie, solche Momente durchzustehen. Ihre Zweifel werden vielleicht von Ihren eigenen Ängsten und Unsicherheiten genährt. Sie können auch durch einen Partner ausgelöst sein, der ebenso angstvoll und verletzt ist wie Sie, der Ihre Bedürfnisse vorübergehend ignoriert, um Ihre Entschlossenheit zu testen und die Tiefe Ihres Engagements abzuschätzen. Wenn Sie aufhören, alles zu versuchen, weil Ihr Partner aufgehört hat, verschaffen Sie ihm damit die Möglichkeit, Sie für die Zerrüttung Ihrer Beziehung verantwortlich zu machen. Wenn Sie die Bitten Ihres Partners weiterhin erfüllen und sich nicht beirren lassen, ist Ihr Partner gezwungen, sich nicht Ihnen, sondern seinem eigenen Widerstand zu stellen.

7. *Ergänzen Sie Ihre Liste um weitere Bitten und besprechen Sie diese, sobald Sie mehr über sich und über das erfahren, was Sie brauchen, um sich geborgen und geliebt zu fühlen.*

Als Marthas Mann sie zu einer Party im Büro mitnahm, überließ er sie dem Buffet und sprach den ganzen Abend kaum ein Wort mit ihr. Am nächsten Tag fügte sie ihrer Liste folgende Bitte hinzu: »Wenn wir zusammen ausgehen, schau häufig bei mir vorbei, lege deinen Arm um mich oder halte meine Hand, wenn du Liebe für mich empfindest, und gib mir das Gefühl, dass du stolz auf mich bist, indem du mich deinen Freunden vorstellst.«

Durch den bewussteren Umgang miteinander werden Sie weitere Verhaltensweisen erkennen, die Ihnen gefallen oder die Sie stören. Nehmen Sie diese zusätzlich in Ihre Liste auf. Je mehr Informationen Sie Ihrem Partner darüber geben können, was Ihnen wichtig ist, desto besser wird Ihr Partner in die Lage versetzt, Sie glücklich zu machen.

Tabelle zur Vertrauensbildung

(Name von Partner A) Heute erfüllt	Vertrauensbildendes Verhalten	(Name von Partner B) Heute erfüllt

Lassen Sie uns kurz ansehen, wie ein zusammenlebendes Paar, Arlene und Tim, wohlfeiles Verhalten nutzte, um das Vertrauen wiederherzustellen.

Arlene wollte sich geliebter fühlen und Tim wollte sich als der Mensch, der er war, besser akzeptiert fühlen. Arlene hatte mit einem Arbeitskollegen geschlafen – nicht um Tim zu ersetzen, wie sie beharrte, sondern weil sie sich einsam und vernachlässigt gefühlt hatte. Ihre Liste wohlfeiler Verhaltensweisen war relativ kurz, traf aber genau den Kern dessen, was Tim tun konnte, damit sie sich geschätzter fühlte:

- »Lächle mich an und schenke mir deine volle Aufmerksamkeit, wenn du mit mir sprichst.«
- »Sprich in einem wärmeren, liebevolleren Tonfall mit mir.«
- »Nimm mich zu unterhaltsamen Aktivitäten mit. Plane im Voraus, damit ich mich darauf freuen kann.«
- »Nimm meine Hand, wenn wir nebeneinander gehen.«
- »Sage mir, wenn du Liebe für mich empfindest.«
- »Sage mir, warum du mich liebst.«

Tims ebenfalls kurze Liste brachte sein Bedürfnis zum Ausdruck, das Gefühl zu haben, er selbst sein zu dürfen, »dass in unserer Beziehung Raum ist, wo ich ich sein kann«:

- »Wenn ich still bin, frage mich, was mich bedrückt, anstatt anzunehmen, dass ich mich von dir zurückziehe oder dich kritisiere.«
- »Zeige Verständnis für mein Bedürfnis, an den Wochenenden ein paar Stunden im Büro zu arbeiten.«
- »Mach dir klar, dass ich langsamer spreche als du, und unterbrich mich nicht immer. Gib meinen Standpunkt in deinen Worten wieder. Hilf mir, mich zu öffnen.«
- »Zeige mehr Interesse für das, was mich interessiert – Politik beispielsweise.«
- »Tue mehr, um dich an den Kosten und an der Arbeit für den Erhalt unserer Eigentumswohnung zu beteiligen.«

Nichts von dem, was Tim und Arlene auf ihre Listen schrieben oder was Sie und Ihr Partner auf Ihre Listen schreiben, sollte als Forderung oder Bedingung aufgefasst werden. Haben Sie also keine Angst, alles aufzuschreiben, was Ihnen wichtig ist. Sprechen Sie über das, worum Sie bitten, und welche positive Auswirkung Sie sich davon erwarten. Sobald Sie die Bitten Ihres Partners verstanden haben, versuchen Sie, möglichst viele davon zu erfüllen und sich neue Verhaltensweisen anzugewöhnen, von denen Sie wissen, dass sie unterstützend wirken werden. Stellen Sie sich vor, Sie stünden an einer Kreuzung und müssten entscheiden, welche Straße Sie nehmen, indem Sie fragen: »Wie würde ich mit dieser Situation normalerweise umgehen? Was ist mein übliches Muster? Welche Reaktion löst das bei meinem Partner aus? Was würde geschehen, wenn ich mich anders verhalte?«

Als Arlene den Drang verspürte, Tim im Restaurant dafür anzugreifen, dass er so schweigsam und selbstversunken war, hielt sie sich zurück und fragte sich: »Was von Tims Liste kann ich machen, damit er sich besser akzeptiert fühlt? Nehme ich sein Verhalten zu persönlich?« Anstatt ihn zu schimpfen, nahm sie seine Hand und sagte: »Du scheinst in deine eigenen Gedanken versunken zu sein. Was geht in dir vor?« Er wusste ihre Bemühung zu schätzen, auf ihn einzugehen, und konnte ihr dadurch erzählen, dass er das Paar nebenan beobachtet und gemerkt hatte, wie schlecht er in Konversation war. Er erinnerte sich an ihre Liste und offenbarte seine wahren Gefühle – dass er sich ihr trotz seines Schweigens nah fühlte. Dann nahm er ihre Hand und küsste sie.

Wohlfeile Verhaltensweisen können in einer Zeit, in der Sie innerlich bluten, frisches Leben in die Beziehung bringen. Dies dürfte für eine bedeutende Zunahme an Vertrauen sorgen und es Ihnen erlauben, sich hoffnungsvoller und stärker miteinander verbunden zu fühlen. Leider erfolgt die Transfusion zu selten, um eine beschädigte Beziehung zu neuem Leben zu erwecken, und die Effekte verblassen innerhalb weniger Wochen. Während Sie beide mit diesen wohlfeilen Verhaltensweisen fortfahren sollten – Sie brauchen sie als Starthilfe für Ihre Beziehung und damit Sie wieder aneinander glauben können –, müssen Sie, der untreue Partner, sich auf einige größere Opfer einstellen.

Aufwendige Verhaltensänderungen

Wie wir in Kapitel 1 gesehen haben, schultert der verletzte Partner einen unverhältnismäßig großen Teil der Last der Wiederherstellung, sobald ein Seitensprung aufgedeckt ist. Während Sie beide damit zu kämpfen haben, das Geschehene zu verstehen, haben Sie, der verletzte Partner, schwerer an der emotionalen Last zu tragen. Ihre Aufgabe ist es, Ihre fixen Ideen unter Kontrolle zu halten, Ihre innere Wut zu besänftigen, die durch den Schmerz der Zurückweisung weiterhin in Ihnen tobt, Ihr verlorenes Selbstgefühl wiederherzustellen, sich so zu verhalten, dass Sie für Ihren Partner attraktiv sind, zu riskieren, wieder verletzlich und intim zu werden, und sowohl sich selbst als auch Ihrem Gefährten zu verzeihen.

Im Gegensatz dazu möchten Sie, der untreue Partner, die Sache normalerweise abschließen: Sie haben gebeichtet, Sie haben Treue versprochen – warum, werden Sie sich vielleicht fragen, sollten Sie jetzt nicht wieder Vertrauen genießen? Meist fühlen Sie sich erleichtert, gereinigt und bereit, vorwärts zu blicken. Sie können sich durch einen Seitensprung, der Ihre Begehrtheit wieder einmal bestätigt hat, sogar emotional gestärkt fühlen. Kurz gesagt liegen Vertrauen und Vergebung in Ihrem Interesse, während es im Interesse Ihres Partners liegt, nicht zu vertrauen und zu vergeben, zumindest nicht zu schnell.

Sie beide müssen sich im gegenseitigen Austausch um wohlfeile Verhaltensänderungen bemühen, um zu korrigieren, was in Ihrer Beziehung schiefgelaufen ist, und die Verantwortung dafür zu teilen. Für aufwendige Verhaltensänderungen sind ausschließlich Sie, der untreue Partner, zuständig. Aufwendige Veränderungen sind die Opfergaben, die Buße, zu der Sie bereit sein müssen, um den Schaden zu beseitigen, den Sie verursacht haben, und um die Waage wieder auszubalancieren. Es reicht nicht, zu sagen: »Vertraue mir, Schatz – ich bleibe bei dir.« Sie müssen Ihre Behauptung mit deutlichen Gesten untermauern, die »teuer« sind – die echte Opfer verlangen und mit denen Sie sich durchaus unwohl und verletzlich fühlen können.

Diese aufwendigen Verhaltensänderungen sollten weder beliebig noch eine Strafe sein. Es sind spezifische Handlungen, die Ihr Partner von Ihnen erbittet oder zu denen Sie sich von sich aus verpflichten und die Ihrem Partner Grund zu der Annahme geben, dass Sie nicht wieder fremdgehen werden und dass es keine törichte Zeitverschwendung ist, in die Beziehung zu investieren.

Nachfolgend einige Beispiele:

- »Brich den Kontakt zum Freundeskreis oder zu den Verwandten des Seitensprung-Partners ab.«
- »Tritt aus dem Klub oder dem Verband aus, dem der Seitensprung-Partner angehört.«

- »Überschreibe mir etwas von deinem Vermögen.«
- »Zahle etwas Geld auf ein gemeinsames Konto ein.«
- »Teile deine Sekretärin [den Seitensprung-Partner] jemand anderem zu. Wenn das nicht möglich ist, suche dir einen anderen Job.«
- »Verbringe mit mir einen Romantik-Urlaub.«
- »Finanziere mir den nachträglichen Abschluss meiner Ausbildung.«
- »Zeige mir deine monatlichen Kontoauszüge, Kreditkartenabrechnungen und Telefonrechnungen.«
- »Mache eine Therapie und besprich dort, mit mir eine Familie zu gründen.«
- »Tue alles, was nötig ist, um von Drogen oder Alkohol wegzukommen (mache einen stationären Entzug oder besuche regelmäßig die Treffen der Anonymen Alkoholiker).«
- »Ziehe mit mir in eine andere Stadt.«
- »Ergründe in einer Therapie, welche Auswirkungen die Untreue deines Vaters/deiner Mutter auf dich hatte.«
- »Gehe mit mir zu einer Paartherapie und bemühe dich herauszufinden, was genau der Seitensprung über dich, über mich und über uns aussagt.«
- »Beantworte alle meine Fragen über deinen Seitensprung-Partner in Anwesenheit eines Therapeuten, damit ich sicherer sein kann, dass du die Wahrheit sagst.«

Der Unterschied zwischen wohlfeilen und aufwendigen Verhaltensänderungen ist absolut subjektiv und individuell verschieden. Was für den einen einfach zu erfüllen ist (»Lass das Auto auf mich zu«), mag ein anderer bedrohlich und bloßstellend empfinden. Wie ausschlaggebend ein spezielles Verhalten für Sie ist, hängt teilweise von den Umständen des Seitensprungs ab. Falls Ihre Frau ihre wöchentlichen Rendezvous von ihrem Privatkonto finanziert hat, werden Sie es vielleicht wichtig finden, Einblick in ihre Kontoauszüge und Kreditkartenabrechnungen zu bekommen. Hat Ihr Mann mit seiner Sekretärin geschlafen, können Sie verlangen, dass er den Job oder die Sekretärin wechselt.

Es kann für Sie, den untreuen Partner, äußerst belastend sein, aufwendige Verhaltensänderungen auszuhandeln, die Ihr Selbstgefühl bedrohen, soweit es durch Einkommen oder Karriere definiert ist. Es gibt jedoch Kompromisse, wie der folgende Fall illustriert.

Roy, ein gut etablierter Anwalt in einer kleinen Vorortgemeinde, hatte eine ganze Reihe von One-Night-Stands hinter sich, normalerweise mit Frauen, die er in Bars aufriss. Eines Abends kam seine Frau Barbara früher nach Hause und überraschte ihn mit seiner neuesten Eroberung im Bett. Als sie mit einer Freundin über ihre Demütigung sprach, entdeckte sie, dass bereits alle in der Stadt über die Frauengeschichten ihres Mannes Bescheid wussten – Nachbarn, die Inhaber ihres Lieblingsrestaurants, sogar ihr Sohn. »Ich war öffentlich dermaßen blamiert, dass ich mir nicht vorstellen konnte, weiterhin in dieser Gemeinde zu leben«, sagte sie mir.

Roy schien seine Sexsucht aufrichtig unter Kontrolle bekommen zu wollen und ging zu einer Einzeltherapie sowie zu einer Paartherapie, um dies zu beweisen. Barbara war hinsichtlich der Zukunft jedoch besorgt. Als stolze Frau kurz vor dem Rentenalter fühlte sie sich nicht in der Lage, selbst für eine ausreichende finanzielle Sicherheit zu sorgen, um auch nur einen Bruchteil ihres aktuellen Lebensstils zu erhalten. »Was ist, wenn Roy mich nicht nur erneut betrügt, sondern mich verlässt?«, fragte sie. »Was ist, wenn ich das Gefühl habe, ihn verlassen zu müssen? Wie soll ich finanziell zurechtkommen?«

Barbara überlegte, den Schaden zu begrenzen, die sechsunddreißigjährige Ehe zu beenden und den besten Vergleich anzustreben, den das Gericht ihr zugestehen würde. Beide Partner wollten jedoch eindeutig zusammenbleiben, daher ermutigte ich Barbara, Roy ihre Ängste direkt mitzuteilen und eine Liste aufwendiger Verhaltensänderungen zu erstellen, die ihre Ängste direkt berücksichtigen würden. Daraufhin bat sie ihn um Folgendes:

- »Ich möchte, dass du die Therapie fortsetzt.«
- »Ich hätte gerne, dass du mir 75 Prozent deines Vermögens überschreibst.« (Diese Absicherung brauchte sie, um ihre finanziellen Ängste zu beruhigen und sich davon zu überzeugen, dass es ihm ernst damit war, treu zu bleiben.)
- »Ich hätte gerne, dass du dir in einem anderen Ort einen neuen Job suchst und mit mir dorthin ziehst.« (Sie fühlte sich in ihrer Heimatstadt öffentlich bloßgestellt.)

Roy wollte die Therapie fortsetzen und sich helfen lassen, da auch er sein Problem erkannte. Er hatte auch keine Einwände, einen Großteil seines Vermögens auf Barbara zu überschreiben, um sein Engagement konkret zu beweisen. Sie gingen zu einem Anwalt und arbeiteten eine Vereinbarung aus.

Mit der dritten Bitte – dem Umzug – hatte er jedoch ernste Probleme. Er fand sie unerhört, ja manipulierend. Er war beruflich gut etabliert, ein Umzug würde den Verlust von Status und Einkommen bedeuten. Er sah jedoch die Gefahr, Barbara zu verlieren, wenn er ihr zu spät oder zu wenige Zugeständnisse machte. Sie bat auch nicht um diesen Neuanfang, um ihn zu verletzen, sondern um besser wieder an ihn glauben zu können und ihre Scham zu überwinden.

Am Ende beantragte er seine Versetzung in eine andere Stadt. Zu der Zeit, als dieser Versetzung zugestimmt wurde, fühlte sich Barbara zum Glück in der Gemeinde wieder integriert und wollte nicht mehr wegziehen. Roys Bereitschaft, etwas aufzugeben, was ihm so wichtig war – also das Nötige zu tun, um ihr Vertrauen in ihn zu stärken –, war für sie ausreichend. Sein aufwendiges Verhalten stellte das Vertrauen nicht durch eine tatsächliche Umsetzung wieder her, sondern diente, in Verbindung mit anderen Verhaltensweisen, als Brücke zur Wiederherstellung der Beziehung.

Sackgasse: Wenn Sie sich über aufwendige Verhaltensänderungen nicht einigen können

Manchmal werden Sie sich über aufwendige Verhaltensänderungen nicht einigen können, und zwar wegen der Bedeutungen, die Sie diesen beimessen. Bedeutungen, die ebenso mit Wunden aus der frühen Kindheit zu tun haben können wie mit Ihrem aktuellen Konflikt. Beispielsweise besteht einer von Ihnen darauf, sich immer als Nummer eins zu fühlen, weil er in der Jugend ignoriert wurde, während der andere sich weigert, jemand anderem das Gefühl zu geben, er sei etwas Besonderes, weil er die Kindheit damit verbracht hat, die Bedürfnisse von Mutter oder Vater zu erfüllen. Was der eine erbittet, lehnt der andere vielleicht kategorisch ab.

Falls Sie in eine solche Sackgasse geraten, müssen Sie etwas Abstand gewinnen und prüfen, wie Ihre persönlichen Probleme einem bedeutsamen Kompromiss im Weg stehen.

Genau das taten Ed und Miriam. Eds Affäre mit seiner Sekretärin dauerte beinahe so lange wie seine vierjährige Ehe. Als Miriam dies entdeckte, versprach er, künftig treu zu sein, aber für Miriam war es unmöglich, ihm zu vertrauen, solange er weiter mit seiner Sekretärin zusammenarbeitete.

Ed probierte es zuerst mit einfachen Verhaltensänderungen. Er verließ die Firma um 18 Uhr, wie seine Frau dies wünschte (als er die Affäre hatte, war er oft lange ausgeblieben), er ließ eine andere Sekretärin für sich arbeiten, er rief seine Frau tagsüber an, um ihr zu sagen, wo er war, und er lud sie häufig ein, mittags zu ihm ins Büro zu kommen.

Für Miriam ging das jedoch nicht weit genug. Sie brauchte etwas Überzeugenderes. Wenn er nicht in einem anderen Büro als die Ex-Geliebte arbeiten konnte, musste er ihrer Meinung nach kündigen und sich einen anderen Job suchen. Ed bekam Panik. Man hatte ihm soeben Aktienanteile der Firma angeboten und er hatte dort eine solide Zukunft vor sich. Miriam war schwanger. Es war nicht der richtige Zeitpunkt, um Stellenanzeigen zu lesen.

Sie steckten in einer Sackgasse. Ed empfand seine Frau als emotional überdreht und nachtragend. Ihre aufwendigen Forderungen waren in seinen Augen sinnlos und dienten nur dazu, ihn zu kontrollieren. »Selbst wenn ich alle ihre Forderungen erfülle, wird sie mir nicht mehr vertrauen, also was bringt das Ganze?«, fragte er mich. Beide weigerten sich, nachzugeben.

Um Ed und Miriam weiterzubringen, ermunterte ich sie, die persönlichen Probleme aufzuspüren, die zu ihren kompromisslosen Positionen geführt hatten. Bei Ed bedeutete dies, sich seinem tief verwurzelten Gefühl des Ungenügens zu stellen, das aus der lebenslangen Rivalität mit seinen überaus erfolgreichen Geschwistern stammte. Sein Mangel an Selbstvertrauen ließ ihn an seinem Marktwert zweifeln. Bei Miriam hieß es, sich ihrem lebenslangen Gefühl zu stellen, missbraucht zu werden. »Es war nicht nur so, dass mein Stiefvater mich sexuell belästigt hat«, erzählte sie mir, »sondern meine Mutter wusste es und blieb dennoch bei ihm. Sie zog ihn mir vor. Eds Seitensprung hat alle Bitterkeit und allen Kummer wieder an die Oberfläche gebracht. Ich merke, dass ich diese Opfer von ihm nicht nur verlange, um ihm wieder vertrauen zu können, sondern um dadurch alle Leidensjahre auszuradieren.«

Diese persönlichen Überlegungen halfen ihnen, ihre Positionen abzumildern. Als dieses Buch in Druck ging, suchte Ed nach einem neuen Job und arbeitete daran, aus dem Schatten seiner Geschwister zu treten. Miriam, die das Ausmaß seines Opfers zu schätzen wusste, wurde geduldiger und vertrauensvoller, sie lernte, ihn nicht für alles Schlechte verantwortlich zu machen, was ihr im Leben widerfahren war.

Wie Ed und Miriam müssen Sie herausfinden, warum bestimmte Opfer so überaus wichtig und andere unerfüllbar scheinen. Sie müssen auch abschätzen, was sie für Ihren Partner bedeuten, und versuchen, einen Kompromiss zu finden.

DAS VERTRAUEN WIEDERHERSTELLEN

Teil zwei: Den Widerstand gegenüber einer Veränderung überwinden

So sehr Ihnen die Idee der vertrauensbildenden Übungen gefallen mag, ich garantiere Ihnen, dass Sie sich gegen einige sträuben werden. Das heißt nicht, dass Sie ein schlechter Mensch sind oder sich keine Verbesserung der Beziehung wünschen, sondern dass Ihnen Ihre tief verwurzelten Ansichten im Weg stehen. Manche werden Sie daran hindern, Ihre Bedürfnisse zu kommunizieren, andere werden Sie davon abhalten, die Bedürfnisse Ihres Partners zu erfüllen. Wieder andere zwingen Sie vielleicht dazu, alles abzuwerten, was Ihr Partner für Sie zu tun versucht. Lassen Sie uns neun häufige kognitive Blockaden ansehen:

1. »Ich habe kein Recht, von meinem Partner zu verlangen, dass er sich wegen mir ändert.«
2. »Wenn ich sagen würde, was ich brauche, würde ich meinen Partner nur verletzen oder wütend machen und noch mehr Konflikte hervorrufen. Es ist besser, wenn ich meine Unzufriedenheit für mich behalte.«
3. »Mein Partner sollte intuitiv spüren, was ich brauche. Ich sollte das nicht aussprechen müssen.«
4. »Ich kann nicht um Liebe bitten. Wenn ich das tun muss, will ich diese Liebe nicht.«
5. »Wenn mein Partner meine Bitte erfüllt, aber nicht spontan, sondern nur aus dem bewussten Wunsch heraus, mein Vertrauen zu gewinnen, zählt es für mich nicht.«
6. »Mein Partner geht auf meine Bitten nur ein, um mich zu täuschen und zurückzugewinnen. Sobald ich ihm wieder vertraue, werden wir erneut dort stehen, wo wir angefangen haben.«
7. »Ich sollte die vertrauensbildenden Verhaltensweisen meines Partners nicht anerkennen müssen.«
8. »Mein Partner hat mich verletzt/enttäuscht und sollte sich daher zuerst ändern.«
9. »Wenn ich so wütend bin, kann und sollte ich nicht in vertrauensbildender Weise agieren müssen.«

Kognitive Blockade #1: »Ich habe kein Recht, von meinem Partner zu verlangen, dass er sich wegen mir ändert.«

Diese häufige Ansicht ist dysfunktional, weil sie Sie zum Schweigen bringt und Sie von Ihrem Partner und von sich selbst isoliert. Sie nimmt Ihnen die Chance herauszufinden, ob Ihr Partner auf Ihren Kummer eingehen möchte, und sie nimmt Ihrem Partner die Chance, etwas wiedergutzumachen.

Werfen Sie einen Blick in Ihr Inneres und fragen Sie sich: »Warum finde ich es so schwer, von meinem Partner etwas zu verlangen, etwas nur für mich? Woher kommt dieses Gefühl, keinen Anspruch darauf zu haben? Haben meine Eltern mich ignoriert oder bestraft, wenn ich versucht habe, mich zu Wort zu melden? Bin ich in einem Haushalt aufgewachsen, in dem ich gelernt habe, andere nicht mit meinen Bedürfnissen zu belasten? War ein Elternteil ein Vorbild für extreme Zurückhaltung?«

Ich ermutige Sie, gegen diese kognitive Blockade zu handeln und eine umfangreiche Liste mit Veränderungen aufzuschreiben, die Sie von Ihrem Partner für sich erbitten. Vielleicht entdecken Sie, dass Sie in Ihre eigene Falle getappt sind, sich eine unnötige Isolation aufgezwungen haben und viel zu lange Ihr Bedürfnis verdrängt haben, umsorgt zu werden.

Kognitive Blockade #2: »Wenn ich sagen würde, was ich brauche, würde ich meinen Partner nur verletzen oder wütend machen und noch mehr Konflikte hervorrufen. Es ist besser, wenn ich meine Unzufriedenheit für mich behalte.«

Der Wunsch, den Frieden um jeden Preis zu erhalten, ist ein häufiges, aber gefährliches Hindernis, um Vertrauen und Intimität wiederherzustellen.

Dies war Teris Haltung nach ihrem Seitensprung. Sie wollte, dass ihr alkoholkranker Mann erfuhr, dass sie fremdgegangen war, weil er für sie nicht verfügbar war und weil sie zu Hause nie zufrieden sein würde, solange er nichts gegen seine Sucht unternahm. Aber sie hielt den Mund und hoffte, das ganze Durcheinander werde von selbst vergehen.

Mit der Zeit erkannte Teri, dass die Forderung nach einer Veränderung kein Angriff auf den Charakter ihres Partners war, sondern ein Geschenk im Interesse ihrer Beziehung. Sie konnte ihre Angst vor einer Konfrontation bis zu ihrem Vater zurückverfolgen, denn er hatte ihr beigebracht, seiner Autorität zu gehorchen, und hatte sie bestraft, wenn sie den Mund aufmachte. »Ich muss dir gegenüber so ehrlich sein, wie ich es bei meinem Vater nie sein durfte«, sagte sie zu ihrem Mann. »Ich habe Angst, dich vor den Kopf zu stoßen, aber ich habe dich noch weiter weggedrängt, indem ich dich getäuscht und dir nicht geradeheraus gesagt habe, wie sehr ich es brauche, dass du dich änderst.« Nachdem sie so offen gesprochen hatte, ließ ihre Angst nach und Teri wurde klar, dass es keine Nähe und keine Lösung geben kann, solange ein Mensch jeden Konflikt scheut.

Kognitive Blockade #3: »Mein Partner sollte intuitiv spüren, was ich brauche. Ich sollte das nicht aussprechen müssen.«

Diese Annahme ist ein Rezept für Missverständnisse und Enttäuschungen – wie bei einer Patientin namens Helen. Als ihr Mann Richard nach einer monatelangen Affäre zu ihr zurückkam, trug er seinen Ehering nicht. Für Helen war die Bedeutung klar: Er war noch immer ambivalent bezüglich eines Neuanfangs und wollte, dass die Frauen ihn für frei hielten. Ihr Verhaltensmuster war jedoch, nichts zu sagen, aber innerlich zu brennen. »Er weiß, dass es für mich wichtig ist«, sagte sie zu mir. »Warum sollte ich die Sprache darauf bringen?«

Ich ermunterte Helen, ihre Bitte, er möge den Ehering tragen, mit auf ihre Liste für wohlfeile Verhaltensänderungen zu schreiben und mit ihm darüber zu sprechen. Dabei erfuhr sie, dass er den Ring verloren und sich nicht getraut hatte, ihr das zu sagen. Sobald das Problem ausgesprochen war, kaufte er einen neuen Ring und war glücklich, ihn zu tragen.

Machen Sie sich unbedingt klar, dass Ihr Partner kein Gedankenleser ist. Es ist Ihre Aufgabe, Ihre Bedürfnisse zu artikulieren, und die Tatsache, dass Ihr Partner Ihre Wünsche nicht immer im Voraus ahnt, ist kein Hinweis auf mangelnde Liebe.

Kognitive Blockade #4: »Ich kann nicht um Liebe bitten. Wenn ich das tun muss, will ich diese Liebe nicht.«

Es ist relativ einfach, Ihren Partner zu bitten, den Müll hinauszutragen oder tagsüber einmal anzurufen. Es ist sehr viel schwerer, Ihren Partner darum zu bitten, dass er sagt: »Ich liebe dich.«

Die meisten Menschen lehnen Liebesbezeugungen ab, die erst auf Nachfrage erfolgen, und fühlen sich erniedrigt, wenn sie darum bitten müssen. Wenn es für Sie jedoch wichtig ist zu hören, dass Sie geliebt werden, schreiben Sie diese

Bitte unbedingt mit auf Ihre Liste. Machen Sie dabei aber klar, dass Sie liebevolle Worte nur hören möchten, wenn sie ehrlich gemeint sind. Sie müssen sich die Freiheit gestatten, über das zu sprechen, was Sie am meisten brauchen.

Kognitive Blockade #5: »Wenn mein Partner meine Bitte erfüllt, aber nicht spontan, sondern nur aus dem bewussten Wunsch heraus, mein Vertrauen zu gewinnen, zählt es für mich nicht.«

Einige von Ihnen werden die Bemühungen ihres Partners um die Wiederherstellung des Vertrauens abwerten, wenn diese keine spontanen Liebesäußerungen, sondern durchdachte Gesten darstellen, um die Beziehung neu aufzubauen. »Ich möchte, dass mein Partner sich natürlich verhält und dass seine Taten von Herzen kommen«, sagen sie. Das Problem bei dieser Haltung ist: Je mehr Ihr Partner sich bemüht, desto weniger aufrichtig wirkt es auf Sie. Wenn Sie *Gefühle* von Liebe höher einschätzen als *Taten*, die Liebe ausdrücken, schränken Sie die Fähigkeit Ihres Partners ein, in der einzigen Art und Weise auf Sie zuzugehen, die ihm in dieser Phase vielleicht möglich ist.

Dabei fällt mir ein Vorfall mit meinem Sohn Max ein, als er sechs Jahre alt war. Wir waren für einen Tag in Vermont beim Skifahren. Als ich ihm zuschaute, wie er vorbeiflitzte, hörte ich zufällig eine Gruppe von Erwachsenen, die seine Leistung bewunderten, und spürte, wie eine Welle der Liebe in mir hochstieg. Drehen wir nun die Uhr acht Stunden weiter, als wir zu Hause in die Garage fuhren, erschöpft und durchnässt. Der Gedanke, Max aus tiefem Schlaf zu wecken, ihn die Treppe hinaufzuschleppen und ins Bett zu bringen, war fast mehr, als ich ertragen konnte, und ich überlegte einen Moment, ihn über Nacht im Auto zu lassen. Offen gesagt empfand ich meine Müdigkeit stärker als meine Liebe. Ich handelte dann jedoch so, als ob ich Liebe empfinden würde, und brachte ein sehr griesgrämiges Kind geduldig ins Bett. Rückblickend erkenne ich, dass diese Art freiwilliger tätiger Liebe tiefer und stärker war als die spontanen Gefühle, die mich vorher an diesem Tag überschwemmt hatten. Diese Gefühle waren echt, aber sie kosteten mich nichts, sie verlangten mir nichts ab.

Wenn wir uns selbst darauf trainieren, zugunsten unserer Beziehung liebevoll zu agieren (selbst wenn wir in diesem Augenblick vielleicht nicht besonders viel Liebe empfinden), bestehen wir den echten Liebestest. Es wird uns mehr abverlangt, liebevoll zu handeln, wenn wir nicht so empfinden. Dazu müssen wir

DAS VERTRAUEN WIEDERHERSTELLEN

tief in uns und an unsere Reserven gehen und zutage fördern, was uns wirklich wichtig ist. Aus dem Gefühl einer ausdauernden Bindung und Verpflichtung für einen anderen Menschen heraus zu handeln, kann tatsächlich von sehr viel Liebe zeugen.

Kognitive Blockade #6: »Mein Partner geht auf meine Bitten nur ein, um mich zu täuschen und zurückzugewinnen. Sobald ich ihm wieder vertraue, werden wir erneut da stehen, wo wir angefangen haben.«

Einige von Ihnen werden an der Aufrichtigkeit der Bemühungen ihres Partners zweifeln und sie als Täuschungsversuche ablehnen.

»Mein Partner versucht nur, mir zu gefallen, um mich zurückzulocken«, erzählte mir ein untreuer Partner. »Sie braucht mein Einkommen.« »Mein Partner ändert sich nur, damit ich ihn wieder aufnehme«, erklärte ein verletzter Partner. »Er fürchtet, dass die Scheidungsvereinbarung ihm sein ganzen Vermögens rauben wird. Er wird sich jetzt ändern, aber das wird nicht anhalten.« Das Problem bei dieser Einstellung ist, dass sie ein Wachsen und eine Wiederherstellung unmöglich macht. Wenn Sie Ihrem Partner keine Gelegenheit geben, sich zu ändern, das Vertrauen zurückzugewinnen, wie wollen Sie dann jemals wissen, was möglich ist? Wenn Sie in den wohlfeilen oder aufwendigen Verhaltensänderungen Ihres Partners immer ein falsches Spiel wittern, wie können Sie dann jemals von ihm getröstet oder beruhigt werden? Es geht nicht darum, dass Sie Ihre Skepsis loswerden – das wäre unrealistisch –, sondern darum, sie lange genug aufzuschieben, um dem Heilungsprozess die Möglichkeit zu geben, sich durchzusetzen.

Kognitive Blockade #7: »Ich sollte die vertrauensbildenden Verhaltensweisen meines Partners nicht anerkennen müssen.«

Einige von Ihnen möchten die Verhaltensweisen ihres Partners vielleicht nicht in die Tabelle zur Vertrauensbildung eintragen. Als Begründung geben sie an, reife Erwachsene sollten es nicht nötig haben, verhätschelt zu werden.

»Warum sollte ich es jedes Mal anerkennen, wenn meine Frau etwas Nettes für mich tut?«, fragte mich ein verletzter Partner namens Tom. »Warum sollte ich ihr für den Versuch auf den Rücken klopfen, ihr eigenes Chaos zu beseitigen? Sie ist kein Kind. Wenn Sie sich dafür entscheidet, liebevoll mit mir umzugehen, sollte sie das tun, ohne zu erwarten, dass ich ihr deshalb sage, wie großartig sie ist.«

Was Tom, so wie Sie vielleicht auch, lernen muss zu akzeptieren, ist, dass jeder Mensch Lob und Anerkennung braucht. Jeder Mensch braucht die Rückmeldung, dass seine Liebestaten bemerkt werden und etwas verändern. Wenn Sie sich weigern anzuerkennen, was Ihr Partner im Interesse der Beziehung tut, demotivieren Sie ihn, das von Ihnen erwünschte Verhalten zu zeigen.

Kognitive Blockade #8: »Mein Partner hat mich verletzt/enttäuscht und sollte sich daher zuerst ändern.«

Diese Haltung, der andere müsse sich zuerst ändern, zerstört den natürlichen Fluss einer reifen Beziehung, in der normalerweise immer ein Partner an einem beliebigen Punkt mehr für den anderen tut, ohne darüber Buch zu führen. Zudem reduziert sie Sie auf kleinliche, rachsüchtige, höchst konkurrierende Verhaltensweisen, die Ihnen die Möglichkeit nehmen, die vertrauensbildenden und fürsorglichen Übungen zu beginnen. Ihre Weigerung, selbst die Initiative zu ergreifen, mag zwar Ihrer Empörung Genüge tun, sie trägt jedoch nicht dazu bei, Ihre Wunden zu heilen. Ich ermuntere Sie daher, eine Einstellung zu entwickeln, die besagt: »Die beste Möglichkeit, das Verhalten meines Partners zu ändern, ist, zuerst meines zu ändern.« Im Wesentlichen rate ich Ihnen, eine Umgebung zu schaffen, in der Ihr Partner sehr wahrscheinlich Ihre Bedürfnisse erfüllen kann. Kommt letzten Endes doch nichts dabei heraus, wissen Sie zumindest, dass Sie Ihren Teil geleistet haben.

Kognitive Blockade #9: »Wenn ich so wütend bin, kann und sollte ich nicht in vertrauensbildender Weise agieren müssen.«

Es mag Zeiten geben, in denen Sie zu sehr in Ihrer Wut gefangen sind, um konstruktiv sein zu können, und sich weigern, das Spiel von Vergebung oder Versöhnung zu spielen.

»Ich habe weder das Gefühl, geliebt zu werden, noch zu lieben, wie kann dann von mir erwartet werden, dass ich mich so verhalte, als wäre es anders?«, fragte mich ein untreuer Partner. »Ich kann mir nicht einmal vorstellen, die Hand meiner Frau zu halten.«

»Ich bin zu wütend, um meinen Mann überhaupt anzuschauen, geschweige denn durch Übungen mit ihm zu arbeiten«, sagte eine verletzte Partnerin.

Diese trotzige Einstellung ist verständlich, aber kontraproduktiv. Sie mögen sich dadurch zwar weniger verletzlich und ausgesetzt fühlen, eher selbstgerecht und zornig, letztlich nimmt Ihnen diese Einstellung jedoch die Gelegenheit zu testen, wozu Sie und Ihr Partner gemeinsam fähig sind. Ich ermutige Sie daher, etwas Abstand zu nehmen und sich selbst zu fragen, ob Ihre Weigerung, diese Übungen zu machen, das Ergebnis *emotionalen Denkens* ist – ein kognitiver Irrtum, der Sie annehmen lässt, weil Sie etwas stark empfinden, müsse es wahr sein, und weil Sie auf Ihren Partner wütend sind, müssten Sie ein Recht dazu haben.

Da Sie nie wütend sein werden, ohne das Recht dazu zu empfinden – es ist eine Grundeigenschaft der Wut –, schlage ich vor, keine Zeit mit der Diskussion zu verschwenden, ob Ihre Wut gerechtfertigt ist, sondern sich stattdessen zu fragen: »Ist die Wut nützlich? Wie kann sie mir dienen?« Es kann eine der Gelegenheiten sein, bei denen es sinnvoll ist, nicht den Gefühlen entsprechend zu handeln, sondern im Interesse Ihres gemeinsamen Lebens und mit dem Wissen, dass liebevollere Gefühle folgen werden, sobald Sie auf liebevolle Weise agieren. Wie es der Dichter und Autor Robert Bly sagte: »Wir bahnen uns den Weg, indem wir ihn gehen.«[6]

Der Blick nach vorne

Der Prozess, das Vertrauen wiederherzustellen, kann lebenslang dauern, was jedoch nicht bedeutet, dass Sie täglich mit Vertrauensproblemen zu kämpfen haben werden. Ihre Beziehung wird sich mehrere Jahre lang, nachdem der Seitensprung enthüllt wurde, zerbrechlich und vorsichtig vorantastend anfühlen, Sie können in dieser Zeit jedoch auch viele beruhigende und freudvolle Momente erleben.

Vertrauen ist ein empfindliches, schwer fassbares Geschenk, das sich nur durch Engagement und ständiges Bemühen mit der Zeit verdienen lässt. Ich bitte Sie, mutig zu sein und sich einer Veränderung zu öffnen. Sie haben vielleicht nur diese eine Gelegenheit, Ihren Partner in den Heilungsprozess miteinzubinden, daher ermutige ich Sie, diese Gelegenheit zu ergreifen und mit Ihrem vertrauensvollsten Selbst zu antworten – dem Selbst, das es Ihnen erlaubt, sich mit dem Kummer Ihres Partners zu beschäftigen und zu handeln, *als würden* Sie daran glauben, dass Sie beide in der Lage sind, eine neue Verbindung herzustellen, die stabiler und liebevoller sein wird als zuvor.

Wie einer meiner Patienten einmal sagte: »Sie können Vertrauen ohne Intimität haben, aber Sie können keine Intimität ohne Vertrauen haben.« Mit dem

Vertrauen kommt das Wissen: »Ich kann mich dir anvertrauen, weil ich weiß, dass du mir keinen Schaden zufügen wirst – dass du mich und das, was mir wichtig ist, unterstützen wirst. Ich kann mich öffnen und dich lieben, weil ich mich bei dir sicher und geschätzt fühle.« Die Übungen in diesem Kapitel sollten Ihnen helfen, dieses Grundempfinden von Geborgenheit wiederherzustellen. Aber Sie müssen noch mehr lernen – beispielsweise, wie Sie konstruktiver miteinander kommunizieren, wie Sie die sexuelle Intimität erneuern, wie Sie verzeihen können. Der Rest des Buches nimmt Sie mit auf diese größere Reise.

KAPITEL 7
Wie Sie über das Geschehene sprechen können

Viele Paare machen den Denkfehler, sie könnten ihre Beziehung nach einem Seitensprung einfach dadurch wieder neu aufbauen, dass sie erfreuliche, positive Erlebnisse miteinander teilen. Auch wenn gute Erfahrungen für die Heilung wichtig sind – Sie müssen Raum schaffen für Spiel und Entspannung –, sind sie doch kein Ersatz dafür, über den Schmerz und die Unzufriedenheit zu sprechen, gehört und verstanden zu werden. Solange Sie sich nicht für die Gefühle Ihres Partners öffnen und Ihre eigenen mitteilen, wird Ihr positiver Umgang wie ein Zuckerguss auf einem altbackenen Kuchen sein. Lassen Sie uns daher zum Thema dieses Kapitels kommen: gründlicher und intimer über das Geschehene zu sprechen und zuzuhören. Hier geht es darum, wie Sie Ihrem Partner mitteilen können, wer Sie sind und was Sie brauchen, und wie Sie Ihrem Partner so zuhören, dass er ermutigt wird, Ihnen gegenüber offen und verletzlich zu sein.

Der einfache Teil dabei ist, konstruktive Kommunikationsmethoden zu *lernen* (ich liste mehrere davon am Ende des Kapitels auf). Die Herausforderung besteht darin, *willens zu sein, sie auch zu nutzen*. »Ich weiß genau, was ich meinem Partner sagen müsste, um den Streit beizulegen, aber ich will verdammt sein, wenn ich es tue«, mögen Sie sagen. Hinter Ihrer Weigerung stehen mit ziemlicher Sicherheit lange gehegte dysfunktionale Ansichten über das Sprechen und Zuhören – Ansichten wie: »Wenn ich dir sage, wie sehr du mich verletzt hast, werde ich dich noch weiter von mir wegschieben«, oder: »Wenn ich dir zuhöre, wirst du denken, dass ich dir zustimme.« Solange Sie sich mit diesen Ansichten nicht auseinandersetzen, wird das Erlernen neuer Methoden sinnloser blinder Aktionismus sein.

In Gesprächen ans Eingemachte gehen

Es ist nun an der Zeit für ehrliche, persönliche und offenlegende Gespräche über die Affäre, und zwar nicht nur, wenn sie erst kürzlich aufgedeckt wurde, sondern auch, wenn Sie dieses Trauma vor langer Zeit erlebt und es nie gründlich besprochen haben. Wenn Sie es nicht aus der Versenkung holen – dort herausholen, wo es zwischen Ihnen steht –, werden Sie es nie anständig begraben können. Es ist auch an der Zeit, über alte Missstände zu sprechen. Für einige wird dies bedeuten, hinter ihre Depression zu blicken, um ihre nie zugegebene Wut zu entfesseln. Für andere wird es bedeuten, hinter die Wut zu blicken und die Traurigkeit, Angst oder Scham zu äußern, die sie nie zugegeben haben. Alle müssen zugeben, dass sie für das, was schiefgelaufen ist, mitverantwortlich sind.

Zwei dysfunktionale Arten des Gesprächs: Verschweigen und Toben

Es gibt zwei verbreitete dysfunktionale Arten, mit Gedanken und Gefühlen umzugehen. Die eine ist, Stillschweigen zu bewahren – alles in sich verschlossen zu halten. Die andere ist, zu toben – ohne jede Zurückhaltung die Gefühle zu dramatisieren. Wir wollen uns beide ansehen und auch die Ansichten, von denen sie genährt werden.

Verschweigen

Wenn Sie zu viele Selbstgespräche führen, haben Sie wahrscheinlich zu wenige Gespräche mit der Person, mit der Sie sprechen sollten – Ihrem Partner. Verschweigen mag Sie vor weiterem Schaden oder weiteren Enttäuschungen abschirmen, aber es nimmt Ihnen auch die Chance, sich verstanden zu fühlen, Ihre Bedürfnisse erfüllt zu bekommen, Ihre Fehler zuzugeben und eine neue Verbindung aufzubauen. Das Offenlegen Ihrer Gefühle und Bedürfnisse ist ein Akt der Liebe, ein Vorspiel für die Intimität. Ihre Meinung zu sagen, indem Sie »Ihr Herz ausschütten«, ist nicht nur ein Akt normalen Mutes, wie Annie Rogers es nennt,[1] es ist die Basis dafür, Ihren Partner wieder in Ihr Leben zu lassen.

Lassen Sie uns zwei häufige Ansichten ansehen, die Ihre Fähigkeit blockieren können, sich auszusprechen:

1. »Wenn ich dir sage, was mich stört, werde ich uns noch weiter voneinander entfernen.«
2. »Wenn ich zugebe, wie ich zu unseren Problemen beitrage, wirst du schlechter von mir denken oder es mir vorhalten.«

Ansicht #1: »Wenn ich dir sage, was mich stört, werde ich uns noch weiter voneinander entfernen.«

Der verletzte Partner

Sie sind möglicherweise so erfreut, Ihren Partner zurückgewonnen zu haben, dass Sie alles tun, um nicht wieder verlassen zu werden, auch wenn es bedeutet, dass Sie Ihre Wut und Ihr inneres Chaos in sich hineinfressen. Themen, die unter Verschluss gehalten werden, lösen sich aber nicht in Luft auf, sie vergiften den Raum zwischen Ihnen.

»Damit ich mich Howard wieder nahe fühlen kann«, sagte eine verletzte Partnerin, »muss sich unsere Ehe verändern. Ich muss mich sicherer fühlen. Ich muss ich selbst sein können, und das bedeutet, offen über meine Gefühle sprechen zu können. Howard will aber nicht sprechen und ich fürchte, ihn zu verärgern. Er sagt: ›Damals war damals und heute ist heute. Ich will einfach nur vorwärtsgehen.‹ Also dränge ich nicht. Aber wir bewegen uns nicht vorwärts.«

»Ein Jahr nach dem Ende von Joes Seitensprung hörte ich, dass seine Freundin ein Baby hat«, erzählte mir eine andere verletzte Partnerin. »Seither habe ich über meine Tochter, die in derselben Abteilung arbeitet, heimlich Informationen über sie eingeholt. Ist Joe der Vater? Ich kann nicht anders, als mich das immer wieder zu fragen. Jedes Mal, wenn ich ihn anschaue, habe ich das Bedürfnis, ihn zu fragen, aber ich tue es nicht. Ich kann es nicht. Und so steht es zwischen uns – dieses Kind, das er mit mir nicht haben wollte, das Kind, das er ihr vielleicht gemacht hat.«

Damit Sie heilen und verzeihen können, müssen Sie davon überzeugt sein, dass Ihr Partner begreift, wie tief Sie verletzt worden sind. Damit dies möglich wird, müssen Sie über den Seitensprung sprechen und darüber, wie er Sie auf persönlichster Ebene getroffen hat. Es kann helfen, wenn Sie sich auf die Liste der neun Verluste in Kapitel 1 beziehen und besprechen, welche davon Sie erlebt haben, seit die Affäre offenbar wurde. Überschütten Sie Ihren Partner nicht mit Ihrer Wut, um sich für Ihre Verluste zu rächen oder um von Ihrer Mitschuld abzulenken, sondern lassen Sie Ihren Partner sehen, was in Ihnen vorgeht, während Sie an einer Aussöhnung arbeiten. *Wenn Sie zulassen, dass Ihr Partner Ihren Schmerz erfassen kann, können Sie anfangen, ihn loszulassen.*

Der untreue Partner

Sie können schweigen, um einen Konflikt zu vermeiden, aber verwechseln Sie Friede nicht mit Intimität. Wenn Sie Ihre Unzufriedenheit für sich behalten, ist das weder liebevoll noch beschützend, sondern macht Sie beide für einen weiteren Betrug anfällig. Wenn Sie auf eine weniger explosive Zeit warten, um zu sprechen, vergessen Sie es. Die Zeit macht Ihre Aufgabe nicht einfacher. Äußern Sie Ihre Anliegen jetzt, sonst wird das Krebsgeschwür wachsen.

Vanessa wusste, dass es ihr, Monate bevor sie sich einen Liebhaber nahm, miserabel ging, aber sie sagte nichts. Stattdessen bat sie ihren Mann lahm, gemeinsam mit ihr die Einkäufe zu erledigen und Besorgungen zu machen. Ihr Mann, der die aufziehende Krise nicht bemerkte, lehnte höflich ab. Was Vanessa ihm nicht sagte, war: »Sieh mal, ich bin einsam. Ich brauche mehr von dir. Du gehst völlig in deinem Job auf und ich habe das Gefühl, unwichtig für dich zu sein. Ich meine es ernst. Hör mir zu.« Hätte er es noch immer nicht verstanden, hätte sie ihm sagen können: »Ich überlege, ob ich nicht einen Seitensprung mache. Ich fühle mich zu anderen Männern hingezogen« oder: »Ich überlege, dich zu verlassen. Ich sage das nicht, um dir zu drohen, sondern um uns zusammenzuhalten.«

Hätte sich Vanessa früher und direkter offenbart, hätte sie nicht außerhalb der Ehe Gesellschaft suchen müssen. Aber es war für sie schwer, sich auszusprechen, denn man hatte ihr zeitlebens beigebracht, ihre Unzufriedenheit zu verschweigen. »Schweigen ist Gold«, »Mach keinen Ärger«, »Es lohnt sich nicht, deshalb zu streiten«, »Mit der Zeit klären sich die Dinge von selbst« – mit solchen Botschaften war sie aufgewachsen. Was ihr niemand gesagt hatte, war: »Ohne Konflikt gibt es keine Nähe. Stelle dich deinem Unmut, sonst stehst du am Ende nur mit der Illusion von Ruhe da.«

Ansicht #2: »Wenn ich zugebe, wie ich zu unseren Problemen beitrage, wirst du schlechter von mir denken oder es mir vorhalten.«

Der verletzte Partner

Es dürfte Ihnen schwerfallen, eine Mitschuld zuzugeben, wenn man bedenkt, wie betrogen und verletzt Sie sich wahrscheinlich fühlen; aber wenn Sie eine angemessene Mitschuld akzeptieren, entlässt Sie dies, zumindest teilweise, aus der Opferrolle. Es kann aufbauend wirken zu wissen, dass Sie, anstatt passiv darauf zu warten, dass sich Ihr Partner ändert, auch selbst etwas tun können, um etwas zu verändern.

Der untreue Partner

Vielleicht widerstrebt es Ihnen genauso, Verantwortung zu übernehmen, aber Ihr Partner muss wissen, dass Sie verstehen und bedauern, welchen Schaden Sie ihm zugefügt haben. Wenn Sie egoistisch oder unsensibel waren oder von unrealistischen Erwartungen und übertriebenen Bedürfnissen geleitet wurden, deren Erfüllung weit über die Verantwortung oder die Fähigkeit Ihres Partners (oder jedes anderen Menschen) hinausging, ist jetzt der richtige Zeitpunkt, dies zuzugeben und sich dafür zu entschuldigen. Bedenken Sie, *das wertvollste Geschenk, das Sie Ihrem Partner machen können, um ihn zu beruhigen, dass Sie nicht wieder fremdgehen werden, ist Ihre Bereitschaft, in sich zu gehen, sich Ihren persönlichen Problemen zu stellen, die zu dem Seitensprung geführt haben, und diese offen und verantwortungsvoll anzuerkennen.*

Nachfolgend lesen Sie, was einige meiner Patienten zu Beginn dieses Prozesses gesagt haben. Vielleicht finden Sie darunter Ihre eigenen Erklärungen:

- »Meine Welt fiel auseinander, als es mit meinem Geschäft bergab ging. Ich fühlte mich total gedemütigt.«
- »Als meine Mutter starb, wusste ich nicht, wie ich an dich herankommen sollte, um dir zu sagen, wie elend und einsam ich mich fühlte, wie sehr ich dich brauchte.«
- »Ich habe mich deiner Wut nie gestellt, genauso wenig wie der Wut meines Vaters. Ich war der Feigling und ließ dich auf mir herumtrampeln. Ich hasste dich dafür, weil es einfacher war, als mich selbst zu hassen.«
- »Ich habe mich nie attraktiv, sexy oder klug gefühlt. Ich verließ mich auf die Schmeicheleien anderer Frauen, um mich begehrt zu fühlen.«
- »Offen gesagt habe ich keine Ahnung, warum ich diese Affäre hatte, aber ich werde eine Therapie machen und es herausfinden und dir mitteilen, was ich über mich selbst erfahre. Es ist zum Teil deine Aufgabe, mich glücklich zu machen, aber es ist nicht deine Aufgabe, dafür zu sorgen, dass ich treu bleibe. Ich werde dafür sorgen, das verspreche ich.«

Sie werden vielleicht beide unwillig sein, offenzulegen, was Sie zutiefst bedauern oder wofür Sie sich schämen – es mag Sie scheinbar weniger liebenswert machen, mehr Angriffsfläche bieten. In der Regel trifft jedoch genau das Gegenteil zu. .

Ich erinnere mich, wie schmerzlich es für mich war, diese Lektion in der fünften Klasse zu lernen, zu einer Zeit, als ich noch dachte, Untreue bedeute, kein Baby haben zu können. Ich hatte gerade meine erste Brille bekommen. Als ich zu einer Pyjama-Party mit Übernachtung eingeladen war, baten mich meine Eltern eindringlich, gut auf die Brille aufzupassen. Ich versuchte es. Aber als die Schlafenszeit kam, konnte ich bei all den Bettdecken auf dem Boden keinen sicheren Platz dafür finden, deshalb legte ich sie unter mein Kopfkissen, weil ich dachte, da würde niemand drauftreten. Ich täuschte mich. Als ich am nächsten Tag nach Hause kam, war ich besorgt, meine Eltern würden wütend und böse auf mich sein, wenn ich meine Dummheit zugebe, daher verharmloste ich meinen Fehler. »Ihr werdet nicht glauben, was passiert ist«, krähte ich, als ich zur Tür hereinspazierte. »Ihr hattet recht!« Und ich hielt meine zerschlagenen Brillengläser hoch. Natürlich waren meine Eltern wütend – nicht, weil meine Brille kaputt war, sondern weil ich auf so rücksichtslose, unverantwortliche und arrogante Weise daherkam. Hätte ich mein wahres Selbst offengelegt, hätte ich gesagt: »Schaut mal, es tut mir ganz schrecklich leid wegen der Brille. Ich habe wirklich versucht aufzupassen, aber ich habe es falsch eingeschätzt. Ich weiß, sie ist teuer, und es tut mir sehr leid, was passiert ist.« Ich bin sicher, sie hätten mir verziehen.

Aufrichtigkeit und Selbstprüfung können bei Ihnen ebenso entwaffnend sein und Sie in den Augen Ihres Partners liebenswerter und menschlicher erscheinen lassen. So gerät Ihr Partner weniger in die Defensive und wird sich bereitwilliger seinen eigenen Beitrag an der Affäre stellen. Je mehr Vorwürfe Sie Ihrem Partner allerdings machen, desto weniger Verantwortung wird er übernehmen. Erlauben Sie es sich, verletzlich zu sein, und laden Sie Ihren Partner ein, ebenfalls verletzlich zu sein.

Toben

Wenn Sie alles verschweigen, machen Sie Ihre Unzufriedenheit mundtot, wenn Sie anfangen zu toben, greifen Sie Ihren Partner damit an. Hinter dem Toben können, genau wie hinter dem Verschweigen, bestimmte schlecht angepasste Ansichten stehen, die Ihnen die Erlaubnis geben, sich unkontrolliert Luft zu machen, und praktisch garantieren, dass Ihr Partner Sie ignoriert oder sich wehren wird. Lassen Sie uns einige dieser Annahmen anschauen:

1. »Ich muss meinen Gefühlen Luft machen – es ist ungesund, sie zu zensieren.«
2. »Wenn ich nicht ausraste, wirst du mir nicht zuhören oder meinen Schmerz nicht verstehen.«
3. »Ich bin, wie ich bin.«
4. »Ich kann erst aufhören, wenn ich das Gefühl habe, dass mir Genugtuung widerfahren ist.«

Ansicht #1: »Ich muss meinen Gefühlen Luft machen – es ist ungesund, sie zu zensieren.«

Einige Therapeuten behaupten noch immer, das hemmungslose Ausdrücken einer Emotion wirke kathartisch (reinigend) – wie eine Art verbaler Aderlass, der giftige Gefühle austreibt, die jemand in sich verschlossen hat. Heute glauben jedoch die meisten Therapeuten, dass der unerbittliche, unkontrollierte Erguss von Wut lediglich noch mehr Wut ausbrütet, sowohl in dem Partner, der sich Luft macht, als auch in dem angegriffenen Partner.[2]

Ich plädiere nicht dafür, dass Sie die Lautstärke immer herunterdrehen sollten oder dass es immer schlecht oder falsch ist zu toben. Ihr Partner kann Ihre Erfahrung nicht verstehen, wenn Sie sie in einem Lächeln verpacken. Unablässige Wut wirkt jedoch abstoßend. Wenn Sie Ihre Stimme modulieren und die Worte sorgfältig wählen, geben Sie Ihrem Partner keine Ausrede an die Hand, *nicht* zuzuhören. Sie müssen vielleicht erst bittere Gefühle loslassen, bevor Sie liebevollere pflegen können, aber dafür gibt es Möglichkeiten, die nicht noch mehr Verbitterung erzeugen (einige davon liste ich am Ende des Kapitels bei den Vorschlägen auf).

Ansicht #2: »Wenn ich nicht ausraste, wirst du mir nicht zuhören oder meinen Schmerz nicht verstehen.«

Sie werden vielleicht automatisch voraussetzen, dass ein Rädchen, das nicht quietscht, nicht geschmiert wird; Sie also dramatisch agieren und eine Szene machen müssen, um gehört zu werden. Damit können Sie recht haben – Ihr Partner wird Ihnen vielleicht nur Aufmerksamkeit schenken, wenn Sie toben, und Sie dann als verrückt oder unvernünftig abtun. Geschieht dies, stehen Sie ohne passendes Ventil da und werden nur noch wütender sein.

Aber Sie können mit dieser Ansicht auch falsch liegen. Ihr Toben kann, selbst wenn es Aufmerksamkeit erregt, Ihren Partner fortdrängen und Sie einsamer und mit noch weniger Unterstützung als zuvor zurücklassen. Wenn Sie ruhiger und direkter sprechen, wird Ihr Partner genauer zuhören und Ihren Schmerz oder Ihre Unzufriedenheit besser spüren, als wenn Sie toben.

Martha hätte ihrem untreuen Ehemann sagen können: »Du hast mich der Gefahr einer lebensbedrohlichen Krankheit ausgesetzt, weil du ein egoistisches Schwein bist. Du hast dich noch nie um jemand anderen als um dich selbst gekümmert.« Was sie stattdessen sagte, war: »Ich fühle mich in meinem eigenen Körper nicht sicher. Kannst du verstehen, wie verrückt mich das macht? Du hättest mich der Gefahr von Aids aussetzen können. Ich kann mir nicht vorstellen, was für dich so wichtig gewesen sein kann, dass du mein Leben aufs Spiel gesetzt hast.«

Ansicht #3: »Ich bin, wie ich bin.«

Sie können darauf beharren, dass Sie »ein emotionaler Mensch« sind, der nur so hitzig handeln kann, wie Sie es tun. Solche Etiketten sind jedoch nur Ausreden, um dysfunktionales Verhalten zu rechtfertigen und Ihnen die Erlaubnis zum Toben zu geben. Wenn Sie Ihre Botschaft übermitteln wollen, müssen Sie aufhören, sich hinter der falschen und praktischen These zu verstecken, dass Sie nicht anders können.

Ansicht #4: »Ich kann erst aufhören, wenn ich das Gefühl habe, dass mir Genugtuung widerfahren ist.«

Viele von Ihnen geraten in einen Konflikt und können sich dann nicht mehr davon lösen, hauptsächlich weil sie annehmen, es müsse ihnen erst Genugtuung widerfahren. Diese Idee zwingt sie, einen Kampf fortzusetzen, lange nachdem die Truppen hätten abziehen sollen. Das Problem bei dieser Strategie ist, dass Ihr Partner sich wahrscheinlich angeschlagen und in der Defensive fühlt und daher nicht bereit ist, Ihrem Argument nachzugeben oder weiter mit Ihnen darüber zu diskutieren. Wenn Sie gehört werden wollen, müssen Sie aufhören, sobald Sie verstanden wurden, ob Sie sich nun zufriedengestellt fühlen oder nicht. Glauben Sie nicht, Sie würden den Punkt für sich gewinnen, wenn Sie in eine weitere Gefechtsrunde gehen. Die Wahrscheinlichkeit ist größer, dass Sie zurückgestoßen werden oder Ihr Partner aus dem Ring flüchtet.

Ein Wort zur Warnung: Die Wut, die durch diesen Seitensprung entfesselt wurde, kann zu Gewalt gegenüber Ihrem Partner oder sich selbst führen. Einige von Ihnen werden sich vielleicht nicht unter Kontrolle haben und in einer Weise agieren, die sie schockiert und gefährdet, auch wenn es in ihrer Vergangenheit keinen körperlichen Missbrauch gegeben hat.

Torben und Kathy stellten fest, dass sie nicht vernünftig über diesen Seitensprung sprechen konnten. Eines Nachts vor dem Zubettgehen wurde Kathy hysterisch und drohte damit, sich umzubringen. Torben, von Schuldgefühlen überwältigt, hielt sich ein Messer an den Hals und sagte zu ihr: »Gib mir den Gnadenstoß. Ich bin schlecht.« Während Kathy ins Bad schlich, um ein Beruhigungsmittel zu holen, warf Torben einen Teller auf den Boden. Ein Splitter flog ihm ins Gesicht und riss seine Lippe auf. Beide hielten inne, sahen sich an und waren sprachlos. »Mein Gott«, dachten sie. »Was machen wir da? Was geschieht mit uns?«

Solche Wutanfälle folgen häufig im Kielwasser eines Seitensprungs, so extrem und untypisch sie auch wirken mögen. In einer Zeit, in der Ihre Emotionen in Aufruhr sind, Ihr Selbstgefühl traumatisiert und Ihre Beziehung kaputt ist, müssen Sie die frühen Anzeichen eskalierender Gewalt erkennen lernen und sich ausklinken, bevor Ihre Konfrontationen außer Kontrolle geraten. Trinken Sie nicht, wenn Sie streiten. Alkohol verstärkt Ihre Feindseligkeit. Drohen Sie nicht mit Scheidung, Ihre Beziehung ist zu zerbrechlich, um diese Art von Einschüchterung auszuhalten. Wenn Sie merken, dass Ihre Emotionen überkochen, erinnern Sie sich daran, dass Sie jetzt vielleicht nicht die Kommunikationsfähigkeit oder Selbstkontrolle besitzen, um ein so leicht entzündliches Thema wie Untreue zu diskutieren. Nehmen Sie etwas Abstand von dem, was Sie verärgert. Rufen Sie einen vorübergehenden Waffenstillstand aus mit Worten wie: »Ich spüre, wie die Spannung zwischen uns zunimmt. Lass uns an diesem Punkt aufhören und heute Nachmittag um 17 Uhr weiter darüber sprechen. Ich möchte wirklich gerne hören, was du zu sagen hast.«

Es ist wichtig, einen Abzug, aber auch für einen bestimmten Zeitpunkt eine Wiederaufnahme zu vereinbaren, damit sich derjenige, der sich Luft verschafft, nicht ausgesperrt fühlt.

Wie Ihre Vergangenheit sich darauf auswirkt, wie Sie heute sprechen

Um zu verstehen, warum Sie Ihre Gefühle verschweigen oder zu toben beginnen, schauen Sie einmal zurück, wie Ihre Familie mit Ihnen und untereinander kommuniziert hat. Von diesem Umgang haben Sie gelernt, wie Sie sich ausdrücken.

Hier einige Beispiele:

- Ihre Eltern haben sich immer angeschrien, und Sie sind mit der Angst vor Konfrontation aufgewachsen.
- Sie hatten mehrere lebhafte Geschwister, die Ihnen beigebracht haben, dass Sie nur gehört werden, wenn Sie schreien.
- Sie haben von einer überaus zurückhaltenden Mutter gelernt, Ihre Bedürfnisse zu verschweigen.
- Sie haben von einem explosiven, herrischen Vater gelernt zurückzuschimpfen.
- Sie haben von einer kritischen Mutter gelernt, dass Sie Zustimmung erhalten, wenn Sie sagen, was andere hören möchten, und Ihre eigene Stimme ignorieren.
- Sie haben von einem abwesenden Vater gelernt, dass Sie nörgeln, brüllen oder weinen müssen, um Aufmerksamkeit zu bekommen.

Wenn Sie heute mit Ihrem Partner kommunizieren, inszenieren Sie wahrscheinlich wieder Szenen aus Ihrer Kindheit, die diese frühen Lektionen verstärken. Wenn Sie beispielsweise mit dem Gefühl aufgewachsen sind, missverstanden zu werden, werden Sie Ihre Bedürfnisse verschweigen und damit die Garantie haben, dass Ihr Partner Sie nicht versteht. Wenn Sie mit dem Gefühl aufgewachsen sind, keine Unterstützung zu erfahren, werden Sie herumschreien und sicherstellen, dass Ihr Partner nicht zuhört.

Das Durchbrechen dieser zeitlebens befolgten Muster mag riskant erscheinen wie das Schwimmen in unbewachtem Gewässer. Wenn Sie jedoch den Kopfsprung wagen, machen Sie sich selbst dafür frei, auf intimere Weise miteinander umzugehen, und erlauben es Ihrem Partner, Sie zu hören und Ihre Bedürfnisse vielleicht zum ersten Mal ernst zu nehmen.

Nachfolgend zwei gegensätzliche Szenarien. In dem einen ist Curtis dem Schweigen verfallen. In dem anderen setzt sich Sarah mit ihrem Schweigen auseinander und bemüht sich, es zu überwinden.

Szenario #1: Curtis und Alice

Curtis und Alice brachten beide einen maladaptiven Kommunikationsstil in ihre Ehe mit. Sie passten perfekt zusammen, jeder erlaubte es dem anderen, eine gut einstudierte Rolle zu spielen, bis Curtis' Seitensprung damit aufräumte.

Curtis' dominanter Vater sorgte für seine Familie und schuf eine häusliche Umgebung, die vordergründig konfliktfrei war. Wenn Curtis in seiner Jugend jemals aufgebracht war, gab er das niemals und niemandem gegenüber zu, sich selbst eingeschlossen. Als er Alice heiratete, richtete er dieselbe sanfte, zurückhaltende Fassade auf, die er der Welt in seiner Kindheit und Jugend präsentiert hatte. Er beugte sich ihren Wünschen, wie er sich denen seines Vaters gebeugt hatte, und brachte ihr bei, seine Bedürfnisse zu ignorieren. Sein Eheleben wirkte konfliktfrei.

Auch Alice wuchs mit einem tyrannischen Vater auf, anstatt jedoch vor ihm zurückzuweichen, lernte sie es, Beleidigungen blitzschnell zu erwidern. Sie und ihr Vater stritten erbittert und häufig. In ihrer Ehe schlüpfte sie in die Haut ihres Vaters und ertappte sich häufig dabei, wie sie Curtis gegenüber wütend wurde, weil er so sanft und schüchtern war. Mit der Zeit verachtete sie ihn, weil er ihr nicht die Stirn bot.

Nachdem sie zwanzig Jahre verheiratet waren und Curtis eine große Geschäftsinvestition schlecht gemanagt hatte, kritisierte Alice ihn voller Verachtung. Curtis sagte nichts, drückte seine angesammelte Wut aber dadurch aus, dass er sie verließ und mit seiner Buchhalterin zusammenzog. Als ich ihn zwei Monate später sah, war er noch immer auf Alice wütend, weil sie ihn nicht unterstützt hatte. »Nachdem ich während unseres gesamten Ehelebens auf ihre Launen eingegangen bin«, sagte er mir, »hat sie mir nichts zu geben, wenn ich sie *ein einziges* Mal um etwas bitte.« Ich wies ihn darauf hin, dass er ihr in den gemeinsamen Jahren nie eine Warnung oder ein Feedback gegeben hatte, das ihr gezeigt hätte, dass er unglücklich war, und er sie auch nie gebeten hatte, sich für ihn verantwortlich zu fühlen. Er hatte nie gesagt: »Hör mal. Ich brauche dich jetzt. Ich bin immer für dich da gewesen, und wenn du jetzt nicht genügend Mitgefühl oder Menschlichkeit aufbringst, für mich da zu sein, werde ich dich verlassen.« Ich fragte ihn, wie er nach so vielen Jahren, in denen er ihr beigebracht hatte, sie solle nicht für ihn da sein, erwarten konnte, dass sie anders handeln würde.

Curtis hätte sich ihr noch immer öffnen können – Alice bedauerte zutiefst, wie sie ihn behandelt hatte, und wollte ihn zurückgewinnen –, aber er hüllte sich wie üblich in Schweigen und fuhr fort, seine Bedürfnisse allein und außerhalb der Beziehung zu bedienen.

Szenario #2: Sarah und John

Sarahs Geschichte hat ein befriedigenderes Ende. Sie war mit einer an Diabetes leidenden Mutter aufgewachsen und hatte die Rolle des unsichtbaren Kindes übernommen, das niemals jemandem seine Bedürfnisse aufbürdete. Ihre Wut staute sich gelegentlich an zu dem, was George Eliot als »das Gebrüll jenseits des Schweigens« bezeichnete, aber letztendlich bekam sie immer Schuldgefühle und zog sich in sich selbst zurück. In ihrer Ehe mit John behielt sie dasselbe wechselnde Muster von Verschweigen und Toben bei.

Fast ein Jahr, nachdem John seinen Seitensprung mit seiner Sekretärin gestanden hatte, verkündete er, er bliebe heute wegen einer Weihnachtsfeier länger im Büro, und lud Sarah ein, ebenfalls zu der Feier zu kommen. Sie war wütend. »Offensichtlich siehst du dieses Mädchen immer noch«, tobte sie. »Wenn du stolz auf mich wärst und mich dabei haben wolltest, hättest du mich nicht erst in letzter Minute eingeladen, wenn du weißt, dass es zu spät ist mitzukommen.«

John, der sich angegriffen fühlte, beharrte darauf, er habe die Feier einfach vergessen, weil sie ihm völlig unwichtig und er mit Arbeit überhäuft sei. Sarah wollte seine Geschichte glauben, fuhr jedoch fort, ihn zurechtzuweisen.

Als John abends frühzeitig von der Feier nach Hause kam, wollte Sarah mit ihm Frieden schließen, aber das Schweigen stand ihr im Weg. »John ging mit dem Konflikt wie üblich um, er zog sich sofort ins Bett zurück«, sagte sie mir am nächsten Tag. »Ich wusste, dass er sofort einschlafen und ich die ganze Nacht mit quälenden Gedanken wach liegen würde. Morgens würde ich mich elend fühlen und noch wütender auf ihn sein. Wir würden den ganzen Tag nicht miteinander sprechen und abends, wenn er von der Arbeit heimkäme, würde ich eine rasende Furie sein. Um schlafen zu können, musste ich mich ihm nah fühlen, aber mein altes schweigendes Selbst lag einfach da und hatte Angst, sich zu bewegen. ›Du Idiotin‹, sagte ich mir, ›warum kannst du nicht einfach sagen, dass es dir leidtut, und ihn bitten, dich in den Arm zu nehmen? Immer hast du Probleme, um etwas zu bitten – warum ist das so schwer für dich? Sprich mit ihm.‹

Und ich tat es. Ich drehte mich zu ihm um und sagte: ›Ich kann nicht schlafen. Macht es dir etwas aus, wenn ich das Licht anmache, damit ich lesen kann?‹ ›Nein, mach nur‹, sagte er und schloss die Augen.

Ich lag da und dachte: ›Ich kann es nicht glauben! Das Letzte, wozu ich jetzt Lust habe, ist zu lesen. Nimm dich zusammen. Sage ihm, was du willst.‹ Also schüttelte ich ihn wach und sagte: ›John, es ist so dumm. Ich fühle mich schrecklich wegen unseres Streits – unsicher über uns, wütend auf mich, weil ich einen Streit mit dir angezettelt habe. Bitte schlaf jetzt nicht und lasse mich nicht hilflos da liegen. Nimm mich in den Arm.‹

John öffnete die Augen, lächelte und machte neben sich Platz für mich. Dieses Mal nahm ich die Einladung an.

Es ist kaum zu glauben, wie schwierig es war, einfach über mich selbst zu sprechen. Ich musste tief in mir etwas überwinden, was dichtmachte. Mein ganzes Leben hatte ich so gelebt, hatte entweder den Mund gehalten oder war explodiert. Als ich endlich meine eigene Stimme fand, gab ich John eine Chance, für mich da zu sein, und ich erlebte mich in einer neuen Weise – inniger verbunden, besser unterstützt.«

Sich von dem Seitensprung-Partner verabschieden

Viele untreue Partner hören auf, ihre Geliebte/ihren Liebhaber zu sehen, ohne sich offiziell von ihr/ihm zu verabschieden. Egal welchen Grund Sie dafür haben – Schuldgefühl, Angst vor Versuchung oder Konfrontation –, Ihr Partner glaubt dadurch, dass Sie mit ambivalenten Gefühlen zurückgekommen sind und sich Ihre Optionen offenhalten wollen. Das ist für die Wiederherstellung von Vertrauen nicht die beste Atmosphäre. Falls Ihre Geliebte/Ihr Liebhaber schreibt oder anruft, ist für Sie und Ihren Partner jedes Mal neuer Ärger garantiert.

Es gibt drei gute Arten, Ihrem Partner Ihr erneutes Engagement für ihn zu kommunizieren. Erstens müssen Sie sich unmissverständlich von dem Seitensprung-Partner verabschieden. Versuchen Sie nicht, diese Person zu schonen, indem Sie nichts sagen oder Ihre Worte abmildern, lassen Sie keinen Raum für Zweifel. Machen Sie deutlich, dass Sie wollen, dass er oder sie sich eine andere, erfüllendere Beziehung sucht. Zweitens müssen Sie Ihrem Partner versprechen, mit dem Seitensprung-Partner keinen Kontakt mehr aufzunehmen, oder, falls das nicht möglich ist, versprechen, Begegnungen so selten und unpersönlich wie möglich zu halten. Drittens müssen Sie sich daran halten, wenn Ihr Partner möchte, dass Sie jedes Mal erzählen, wenn Sie dem Seitensprung-Partner begegnet sind. Andernfalls könnte es wie eine Heimlichtuerei wirken, falls dies durch Zufall bekannt wird.

Über den Seitensprung sprechen

Bei Gesprächen über den Seitensprung muss der verletzte Partner entscheiden, was er wissen will, und der untreue Partner muss entscheiden, wie er es ausdrücken will. Es gibt dabei potenziell explosive Themen, die vor einem solchen Gespräch gut überlegt werden sollten.

Der verletzte Partner

Zu wissen, dass der Seitensprung-Partner mit Ihrem Partner Geheimnisse teilt – dass beide Dinge wissen, die Sie nicht wissen –, kann unerträglich erscheinen und Sie darauf beharren lassen, jedes qualvolle Detail zu erfahren.

Das Problem mit zu anschaulichen Bildern ist, dass diese Sie quälen werden und Ihre Zwangsvorstellungen eher nähren als zufriedenstellen werden. Ihre Faszination ist verständlich, aber ich rate Ihnen, sich Ihre Fragen aufzuschreiben, bevor Sie mit dem Verhör beginnen, und sich selbst zu fragen: »Werden die Antworten mir helfen – werden sie uns helfen –, unsere Beziehung wiederherzustellen? Werden sie alles wegwischen oder die Dinge nur wieder aufrühren? Was will ich mit meinen Fragen erreichen?«

»Es beunruhigte mich nicht weiter, dass Jack nicht jugendfreie Fotos von Frauen sammelte«, erzählte mir eine Patientin namens Tracey. »Als ich jedoch Bilder von Leuten fand, die Analsex hatten, fragte ich mich, ob er so etwas mit seiner perversen Freundin machte. Ich beschloss, ihn nicht zu fragen, weil ich nicht wusste, was ich mit der Antwort hätte anfangen sollen. Aber ich musste herausfinden, ob er jemals mit unserem Sex zufrieden gewesen war, da es Grenzen für das gibt, was ich tun würde, um ihn glücklich zu machen.«

Die meisten verletzten Partner haben, anders als Tracey, ein Talent dafür, Informationen hören zu wollen, die schmerzlich für sie sein werden. »Denkst du noch an sie?«, »Hattest du mit ihm lieber Sex als mit mir?«, »Denkst du manchmal an sie, während wir uns lieben?«, »Zweifelst du an unserer gemeinsamen Zukunft?« – das ist die Art selbstzerstörerischer Fragen, die das Messer nur tiefer ins Fleisch stoßen. Was hilft das?

Wenn beide Partner Experten darin werden, Fallen zu stellen, verlieren beide. Eine sechsunddreißigjährige Redakteurin namens Jill war da keine Ausnahme. »Howards Seitensprung [mit seiner Handelsvertreterin] war seit über zwei Jahren beendet«, erzählte sie mir, »aber ich hatte noch immer das Bedürfnis, ihn zu kontrollieren. Er hatte versprochen, Gespräche mit ihr oberflächlich zu halten. Nach einer Umsatzbesprechung versuchte ich, ihm ein Bein zu stellen. Ich begann langsam, als nähme ich Witterung auf. Ich fragte ihn: ›Hast du Janet kürzlich gesehen?‹ Ich wusste, dass es so war, und er gab es auch zu. Und dann legte ich meinen Köder aus und fragte: ›Trifft sie sich noch mit diesem Typen aus Arizona?‹ Wusste er die Antwort, würde ich wissen, dass ihre Unterhaltung doch tiefer gegangen war. Aber Howard versuchte, das Thema auf einen sicheren Boden zu bringen. ›Ich fühle mich geschmeichelt, dass du annimmst, so ein junges Mädchen könnte noch immer an mir interessiert sein‹, antwortete er. Doch so leicht wollte ich ihn nicht davonkommen lassen, daher schoss ich zurück: ›Du scheinst dich tatsächlich geschmeichelt zu fühlen, dass so ein junges Mädchen sich für dich interessieren könnte.‹ Ich ließ nicht locker, bis er resigniert die Arme hob und das Haus verließ. Mir wurde klar, dass er nichts hätte sagen können, um mich zu beruhigen. Ich wollte ihn festnageln, ob er nun schuldig war oder nicht.«

Der beste Rat, den ich Ihnen geben kann, lautet, sich auf Ihre Beziehung zu konzentrieren, nicht auf den Seitensprung-Partner. Versuchen Sie, Fragen zu stellen wie: »Was brauchst du von mir, um dich stärker geliebt und umsorgt zu fühlen?«, »Was fehlt dir in unserer Beziehung?« und »Wie möchtest du gerne berührt werden?« – Fragen, die Ihnen helfen werden, den Seitensprung und Ihre zwanghaften Gedanken über den Seitensprung-Partner hinter sich zu lassen.

Eine Patientin namens Ann kam zu genau dieser Einsicht. »Als ich von Franks Seitensprung erfuhr«, erzählte sie mir, »wäre ich am liebsten ins Büro dieses Flittchens marschiert und hätte sie so gedemütigt, wie sie mich gedemütigt hatte. Ich hätte sie gerne vor ihren Kunden angeschrien, dass sie eine verdammte Nutte ist. Aber ich beschloss, mich nicht so zu erniedrigen, und schrieb ihr stattdessen einen Brief. Ich wollte sie wissen lassen, dass ich eine echte Person mit echten Gefühlen bin und dass sie sich falsch verhalten hat. Ich habe den Brief jedoch nicht abgeschickt, denn die Wahrheit ist, dass sie weder das Problem noch die Lösung ist. Ob sie jemals verstehen wird, was sie mir angetan hat, oder überhaupt meine Existenz anerkennen wird, wird mir oder meiner Ehe nicht helfen.«

Der untreue Partner

Wenn es darum geht, Fragen über den Seitensprung-Partner zu beantworten, hat meiner Meinung nach der verletzte Partner das Recht zu entscheiden, was er wissen möchte. Sie sollten mit allen Details antworten, die Ihr Partner hören möchte. Wenn Sie versuchen, die Wahrheit zu verbergen oder abzumildern, um die Gefühle Ihres Partners zu schützen, werden Sie wahrscheinlich als kontrollierend, ausweichend oder irreführend wahrgenommen. Sie sollten vorab darauf hinweisen, dass die Wahrheit verletzender als heilend sein kann, aber erwarten Sie nicht, dass Ihr Partner auf Ihren Rat hören oder Ihrem Urteil vertrauen wird.

Die Wünsche Ihres Partners zu respektieren, ist jedoch keine Lizenz für Grausamkeit. Wählen Sie Ihre Worte mit Einfühlungsvermögen und versuchen Sie, ein Feedback zu geben, das Ihre Beziehung in eine positive Richtung lenkt. Wenn Ihre Frau fragt: »Bin ich im Bett genauso gut?«, wäre es sinnlos und gefühllos, einfach »Nein« zu sagen. Hingegen wäre es aufschlussreich zu sagen: »Der Sex mit ihr war besser, als er in den letzten Jahren bei uns war, aber das liegt daran, dass er etwas Verbotenes war und ich manchmal das Gefühl habe, dass du keine Lust auf mich hast.«

Verständnisinniges Zuhören

Verständnisinniges Zuhören bedeutet, dass Sie Ihre eigenen Gefühle und Überzeugungen außer Acht lassen, die Welt Ihres Partners betreten und sich und die Affäre aus dessen Blickwinkel betrachten. Es bedeutet, dass Sie sich selbst nicht defensiv und ohne Wettstreit fragen: »Was versucht mein Partner mir mitzuteilen? Was will er mir verständlich machen?«

Um verständnisinnig zuzuhören, dürfen Sie Ihren Partner nicht als Feind sehen, sondern als jemanden, der auch einmal verletzend sein kann, aber dessen Botschaft nicht lautet: »Du bist schrecklich«, sondern: »Du bedeutest mir etwas. Ich will dich verstehen.« Sie sollten sich klarmachen, dass Sie nicht in einem ultimativen Sinn über die Wahrheit diskutieren, sondern über zwei verschiedene Möglichkeiten, sie zu betrachten. Die Ansichten Ihres Partners können sich von Ihren unterscheiden, aber wenn Sie einander wieder näherkommen wollen, müssen Sie lernen, sie zu hören.

Eine untreue Partnerin namens Marsha stellte fest, dass sie sich nicht ganz natürlich in ihren Partner hineinversetzen konnte, aber sie trainierte es. Als ihr Mann Bob ihr sagte: »Du gibst mir nicht das Gefühl, geliebt zu werden«, war ihre erste instinktive Reaktion herauszuplatzen: »Wie bitte? Nach allem, was ich für dich tue!« Stattdessen versuchte sie jedoch, sich in sein Elend hineinzuversetzen und Interesse zu zeigen. »Es erschreckt mich, das zu hören«, antwortete sie. »Was tue ich, das dich so empfinden lässt?« Zu sich selbst sagte sie: »Lass ihn reden. Er enthüllt etwas Wichtiges über sich selbst – und vielleicht auch über dich. Es spielt keine Rolle, ob du glaubst, er habe unrecht oder sei unfair. Wenn du ihm näherkommen willst, musst du zuhören und versuchen zu bewerten, was er sagt.«

Es gibt viele Möglichkeiten, wie Sie Ihren Partner wissen lassen können, dass sie ihm zuhören, aber ich empfehle zwei ganz besonders. Es sind zwei Methoden aktiven Zuhörens: die Seitenwechsel-Methode und die entwaffnende Methode.

Die Seitenwechsel-Methode

Paare streiten häufig, ohne zu wissen, worum es eigentlich geht, oder stellen die Ansicht ihres Partners vorschnell infrage, bevor sie diese überhaupt verstanden haben. Die Seitenwechsel-Methode soll Ihnen, dem Zuhörer, helfen, wirklich zu hören, was Ihr Partner sagt, und Ihnen, dem Sprechenden, das Gefühl geben, gehört zu werden.

Es funktioniert folgendermaßen: Wenn Sie über ein Thema diskutieren und einer von Ihnen wird gereizt oder verärgert, ruft einer von Ihnen eine Pause aus und Sie wechseln die Seiten. Das bedeutet, dass Sie beide aufhören, sich Ihre Standpunkte aufdrängen zu wollen, und versuchen, die phänomenologische Welt des anderen zu betreten. »Du willst also, dass ich dich folgendermaßen verstehe«, sagen Sie und versuchen, die wichtigsten Aspekte der Botschaft Ihres Partners sowohl inhaltlich als auch sinngemäß mit Ihren Worten wiederzugeben oder zu spiegeln. Nun kann Ihr Partner auf einer Skala von eins bis neun bewerten, wie vollständig Sie die Botschaft erfasst haben. Neun ist sozusagen der Passierschein. Wenn es Ihnen nicht gelungen ist, wiederholt Ihr Partner den Teil der Botschaft, den Sie anscheinend überhört haben, und Sie versuchen, die Meldung so oft wie nötig »zu empfangen«, bis Ihr Partner zufrieden ist. Seien Sie nicht beleidigt oder frustriert, wenn Sie anfangs keine hohen Werte erreichen. Häufig merkt Ihr Partner erst, nachdem Sie die Botschaft gespiegelt haben, was er oder sie nicht gesagt hat, Sie haben es also möglicherweise nicht gehört, weil es noch gar nicht gesagt wurde. Auch kann ein zerstreuter Partner es durchaus brauchen, dass Sie die Botschaft mehrmals wiederholen, bis er sich verstanden fühlt.

Roberta und Neil hatten Probleme, sich über die Freizeitgestaltung zu einigen. Immer wenn sie versuchten, darüber zu sprechen, sprachen sie am Ende gar nicht mehr miteinander. Neil (der verletzte Partner) wünschte sich, mehr Zeit gemeinsam zu verbringen, Roberta weniger. Neil sah sie als kalt und abweisend, sie sah ihn als unsicher und bedürftig. Eines Tages, als sie darauf bestand, allein einige Besorgungen zu machen, brausten ihre Temperamente auf. Neil, der die Seitenwechsel-Methode anwandte, hörte ihr genau zu und versuchte dann zu spiegeln, was sie gesagt hatte. »Du möchtest, dass ich dich einen Teil der Zeit allein etwas erledigen lassen und dies nicht als persönliche Zurückweisung werte«, sagte er. »Meinen Wunsch, mit dir zusammen zu sein, siehst du als eine Art Kontrolle, als wolle ich mich versichern, dass du mich nicht wieder betrügst. Du empfindest das nicht als liebevoll, sondern als einsperrend.«

Roberta wiederum hörte Neil zu und spiegelte seine Gefühle: »Ich soll verstehen, dass ich ziemlich viel zu deiner Unsicherheit beitrage, indem ich dich ständig wegschiebe und dir nicht das Gefühl gebe, dass du für mich etwas Besonderes bist. Du würdest mich leichter allein gehen lassen, wenn ich dich zeitweise mitnehmen würde und wir zusammen etwas Schönes unternehmen.«

Beide Partner hatten gut zugehört und beide fühlten sich gehört.

Die entwaffnende Methode

Diese andere Methode aktiven Zuhörens[3] reduziert Ihr Gefühl, bei einem Problem polarisierende Meinungen zu vertreten, und hilft Ihnen, Gemeinsamkeiten zu finden, von denen Sie ausgehen können. Wie die Seitenwechsel-Methode hilft sie, einen Konflikt zu entschärfen, indem Sie gezwungen werden, auf das zu hören, was Ihr Partner sagt, anstatt auf das, was Sie zu Ihrer Verteidigung vorbringen wollen.

Bei dieser Übung finden Sie abwechselnd die Richtigkeit im Standpunkt Ihres Partners heraus – den Teil, dem Sie aufrichtig zustimmen können – und anerkennen dies freundlich und überzeugend.

Ed und Miriam gerieten aneinander, weil er in derselben Firma arbeitete wie seine Ex-Geliebte Sandy. Eines Tages bat ich sie bei einer Paartherapiesitzung in meiner Praxis, es mit der entwaffnenden Methode zu probieren. Anstatt sich zu verteidigen oder zu versuchen, einer Konfrontation auszuweichen, bestätigte Ed, was ihm an Miriams Standpunkt richtig erschien. »Meine Arbeitssituation muss dich verrückt machen«, sagte er. »Es muss für dich besonders schwer sein, mir zu vertrauen und aufzuhören, dich wegen Sandy in etwas hineinzusteigern, wenn du weißt, dass ich ihr jeden Tag begegne. Ich kann verstehen, dass du gerne hättest, dass ich einen anderen Job finde, sogar wenn ich dann weniger verdiene.«

Nachdem Miriam gehört hatte, dass Ed ihren Standpunkt anerkannte, war es für sie leichter, dasselbe bei ihm zu machen. »Mir ist klar, dass du in der Klemme bist«, sagte sie, »dass du mir den Gefallen tun möchtest, aber Sorge hast, wie du woanders einen Job finden sollst. Ich weiß, dass ich sage, Geld ist mir nicht wichtig, aber dann doch viel ausgebe. Es muss wirklich hart sein, einen guten, sicheren Job aufzugeben. Dazu braucht es mehr Energie und Selbstvertrauen, als du momentan zu haben glaubst.«

Es war für beide ein Wendepunkt. Keiner hatte bisher anerkannt, was am Standpunkt des anderen vernünftig war. Durch dieses Eingeständnis fühlten sie sich zwar verletzlich, aber es half, ihren Konflikt zu deeskalieren und sie in zwei Menschen zu verwandeln, die zusammen an einem Problem arbeiteten.

Was auch Sie erkennen sollten, ist, dass bei jedem Streit das, was Ihr Partner sagt, oft auch für Sie ein Körnchen Wahrheit enthält. Es ist Ihre Aufgabe, das herauszufinden und zu bestätigen. Ihre Bestätigung wird Sie beide wahrscheinlich vor extremen, selbstgerechten Haltungen bewahren und einander näherbringen.

Letztlich müssen Sie beide lernen, gute Zuhörer zu sein und die Beschwerden Ihres Partners als Geschenke im Interesse Ihrer Beziehung aufzufassen. Um Ihre Beziehung zu erneuern, müssen Sie sich besser kennenlernen, und dazu gehört, die Gefühle Ihres Partners als berechtigt zu akzeptieren und ernsthaft zu betrachten, was sich Ihr Partner von Ihnen wünscht. Wenn Sie beide offen miteinander sprechen können, ohne immer übereinander herzufallen oder in die Defensive zu gehen, werden Sie einen Mechanismus für die Konfliktbewältigung entwickeln, der dafür sorgen wird, dass Sie sich in Ihrer Beziehung besser umsorgt und verstanden fühlen.

Warum Sie vielleicht nicht zuhören wollen

Lassen Sie uns drei häufige Ansichten ansehen, die Ihre Fähigkeit reduzieren können, den Klagen Ihres Partners zuzuhören. (Mit Zuhören meine ich aktives Zuhören, also nicht nur die bloße Bereitschaft, die Worte des Partners anzuhören, sondern die Bereitschaft, die Sichtweise des Partners zu würdigen.)

1. »Wenn ich mir deine Beschwerden anhöre, ist es, als würde ich sagen: ›Du hast recht.‹«
2. »Wenn ich mir deine Beschwerden anhöre, gebe ich dir eine Lizenz zum Toben.«
3. »Wenn ich mir deine Beschwerden anhöre, ist es, als würde ich sagen: ›Ich verzeihe dir.‹«

Ansicht #1: »Wenn ich mir deine Beschwerden anhöre, ist es, als würde ich sagen: ›Du hast recht.‹«

Zuhören bedeutet nicht zuzustimmen, es bedeutet lediglich, den Partner wichtig genug zu nehmen, um zu versuchen zu verstehen, was er sagt. Wenn Sie Zuhören damit verwechseln, die Botschaft Ihres Partners anzuerkennen, werden Sie nicht zuhören und nicht wissen, worüber Sie eigentlich streiten. Erst wenn Sie sich die Beschwerden Ihres Partners wirklich anhören, können Sie anfangen, sie zu verstehen und darauf zu antworten.

Ansicht #2: »Wenn ich mir deine Beschwerden anhöre, gebe ich dir eine Lizenz zum Toben.«

Einige von Ihnen werden sich vielleicht sorgen, das Zuhören würde ihren Partner streitlustiger machen. Zuhören kann aber entwaffnend sein. Empathie – ein anderer Name für aktives Zuhören – intensiviert einen Konflikt nicht, sondern mildert ihn ab. Da sich Ihr Partner anerkannt und verstanden fühlt, wird er sich eher entspannen, mehr Vertrauen zu Ihnen haben und liebevoller auf Sie reagieren. Probieren Sie es. Sie werden vielleicht entdecken, dass Zuhören eines der wirksamsten Hilfsmittel ist, die Sie haben.

Ansicht #3: »Wenn ich mir deine Beschwerden anhöre, ist es, als würde ich sagen: ›Ich verzeihe dir.‹«

Einige von Ihnen werden vielleicht Probleme mit dem Zuhören haben, weil Sie es mit Verzeihen gleichsetzen. Aber verwechseln Sie beides nicht. Zuhören bedeutet, wie bereits gesagt, nur, dass Sie bereit sind, sich für die Version Ihres Partners zu öffnen, nicht dass sie diese akzeptieren oder das Verhalten Ihres Partners dadurch verzeihen oder ihn freisprechen. Zuhören kann den Weg zur Vergebung frei machen, aber es ist nur ein Anfang.

Wie die Vergangenheit sich darauf auswirkt, wie Sie heute zuhören.

In Ihrer Kindheit haben Sie sich daran gewöhnt, durch die Art, wie Ihre Familie mit Ihnen oder untereinander gesprochen hat, bestimmte implizite oder explizite Botschaften zu hören. Einige waren persönlich aufwertend (»Ich respektiere deine Meinung«, »Das erscheint mir sinnvoll«, »Wir müssen nicht unbedingt einer Meinung sein«), andere, wie die folgenden, waren lähmend:

- »Du solltest besser aufpassen.«
- »Du machst mich wirklich verrückt.«
- »Du bist ein Idiot.«
- »Du kannst einfach keine guten Entscheidungen fällen.«
- »Ich hab dich dick.«
- »Du bist nicht liebenswert.«
- »Du weißt doch gar nicht, wovon du sprichst.«
- »Du solltest dich schämen.«
- »Das ist dein Fehler.«
- »Was ist los mit dir?«

Wenn heute Ihr Partner mit Ihnen spricht, sind Sie geneigt – das heißt, in eine Richtung programmiert –, das, was Sie hören, in dieser vertrauten, manchmal dysfunktionalen Art zu interpretieren. Dadurch verdrehen Sie die Botschaft Ihres Partners und verlieren Ihre Fähigkeit, in objektiver und konstruktiver Weise zu antworten.

Josh, ein achtundfünfzigjähriger Anwalt, ist ein einschlägiger Fall. Sein Vater war ein Tyrann, der jede seiner Bewegungen genau kontrollierte. Wenn heute seine Frau Amy mit ihm spricht, versteht er oft »Einmischung«, »Kontrolle« und »Unterwerfung«. Amy beharrt darauf, dass sie nur für sich selbst spricht und versucht zu helfen. Obgleich die Vorfälle variieren – einmal schlägt sie vor, er solle eine halbe Stunde vor der Cocktail-Party auf die Zwiebeln auf seinem Sandwich verzichten, oder sie bittet ihn, den Fernseher im Hotel leiser zu stellen –, die persönliche Bedeutung, die Josh ihren Worten beimisst, ist immer dieselbe. Er kann keine offene Aussprache über seine Reaktion führen, weil er sich nicht bewusst ist, wie er zu allem beiträgt. Er weiß nur, dass er sich bei Amy manipuliert und wie ein Kind behandelt fühlt, wie bei seinem Vater, und dass er von ihr weggehen muss, um sein emotionales Gleichgewicht wiederherzustellen. Natürlich wird diese Lösung beide als Paar ebenso wenig heilen wie ihn als Einzelperson.

Es ist für Sie wichtig, wie auch für Josh, dass Sie sich Ihrer Reizwörter, Filter, Wunden – wie immer Sie es nennen wollen – bewusst sind, weil diese dazu führen können, dass Sie das, was Ihr Partner sagt, falsch auslegen. Sie müssen im Kopf behalten, dass die Botschaft, die Sie zu hören meinen, vielleicht eine völlig andere ist, als die, die Ihr Partner zu übermitteln versucht. Wenn Sie Ihren Partner missdeuten (vielleicht hören Sie »Ich mag dich nicht und werde dich verlassen«, wenn Ihr Partner wütend oder verärgert ist), werden Sie wahrscheinlich unpassend reagieren (beispielsweise drohen Sie mit Scheidung) und animieren Ihren Partner dadurch, auf eine Weise zu reagieren, die Ihre ursprüngliche Ansicht bestätigt (dass Ihr Partner Sie nicht mag und Sie verlässt).

Wenn Sie wissen, dass Sie anfällig dafür sind, die Worte Ihres Partners entsprechend Ihrer eigenen persönlichen Themen zu interpretieren, müssen Sie etwas Abstand nehmen und sich fragen: »Kann man das, was mein Partner sagt, auch anders verstehen? Kann ich das anders verarbeiten? Provoziere ich meinen Partner, mit mir so zu kommunizieren, wie meine Eltern es machten, sodass ich meine frühen Erfahrungen verstärke?«

Sie können überprüfen, ob Sie eine Botschaft richtig interpretieren, indem Sie zu Ihrem Partner sagen: »Durch das, was du gesagt hast, fühle ich mich ... (nicht unterstützt, herabgesetzt, kontrolliert), aber ich weiß, dass ich dazu neige, zu schnell so zu fühlen. Habe ich dich richtig verstanden?« Das gibt Ihrem Partner eine neue Chance zu erklären und Ihnen eine neue Chance, aufnahmebereit zuzuhören.

Unterschiede zwischen den Geschlechtern beim Äußern und Anhören von Konflikten

Männer und Frauen neigen dazu, Konflikte unterschiedlich auszudrücken und Argumenten unterschiedlich zuzuhören. Obgleich Geschlechterunterschiede nicht auf jeden zutreffen, kann es Ihnen helfen, wenn Sie diese Unterschiede verstehen. Sie können dann vielleicht konstruktiver kommunizieren und Antworten tolerieren, die Sie sonst stören oder ärgern würden.[4] Nachfolgend einige häufige Beispiele:

1. Männer erteilen häufig Ratschläge, wenn Frauen emotionale Unterstützung wollen. Männer sehen ihre Intervention als liebevoll oder hilfreich. Frauen erleben sie gewöhnlich als herablassend und teilnahmslos.

2. Männer, die Empathie zeigen, kommen sich häufig albern oder unecht vor. Sie können kaum glauben, dass jemand es schätzen oder irgendeinen Vorteil daraus ableiten kann, wenn sie einfach nur zuhören oder Gefühle bestätigen. Frauen zeigen eine natürlichere Empathie und verstehen deren Wert.

3. Männer sind von emotionalen Konfrontationen oftmals überfordert und neigen dann dazu, sich zu entziehen. Wenn die Spannung steigt, steigen auch ihr Puls und ihr Blutdruck (ein physiologisch aversiver Zustand) und sie empfinden das biologische Bedürfnis zu flüchten. Frauen hingegen fühlen sich dem Partner näher, wenn sie ihre Beschwerden mitteilen können, und empfinden eine höchst unangenehme Erregung ihres autonomen Nervensystems, wenn sich ihre männlichen Partner entziehen.[5]

Eine Frau, deren Partner jedes Mal flüchtet, wenn sie versucht, ihre Wut oder ihren Schmerz zu äußern, ist gezwungen, eine Wahl zu treffen: Entweder sie spricht sich aus und verprellt damit ihren Partner oder sie hält den Mund und fühlt sich von sich selbst entfremdet. Wenn eine Frau also auf ihren Mann wegen seiner Affäre, seiner emotionalen Unempfänglichkeit oder seiner Drohung, sie zu verlassen, wütend ist, muss sie nicht nur diese gefühlsmäßige Belastung an sich aushalten, sondern zudem auch die Angst ertragen, dass er, wenn sie ihre Gefühle äußert, mit noch größerer Wut kontern oder gar seine Drohung, sie zu verlassen, wahr machen wird.[6] Das Schweigen einer Frau führt nur zu oft zu Depression und Selbstverlust.

Die geschlechtsspezifischen Unterschiede bei der Kommunikation werden häufig verschärft, wenn der verletzte Partner eine Frau und der untreue Partner ein Mann ist. Eine Frau möchte über ihren Schmerz eher sprechen und als der verletzte Partner gibt es da auch mehr Schmerz, über den zu sprechen ist. Ein Mann möchte lieber jeden Konflikt vermeiden und als der untreue Partner einfach vorwärtsgehen. Beide Partner verhalten sich in einer Weise, die den anderen frustriert und entfremdet.

Um diese Unterschiede zu umgehen, müssen Männer und Frauen eine Vereinbarung treffen: Männer können den Konflikt nicht vermeiden, Frauen können ihren Partner damit nicht überschwemmen.

Als Mann müssen Sie ins Gefecht ziehen und versuchen, sich in die Gefühle Ihrer Partnerin hineinzuversetzen. Sie müssen ihr beweisen, dass Sie sich sehr anstrengen werden, engagiert zu bleiben und ihren Standpunkt zu verstehen, wenn sie ruhiger und weniger spricht.

Als Frau müssen Sie die Bemühungen Ihres Mannes verstärken, indem Sie sich von seiner Empathie ergreifen und beruhigen lassen – und indem Sie die Diskussion kurz halten. Sie sollten auch in Betracht ziehen, seine Ratschläge nicht als Versuch zu sehen, Sie klein zu machen oder zu kontrollieren, sondern als Versuch, hilfreich und liebevoll zu sein.

»Jedes Mal, wenn es zwischen mir und Janet wieder gut zu werden beginnt«, klagte Bill, ein untreuer Partner, in einer Paartherapiesitzung, »fängt sie wieder mit meinem Seitensprung an und macht alles Gute kaputt. Ich versuche zuzuhören, aber es scheint nicht zu helfen. Die Verletzung verschwindet nie. Sollen wir das wirklich weiter so machen?«

»Sie sind bemüht weiterzukommen«, sagte ich ihm, »aber wenn Sie Optimismus äußern, reagiert Janet verängstigt. Sie fürchtet, wieder verletzt zu werden. Sie hat Angst, dass Sie einfach versuchen, das Geschehene unter den Teppich zu kehren, und nichts daraus gelernt haben. Sie sieht Ihren Optimismus als eigennützig und manipulierend – ein billiger, schmerzfreier Weg, damit Ihnen verziehen wird. Ich empfehle Ihnen Folgendes: Sie, Bill, müssen Janet jedes Mal zuhören, wenn sie es braucht, über ihren Schmerz zu sprechen – wenn das 5000 Mal ist, müssen Sie 5000 Mal zuhören. Ihre Bereitschaft zuzuhören kann ihren Schmerz und ihr Bedürfnis, darüber zu sprechen, abnehmen lassen. Sie, Janet, dürfen nicht nur Ihren Kummer teilen, sondern auch Ihre positiven Gefühle – alle warmen, liebevollen, hoffnungsvollen Gefühle, die Sie empfinden –, damit Bill sich ermutigt fühlt und weiß, dass seine Anstrengungen, für Sie da zu sein, etwas bedeuten. Wenn Sie, Bill, sich Janets Verletzung und Wut öffnen und Sie, Janet, es sich erlauben zu heilen, haben Sie beide eine bessere Chance, sich eine gemeinsame Zukunft zu gestalten.«

Vorschläge

Hier einige allgemeine Ratschläge, die Sie im Kopf behalten sollten, wenn Sie kommunizieren:

- Gehen Sie nicht davon aus, dass das, was Sie hören, auch das ist, was Ihr Partner zu sagen versucht. Vielleicht hören Sie nur, was Sie wissen oder zu hören erwarten.

- Lernen Sie, ein erfolgreicher Choreograf zu werden. Überlegen Sie, bevor Sie zu sprechen anfangen, wohin Ihre Beziehung gehen soll, und fragen Sie sich: »Was muss ich sagen, um das zu erreichen?« Versuchen Sie, vertrauten Kommunikationsmustern entgegenzuwirken, die Ihren Interessen nicht mehr dienen. Anstatt beispielsweise Ihren Partner durch Sarkasmus auszuschalten (»Ich vermute, du hast kein Interesse an dem, was ich zu sagen habe«), coachen Sie sich, entwaffnend direkt zu sein (»Ich würde dir gerne erzählen, wie ich dabei fühle. Es ist mir wirklich wichtig, dass du mir genau zuhörst«).
- Worüber Sie diskutieren, ist oft weniger wichtig als die Art, wie Sie diskutieren. Vergessen Sie, wenn Sie miteinander sprechen, nicht, zu vermitteln: »Ich mag dich, ich glaube an dich, ich bin stolz auf dich, du bist mir wichtig. Ich interessiere mich dafür, was du zu sagen hast und wie du dich fühlst.«
- Springen Sie nicht auf jedes Wort Ihres Partners an. Lassen Sie Raum für unvollkommene Antworten. Seien Sie geduldig und aufmerksam, wenn Sie wissen, dass Ihr Partner Sie erreichen will. Schauen Sie hinter die Worte und versuchen Sie, die versteckte Botschaft zu hören.

Zahlreiche Kommunikationsmethoden können Ihnen helfen, konstruktiver miteinander zu sprechen und sich zuzuhören. Viele dieser Methoden werden erklärt in *Marriage Rules*[7] und *10 Lessons to Transform Your Marriage*[8]. Hier ein paar davon:

- Hören Sie dem zu, was Ihr Partner zu sagen hat, ohne sich zu verteidigen (»Ja, aber ...«), ohne zu bagatellisieren (»Du bauschst das wirklich auf«) und ohne zu mauern (»Ich weigere mich, darüber zu sprechen«).
- Überfordern Sie Ihren Partner nicht mit gehässigen Angriffen. Wechseln Sie sich beim Sprechen und Zuhören ab.
- Lassen Sie Ihren Partner ausreden, unterbrechen Sie ihn nicht.
- Nachdem Sie Ihren Standpunkt dargelegt haben und Ihr Partner ihn mit eigenen Worten umschrieben hat, lassen Sie den Streit eine Weile ruhen.
- Bleiben Sie jeweils bei einem Thema.
- Formulieren Sie spezifisch. Sagen Sie nicht: »Immer machst du X«, oder: »Nie machst du X.«

- Kritisieren Sie, was Ihr Partner denkt oder tut, greifen Sie aber nicht seinen Charakter an. Sagen Sie: »Ich kann dir nicht vertrauen, wenn du mich darüber belügst, ob du deiner alten Freundin begegnet bist«, anstelle von: »Du bist ein pathologischer Lügner.«
- Unterstellen Sie dem Verhalten Ihres Partners keine besonderen Motive. Sagen Sie besser: »Ich glaube, dass ...«, oder: »Mein Gedanke ist, dass ...«, anstelle von »Ich bin sicher, der Grund, warum du X gemacht hast, ist ...«. Bedenken Sie, dass Ihre Mutmaßungen rein persönlich sind und nicht zutreffen müssen. So bekommt Ihr Partner die Chance, sie zu bestätigen oder zu korrigieren.
- Falls der Tonfall Ihres Partners Sie abstößt, sagen Sie das und bitten Sie, dass mit ruhigerer oder respektvollerer Stimme gesprochen wird. Gehen Sie nicht einfach weg, lassen Sie den Konflikt nicht eskalieren.
- Blicken Sie Ihrem Partner in die Augen, während Sie mit ihm sprechen. Geben Sie ihm Ihre volle Aufmerksamkeit.
- Wenn Sie Ihrem Partner nicht Ihre ungeteilte Aufmerksamkeit geben können – Sie sind zu beschäftigt, müde, aufgebracht –, sagen Sie dies und vereinbaren Sie, sich zu einem anderen Zeitpunkt zusammenzusetzen. Halten Sie sich dann auch daran.

Es ist wichtig, Ihren Partner wissen zu lassen, was Sie hören wollen. Nachfolgend einige häufige Bitten, die meine Patienten geäußert haben. Zögern Sie nicht, Ihre eigenen anzufügen:

- »Sage mir, wenn du beruhigt werden willst. Drohe nicht mit Scheidung, um meine Aufmerksamkeit zu bekommen.«
- »Sage es mir, wenn du dich mir nahe fühlst oder Hoffnungen für uns als Paar empfindest.«
- »Sage es mir, wenn du verstimmt bist, verschweige deinen Schmerz nicht.«
- »Anstatt auszuflippen, sage mir ruhig und direkt, was dich quält oder was du willst.«
- »Sage mir in respektvoller Weise, worüber du wütend oder durcheinander bist, mache mich nicht nieder.« (Besser sagen Sie beispielsweise: »Dadurch, dass du die Wahrheit über mich bei deinen Eltern verfälscht hast, hast du es

mir unglaublich schwer gemacht, noch eine Beziehung zu ihnen zu haben«, anstelle von: »Du bist ein Baby, das Mami und Papi braucht.«)

- »Sprich mit mir über dich und über uns, ziehe den Seitensprung-Partner nicht mit hinein.«
- »Sei ehrlich: Wenn ich dich etwas über den Seitensprung-Partner frage, versuche nicht, meine Gefühle zu schützen.«
- »Erzähle mir, wie deine Familie mit dir gesprochen hat und wie dies vielleicht beeinflusst hat, wie du heute mit mir sprichst.«
- »Sage mir, welchem Teil meiner Botschaft du zustimmst.«
- »Setze nicht voraus, dass ich möchte, dass du meine Probleme löst, solange ich dich nicht um Hilfe bitte.«
- »Entschuldige dich unverblümt dafür, dass du mich verletzt oder enttäuscht hast.«
- »Bringe den Seitensprung zur Sprache, damit ich mich nicht so allein damit fühle.«
- »Gib zu, dass du zu unseren Problemen beigetragen hast.«
- »Sage mir, wer wie viel über die Affäre weiß, und lass uns zusammen einen Plan ausarbeiten, wie wir die Verbreitung der Neuigkeit begrenzen und handhaben wollen.«
- »Habe keine Angst davor, dass ich dich weinen sehe. Habe keine Angst davor, mich wissen zu lassen, was deine Tränen bedeuten.«

Um die Intimität wiederherzustellen, ist es nötig, offen und ehrlich miteinander zu kommunizieren, aber auch körperliche Nähe zählt. Das nächste Kapitel hilft Ihnen, wieder in einer Form sexuell intim zu werden, die über die genitale Sexualität hinausgeht. Ich verstehe, wie beängstigend die Vorstellung sein kann, sich wieder zu berühren – zuzulassen, dass Ihr Partner wieder Ihre Bedürfnisse befriedigt und Sie dasselbe für ihn tun. Mit Ihren Kommunikationsfertigkeiten, die Ihnen helfen, Ihre Wünsche und Ängste auszudrücken, und Ihren kognitiven Fertigkeiten, mit denen Sie genau verarbeiten können, was zwischen Ihnen beiden geschieht, sind Sie nun jedoch gut gerüstet für den Schritt ins Schlafzimmer.

KAPITEL 8
Wieder Sex haben

Freud sagte einmal, wenn zwei Menschen sich lieben, seien sechs Leute im Bett – das Paar und seine jeweiligen Eltern. Nach einem Seitensprung können Sie eine siebte Person hinzufügen: das Gespenst der Geliebten/des Liebhabers. Dieses Kapitel hilft Ihnen, Ihre Eltern und die Geliebte/den Liebhaber unter der Bettdecke aus dem Schlafzimmer zu verbannen, den Raum zwischen sich aufzuwärmen und wieder sexuell intim zu werden. Mit sexueller Intimität meine ich, dass Sie in Anwesenheit Ihres Partners:

- sich emotional sicher und beschützt fühlen können, obwohl sie körperlich nackt sind;
- Sie selbst sein können und sich dennoch verbunden fühlen;
- Leidenschaft und Spielerei im Bett wertschätzen, aber darauf vertrauen, dass die Nähe für Sie beide mehr zählt als Leistung;
- Ihre eigenen sexuellen Ängste und Frustrationen anerkennen können und sich dennoch akzeptiert und respektiert fühlen;
- offen um das bitten können, was Ihnen sexuell gefällt, aber auch Grenzen setzen können, wenn Ihnen etwas unangenehm ist;
- Mitgefühl füreinander haben, da Sie wissen, dass das, was Sie schwach und unvollkommen macht, Sie zugleich auch menschlich macht.

Momentan mag eine solche Nähe Lichtjahre entfernt sein.

Sie, den verletzten Partner, hungert es wahrscheinlich nach der beruhigenden Wirkung körperlicher Nähe, während Sie Ihren Partner wegstoßen, um Ihr verletzliches Selbst zu schützen. Nirgendwo fühlen Sie sich unsicherer und unerwünschter als im Schlafzimmer, wo Sie sich mit der Geliebten/dem Liebhaber Ihres Partners vergleichen, die körperlichen Reize dieser Person aufbauschen und Ihre eigenen minimieren.

Sie, der untreue Partner, werden wahrscheinlich das Verbotene, das Drama, das Neue des Seitensprungs vermissen. Nach so viel körperlichem Hochgefühl werden Sie Probleme haben, von einem Partner sexuell erregt zu werden, der zögernd, befangen oder abweisend wirkt. Sie können von dem Druck abgeschreckt werden, den Ihr Partner auf Sie ausübt oder dem Sie sich selbst aussetzen, Ihre Liebe im Bett zu beweisen.

Bei Ihrem Kampf, wieder eine intime Verbindung herzustellen, können Sie von zwei kognitiven Fehlern blockiert werden. Der eine ist Ihre Tendenz, dem sexuellen Verhalten Ihres Partners eine Bedeutung beizumessen, ohne deren Evidenz zu prüfen (beispielsweise vermutet eine Frau, wenn ihr Mann keine Erektion bekommt, dass er sie betrügt). Der andere Fehler ist Ihre Tendenz, für sich und Ihren Partner so strenge oder unrealistisch hohe sexuelle Standards aufzustellen, dass Ihre körperliche Beziehung unzulänglich erscheint (beispielsweise setzt ein Mann voraus, dass seine Frau immer wissen sollte, was ihm gefällt).

Verletzte Partner vermuten typischerweise:

1. »Du hast kein Interesse an Sex oder kannst nicht erregt bleiben, weil du mich nicht sexy oder begehrenswert findest.«
2. »Du hast kein Interesse an Sex oder kannst nicht erregt bleiben, weil du mich noch immer betrügst.«
3. »Ich werde dich nie so befriedigen können wie deine Geliebte/dein Liebhaber. Ich kann da nicht konkurrieren.«

Untreue Partner vermuten typischerweise:

1. »Wenn ich dich im Bett nicht befriedigen kann, wirst du denken, dass ich kein Interesse mehr an dir habe oder dich noch immer betrüge.«
2. »Mit meiner Geliebten/meinem Liebhaber hatte ich tollen Sex. Da sich mein Sexleben mit dir damit nicht vergleichen lässt, bist offenbar du das Problem.«

Beide haben Sie wahrscheinlich die Meinung:

1. »Zu Sex sollte es ganz natürlich und problemlos kommen. Wir sollten uns nicht berühren oder miteinander schlafen, solange wir uns zusammen nicht besser fühlen.«
2. »Wenn ich zulasse, dass du mich berührst, wirst du weitergehen wollen.«
3. »Wenn du masturbierst, bedeutet das, dass du mich nicht liebst und unsere Beziehung gestört ist.«
4. »Sex sollte immer leidenschaftlich sein.«

5. »Du solltest immer wissen, was mir sexuell gefällt.«
6. »Wenn ich dich bitte, beim Sex etwas anders zu machen, verletze ich deine Gefühle. Wenn ich tue, worum du bittest, verletze ich meine. Es lohnt sich nicht, etwas zu ändern.«
7. »Wir sollten gleichzeitig zum Orgasmus kommen.«
8. »Wir sollten mehrmals einen Orgasmus haben.«
9. »Wir sollten den Orgasmus durch Geschlechtsverkehr erreichen.«
10. »Wir sollten jedes Mal zum Orgasmus kommen, wenn wir uns lieben.«
11. »Wir sollten in derselben Häufigkeit und zur selben Zeit Sex haben wollen.«
12. »Wenn unsere Beziehung stark genug wäre und wir normal wären, bräuchten wir keine Fantasievorstellungen und kein Sexspielzeug.«
13. »Das Thema, einen Test auf Aids oder andere sexuell übertragbare Krankheiten zu machen, ist zu heikel, um es zur Sprache zu bringen.«
14. »Ich werde niemals die Scham überwinden, die ich gegenüber meinem Körper und meinem Sex empfinde.«

Lassen Sie uns jede dieser fragwürdigen Ansichten näher betrachten und einige Übungen besprechen, die Ihnen helfen können, auf intimere Weise zu denken und zu handeln.

Ansichten des verletzten Partners

Ansicht #1: »Du hast kein Interesse an Sex oder kannst nicht erregt bleiben, weil du mich nicht sexy oder begehrenswert findest.«

Wenn Ihr Partner durch Sie sexuell überhaupt nicht erregt zu werden scheint, werden Sie vermuten, dass es an Ihnen liegt, und werden den Beitrag Ihres Partners zu dem Problem ignorieren. Da Sie durch den Seitensprung traumatisiert sind, werden Sie das leichteste Zögern Ihres Partners als Beweis für Ihr sexuelles Ungenügen auffassen.

Nach Marks Affäre schob sich seine Frau Wendy die Schuld für ihre Probleme im Bett zu. Ihre Reaktion ist typisch.

»Ich grüble die ganze Zeit«, sagte sie mir. »Vielleicht bin ich nicht gut für Mark. Ich brauche zu lange, bis ich komme. Ich werde nicht mehr so feucht wie früher. Ich habe zu viel Angst, um loslassen zu können. Ich habe auch früher nie geglaubt, sexy oder attraktiv auf ihn zu wirken, und jetzt nehme ich es ihm übel, dass er mir das Gefühl gibt, damit recht gehabt zu haben.«

Vor lauter Selbstzweifeln zog Wendy nie den Gedanken in Betracht, Mark könnte seine eigenen sexuellen Ängste haben, die ebenso im Zentrum ihrer Probleme stehen könnten wie irgendetwas inhärent Mangelhaftes an ihr. Einige dieser Ängste waren tatsächlich älter als ihre Beziehung. Erst als Wendy sich selbst unberücksichtigt ließ und die Sache von außen betrachtete, stellte sie fest:

- Jahre bevor sie Mark begegnet war, hatte Mark sich mit der Überzeugung gequält, dass sein Penis peinlich klein sei. Lange Zeit hatte er sich als sexuell untauglichen, unattraktiven Mann betrachtet, der zu schnell kam und sie nicht würde befriedigen können.
- Der Seitensprung setzte Mark unter den gewaltigen Druck, ihr durch gute Leistungen im Bett seine Liebe zu beweisen – er wusste, wie beschädigt und wenig begehrenswert sie sich durch seine Untreue fühlen musste – und diese Anspannung hatte seine Lust möglicherweise abgetötet.
- Mark erwartete wahrscheinlich, nach dem, was er getan hatte, abgewiesen zu werden, und als Konfliktvermeider, der er war, wollte er vielleicht keine sexuelle Initiative ergreifen und dabei riskieren, abgelehnt zu werden.

Sie sollten sich, genau wie Wendy, vor einer Fehlinterpretation der sexuellen Reaktion Ihres Partners hüten. Das Problem könnte sein, dass Ihr Partner gar keine negativen Gedanken über Sie hegt, dass Sie aber denken, er habe solche Gedanken. Ihr Partner wünscht sich vielleicht am meisten eine mitfühlende Antwort auf unangenehme Probleme und Hilfe bei deren Überwindung.

Wenn Sie auf den entgegengesetzten Seiten des Bettes schlafen, sollten Sie nicht automatisch davon ausgehen, dass Ihr Partner Sie nicht liebt oder nichts mit Ihnen zu tun haben möchte. Sex ist nur *eine* Art des Umgangs und kann in dieser Zeit eine der belastendsten sein.

Wendy registrierte, dass ihr Mann sie zwar sexuell mied, sich jedoch bemühte, regelmäßig zeitig von der Arbeit nach Hause zu kommen und für die Wochenenden schöne Unternehmungen zu planen. Auch Sie sollten zur Kenntnis nehmen, wenn Ihr Partner Zeit mit Ihnen verbringen will und Ihre Gesellschaft in nichtsexueller Form zu genießen scheint. Wichtig ist, dass Sie positive Interaktionen fördern. Diese müssen nicht immer sexueller Natur sein.

Vorschläge

1. Versuchen Sie, eine Liste mit Erklärungen für die Lust- und Erregungsprobleme Ihres Partners zu erstellen, bei denen Sie keine Rolle spielen.
   Wendy benannte drei:
   • tief sitzende Gefühle sexuellen Ungenügens;
   • Leistungsdruck;
   • Angst vor Zurückweisung oder Konfrontation.

Weitere Erklärungen könnten auch sein:
   • Bedürfnis, wieder Macht zu gewinnen oder Kontrolle geltend zu machen;
   • Wunsch, Sie zu verletzen oder zu bestrafen;
   • Menstruation;
   • medizinische Störung;
   • Erschöpfung oder andere Form von Stress;
   • Auswirkungen von Medikamenten, Alkohol oder Drogen;
   • Drang, zum Ziel zu kommen, ohne Zeit für Entspannung oder Intimität zu lassen;
   • Angst, sich zu öffnen und verletzlich oder lächerlich zu fühlen;
   • Angst vor Schwangerschaft;
   • Befangenheit wegen fehlender Privatsphäre (Kinder oder im selben Haushalt lebende Verwandte);
   • übertrieben sittenstrenge Haltung gegenüber Sex (fühlt sich hurenhaft, schmutzig oder sündig);
   • homosexuelle Neigungen;
   • sexuelles Trauma in der Vergangenheit.
2. Lassen Sie Ihren Partner wissen, dass Sie damit zu kämpfen haben, sein Desinteresse an Sex weniger persönlich zu nehmen. Bitten Sie freundlich und ohne zu werten um Hilfe beim Finden alternativer Erklärungen, die ebenso plausibel sind.
3. Es ist Ihre Aufgabe als verletzter Partner, Ihren Partner zu beruhigen, ihm zu sagen, dass Sie keinen fantastischen Sex erwarten, sondern den Beginn einer

neuen Bindung. Finden Sie Ihre eigenen Worte, um zu bitten: »Was kann ich tun, um dich davon zu überzeugen, dass ich einfach nur will, dass wir näher zusammenkommen?« Sagen Sie Ihrem Partner, dass Leistung unwichtig ist, dass Erektionen oder Orgasmen unwichtig sind, dass nur zählt, dass Sie beide eine Atmosphäre der Akzeptanz, Offenheit und Wärme erzeugen.

4. Versuchen Sie, gemeinsam verbrachte Zeit, die intim, aber nicht unbedingt sexuell ist, wertzuschätzen, beispielsweise wenn Sie gemeinsam die Sonntagszeitung lesen, ein Lieblingsessen kochen, eine Radtour oder Wanderung unternehmen.

Ansicht #2: »Du hast kein Interesse an Sex oder kannst nicht erregt bleiben, weil du mich noch immer betrügst.«

Zu dieser Schlussfolgerung werden Sie wahrscheinlich kommen, obgleich Sie keinen Beweis dafür haben, nur einen vagen Verdacht oder ein erhöhtes Gefühl von Verletzlichkeit und Misstrauen. Egal wie viele gegenteilige Beweise Sie ansammeln werden, diese unbegründeten Ängste werden wahrscheinlich monatelang oder gar jahrelang an Ihnen nagen und es Ihnen fast unmöglich machen, Intimität zu wagen.

Eine sechsundvierzigjährige Buchhalterin namens Jackie ertappte sich dabei, jede Bewegung ihres Mannes zu analysieren und nach einer Bestätigung für ihre Angst zu suchen, dass er sie noch immer betrog. Ihre Anschuldigungen erhöhten den Druck, den er empfand, seine Liebe im Bett zu beweisen. Natürlich zerstörte der Druck seine Lust, und das wiederum verstärkte ihren Verdacht, dass er mit einer anderen Frau schlief.

Sie sollten nicht wie Jackie automatisch davon ausgehen, dass Ihr Verdacht begründet ist, nur weil Sie ihn haben. Wenn Sie sich täuschen, vergiften Sie Ihre Beziehung ebenso sehr, als würde Ihr Partner Sie tatsächlich noch betrügen.

Ihre Interaktion könnte durch den folgenden Gedankenkreis veranschaulicht werden:

Jackies Vermutung
»Jim meidet mich sexuell, weil er noch immer mit
diesem Mädchen schläft.«

*Jims emotionale und Verhaltensre-
aktion*
Er fühlt sich unter Leistungsdruck und versagt. Er ist frustriert und gekränkt.

Jackies emotionale und Verhaltensreaktion
Sie ist wütend, fühlt sich bedroht
und betrogen und verhält sich kalt und
distanziert. Sie bestürmt Jim mit ihren
Verdächtigungen.

Jims Vermutung
»Wenn ich nicht sofort eine
Erektion bekomme, denkt sie, dass
ich sie wieder betrüge, und ich kann
dafür büßen.«

Vorschläge

1. Versuchen Sie, Tatsachen von Befürchtungen zu unterscheiden. Fragen Sie sich: »Wie viel davon weiß ich und wie viel davon ist ein unbegründeter Verdacht, nur weil ich einmal betrogen worden bin?« Wenn Sie begründete Beweise dafür haben, dass Ihr Partner untreu ist, wird es Zeit für einige ernsthafte Gedanken darüber, ob es in Ihrem Interesse ist zu bleiben. Wenn Sie jedoch lediglich diffuse Verdächtigungen haben, stellen Sie diesen die Hinweise darauf gegenüber, dass Ihr Partner auf Sie zugeht und versucht, wieder eine Verbindung mit Ihnen aufzubauen – indem er für Sie wichtige Gesprächsthemen anschneidet, Sie einlädt, ihn auf Geschäftsreisen zu begleiten, Sie vielleicht tagsüber einfach mal anruft, um zu hören, wie es Ihnen geht. Diese Gesten werden für sich genommen Ihr Sexleben nicht verbessern oder bewirken, dass Sie sich sexuell begehrter fühlen, aber sie sollten Ihnen helfen, Ihren Zweifeln und fixen Gedanken entgegenzutreten und den Treuebekundungen Ihres Partners zu vertrauen.

   Es kann viele Gründe dafür geben, dass Ihr Partner Probleme mit der Lust oder sexuellen Erregung hat, die nichts mit einem Betrug zu tun haben.

Einige sind auf der Seite 223 aufgelistet. Es wird Ihnen vielleicht helfen, diese alternativen Erklärungen zu prüfen und Sie gegen Ihre unbestätigten Ängste abzuwägen.

2. Sie werden es vielleicht nicht schaffen, Ihre Verdächtigungen auszuradieren, aber Sie können versuchen, diese daran zu hindern, Ihr Leben zu beherrschen oder zu vergiften. Dabei können zwei Methoden helfen:
Ein einfacher, aber wirksamer Trick ist, *die Gedanken zu stoppen*. Sobald Sie anfangen, sich Ihren Partner mit jemand anderem vorzustellen, versuchen Sie, sich zu unterbrechen, indem Sie sich laut oder leise sagen (die genauen Worte sind Ihnen überlassen): »Stopp. Ich bin schon wieder dabei, mich selbst herunterzuziehen. Lass' es sein.« Richten Sie Ihre Aufmerksamkeit dann nach außen und bemerken oder beschreiben Sie etwas Lustiges oder Interessantes in Ihrer Umgebung oder erinnern Sie sich an die letzte warmherzige oder lustige Interaktion mit jemandem, der Ihnen wichtig ist. Sie können Ihre Aufmerksamkeit auch nach innen wenden, tief atmen und Ihren Muskeln die Botschaft senden, sich zu lösen und zu entspannen. Sie werden Ihr Gehirn nicht zwingen können, bestimmte Gedanken nicht zu denken, aber Sie können es vorsichtig ablenken.

Die andere Methode – nennen Sie sie *Ihre Vermutungen infrage stellen* – beinhaltet die Nutzung eines Formblatts zu dysfunktionalem Denken. Sie schreiben das Ereignis so objektiv wie möglich auf und dann Ihre direkten Gefühle und Gedanken dazu. Anschließend stellen Sie Ihre Gedanken systematisch infrage und prüfen sie auf kognitive Fehler.

Nachfolgend ein Beispiel, wie eine Frau ihre Verdächtigungen gründlich durchdachte und damit eine hässliche Szene mit ihrem Mann Jim vermied, die sie nur noch weiter voneinander entfernt hätte. Der Ehemann hatte zugegeben, auf früheren Reisen mehrere One-Night-Stands gehabt zu haben, sich seither aber bemüht, seine Treue zu beweisen.

Objektives Ereignis: Als Jim aus Zürich zurückkam, ging er sofort schlafen. Er hatte null Interesse an Sex.

Emotionale Reaktion: ängstlich, zurückgewiesen, misstrauisch.

Automatische Gedanken: »Ich wette, er hat mit jemandem geschlafen, während er weg war. Wir haben seit über einer Woche keinen Sex gehabt – so lange wartet er sonst nie damit. Seit er zurück ist, ist er besonders nett zu mir – ein weiterer Beweis für sein schlechtes Gewissen«.

Rationale Antwort: »Du nimmst sein Verhalten persönlich und ziehst sofort Schlussfolgerungen. Vielleicht gibt es andere Gründe dafür, dass er heute nichts von dir will. Was zum Beispiel? Zum Beispiel ist er müde – er hat gerade einen 8-Stunden-Flug hinter sich. Er hat morgen einen langen Arbeitstag und es ist schon spät. Er hat Angst, nicht gut genug zu sein und dich damit traurig zu machen.

Bleibe bei den Fakten. Er hat dich eingeladen, mit auf die Reise zu kommen, und als du nicht mitkommen konntest, hat er das Zimmer mit einem seiner männlichen Kollegen geteilt. Er hat jeden Tag angerufen. Er schien sich aufrichtig zu freuen, als du ihn am Flughafen abgeholt hast, und hat dir dein Lieblingsparfüm mitgebracht. Sicher, das kommt vielleicht nicht alles von Herzen – ein Teil von ihm versucht vielleicht nur, dich zu beruhigen. Aber was ist daran falsch? Es dauert, bis das Vertrauen wiederhergestellt ist. Du bist ihm eindeutig wichtig, und er möchte, dass alles wieder in Ordnung kommt. Nur weil du misstrauisch bist, heißt das nicht, dass er etwas Falsches getan hat. Lass es einfach. Du bist jetzt nämlich auch müde. Wenn du nicht so verunsichert wärst, hättest du selbst nicht so viel Interesse an Sex.«

Ansicht #3: »Ich werde dich nie so befriedigen können wie deine Geliebte/ dein Liebhaber. Ich kann da nicht konkurrieren.«

Es ist weit verbreitet, dass man sich auf völlig unschmeichelhafte und selbstkritische Weise mit dem Seitensprung-Partner vergleicht. Alles, was Sie an Ihrem Körper oder Ihrer Leistung im Bett hassen, bewundern Sie wahrscheinlich an dieser Person, vor allem, wenn Sie ihr nie begegnet sind. Sie finden Ihre Brüste zu klein? Die Geliebte hat sicher riesige Brüste. Ihr Penis erscheint Ihnen zu weich? Der des Liebhabers ist bestimmt stahlhart. Die Art, wie Sie sich lieben, erscheint Ihnen sehr gewöhnlich? Ihr Partner und die Geliebte/der Liebhaber müssen den wildesten, dunkelsten, ungehemmtesten Sex genossen haben und gemeinsam immer mehrfach zum Orgasmus gekommen sein.

Durch solche Fantasievorstellungen werden Sie sich so wenig begehrenswert und minderwertig fühlen, so überzeugt davon sein, dass es Ihnen an allem Guten mangelt, dass Sie nicht mehr als aktiver Sexpartner funktionieren können. Wenn Ihr Sexleben jemals wieder in die Spur kommen soll, müssen Sie diese Fantasien als das sehen, was sie wahrscheinlich sind: Ausdruck Ihrer sexuellen Unsicherheit nach dem Trauma des Seitensprungs.

Männer haben tatsächlich häufig Affären, selbst wenn sie zu Hause sexuell zufrieden sind, und Frauen gehen häufig nicht fremd, um besseren Sex zu haben, sondern um sich mehr geliebt, geschätzt und respektiert zu fühlen.[1] In meiner eigenen Praxis berichten untreue Partner, Männer wie Frauen, dass der Sex mit dem Seitensprung-Partner häufig schwierig und selten ist und sie sich wünschen würden, er käme an die wilden Fantasievorstellungen des Partners heran. In einer amtlichen landesweiten Studie über die Sexgewohnheiten in Amerika »waren die Leute, die berichteten, sie seien körperlich und emotional am zufriedensten, verheiratete Paare … Die niedrigste Zufriedenheitsrate gab es bei Männern und Frauen, die weder verheiratet waren noch mit jemandem zusammenlebten – genau die Gruppe also, die vermeintlich den heißesten Sex hat.«[2]

Das heißt nicht, dass der Sex mit dem Seitensprung-Partner zeitweise nicht heißer gewesen sein kann als mit Ihnen. Es ist auch schwer, diese Heißblütigkeit zu erreichen, wenn man mit einem Auge die Uhr und mit dem anderen die Kinder im Blick hat. Unerlaubter Sex mit einem Schuss Herausforderung und Heimlichkeit ist praktisch vorprogrammiert, überragend zu erscheinen. Versuchen Sie jedoch, nicht demoralisiert zu sein. Romantische Liebe ist eine verzerrende und vorübergehende Erfahrung, und die Hitze, die Ihr Partner mit einer anderen Person erzeugt haben mag, wäre mit der Zeit auch auf die Temperatur abgekühlt, die nun vielleicht mit Ihnen herrscht. Leidenschaft verliert häufig an Hitzigkeit, wenn sie nicht mehr neu oder verboten ist.

Vergessen Sie nicht, dass Ihr Partner wahrscheinlich beschlossen hat, die Beziehung mit Ihnen wieder aufzubauen, weil Sie etwas Tieferes, Anhaltenderes als romantische Liebe zu bieten haben. Sie müssen an die Aspekte von sich glauben und sich auf sie zurückbesinnen, die Ihr Partner an Ihnen schätzt und die Sie selbst an sich schätzen. Sie müssen das Vertrauen haben, liebenswert zu sein, und daran arbeiten, das Selbstgefühl zurückzugewinnen, das Ihnen sagt, dass Sie ein wunderbarer Mensch sind, der seinen Partner glücklich gemacht hat und dies auf unzählige Weise auch weiterhin machen kann. Lassen Sie sich durch Ihre fixen Ideen über den Seitensprung-Partner nicht davon ablenken, was momentan das tatsächliche Problem ist: die Wiederherstellung der Intimität mit Ihren Partner, im Bett und außerhalb des Betts. Anstatt nutzlose Vergleiche anzustellen, sollten Sie besser neue Wege finden, um Ihrer eigenen körperlichen Liebe wieder Kreativität, Energie und Romantik zu verleihen. Anstatt mit dem Seitensprung-Partner zu konkurrieren, sollten Sie besser den Ring verlassen, den Fokus wieder auf Ihre Beziehung richten und sich mit den Problemen befassen, die dem Seitensprung-Partner überhaupt Platz zwischen Ihnen beiden gemacht haben.

Wenn ich von *Ihnen* spreche, meine ich Sie beide. Es ist nicht nur die Aufgabe eines Partners, den anderen zu befriedigen oder ein erfülltes Sexleben zu gestalten. Das Entwickeln sexueller Intimität ist ein Zwei-Personen-Stück.

Vorschläge

1. Wenn Sie sich als sexuell ungeschickt oder einfach nur schlecht informiert betrachten, warum bilden Sie sich dann nicht weiter? Selbsthilfe-Leitfäden wie *Getting the Sex You Want*[3] oder *For Each Other*[4] können Ihnen etwas über Ihren Körper und Ihre sexuellen Reaktionen nahebringen und dafür sorgen, dass Sie sich im Bett kompetenter fühlen. Sie können nicht jugendfreie Videos anschauen (einige sind lehrreich, andere benützen Frauen nur als Sexobjekte) oder eine Freundin/einen Freund oder einen Sextherapeuten konsultieren. Sie können auch voneinander lernen, was Ihnen gefällt (siehe die Übung auf Seite 247).

2. Wenn Sie sich unsicher fühlen, hilft es manchmal, die Dinge im Kopf zu verarbeiten. Bei anderen Gelegenheiten werden Sie es aber brauchen, Ihre Verletzlichkeiten mitzuteilen und Ihren Partner um Hilfe und Beruhigung zu bitten. Versuchen Sie, den Fokus bei sich zu lassen – Ihren Unsicherheiten, Ängsten, Zwangsvorstellungen –, nicht bei dem Seitensprung-Partner oder den Details der Affäre. Anstatt zu fragen: »Hast du diese Frau wiedergesehen?«, können Sie sagen: »Ich muss immer an dich und diese Frau denken. Ich fühle mich heute schrecklich bedroht und ich glaube nicht, dass es wegen etwas ist, was du getan hast, sondern du scheinst in deine eigenen Gedanken versunken zu sein. Kannst du mich irgendwie beruhigen?«

Es ist angemessen zu erwarten, dass Ihr Partner auf Sie zugehen und versuchen wird, Sie zu trösten. Kann Ihr Partner das nicht, sollten Sie sich die Frage stellen, ob dies wirklich der Mensch ist, mit dem Sie Ihr Leben weiter verbringen wollen.

Ansichten untreuer Partner

Ansicht #1: »Wenn ich dich im Bett nicht befriedigen kann, wirst du denken, dass ich kein Interesse mehr an dir habe oder dich noch immer betrüge.«

Damit können Sie recht haben: Ihr Partner wird vielleicht glauben, dass Sie sich wünschen, woanders zu sein, wenn Sie versagen. Der Druck, interessiert und erregt sein zu müssen, kann aber auch von Ihnen ausgehen – Ihrem Schuldgefühl, Ihren Bedenken über die Wiederaufnahme der Beziehung, Ihren überhöhten Ideen darüber, was Ihr Partner von Ihnen erwartet. Was für Ihren Partner vielleicht am meisten zählt, ist jedoch nicht Ihre Leistung, sondern Ihre Hingabe.

Egal was Sie fühlen, versuchen Sie, darüber zu sprechen – dies kann den Leistungsdruck reduzieren, den Sie empfinden, aber auch die Wahrscheinlichkeit, dass Ihr Partner Ihre Reaktion missversteht.

Ein untreuer Partner, ein neununddreißigjähriger Kieferchirurg namens Phil, sagte seiner Frau: »Ich habe das Gefühl, ein unglaublicher Sexprotz sein zu müssen, zum Beweis dafür, dass ich bei dir sein will, und dieser Druck bringt mich um. Ich wünschte mir, dass wir einfach ins Bett gehen und uns im Arm halten könnten und dann geschieht, was eben geschieht.«

Es kann Ihnen helfen, so wie Phil zu erklären, dass Ihre sexuellen Probleme nichts damit zu tun haben, dass Sie Ihren Partner unattraktiv finden oder mit jemand anderem beschäftigt sind, sondern weil Sie die Sorge haben, Ihren Partner zu enttäuschen. Seien Sie jedoch nicht überrascht oder verprellt, wenn Sie weiterhin beschuldigt werden, Ihren Partner zu betrügen oder zurückzuweisen. Von dem Zeitpunkt, an dem die Affäre bekannt wurde und Sie sich von dem Seitensprung-Partner definitiv getrennt haben, dauert es oft mindestens achtzehn Monate, das Vertrauen wiederherzustellen, das Sie verletzt haben.

Vorschläge

Nur Sie können die Rückversicherungen liefern, die Ihr Partner braucht, um den Heilungsprozess voranzubringen. Hier einige Dinge, die Sie tun können:

1. Lassen Sie es Ihren Partner wissen, wenn Sie liebevolle Gefühle empfinden und froh sind, zusammen zu sein. Sprechen Sie es aus, wenn Sie hoffnungsvoller oder positiver über Sie beide denken, und gehen Sie nicht davon aus, dass Ihr Partner weiß, wann Sie glücklich sind. »Heute in der Arbeit fiel mir ein, wie schön du gestern Abend ausgesehen hast.« »Ich habe mich dir wirklich sehr nahe gefühlt, als wir uns heute Morgen im Bett unterhalten haben.« – Die genauen Worte sind unwichtig, was zählt, ist die Bestätigung.

2. Beschreiben Sie, was Ihnen am Körper Ihres Partners und bei der gemeinsamen körperlichen Liebe gefällt. Die meisten Menschen hören gerne Komplimente über ihr Aussehen und wissen gerne, was ihr Partner an ihnen attraktiv findet. Was auch immer Sie kommentieren wollen – »Mir gefällt dieses Kleid besonders gut an dir«, »Wenn ich dich sehe, muss ich lächeln«, »Es fühlt sich wunderbar an, wenn du mich berührst« –, lügen Sie nicht, täuschen Sie nichts vor, aber halten Sie auch kein positives Feedback zurück. Seien Sie großzügig.

3. Berichten Sie über etwaige Sexprobleme, die Sie mit dem Seitensprung-Partner hatten. Es kann Ihrem Partner helfen, mit der Vorstellung aufzuräumen, dass alles für Sie und diese Person so großartig war, wenn Sie über mögliche Sexprobleme sprechen. Der Seitensprung-Partner bekam vielleicht nie einen Orgasmus, Sie hatten in der neun Monate dauernden Affäre eventuell nur zweimal Sex, die Explosivität im Bett wurde beispielsweise überschattet von der Explosivität der Beziehung – diese Art korrigierender Realität bringt die Affäre zurück auf den Boden der Tatsachen und erleichtert es Ihrem Partner, seine fixen Ideen aufzugeben und voranzukommen.

4. Berichten Sie über etwaige Sexprobleme, die Sie bereits vor der Beziehung mit Ihrem Partner hatten oder die mit der Beziehung nichts zu tun haben. Falls Ihr Partner fälschlich die Verantwortung für irgendwelche Sexprobleme Ihrerseits übernimmt, ist es wichtig, die Dinge richtigzustellen. Von Schuld befreit wird Ihr Partner den Leistungsdruck bei Ihnen reduzieren und sogar Ihr Verbündeter werden können bei dem Versuch, das zu überwinden, was Sie sexuell blockiert oder hemmt.

Ein zweiundfünfzigjähriger Anwalt namens Arnold hatte Erektionsprobleme, seit er begonnen hatte, gegen seinen hohen Blutdruck Medikamente einzunehmen. Nach seiner Affäre mied er seine Frau, und diese nahm an, er fände sie nicht mehr attraktiv. »Ich hatte dieses Problem immer wieder, seit ich Diuretika einnehme«, erinnerte er sie. »Das Problem ist nicht, dass ich mich nicht von dir angezogen fühle, es ist medizinisch. Und der Druck, dich zufriedenzustellen, unter den ich mich selbst setze, macht es nur noch schlimmer.«

5. Trainieren Sie, sexuell engagiert zu bleiben, und lassen Sie sich nicht entmutigen. Wenn Sie Lust- oder Potenzprobleme haben, wollen Sie vielleicht am liebsten jeden körperlichen Kontakt meiden und müssen sich selbst trainieren, engagiert zu bleiben. Vielleicht hilft es Ihnen, ein Formblatt zu dysfunktionalem Denken auszufüllen, um Ihre Ablehnung zu beobachten, sich Ihren Vermeidungstaktiken zu stellen und sexuell verbunden zu bleiben.

Den folgenden Fragebogen hat Arnold ausgefüllt, um sein Muster aus Angst, Scham und Entzug zu überwinden:

Objektives Ereignis: Es ist Samstagmorgen. Ich liege mit June [meiner Frau] im Bett und überlege, die Initiative für Sex zu ergreifen.

Emotionale Reaktion: ängstlich, wütend, gelähmt, entmutigt.

Automatische Gedanken: »Es ist lächerlich, nach fünfzehn Ehejahren Angst davor zu haben, mich June zu nähern. Aber sie ist so empfindlich und nimmt alles so persönlich, dass ich die Sorge habe, nicht hart zu werden, und dann wird sie annehmen, dass ich woanders Sex bekomme oder das Interesse an ihr verloren habe. Sie führt sogar Tagebuch, wann wir Sex hatten. Keuschheit wäre einfacher.«

Rationale Antwort: »Natürlich fühlst du dich unwohl. Das alles braucht Zeit. Das Problem, das du verursacht hast, verschwindet nicht über Nacht. Sie muss wissen, dass du engagiert bist. Wenn du sie meidest, fühlt sie sich noch mehr zurückgewiesen, ungeliebt und du vergiftest die Beziehung noch stärker. Vielleicht wirst du nicht hart, na und? Du nimmst deine Erektionen zu wichtig – sie tut das vielleicht auch. Sage ihr, dass du liebevoller und stärker verbunden sein möchtest, aber dazu muss sie aufhören, deine Leistung zu bewerten (das gilt für dich übrigens auch). Kann sie das akzeptieren? Los, mach den ersten Schritt. Geh auf sie zu.«

Wenn Sie, so wie Arnold, Sex vermeiden, sollten vielleicht auch Sie ein Formblatt zu dysfunktionalem Denken ausfüllen, um Ihre Ängste und Frustrationen zu überwinden. Vor allem aber müssen Sie geduldig und hartnäckig sein und immer wieder die Botschaft vermitteln, dass Sie engagiert sind und Ihre sexuellen Probleme gemeinsam angehen wollen.

Ansicht #2: »Mit meiner Geliebten/meinem Liebhaber hatte ich tollen Sex. Da sich mein Sexleben mit dir damit nicht vergleichen lässt, bist offenbar du das Problem.«

Wenn der Sex mit Ihrem Partner weniger befriedigend ist, als er mit Ihrer Geliebten/Ihrem Liebhaber war, ist es üblich anzunehmen, dass Ihr Partner schuld daran ist. Sie können recht haben, Ihr Partner ist vielleicht zu gehemmt oder abweisend, Ihnen zu geben, was Sie brauchen. Das Problem kann aber auch bei Ihnen liegen.

Es gibt eine Reihe von Möglichkeiten, wie Sie Ihr häusliches Liebesleben untergraben können. Schauen wir uns vier davon an.

1. *Sie stellen weiterhin unfaire und unproduktive Vergleiche zwischen Ihrem Partner und Ihrer Geliebten/Ihrem Liebhaber an.* Diesen Wettbewerb müssen Sie beenden. Solange Sie erwarten, dass verordneter Sex mit Ihrem Partner mit dem verbotenen Sex mit Ihrer Geliebten/Ihrem Liebhaber konkurrieren könnte, werden Sie enttäuscht sein und eine Ausrede für die wahre Aufgabe haben, die zu lösen ist: Ihrem häuslichen Liebesleben neues Leben einzuhauchen. Ja, Sex ist in einem fremden Bett normalerweise heißer und pikanter, na und? Die Leidenschaft kühlt ab, die Entzauberung folgt. Wären Sie mit dem Seitensprung-Partner zusammengeblieben, wären Sie wahrscheinlich vielen Problemen mit der Intimität begegnet, die Sie heute mit Ihrem Partner haben. Vertrautheit kann Langeweile oder sogar Geringschätzung ausbrüten, egal wer Ihr Partner ist.

2. *Es misslingt Ihnen, auch außerhalb des Schlafzimmers die Intimität zu nähren.*
Wenn Sie nicht dafür sorgen, dass sich Ihr Partner außerhalb des Schlafzimmers wertgeschätzt und geliebt fühlt, wie können Sie dann erwarten, dass sich Ihr Partner im Schlafzimmer für Sie erwärmt? Bevor Sie sich über Ihr Sexleben beklagen, sollten Sie Ihrem Partner mindestens so viel Zärtlichkeit und Aufmerksamkeit schenken, wie Sie für Ihren Seitensprung-Partner aufgebracht haben.

Niemand konnte Chuck ein übergroßes Einfühlungsvermögen vorwerfen. Nachdem er von der Arbeit nach Hause gekommen war, überließ er es normalerweise seiner Frau, die beiden Kinder zu baden, ihnen vorzulesen und sie ins Bett zu bringen, während er am Telefon mit seinem Geschäftsleiter herumalberte. Wenn seine Frau endlich unter die Bettdecke kroch, erwartete er sie, gebadet und zum Sex bereit. »Zu diesem Zeitpunkt war ich so wütend auf ihn«, erzählte sie mir, »dass seine Berührung das Letzte war, was ich mir wünschte. Er beschuldigte mich, frigide zu sein – und das war ich auch –, aber er verstand nie, welche Kälte ich durch seine Selbstbezogenheit empfand.«

3. *Sie wissen nicht, wie Sie Ihren Partner erregen können.* Auch wenn Sie sich im Bett als großartig empfinden, haben Sie vielleicht keine Ahnung, wie Sie Ihren Partner stimulieren müssen, um ihn zu erregen. Obwohl Sie Ihrem Partner vorwerfen, unempfänglich zu sein, kann das Problem darin liegen, dass Sie sozusagen die falschen Knöpfe bedienen und Ihr Partner, der weiß, wie empfindlich Sie auf Kritik reagieren, Angst hat, Ihnen ein korrigierendes Feedback zu geben. Wenn Sie ein besserer Liebhaber werden und Ihr Sexleben verbessern wollen, müssen Sie einen echten Experten konsultieren – Ihren Partner – und um eine Unterrichtsstunde bitten.

4. *Sie lasten Ihrem Partner Ihre eigenen sexuellen oder Intimitätsprobleme an, die älter sind als Ihre Beziehung.* Es ist so viel einfacher, mit dem Finger auf den Partner zu deuten, als in den Spiegel zu blicken und sich zu fragen, wie Sie selbst zu Ihrer sexuellen Unzufriedenheit beigetragen haben. Es ist jedoch unfair, allein Ihren Partner dafür verantwortlich zu machen, dass Sie sich nicht geschätzt, nicht sexy oder unzulänglich fühlen, wenn Sie sich schon immer so gefühlt haben.

Vorschläge

1. Wenn Sie von Gedanken über den Seitensprung-Partner gequält werden, versuchen Sie es mit der Gedanken-Stopp-Methode, die ich schon oben empfohlen habe. Sobald Sie sich bei Zwangsvorstellungen ertappen, stören Sie Ihre Konzentration, indem Sie »Stopp« oder etwas in der Art sagen und Ihre Aufmerksamkeit auf ein anderes Thema lenken.
2. Anstatt sich auf den Seitensprung-Partner zu konzentrieren, erkunden Sie, was Sie an der Erfahrung mit dieser Person so stark beeindruckt hat. Fühlten Sie sich jung, potent, begehrt, lebendig? Dies kann Ihnen Hinweise auf Schwachstellen und Sehnsüchte geben, mit denen Sie sich auseinandersetzen müssen, um jemals in einer Beziehung zufrieden sein zu können.
3. Nutzen Sie das Formblatt zu dysfunktionalem Denken in diesem Kapitel, um Ihre unrealistischen Ideen über Liebe und Romantik infrage zu stellen.
4. Lernen Sie, Ihre Vorstellung von Intimität über die sexuelle Erregung hinaus zu erweitern.

Ansichten von Paaren

Ansicht #1: »Zu Sex sollte es ganz natürlich und problemlos kommen. Wir sollten uns nicht berühren oder miteinander schlafen, solange wir uns zusammen nicht besser fühlen.«

Diese »Sollte«-Statements sind so unrealistisch und kontraproduktiv, dass sie Ihr Sexleben mit Sicherheit auf Eis legen werden. Zum Zeitpunkt der Eisschmelze wird einer von Ihnen vermutlich schon gegangen sein. Wenn Sie in dieser Zeit erwarten, sich im Bett entspannt zu fühlen, träumen Sie. Wahrscheinlicher ist, dass Sie sich nackt sehr gehemmt fühlen – Ihrer Abwehr beraubt und durch die Anwesenheit des anderen verlegen.

»Was also soll ich tun?«, fragen Sie. »Mich einer Sache unterwerfen, zu der ich mich nicht bereit fühle, die mir mehr Unbehagen als Vergnügen verschaffen wird?«

Ja, genau. Der Aufbau von Intimität ist ein aktiver Prozess. Er verlangt eine bewusste Haltung, eine überlegte Wahl, eine kognitive Entscheidung, eine engere Verbindung zu erreichen. Der Prozess beginnt, wenn Sie entscheiden, ihn zu beginnen, nicht unbedingt, wenn Sie sich motiviert, zuversichtlich oder sicher fühlen. Sie können nicht einfach zuwarten und sich fragen: »Wie kann ich mich jemandem öffnen, demgegenüber ich so widersprüchliche Gefühle habe? Wie kann ich mit jemandem intim sein, der mir so viel Schaden zugefügt hat?« Sie müssen diese Gefühle überwinden, Chancen ergreifen und sich körperlich aufeinander einlassen. Wenn Sie außerhalb des Schlafzimmers intimer miteinander werden, kann dies helfen, das Vertrauen wiederherzustellen, es wird sich aber nicht automatisch in einer größeren sexuellen Intimität niederschlagen. Sie müssen die Hand Ihres Partners nehmen, sich streicheln und küssen und es den Gefühlen von Intimität erlauben, zwischen Ihnen zu fließen. *Sie müssen anfangen, nicht so zu handeln, wie Sie fühlen, sondern so, wie Sie gerne fühlen würden.*

Aufeinander zuzugehen, kann Gefühle von Verletzlichkeit mit sich bringen; sich voneinander abzuschotten, kann für ein sicheres Gefühl sorgen. Ich dränge Sie jedoch, mit gegenseitigen Berührungen nicht zu warten, bis Sie sich wieder wohler miteinander fühlen. Das Wohlfühlen kommt mit einer Anhäufung heilender Erfahrungen, nicht mit der Zeit. Sie werden den körperlichen Umgang anfangs als schwierig empfinden, aber genauso sollten Sie sich fühlen, wenn Sie Ihre Bereitschaft demonstrieren, Risiken auf sich zu nehmen. In alte, vertraute Muster zurückzufallen – Intimität meiden, eine Mauer aus Misstrauen erhalten –, mag sich angenehm anfühlen, ist häufig jedoch äußerst dysfunktional.

Vorschläge

1. Ich kann diesen Punkt gar nicht stark genug hervorheben: Um sich wieder näherzukommen, müssen Sie anfangen, sich wieder zu berühren. Sie können damit beginnen, einander von Angesicht zu Angesicht oder auf einem Blatt Papier zu sagen, wie genau Sie gerne berührt werden würden. Ihre Aufforderungen werden wahrscheinlich recht eigenartig sein, erwarten Sie daher nicht, dass das, was Ihnen gefällt, auch Ihrem Partner unbedingt gefällt. Versuchen Sie, jeden Tag wenigstens eine der Bitten Ihres Partners zu befriedigen. Häufige Beispiele sind:

   • »Küsse mich auf den Mund, wenn du nach Hause kommst.«
   • »Nimm meine Hand, wenn wir nebeneinander gehen.«
   • »Reibe meine Füße mit Öl ein …«
   • »Massiere mich.«
   • »Umarme mich ein Weilchen.«
   • »Lege einen Arm um mich, wenn wir schlafen oder nebeneinander liegen.«

- »Fahre im Bett mit den Fingerspitzen vorsichtig über meine Augenlider und Augenbrauen.«
- »Bürste mein Haar.«
- »Bleibe noch ein paar Minuten mit mir im Bett, nachdem der Wecker geklingelt hat. Liege in meinen Armen, mit dem Gesicht nah an meinem.«
- »Lege deinen Arm um meine Schulter oder Taille, wenn wir spazieren gehen.«

2. Der Sextherapeut Warwick Williams schlägt Paaren vor, eine »körperliche Vertrauensstellung" im Bett zu erarbeiten. Zuerst einigen Sie sich auf ein oder zwei Stellungen, die Sie beide sicher finden, und experimentieren anschließend damit. Der Hintergedanke dabei ist, körperliche Nähe und Vertrauen zu kombinieren. Zu den von Williams empfohlenen Stellungen gehören folgende:

- Einer von Ihnen dreht sich auf die Seite, während der andere ihn von hinten hält (die »Löffelchen«-Stellung).
- Sie liegen beide auf der Seite, das Gesicht einander zugewandt, und halten sich an den Händen (Sie können sich auch umarmen oder die Augen schließen).
- Einer von Ihnen setzt sich bequem abgestützt auf, hält den Kopf des Partners auf dem Schoß und streicht ihm übers Haar.[5]

Sie können dabei sprechen oder nicht, bekleidet sein oder nicht, Sex haben oder nicht. Hierbei ist der Hintergedanke, körperlichen Kontakt wiederherzustellen und Vertrauen zu erzeugen.

Ansicht #2: »Wenn ich zulasse, dass du mich berührst, wirst du weitergehen wollen.«

Vielleicht haben Sie Bedenken, dass Ihr Partner die gesetzten Grenzen ignorieren wird, wenn Sie erst einmal anfangen, sich zu berühren. Wenn Sie jedoch nicht weitergehen wollen, als Sie es als angenehm empfinden, richten Sie Barrieren auf und geben damit eine Gelegenheit für Nähe auf.

»Nachdem ich Jeffs Affäre entdeckt hatte, wollte er weiterhin mit mir schlafen, aber ich wollte ihn nicht an mich heranlassen«, erzählte mir Leah. »Ich habe ihn sogar im Gästezimmer schlafen lassen. Tatsächlich wollte ich ihn eigentlich neben mir spüren, in seinen Armen einschlafen, aber ich hatte nicht das Vertrauen, dass er es dabei belassen würde, und war für mehr nicht bereit. Miteinander zu schlafen hätte bedeutet: ›Ich habe dir verziehen. Zwischen uns ist jetzt alles gut.‹ Es war aber nicht gut. Ich vermute, dass ich ihn getestet habe. Wenn ich mich weigerte, mit ihm Sex zu haben, und er woanders hinging, wüsste ich, dass er nicht ehrlich bereute und mich nicht um meiner selbst willen liebte. Nach dem, was er getan hatte, besaß ich das Recht, ihn den Beweis antreten zu lassen.«

Jeff sah Leahs Verhalten in einem anderen Licht. In seinen Augen handelte sie manipulierend – sie stieß in weg, um ihn zu kontrollieren und zu bestrafen, trotz seiner aufrichtigen Bemühungen, sie von seinem Engagement zu überzeugen. Seine Frustration wandelte sich in Wut. Um seine Selbstachtung zu schützen, hörte er auf, sexuelle Wünsche zu äußern. Beide Partner fühlten sich allein und in der Falle. (Im nächsten Abschnitt werden wir sehen, wie sie das Dilemma lösten.)

Wenn Sie sich, wie Leah, vielleicht noch nicht wieder zum Geschlechtsverkehr bereit fühlen, müssen Sie sich entscheiden, wozu Sie bereit sind. Sex und Keuschheit sind nicht die einzigen Alternativen. Vergessen Sie nicht: Um wieder eine Intimität aufzubauen, müssen Sie auch wieder eine körperliche Verbindung bekommen. Sex vorzuenthalten, mag Ihnen zwar helfen, die Macht oder Gleichheit wiederzugewinnen, die Sie durch die Affäre verloren haben, aber Macht und Gleichheit sind armselige Bettgenossen. Auch eine Waage, die sich auf Ihre Seite senkt, ist nicht ausgewogen.

Wenn Sie, wie Jeff, es vielleicht mögen, sich körperlich zu lieben, werden Sie dem »Zeitplan« Ihres Partners zustimmen müssen, während Sie beide Vertrauen und Intimität auf andere Weise wiederaufbauen.

Vorschläge

1. Sie müssen einander sagen, was sich für Sie sexuell angenehm anfühlt, und sich dann gegenseitig beweisen, dass Sie die Grenzen des anderen respektieren. Finden Sie eine konkrete Möglichkeit, einander zu signalisieren, wann Sie nur Berührungen möchten und wann mehr. Ein Paar dachte sich eine individuelle spaßige Lösung aus. Der erregte Partner nahm einen Keramikfrosch, den das Paar auf der Hochzeitsreise gekauft hatte, und stellte ihn auf den Nachttisch des Partners. Dem »eingeladenen« Ehepartner stand es frei, den Sprung zu wagen. Ein anderes Paar entschied sich dafür, dass vorüber-

gehend immer der verletzte Partner, der ambivalenter und verletzlicher war, den ersten Schritt zum Geschlechtsverkehr tun sollte.

2. Eine beliebte Übung heißt »Sensate Focus«[6] und kann Ihnen helfen, sich langsam wieder zu berühren und zu lernen, wie Sie gerne berührt werden. Dabei wird der Druck genommen, sich erregt fühlen zu müssen, spezifische sexuelle Handlungen auszuführen, Geschlechtsverkehr zu haben oder den Höhepunkt zu erreichen, bevor Ihr Körper dazu bereit ist. Vereinbaren Sie eine bestimmte Zeitspanne – ich schlage fünfzehn bis zwanzig Minuten vor, nicht länger –, in der einer von Ihnen den anderen in nicht genitalen Bereichen berührt oder massiert. Sie beide sollten dabei vollständig bekleidet sein. Das nächste Mal kehren Sie die Rollen um, es verschafft also immer eine Person Vergnügen und die andere empfängt es. Die empfangende Person muss nichts sagen oder tun, außer gelegentlich irgendwie zu signalisieren, wenn sich die Berührung gut anfühlt.

Wenn Sie sich mit dieser Übung wohlfühlen, können Sie sie unbekleidet ausprobieren, aber immer noch ohne Berührung der Genitalien. Dies kommt als Nächstes, wobei vorausgesetzt ist, dass Sie beide grünes Licht – den Frosch – geben müssen, bevor Sie einem Geschlechtsverkehr zustimmen.

Ansicht #3: »Wenn du masturbierst, bedeutet das, dass du mich nicht liebst und unsere Beziehung gestört ist.«

Nun bietet sich die gute Gelegenheit, über Ihre Haltung zur Masturbation zu sprechen. Kein Thema kommt in mehr Mythen verpackt daher, angefangen bei dem Gedanken, durch Selbstbefriedigung bekäme man Pickel, bis zur Auffassung, Größe, Form und Farbe der Genitalien würden sich dadurch dauerhaft ändern und es würde Ihre Fähigkeit schwächen, guten Sex zu haben. Obgleich die Masturbation noch immer von verschiedenen religiösen und kulturellen Gruppen verurteilt wird, wird sie von den meisten Menschen irgendwann einmal ausgeübt, auch wenn sie dies eher verheimlichen. In einer Studie mit vierundzwanzig Paaren, über die in *The Kinsey Institute New Report on Sex* berichtet wurde, glaubten 92 Prozent der Ehemänner und 8 Prozent ihrer Frauen, ihr Ehepartner würde sich nie selbst befriedigen, während es tatsächlich alle taten.[7] Von den Tausenden von Leuten, die Kinsey in den 1940er- und 1950er-Jahren befragte, gaben etwa 94 Prozent der Männer und 40 Prozent der Frauen zu, bis zum

Orgasmus masturbiert zu haben. Neuere Studien haben diese Zahlen bei den Männern bestätigt und festgestellt, dass der Prozentsatz von Frauen, die masturbierten, auf rund 84 Prozent gestiegen ist.[8] Die meisten Paare berichteten, dass sie durch das Masturbieren nicht das Gefühl hatten, ihrem Partner gegenüber weniger liebevoll zu sein oder dass die Qualität ihrer körperlichen Liebe darunter litt, sondern es diente als ergänzende Komponente eines sexuell aktiven Lebensstils.[9] Eine andere neuere Studie über die sexuellen Gewohnheiten in Amerika berichtete, dass von Männern und Frauen im Alter zwischen vierundzwanzig und neunundfünfzig Jahren 85 Prozent der Männer und 45 Prozent der Frauen, die mit einem Partner zusammenlebten, angaben, im vergangenen Jahr masturbiert zu haben.[10] Von den Befragten, die feste Partner zum Geschlechtsverkehr hatten, sagte jeder vierte Mann und jede zehnte Frau, mindestens einmal pro Woche masturbiert zu haben.[11] Dieselbe Studie berichtete, dass Verheiratete eher masturbierten als Singles.[12]

Kommen wir zurück auf unser Paar, Leah und Jeff, die im vorherigen Abschnitt darum kämpften, Grenzen für Berührungen zu setzen. Eines Nachts ging Leah in Jeffs Zimmer und überraschte ihn beim Masturbieren. Sie regte sich furchtbar auf und beschuldigte ihn, sich wie ein Tier zu verhalten. Jeff wusste nicht, ob er eher verlegen oder verärgert sein sollte. »Das ist immer noch besser, als sich durch die Betten zu schlafen«, antwortete er ihr. »Mit dir zu schlafen, scheint ja keine Option zu sein.«

Leah dachte über Jeffs Antwort nach und sagte ihm später in einer Paartherapiesitzung, dass sie ihm den Druck verübelte, miteinander schlafen zu müssen, sobald sie sich einmal berührten.

»Schön«, antwortete er, »aber dann musst du mir ein anderes Ventil lassen.«

»Dein Masturbieren erschreckt mich«, erklärte sie. »Es ist ein weiteres Geheimnis, eine weitere Art von dir, dich von mir fernzuhalten und mir zu zeigen, dass du mich nicht brauchst.«

»Diese Bedeutung hat es für mich aber nicht«, antwortete Jeff. »Ich sehe es als gesunde Alternative dazu, mich dir aufzudrängen oder woanders Befriedigung zu finden. Welche Alternative schlägst du vor?«

Die Lösung, die sie fanden, war, dass sie im selben Bett schlafen würden, aber Jeff Leahs Bedürfnis respektieren würde, den Geschlechtsverkehr noch aufzuschieben. Leah wiederum willigte ein, Jeff im Arm zu halten und ihn zu küssen, während er sich selbst berührte. Der Kompromiss schien zu funktionieren. Bei der nächsten Sitzung erzählte mir Leah: »Wieder zusammen zu sein, nimmt die Drohung weg und ich bin froh, ihn wieder bei mir im Bett zu haben. Es ist nicht ideal, aber besser als vorher.«

Vorschlag

Es ist wichtig, dass Sie als Paar sexuelle Optionen finden, denen Sie beide zustimmen können. Stellen Sie sich gegenseitig keine Fallen oder Ultimaten, legen Sie Alternativen fest. Versuchen Sie, unvoreingenommen zu sein, was sexuell zwischen Ihnen geschehen sollte, und kreativ dafür zu sorgen, sich gegenseitig die Bedürfnisse nach Nähe und Sexualität zu erfüllen. Am meisten zählt nicht, dass Sie sich auf einen bestimmten sexuellen Akt einlassen, sondern dass Sie Probleme freundschaftlich lösen und ein Gefühl der Partnerschaft aufbauen.

Ansicht #4: »Sex sollte immer leidenschaftlich sein.«

Dieser Gedanke spiegelt einen idealisierten, romantischen Standard wider, der auf Dauer unmöglich zu erfüllen ist. Ihn einer bereits zerbrechlichen Beziehung aufzudrängen, kann nur dazu führen, dass Sie sich enttäuscht, verunsichert und kritisch bezüglich sich selbst und Ihrem Partner fühlen. Die Realität ist, dass der Sex nach einem Seitensprung wahrscheinlich nicht leidenschaftlich sein wird, sondern reizlos und anstrengend. Es ist unwahrscheinlich, dass verletzte Partner mit Hingabe bei der Sache sind, wenn sie fürchten, verlassen zu werden. Untreue Partner sind, wie wir gesehen haben, wahrscheinlich durch den Leistungsdruck gehemmt und durch Erinnerungen an den Seitensprung-Partner abgelenkt.

Was Sie beide im Hinterkopf behalten sollten, ist, dass angesichts dessen, was Sie durchgemacht haben, jede Art von Berührung, mit oder ohne Geschlechtsverkehr, unglaublich intim und ermutigend sein kann. Überfrachten Sie eine Glut nicht, die gerade versucht, am Glimmen zu bleiben. Der Schwerpunkt sollte jetzt weniger darauf liegen, eine lodernde Flamme hervorzubringen, als es Ihnen zu erlauben, wieder zärtliche Gefühle zu entfachen.

Nachdem Ihr Mann zugab, mit der Frau seines Freundes zu schlafen, wollte Carol, dass ihr Sex besonders heiß und leidenschaftlich würde. Als ihre Erwartungen bei Weitem nicht erfüllt wurden, fühlte sie sich bange und enttäuscht.

»Da macht nichts ›klick‹«, sagte sie mir. »Wir führen nur die Bewegungen aus. Irgendetwas läuft völlig falsch.«

Falsch war nicht der Sex, sondern Carols übertriebene Vorstellung, sie und ihr Mann müssten jederzeit eine intensive erotische Verbindung spüren. Diese unvernünftige Erwartung machte es ihr unmöglich, das Vergnügen, das er ihr bereitete, zu genießen oder auch nur als angenehm zu empfinden.

Carols Erlebnis wurde durch die Bedeutung, die sie leidenschaftlicher Liebe persönlich gab, weiter vergiftet: Demnach sollte diese beweisen, dass sie in den Augen ihres Mannes attraktiv und begehrenswert war. Leidenschaft erhielt eine übertriebene Bedeutung, weil sie darin die Versicherung sah, für ihren Mann et-was ganz Besonderes zu sein. Der Liebesakt war für sie keine Möglichkeit, wieder eine Verbindung zu bekommen, sondern eine Pflicht, eine Leistung, ein Test. Wie hätte sie da nicht enttäuscht werden sollen?

Wenn Sie es, wie Carol, brauchen, ein Spitzenerlebnis im Bett zu haben, be-kommen Sie wahrscheinlich nicht mehr als einen durchschnittlichen Erfolg. Sex wird in Filmen und Zeitschriften häufig als Feuerofen dargestellt, während er im wirklichen Leben eher einer Zentralheizung mit schlecht regulierendem Thermo-stat gleicht.[13] Damit Ihre sexuelle Beziehung warm und liebevoll wird, müssen Sie mehr ablegen als nur Ihre Kleider, Sie müssen Ihre hohen Erwartungen abwerfen.

Vorschläge

1. Fragen Sie sich selbst: »Warum ist Leidenschaft für mich so wichtig? Welche Bedeutung verbinde ich mit ihr, dass sie mir so wichtig erscheint? Bedeutet sie, dass mein Partner aufrichtig glücklich mit mir ist? Mich attraktiv findet? Dann wahrscheinlich weniger fremdgehen wird? Mir verziehen hat?«

   Vielleicht nimmt es Druck von Ihnen, wenn Sie sich klarmachen, dass diese und weitere Bedeutungen subjektiv sind, dass ein passiver Partner glücklich, treu und vergebend sein kann und ein sexuell aggressiver Partner vielleicht unglücklich, untreu und verurteilend. Durch eine Neuausrichtung der Bedeu-tung von Leidenschaft werden Sie vielleicht in der Lage sein, eine körperliche Liebe zu akzeptieren und zu genießen, die weniger intensiv ist, als sie sich erträumt haben, aber ebenso liebevoll.

2. Arbeiten Sie an der Entwicklung einer erweiterten, nützlicheren und realisti-schen Definition von Intimität, die über die Ausschüttung vieler chemischer

Stoffe hinausgeht und Gefühle von Zärtlichkeit, Fürsorge, Verständnis und Respekt einschließt.

Einer der größten sexuellen Zünder ist ein zündender Partner. Umgekehrt ist der größte sexuelle Feuerlöscher ein Partner, der sexuell ohne Strom ist. Daraus folgt, dass Sie selbst leidenschaftlicher sein müssen, wenn Sie sich bei Ihrem Partner mehr Leidenschaft wünschen.

Ansicht #5: »Du solltest immer wissen, was mir sexuell gefällt.«

Ein praktischer Gedanke, denn so können Sie die Last der Verantwortung für Ihre sexuelle Zufriedenheit bei Ihrem Partner abladen und es ihm dann vorwerfen, wenn Ihre Bedürfnisse nicht erfüllt werden. Nichts könnte dysfunktionaler sein, denn diese Bedürfnisse werden unbekannt bleiben, solange Sie sie nicht aussprechen.

Mein Rezept lautet daher: Wenn Sie im Bett zufriedener werden wollen, müssen Sie eine aktivere Rolle übernehmen – dies ist nicht die alleinige Aufgabe Ihres Partners.

Ich lade Sie ein:

- ein Experte darin zu werden, was Ihrem Körper gefällt;
- diese Information einfühlsam und aufrichtig zu übermitteln;
- auf die Anstrengungen Ihres Partners, Sie zufriedenzustellen – auch wenn diese linkisch sein sollten –, in schmeichelhafter und ermutigender Art zu reagieren.

Phil, ein dreiundvierzigjähriger Antiquitätenhändler, beherrschte die maladaptiven Muster, seiner Frau die Verantwortung zu übertragen, seine Bedürfnisse intuitiv zu erahnen, und wenn es ihr nicht gelungen war, ihn zu befriedigen, begegnete er ihr mit schweigender Verachtung. »Letzte Nacht hat Susan mein Gesicht fest in ihren Händen gehalten und ich merkte, wie sehr ich es hasse, wenn sie das tut«, erzählte er mir. »Es erinnert mich an meine Mutter. Sie muss doch wissen, dass es mich verrückt macht, aber sie tut es, seit wir uns kennen.«

Phil stellte sich seiner Reaktion auf einem Formblatt zu dysfunktionalem Denken. »Warum muss sie das wissen?«, schrieb er. »Du hast es ihr nie erzählt. Du hast es überhaupt niemandem erzählt. Du behältst alles für dich und beklagst dich dann, dass niemand dich versteht. So hast du es zeitlebens gemacht, anfangs mit deiner Mutter und jetzt mit Susan. Erzähle ihr, was du magst. Gib ihr eine Chance, es dir recht zu machen. In deinem Herzen weißt du, dass sie es will.«

Viele von Ihnen haben, wie Phil, Probleme damit, ihrem Partner zu sagen, was sie sich körperlich wünschen – sie denken, sie sind es nicht wert, machen sich Sorgen, zurückgewiesen oder getadelt zu werden, haben Angst, die Gefühle ihres Partners zu verletzen, sind in der Überzeugung verhaftet: »Wenn ich darum bitten muss, ist es nicht gut.« Natürlich wäre es wunderbar, wenn Ihr Partner immer intuitiv erahnen könnte, was Sie wollen, und es Ihnen freiwillig geben könnte. Das Problem ist, dass niemand Ihre Gedanken lesen kann. In Zeiten wie diesen, in denen Sie sich so entfremdet fühlen, müssen Sie lernen, direkt und bestimmt zu sein, einfach mehr für sich selbst da zu sein.

Vorschläge

1. Manchmal ist es am besten, wenn Sie Ihre Bedürfnisse anhand eines Beispiels kommunizieren, nicht mit Worten – Ihrem Partner genau *zeigen*, was sich für Sie gut anfühlt. Männer können beispielsweise demonstrieren, wie sie sich oralen Sex wünschen, indem sie am Finger ihrer Partnerin saugen, und Frauen, indem sie ihren Partner auf den Mund küssen. Der Gedanke dabei ist, über die Sprache hinauszugehen, den Partner in erotischer oder spielerischer Weise zu berühren und ihm eine Chance zu geben, das zu fühlen, was Sie gerne fühlen würden.

2. Benennen Sie zwei Ihnen unangenehme Dinge, die Ihr Partner im Bett tut und über die Sie sich in der Vergangenheit bereits beklagt haben. Eine meiner Patientinnen sagte zu ihrem Mann: »Du quetschst meine Brustwarzen sehr stark, obwohl ich dir gesagt habe, dass mir das wehtut, und du vergräbst dein Kinn in meinem Nacken, wenn du auf mir liegst.« Ihr Mann erklärte, dass er, wenn sie sich liebten, so von diesem Moment absorbiert sei, dass er nicht merke, wenn er ihr wehtue. Er schien überaus bereitwillig, das zu ändern.

3. Achten Sie auf Gelegenheiten, bei denen Sie Ihren Partner bitten möchten, Ihre Bedürfnisse zu erfüllen, es aber nicht tun. Schreiben Sie auf, ob Sie glauben, dass Ihr Schweigen lohnenswert ist, wie Sie sich dabei fühlen, was es erreicht. Machen Sie dasselbe, wenn Sie etwas ausgesprochen haben. Versuchen Sie, Ihrem Partner Ihren inneren Kampf nahezubringen, und bitten Sie ihn, Sie zu ermutigen, das mitzuteilen, was Ihnen etwas bedeutet.

Ansicht #6: »Wenn ich dich bitte, beim Sex etwas anders zu machen, verletze ich deine Gefühle. Wenn ich tue, worum du bittest, verletze ich meine. Es lohnt sich nicht, etwas zu ändern.«

Was könnte heikler sein, als um neue sexuelle Verhaltensweisen zu bitten oder solchen zuzustimmen – eine andere Art der Berührung beispielsweise oder eine neue Stellung oder Technik? Diejenigen, die sich Veränderungen wünschen, sagen vielleicht nichts aus Angst, ihren Partner zu verstimmen und einen weiteren Bruch in der Beziehung zu verursachen. Diejenigen, die um eine Veränderung gebeten werden, werden diese vielleicht ablehnen, fühlen sich beleidigt oder manipuliert, etwas zu tun, was sie verletzt. Ist es verwunderlich, dass Sie beide daher in der Vergangenheit stecken bleiben und den alten unschönen Tanz weitertanzen?

Den Partner um sexuelle Veränderungen bitten

»Ich hätte gerne, dass Tim weiß, dass ich noch nie durch Geschlechtsverkehr zum Orgasmus gekommen bin, dass ich oralen Sex deutlich bevorzuge«, erzählte mir Carol, »aber ich habe Angst, dass er, wenn ich es ihm erzähle, denken wird, dass er ein schlechter Liebhaber ist und versuchen wird, sich bei jemand anderem zu beweisen. Ich bin bereit, ihm den Orgasmus vorzuspielen, um ihn zu halten.«

Tim hatte auch sein Geheimnis. »Lisa [die Seitensprung-Partnerin] hat etwas Unglaubliches gemacht, was ich mir von Carol auch wünschen würde«, erzählte er mir. »Sie bewegte ihr Becken gegen meines nach oben, während wir uns liebten, als würde sie mir entgegenkommen. Dadurch fühlte ich mich begehrt. Carol liegt einfach nur da, als opfere sie sich selbst. Ich habe keine Ahnung, ob sie wütend auf mich ist, sich geniert, körperlich aggressiv zu sein, oder sich einfach langweilt. Ich würde ihr gerne sagen, was ich mir wünsche, aber dann wüsste sie, dass ich es von Lisa gelernt habe. Es scheint mir nicht wert zu sein, dass sie sich deswegen noch unsicherer fühlt als ohnehin schon.«

Sie entscheiden sich vielleicht, wie Tim und Carol, Ihre sexuellen Wünsche für sich zu behalten und nicht zu riskieren, eine hässliche Konfrontation zu provozieren. Aber Ihr Schweigen wird die emotionale Distanz zwischen Ihnen wohl noch vergrößern, mehr noch als Ihr glanzloses Sexleben.

Eine friedliche Fassade ist kein Ersatz für Intimität. Wenn Sie verbergen, was Sie sich wünschen, mag das zwar die Gefühle Ihres Partners schützen, aber wenn

Sie anstreben, sich näherzukommen, nicht nur irgendwie zurechtzukommen, müssen Sie aussprechen, was Ihnen etwas bedeutet, selbst wenn die Wahrheit einen Stich versetzt. Am Ende werden Sie vielleicht entdecken, dass Ihr Partner wünscht, Sie hätten schon früher den Mund aufgemacht, und die Veränderung begrüßt, um Sie befriedigen zu können.

Die Bitten Ihres Partners um sexuelle Veränderungen prüfen

Bitten um sexuelle Veränderungen werden Sie einander nur dann näherbringen, wenn Sie gewillt sind, diese auch in Erwägung zu ziehen. Ich meine nicht, den Veränderungen, die Ihr Partner wünscht, unbedingt zuzustimmen, aber sie bereitwillig und unvoreingenommen zu prüfen.

Dies lehnte eine Patientin namens Marilyn ab. Als ihr untreuer Ehemann sie bat, sich eine Intimdusche zuzulegen, damit er Cunnilingus mit ihr genießen könne, fuhr sie ihn an: »Meine Vagina ist selbstreinigend. Wenn du ihren Geruch nicht magst, nimm deine Nase da weg.«

Das Ablehnen von Veränderungen, wie bei Marilyn, mag verständlich sein, beraubt Sie jedoch einer Erfahrung, die Ihnen beiden Vergnügen bereiten und Sie einander näherbringen könnte. Wenn Ihr Partner sich aufrichtig bemüht, sexuell intimer zu werden, und dies auch außerhalb des Schlafzimmers mit liebevollen Gesten unterstützt, sollten Sie Bitten um Veränderungen nicht als Kritik, Herabsetzung oder unschmeichelhaften Vergleich mit dem Seitensprung-Partner auffassen, sondern als Geschenk im Interesse Ihrer Beziehung.

Gleichzeitig sollten Sie Veränderungen, die abstoßend oder verfrüht wirken oder anderweitig Ihre Integrität oder Ihr Wohlbehagen zu kompromittieren scheinen, nicht zu schnell zustimmen. »Beim Gedanken an Oralsex hat es mich immer gewürgt«, erzählte mir eine Frau, die fremdgegangen war. »Ich habe aber das Gefühl, es tun zu müssen, um meinen Mann davon zu überzeugen, dass ich endgültig zurück bin.« »Mein Mann wünschte sich sexuelle Überraschungen«, erklärte eine verletzte Partnerin, »daher holte ich ihn am Flughafen ab mit nichts an außer einem Regenmantel. Für ihn war das ein gewaltiger Kick, aber ich habe mich noch nie so billig gefühlt. Ich war zu weit gegangen.«

Es ist nicht zielführend für Sie, den untreuen Partner, Ihren Partner nur aus einem Schuldgefühl heraus zufriedenzustellen, oder für Sie, den verletzten Partner, Ihrem Partner gefügig zu sein, nur aus Unsicherheit und dem verzweifelten

Wunsch, zu gefallen. Keiner von Ihnen sollte das Gefühl haben, sexuell zu reagieren, nur um seine Liebe oder sein Engagement zu beweisen. Sie müssen beide das Recht des anderen respektieren, Nein zu sagen.

Vorschlag

Um Ihnen bei der Kommunikation Ihrer sexuellen Vorlieben zu helfen, ermuntere ich Sie, dass Sie beide sich die folgende Liste von Verhaltensweisen, die viele Partner als angenehm empfinden, ansehen. Bewerten Sie jedes Verhalten auf einer Skala von eins bis drei: eins = nicht angenehm, zwei = ein wenig angenehm, drei = sehr angenehm. Ergänzen Sie die Liste unbedingt auch um Ihre eigenen Bitten, und zwar in positiven und spezifischen Worten, nicht negativ und allgemein formuliert. Die Aussage »Ich hasse es, wie schnell du zur Sache kommst« ist weniger hilfreich als »Ich fände es schön, wenn du mich mindestens zehn Minuten küssen und streicheln würdest, bevor wir weitergehen.« Bedenken Sie aber: Das Mitteilen Ihrer Vorlieben informiert und leitet Ihren Partner lediglich in eine Richtung, es verlangt nicht, dass Ihr Partner es auch tut.

Ich hätte gerne, dass du:

Partner A	Partner B	
		gebadet und gut riechend ins Bett kommst.
		mit mir zusammen duschst, bevor wir ins Bett gehen.
		dir die Zähne putzt, bevor du ins Bett kommst.
		ein paar Stunden, bevor wir ins Bett gehen, nicht mehr rauchst und ein Mundwasser benützt.
		die Beine um mich schlingst, wenn ich in dich eindringe.
		mein Ohr, meine Finger, meine Brustwarzen so (erklären) … leckst.
		mich bittest, dir zu zeigen, wie ich berührt werden möchte.
		mich eine Zeit lang auf den Mund küsst, bevor du meine Genitalien berührst.
		mit deinen Fingerspitzen leicht über meinen Körper fährst.
		mir versicherst, dass ich nicht zu lange bis zum Orgasmus brauche.
		Geduld mit mir hast und mir das Gefühl gibst, dass du willst, dass ich komme, auch wenn du schon gekommen bist.
		vorsichtig meine Hoden streichelst.
		ein Gleitmittel für meine Klitoris verwendest.

		vorschlägst, dass wir uns einmal an einem anderen Ort lieben.
		romantische, entspannende Musik laufen lässt.
		langsam mit mir tanzt, bevor wir ins Bett gehen.
		mir ins Ohr flüsterst, wie sehr du mich liebst.
		mir schmutzige Dinge erzählst.
		nackt ins Bett kommst.
		sexy angezogen bist, wenn du ins Bett kommst.
		zu mir kommst, wenn du dich erregt fühlst (ohne mich zu fragen, ob ich Interesse habe).
		fragst, wie es mir geht, bevor du Sex willst.
		vor dem Kamin mit mir Sex hast.
		mindestens zehn Minuten mit mir kuschelst, nachdem wir uns geliebt haben.
		mich oral stimulierst, während ich bei dir dasselbe mache.
		mir zeigst, wie ich dich oral befriedigen kann, sodass es auch für mich akzeptabel ist.

Ansichten #7 bis 10: »Wir sollten gleichzeitig zum Orgasmus kommen.« »Wir sollten mehrmals einen Orgasmus haben.«, »Wir sollten den Orgasmus durch Geschlechtsverkehr erreichen.«, »Wir sollten jedes Mal zum Orgasmus kommen, wenn wir uns lieben.«

Wenn ich meine Patienten frage: »Glauben Sie eines dieser ›Wir-sollten‹-Statements?«, sagen viele: »Machen Sie sich doch nicht lächerlich.« Werden diese Erwartungen jedoch nicht erfüllt, sind dieselben Leute oft enttäuscht. Frage ich dann nach dem Grund, antworten sie: »Na ja, ich glaube vom Kopf her nicht daran, aber emotional schon«, oder: »Bei anderen glaube ich nicht daran, bei mir selbst aber schon.«

Tatsache ist, dass viele von Ihnen an gnadenlos hohen sexuellen Standards festhalten. Kein Wunder also, dass mangelnde sexuelle Lust bei den sexuellen Störungen ganz vorne liegt: Wer hat schon die Energie, etwas anzufangen, wenn die Ziellinie unerreichbar ist?

Eine der häufigsten irrigen Vorstellungen ist, dass Frauen, die ungehemmt oder ausreichend erregt sind, nicht nur einen vaginalen Orgasmus erreichen sollten, sondern ihn der manuellen oder oralen Stimulation vorziehen.[14] Die Realität sieht so aus, dass die meisten Frauen, anatomisch bedingt, allein durch den Geschlechtsverkehr nicht die Stimulierung der Klitoris erhalten, die sie

brauchen, und daher auf diese Weise nicht zum Orgasmus kommen können
– nie!

Auch Männer stellen häufig fest, dass sie eine andere Art der Stimulation
brauchen oder bevorzugen, als sie sie durch den Geschlechtsverkehr bekommen,
aber sie schämen sich, das zuzugeben. Diese Überbewertung des Orgasmus durch
Geschlechtsverkehr setzt sie unter Druck. Ist dies dann nicht der Fall, quälen sie
sich oft damit, nie ihre Bedürfnisse durch ihre Partner erfüllt zu bekommen, oder
meinen, dass an ihnen oder ihrem Körper etwas nicht stimmt.

Jerry gab sich die Schuld daran, seine Frau nie zum Orgasmus zu bringen.
»Jahrelang glaubte ich, Ann würde wegen mir nicht kommen«, erzählte er mir.
»Ich war nicht groß genug, kam zu schnell, unsere Chemie stimmte nicht. Meine
negativen Gefühle über meine Leistung – über mich selbst – waren ein Grund
dafür, dass ich eine Affäre mit Sally hatte. Sie kam durch den Geschlechtsverkehr
sehr schnell zum Höhepunkt – dadurch fühlte ich mich männlich und bestätigt.
Als wir öfter Zeit miteinander verbrachten, ließ sie mich jedoch wissen, dass sie
andere Arten der Stimulation brauchte, und lehrte mich Dinge über die weibliche
Anatomie, von denen ich überhaupt nichts wusste. Ich konnte kaum glauben,
wie wenig meine Frau und ich über unsere Körper wussten – darüber, wie man
Freude bereitet und empfängt. Ich stellte fest, dass ich vor unseren sexuellen
Schwierigkeiten weggelaufen war. Das wäre nicht nötig gewesen, wenn ich sie als
lösbare Probleme gesehen hätte.«

Eine weitere unrealistische Vorstellung ist, dass Sie jedes Mal zum Orgasmus kommen sollten, wenn Sie sich lieben. Einer neuen landesweiten Befragung
zum Sex zufolge haben die meisten Amerikaner Fantasievorstellungen über den
vermeintlich unglaublichen Sex anderer Leute und eine übertriebene Vorstellung davon, was normal ist. Die Studie stellte fest: »Trotz der Faszination des
Orgasmus, trotz der verbreiteten Vorstellung, dass häufige Orgasmen für ein
glückliches Sexleben wichtig sind, bestand keine enge Beziehung zwischen der
Tatsache, Orgasmen zu haben und ein befriedigendes Sexualleben zu haben.«
Etwa 75 Prozent der Männer gaben an, sie kämen beim Sex mit ihren Partnern
immer zum Orgasmus, während nur 29 Prozent der Frauen dies ebenfalls sagten. Dennoch war der Prozentsatz von Männern und Frauen, die berichteten,
sowohl körperlich als auch emotional äußerst zufrieden zu sein, gleich – er lag bei
40 Prozent. Wie die Wissenschaftler aufzeigten, konnte der Orgasmus nicht der

einzige Schlüssel zu sexueller Erfüllung sein, sonst hätten Männer und Frauen über unterschiedliche Zufriedenheit berichtet.[15]

Was häufig ebenso sehr zählt wie der Orgasmus, sind Ihre Gedanken über den Orgasmus. Starre, unrealistische Erwartungen dürften dazu führen, dass Sie sich frustriert, unzufrieden und mangelhaft fühlen. Sie werden eher eine liebevolle, intime Erfahrung machen, wenn Sie auf den Vorgang mehr Wert legen als auf die Ergebnisse.

Vorschlag

Lassen Sie Ihren Partner wissen, wie Sie gerne zum Orgasmus kommen wollen, und geben Sie die Vorstellung auf, dass es dafür einen Königsweg gibt.

Wenn Sie als Frau durch den Geschlechtsverkehr zum Orgasmus kommen wollen, dies aber noch nie erreicht haben, versuchen Sie, Ihre Klitoris zu stimulieren, während Ihr Partner entweder von oben (halten Sie ihn leicht über sich) oder von der Seite (hinter Ihnen liegend) in Sie eindringt. Es kann helfen, Gleitmittel, Speichel oder Gel dabei zu verwenden. Der Glaube, es sei beschämend, Gleitmittel zu brauchen, ist eine weitere verbreitete, aber irrige Annahme.

Wenn Sie als Mann Probleme damit haben, durch Geschlechtsverkehr zum Orgasmus zu kommen, versuchen Sie, auf dem Rücken zu liegen und sich von Ihrer Partnerin oral, manuell oder mit einem Vibrator stimulieren zu lassen. Sie können sich auch selbst berühren, während Ihre Partnerin Ihre Hoden streichelt oder Ihre Brustwarzen küsst. Ihr Problem könnte dadurch verursacht sein, dass Sie die Ansicht haben, echte Männer würden nur durch Geschlechtsverkehr zum Orgasmus kommen.

Sie beide, Mann wie Frau, müssen herausfinden, was den Sex für Sie vergnüglich macht – was funktioniert und was nicht –, und eine wertungsfreie Haltung annehmen, die besagt: »Wir können auf jede beliebige Weise zum Orgasmus kommen, das ist absolut normal, solange wir uns beide damit wohlfühlen. Es gibt dafür keinen richtigen oder besseren Weg.«

Hören Sie auf Ihre Körper. Sie sagen Ihnen, was ihnen gefällt.

Ansicht #11: »Wir sollten in derselben Häufigkeit und zur selben Zeit Sex haben wollen.«

Nach einer Affäre sollten Sie darauf vorbereitet sein, plötzliche und scheinbar unerklärliche Verschiebungen Ihres sexuellen Verlangens zu erleben. Untreue Partner können das Interesse an Sex völlig verlieren, während verletzte Partner ein erhöhtes Bedürfnis danach verspüren können, um ihre Selbstzweifel über ihre Qualitäten im Bett zu überwinden. Auch das Gegenteil trifft zu: Untreue Partner können hungrig nach der Wiederaufnahme der sexuellen Beziehung sein, während verletzte Partner Angst haben, so intensive Gefühle zu riskieren.

Eine verletzte Partnerin, Barbara, stellte fest, dass sie nach dem Seitensprung ihres Mannes ein unersättliches Bedürfnis nach körperlicher Liebe hatte. »Ich will ihn so auslaugen, dass er keine Energie mehr für jemand anderen hat«, sagte sie mir. »Ich will ihm beweisen, dass ich ihn glücklich machen kann, dass ich genauso heiß bin wie seine Geliebte.«

Ihr Mann wusste nicht, wie er reagieren sollte. »Ich versuche, einen Mittelweg zu finden«, erzählte er mir. »Manchmal sage ich ihr, dass ich keine Lust auf Sex habe, versichere sie aber meines Engagements und meiner Liebe. Manchmal gebe ich ihr nach, auch wenn ich eigentlich keine Lust habe, nur damit sie sich sicher fühlt. Wenn sie aber spürt, dass ich nicht völlig daran interessiert bin, fängt sie zu überlegen an, warum das so ist. Wir haben uns im Bett immer gut verstanden, aber diese Bedürftigkeit von ihr nimmt mir den Spaß.«

Ein untreuer Partner, Bob, zog sich in einen Panzer zurück, nachdem er seinen Seitensprung offenbart hatte, und verlor jegliches sexuelle Verlangen, nicht nur bei seiner Frau, sondern generell. Er hörte auch mit dem Masturbieren auf. »Ich habe sexuell einfach abgeschaltet«, erzählte er mir. »Vielleicht ist das meine Art, mich für mein Verhalten zu bestrafen, meine Triebe so zu kontrollieren, dass sie mir nicht wieder entgleiten.«

Zuerst sorgte sich seine Frau, er habe das Interesse an ihr verloren. Dann fürchtete sie sich, dass er sie wieder verlassen würde, wenn sein Interesse an Sex wiederkäme.

Wie bei diesen beiden Paaren – Barbara und ihrem Mann, Bob und seiner Frau – kann Ihre Zufriedenheit mit Ihrem Partner weniger mit verschieden starkem Verlangen als mit Ihren Vermutungen darüber zu tun haben. Wenn Sie glauben, zwei sexuell gut zusammenpassende Menschen sollten sich immer mit

100 Prozent gleicher Häufigkeit lieben wollen, werden Sie bei Unterschieden wahrscheinlich alarmiert sein und sich Ihre Befriedigung woanders holen. Wenn Sie vermuten, dass zwei Menschen zur gleichen Zeit selten dieselben körperlichen Bedürfnisse haben, werden Sie gegenüber Ihren Unterschieden eher toleranter sein und sie innerhalb der Grenzen Ihrer Beziehung aushandeln.

Der Druck, mit den Bedürfnissen Ihres Partners übereinzustimmen, ist noch größer, wenn Sie eine Frau und zugleich der verletzte Partner sind. Die gängige kulturelle Meinung sagt, dass es Ihre Aufgabe ist, den Mann zufriedenzustellen, weil er sie sonst ersetzen wird. »Somit obliegt es der Frau, sich seinem [Ihres Mannes] ›Trieb‹ anzupassen, so zu tun, als passe sie sich an, oder bestraft zu werden«, schreibt Dr. Thelma Jean Goodrich. »Sogar in der Therapie wird normalerweise der vom Ehemann abweichende Trieb der Frau als das Problem gesehen, das gelöst werden muss.« Wenn also Ihr Mann mit Ihnen schlafen möchte, sollten Sie in sich gehen und sich fragen: »Antworte ich mit der Stimme einer braven Frau, mit einer eingeschüchterten Stimme, oder mit meiner eigenen Stimme?« Ihr Partner wiederum sollte sich fragen: »Hat meine Frau aus Gefälligkeit Sex mit mir, aus Angst, mich sonst zu verlieren, oder weil sie selbst auch Lust dazu hat?«[16]

Es ist nichts Unpassendes daran, wenn Sie sich dem sexuellen Zeitplan Ihres Partners anpassen, solange Sie sich dadurch nicht kompromittiert, genötigt oder verbittert fühlen, und nicht allein am Neuaufbau Ihrer Partnerschaft arbeiten. Ich sehe nichts Dysfunktionales, wenn Sie als betrogene Frau gelegentlich Sex mit Ihrem Mann haben, um ihm einen Gefallen zu tun, auch nicht, wenn es aus der Angst heraus geschieht, ihn sonst zu verlieren, solange er versucht, dafür zu sorgen, dass auch Sie sich sicherer und geliebter fühlen. Inakzeptabel ist es nur, wenn einer von Ihnen die Rechte und Privilegien des anderen immer ignoriert oder immer nur die Bedürfnisse des anderen erfüllt. Beziehungen gedeihen selten, wenn nicht ein Geist von Gleichheit und Gegenseitigkeit herrscht.

Vergessen Sie auch nicht, dass der Grad Ihres sexuellen Verlangens im Laufe Ihres Lebens immer wieder schwanken wird, unabhängig von Ihrem Geschlecht oder Ihrer Rolle bei einem Seitensprung. Mit zunehmendem Alter erleben wir bei unserem sexuellen Verlangen normale Fluktuationen, die durch hormonelle Veränderungen verursacht werden. Männer erreichen ihre höchste sexuelle Aktivität normalerweise zwischen dem mittleren Jugendalter und Mitte zwanzig, von da an nimmt sie allmählich ab. Frauen erreichen ihre höchste sexuelle Aktivität später – normalerweise zwischen dreißig und vierzig, in der Regel gefolgt von einer allmählichen Abnahme, die sich bis ins Alter fortsetzt, eventuell mit einer mehrjährigen Zunahme des Verlangens nach der Menopause.[17]

Übergangssituationen im Leben beeinflussen ebenfalls den Grad Ihres sexuellen Verlangens. »Nachdem mein Kind geboren war, fühlte ich mich sexuell wie ein Nichts«, erzählte mir eine Patientin namens Betty. »Ich wurde zum Milchlieferanten, stillte Tag und Nacht, widmete mich komplett der Aufgabe, meinem Baby einen gesunden Start zu ermöglichen. Sex war das Letzte, was mich interessierte. Eric [mein Mann] machte mich wütend, ständig drängte er mich, mit ihm ins Bett zu gehen – er schien mich mehr zu brauchen, als das Baby mich brauchte –, und ich hasste es, wenn er meine Brüste begrapschte. Heute, achtzehn Jahre später, geht das Baby zur Uni und der Spieß hat sich umgedreht. Eric macht Überstunden, damit wir über die Runden kommen, und ich habe mehr Lust als er.«

Nichts kann entfremdender wirken als ein Mangel an Verlangen bei Ihrem Partner, aber wenn Sie dazu neigen, das Schlimmste herauszulesen, wird Sie das nur weiter voneinander entfernen. Ich ermuntere Sie, hinter das scheinbare Desinteresse Ihres Partners zu blicken, hinter Ihre eigenen unmittelbaren Bedürfnisse und eine Möglichkeit auszuarbeiten, trotz Ihrer periodischen Enttäuschung oder Frustration Ihre Intimität aufrechtzuerhalten. Zu einem intimen Verhältnis gehört es, dass Sie lernen, Ihrem Partner liebevoll und fürsorglich verbunden zu bleiben, auch wenn er oder sie nicht jeden Ihrer Wünsche befriedigen kann oder will.

Vorschlag

Unglückliche Partner entwickeln häufig entgegengesetzte Wahrnehmungen ihrer jeweiligen sexuellen Empfänglichkeit, eine Person wird als Stein ohne sexuelle Wünsche betrachtet, der andere wird als Kaninchen gesehen, das ständig Sex möchte. Die folgende Übung – ich nenne sie »Das Kaninchen und der Stein« – wird Ihnen helfen, ein realistischeres Gefühl für die sexuellen Wünsche des anderen zu entwickeln und zu einem Kompromiss zu kommen, der Sie beide zufriedenstellt.

Zuerst bitte ich jeden von Ihnen aufzuschreiben, wie oft er *im Idealfall* gerne Sex hätte (das heißt, wenn Sie nicht davon beeinflusst würden, wie oft Ihr Partner Ihrer

Meinung nach Sex haben möchte) und wie oft der Partner seiner Meinung nach *im Idealfall* gerne Sex hätte. Schreiben Sie dann auf, zu welcher Häufigkeit von Sex Sie sich *bereit erklären* würden (das heißt, wie oft Sie Sex zustimmen würden, um Ihrem Partner entgegenzukommen). Als Nächstes schreiben Sie auf, zu welcher Häufigkeit sich Ihr Partner Ihrer Meinung nach bereit erklären würde. Wahrscheinlich werden Sie durch diese Übung beide entdecken, dass die Bandbreite Ihrer Antworten schmaler ist, als Sie erwartet haben, und dass eine Lösung, der Sie beide zustimmen können, weniger Kompromisse verlangt, als Sie gefürchtet haben.

Nachfolgend erfahren Sie, was das Paar Valerie und Todd feststellte:
Wie oft möchte Valerie Sex haben?

   Valeries Antwort: einmal pro Woche.

   Todds Antwort: einmal im Monat.
Wie oft würde Valerie zustimmen?

   Valeries Antwort: ein- oder zweimal pro Woche.

   Todds Antwort: zweimal im Monat.
Wie oft möchte Todd Sex haben?

   Valeries Antwort: jeden Tag.

   Todds Antwort: zwei- oder dreimal pro Woche.
Wie oft würde Todd zustimmen?

   Valeries Antwort: dreimal pro Woche.

   Todds Antwort: einmal pro Woche.

Das Paar musste über die falschen Ansichten übereinander lachen und fand folgenden Kompromiss: Sie würden wenigstens alle fünf Tage Sex haben, um Todds Grad an Interesse gerecht zu werden, aber nicht häufiger aus Rücksicht auf Valeries Grad an Interesse (es sei denn, sie wollte es). Die Partner waren immer abwechselnd dafür zuständig, die Initiative zum Sex zu ergreifen. Wenn Todd an der Reihe war, ging er normalerweise noch am selben Abend auf Valerie zu, während sie häufig die fünf Tage abwartete. Es war vereinbart, dass, falls einer von beiden sich weigern würde, wie versprochen vorzugehen, dieser Partner seine Einwände anhand eines Formblatts zu dysfunktionalem Denken überdenken, mit dem anderen Partner darüber sprechen und einen anderen Zeitpunkt festsetzen würde.

Einmal, als Valerie sich eine Verlängerung wünschte, schrieb sie folgende negativen Gedanken auf: »Ich bin wütend. Als seine Mutter zu Besuch kam, hat er es mir überlassen, mich mit ihr zu beschäftigen, obwohl ich einen Bericht fertigstellen musste, der überfällig war. Er würdigt meine Zeit nicht und erwartet von allen, dass sie sich seinem Zeitplan beugen.«

Anschließend gab sie sich selbst Kontra: »Du hast deinen Ärger die ganze Woche über gepflegt – warum enthältst du ihm jetzt den Sex vor? Du musst Todd sofort damit konfrontieren, wenn du wütend auf ihn wirst, und musst ihm dadurch eine Chance geben, das anzugehen, was dich stört. Tappe nicht in die Falle, Todd in deinen Vater zu verwandeln, der sich selbst immer an die erste Stelle setzte, und zu werden wie deine Mutter, die nur dir zuliebe bei Papa blieb und ihre Wut in Kälte verpackte. Sage ihm, was dich ärgert, wie du das auch in der Therapie machst, und bitte ihn, deine Gefühle zu spiegeln. Mache anschließend dasselbe für ihn. Benütze den Sex nicht als Waffe. Wenn du direkt bist, wird er dich eher unterstützen.«

Anstatt Todd wegzuschieben, hörte Valerie auf ihr einfallsreicheres Selbst, erklärte ihre Wut und erkannte ihr eigenen dysfunktionalen Verhaltensmuster. Am fünften Tag ergriff sie, wie vereinbart, die Initiative zum Sex.

Ansicht #12: »Wenn unsere Beziehung stark genug wäre und wir normal wären, bräuchten wir keine Fantasievorstellungen und kein Sexspielzeug.«

Viele von Ihnen werden wahrscheinlich der Meinung sein, die einzige saubere Art, Sex zu haben, sei, dass sie sich aufeinander konzentrieren und voneinander stimuliert werden. Normale Leute, so nehmen sie an, sollten kein Sexspielzeug brauchen oder wollen und auch keine mentalen Spielereien, um erregt zu werden.

Umgekehrt werden Sie zu der Annahme neigen, dass Ihre Beziehung gestört ist oder Sie pervers, billig, illoyal, merkwürdig oder krank sind, falls Sie sexuelle Anregung mögen oder brauchen – Vibratoren, nicht jugendfreie Videos und so weiter.

Tatsache ist, dass es ebenso viele verschiedene Möglichkeiten gibt, Ihren Körper zu erregen, wie es Rezepte für Hühnchen gibt – wahrscheinlich sogar mehr. Das Problem mit starren Verboten für sexuelles Verhalten ist, dass diese Sie wahrscheinlich von einigen der spielerischsten und sinnlichsten Aspekte der körperlichen Liebe abschotten. Und in einer Zeit, in der Ihre Beziehung so belastet ist, sollte nicht leichtfertig auf Spielerei und Sinnlichkeit verzichtet werden.

Es wurde einmal gesagt, das wichtigste Geschlechtsorgan sei das Gehirn, weil alles, was in Ihrem Kopf vorgeht, die sexuellen Reaktionen Ihres Körpers signifikant beeinflusst. Wenn Sie, während Sie sich lieben, Ihren Kopf mit pikanten oder sogar verbotenen Gedanken füllen, werden Sie eher erregt sein, als wenn Sie denken: »Mein Partner stellt nie sein Geschirr in die Spülmaschine.« Das wird wenig zum Schäumen bringen.

Sexuelle Fantasien sind natürlich, sie können Sie von Wut, Ihren Gefühlen des Ungenügens, Ihren Gedanken über den Seitensprung-Partner ablenken – oder was auch immer in dieser komplizierten Zeit Ihrer Erregung im Wege stehen kann. Sie können auch Ihre sexuelle Ansprechbarkeit verbessern, indem sie Botschaften an die Organe senden, die die Peniserektion oder das vaginale Feuchtwerden aktivieren.

»Aber sollte mein Partner mir nicht genügen?«, mögen Sie fragen. »Ist es nicht obszön, an jemand anderen zu denken, während ich mit meinem Partner Sex habe?« Nein, würde ich sagen, es ist ein Unterschied, an Sex mit anderen zu denken oder Sex mit anderen zu haben. Wie die bekannten Sextherapeuten Heiman und LoPiccolo ausführten: »Über etwas zu fantasieren, bedeutet nicht, dass Sie dies auch ausführen. Tatsächlich ist es ja das Schöne am Fantasieren, dass es einem die Freiheit gibt, mit sexueller Vielfalt jenseits der Realität zu experimentieren.«[18] Die Vorstellung, dass Sie, wenn Sie jemanden lieben, nie von einer anderen Person angezogen würden oder daran denken würden, mit jemand anderem Sex zu haben, ist gegen die menschliche Natur. Es ist normal, sexuelle Gedanken über andere Leute zu haben. Wichtig ist, dass Sie und Ihr Partner sich darauf freuen, sich zu lieben, dass Sie Ihre gemeinsame Zeit im Bett lohnend, genussreich, intim und freudvoll gestalten – und wenn dazu Fantasievorstellungen gehören, in Ordnung.

Ich würde Ihnen beiden aber abraten, über den Seitensprung-Partner zu fantasieren, auch wenn dies unrealistisch sein dürfte. Sie, der untreue Partner, haben diese Fantasien zuvor ausgelebt, daher ist es am besten, ihnen keine weitere Nahrung zu geben. Sie, der verletzte Partner, mögen tatsächlich von Bildern Ihres Partners in leidenschaftlicher Umarmung mit einer anderen Person erregt werden, diese Videos im Kopf werden aber zugleich Ihre Unsicherheit befeuern, selbst wenn Sie sie teilweise höchst erotisch finden können. Wenn Sie sich auf den Seitensprung-Partner einstellen, ist es an der Zeit, den Sender zu wechseln.

Eine Möglichkeit ist, dass Sie sich selbst trainieren, andere, weniger bedrohliche Bilder heraufzubeschwören. *Men in Love*[19] und *My Secret Garden*[20], beide von Nancy Friday, sind voller expliziter und provozierender sexueller Fantasien, die ersten für Männer, die zweiten für Frauen. Einige davon werden auf Sie vielleicht erregend wirken.

Eine andere Möglichkeit, die Erregung zu steigern, ist, sexuelle Hilfsmittel in das Liebespiel mitaufzunehmen. Einige von Ihnen werden bei diesem Vorschlag, wegen der Bedeutung, die sie ihm zuschreiben, zurückschrecken. Wenn Sie diese Verstärker jemals genießen wollen, müssen Sie sie in einem neuen Licht betrachten, wie es mein Patient John tat.

Als er und seine Frau Judy sich von dem Schaden seines Seitensprungs erholten, eröffnete sie ihm, dass sie während der Monate ihrer Trennung angefangen hatte, einen Vibrator zu benutzen, und ihn nun gerne weiterverwenden wollte, um ihren Orgasmus beim Geschlechtsverkehr zu intensivieren. John empfand ihre Forderung wie einen Schlag ins Gesicht. »Sie versucht, mir meinen Seitensprung heimzuzahlen«, erzählte er mir. »Es klang, als hätte sie gesagt: ›Ich kann dich genauso problemlos ersetzen, wie du mich ersetzt hast.‹«

Judy erklärte, dass sie gerne mit ihm ins Bett ging, jedoch nicht allein durch vaginale Stimulation zum Orgasmus kam und gerne wollte, dass er sie berührte und ihr nah war, während sie den Vibrator benützte. Anfangs weigerte sich John, mit der Zeit jedoch, nachdem sie es besprochen und er seine Meinung geändert hatte, akzeptierte er es. Manchmal erregte es ihn sogar, ihr zuzusehen, wie sie sich selbst befriedigte.

Eine verletzte Partnerin namens Marge kam mit ihrem Mann zu einer ähnlichen Vereinbarung. Da sie sehen konnte, dass er ernsthaft daran arbeitete, ihre Ehe neu zu beleben, bemühte sie sich darum, sich von seinem Wunsch nach einer visuellen Stimulation nicht erniedrigt zu fühlen. Als er sie bat, den schwarzen Spitzenbody anzuziehen, den er für sie gekauft hatte, und nicht jugendfreie Videos mit ihm anzuschauen, stimmte sie zu. Am nächsten Tag fühlte sie sich jedoch billig. »Er braucht diese Spielsachen, um erregt zu bleiben«, erzählte sie mir. »Das hat nichts mit mir zu tun. Wenn er mich lieben und sich an meinem Körper erfreuen würde, wäre ich ihm genug.«

Mit etwas Hilfe erkannte Marge, dass ihre Ansichten subjektiv waren, und widersprach ihnen. »Er hat mir dieses alberne hübsche Ding schon vor seinem Seitensprung gekauft«, sagte sie zu sich selbst. »Es hat ihm immer gefallen, mich sexy gekleidet zu sehen. Und er mochte schon immer Pornos. Deswegen ist er nicht schlecht und ich werde dadurch für ihn nicht weniger attraktiv und er liebt mich deshalb auch nicht weniger. Warum etwas herauslesen, was gar nicht da ist?«

Was letztlich die größte Intimität zwischen Marge und ihrem Ehemann schuf, war nicht die Verwendung eines speziellen sexuellen Verstärkers, sondern ihre Bereitschaft, die jeweiligen spezifischen sexuellen Präferenzen des anderen zu betrachten, ohne sie zu verurteilen.

Vorschläge

1. Nehmen Sie sich die Zeit, ein oder zwei provokante Fantasievorstellungen zu entwickeln, die Sie mit angenehmen Empfindungen heraufbeschwören können, während Sie Sex haben. Sie können damit anfangen, während Sie masturbieren oder während Sie Ihren Körper beim Duschen berühren.

   Wenn Sie eine Fantasievorstellung in Ihren Sex integrieren, versuchen Sie, zwischen der Fantasievorstellung und den Empfindungen, die Sie mit Ihrem Partner erleben, hin- und herzuschalten. Verlieren Sie sich nicht völlig in Ihrer Traumwelt, haben Sie aber auch keine Scheu, in diese Traumwelt zu schalten, wenn Ihnen störende Gedanken über Ihren Partner oder den Seitensprung-Partner durch den Kopf gehen.

   Haben Sie Spaß dabei und versuchen Sie, Ihre Gedanken loszulassen, stellen Sie sich Szenen vor, die Sie erregen. Was solche Fantasien so erregend macht, ist, dass sie verboten oder neu sind. Am besten werden vielleicht Szenen wirken, die Sie im echten Leben erschreckend oder moralisch abstoßend empfinden würden. Vergessen Sie nicht, dass Ihr Partner nie erfahren muss, dass oder welche Fantasien Sie nutzen. Eine außereheliche Fantasie ist keine außereheliche Affäre. Ich sage dazu in Kapitel 10 über Cyberspace-Affären noch mehr.

2. Bitten Sie Ihren Partner, mit Ihnen einen Sexshop zu besuchen, on- oder offline. Einige Produkte werden Sie vielleicht anekeln, andere zum Lachen bringen. Sprechen Sie über die Produkte, die Sie gerne ausprobieren würden. Teilen Sie Ihre Gefühle darüber.

**Ansicht #13: »Das Thema, einen Test auf Aids oder andere sexuell über-
tragbare Krankheiten zu machen, ist zu heikel, um es zur Sprache zu
bringen.«**

Bei der Wiederaufnahme Ihrer körperlichen Beziehung müssen Sie sich beide einem der am stärksten mit Angst besetzten Probleme nach einem Seitensprung
stellen: der Sorge über sexuell übertragbare Krankheiten wie Aids.

Auch wenn Sie, der untreue Partner, versichern werden, dass Sie mit dem
Seitensprung-Partner nur sicheren Sex praktiziert haben, wird Ihr Partner
wahrscheinlich mehr Beweise als nur Ihr Wort brauchen und erst wieder genitalen Sex mit Ihnen haben wollen, nachdem Sie beide sich ärztlich haben testen lassen. Wenn Sie diese Aufforderung ablehnen, liegen Sie völlig falsch und
müssen sich fragen, warum Sie sich so in der Defensive fühlen. Die Bedeutung,
die Sie der Aufforderung Ihres Partners zuschreiben, mag Sie aufregen, insbesondere, wenn Sie sie als Versuch sehen, Sie zu kontrollieren oder zu bestrafen, aber egal wie offensiv die Absichten Ihres Partners auch scheinen mögen,
haben Sie moralisch nicht das Recht, eine andere Person einer schweren oder
sogar tödlichen Krankheit auszusetzen. Ich biete Ihnen folgende Denkweise an:
»Aids [oder jede andere sexuell übertragbare Krankheit] ist real, verbreitet und
lebensbedrohlich. Es ist unentschuldbar, das Leben eines anderen Menschen
diesem Risiko auszusetzen. Sich testen zu lassen, ist eine Möglichkeit, meinen
Respekt für die Gefühle meines Partners und mein Engagement für unsere
Beziehung zu beweisen. Ich kann die Aufforderung meines Partners entweder
als Nötigung betrachten oder ich kann begreifen, wie mitleiderregend selbstlos
und abhängig mein Partner sein müsste, um Sex mit mir zuzustimmen, ohne
meinen Gesundheitszustand zu kennen. Warum auch sollte mein Partner meinen Worten trauen, dass ich nur sicheren Sex hatte, wenn ich vorher [so oft]
gelogen habe?«

Sie, der verletzte Partner, haben natürlich das Recht, Ihren Partner zu bitten, sich testen zu lassen. Es ist tatsächlich das einzig Vernünftige. Versuchen
Sie jedoch, Ihre Forderung nicht als Mittel zu benutzen, intimen Kontakt zu
vermeiden oder Ihre Wut oder Ihren Kummer zu vermitteln. Wenn Sie sich
Sorgen um Ihre Gesundheit machen, sprechen Sie darüber. Geben Sie Ihrem
Partner die Chance, Ihre Ängste zu beruhigen und Ihr Vertrauen zurückzugewinnen.

Vorschlag

Lassen Sie sich testen – beide. Sagen Sie Ihrem Partner, wann Sie den Termin haben, und teilen Sie die Ergebnisse mit. Bringen Sie Ihren Partner nicht in die Situation, Ihnen deswegen ständig in den Ohren liegen zu müssen.

Ansicht #14: »Ich werde niemals die Scham überwinden, die ich über meinen Körper und meinen Sex empfinde.«

Scham steht einer größeren Intimität häufig im Weg – Scham über das Aussehen Ihres Körpers und Scham über die Art seiner Leistung. Wenn Sie diese Gefühle in sich verschließen, hemmen diese Sie, Ihren natürlichen Neigungen zu folgen und sich offen im Bett zu vergnügen und auszuleben. Um näher zusammenzurücken, müssen Sie herausfinden, wofür Sie sich schämen, und es dann riskieren, darüber zu sprechen. Sie werden sich zwar verletzlicher fühlen, wenn Sie Ihre tiefsten, dunkelsten, am stärksten mit Scham behafteten Gedanken über Ihr sexuelles Selbst offenbaren, es wird Ihrem Partner jedoch die Chance geben, Ihren Mutmaßungen zu widersprechen und Sie so zu akzeptieren, wie Sie sind. Scham muss offengelegt werden, um ausgetrieben zu werden.

Vorschlag

Nachfolgend eine Liste von Gedanken oder Tatsachen, die viele Partner als beschämend oder störend empfinden. Ich ermutige Sie, diese zu besprechen und Ihre eigenen anzufügen:

- »Mein Körper ist hässlich.«
- »Meine Brüste sind zu klein/zu groß.«
- »Mein Penis ist zu klein/zu groß.«
- »Ich werde nicht hart genug.«
- »Mein Penis hat eine seltsame Form.«
- »Ich habe eingezogene Brustwarzen.«
- »Ich komme durch Geschlechtsverkehr nicht zum Orgasmus.«
- »Ich bin im Bett eher schwerfällig als sinnlich.«
- »Meine Bedürfnisse sind zu abartig.«
- »Ich bin beim Sex zu laut.«
- »Ich bin zu still, wenn wir uns lieben. Es fällt mir schwer, mich auszudrücken.«

- »Meine Schambehaarung ist hässlich.«
- »Ich bin zu dick/zu dünn.«
- »Mein Hintern ist zu flach/zu weich/zu dick.«
- »Ich komme zu schnell.«
- »Ich brauche ewig, bis ich komme.«
- »Ich schaffe es nicht, dich zum Höhepunkt zu bringen.«
- »Meine Vagina ist zu weit/zu eng.«
- »Ich hatte noch nie einen Orgasmus.«
- »Ich werde nicht feucht genug/werde zu feucht.«
- »Ich habe die Sorge, dass meine Vagina schlecht riecht.«
- »Ich weiß nicht, wie ich dich befriedigen kann.«
- »Ich kann dir nicht sagen, wie du mich im Bett befriedigen kannst.«
- »Ich fühle mich unbehaglich, wenn ich Leidenschaft zeige.«
- »Ich habe Angst, loszulassen/die Kontrolle zu verlieren.«
- »Ich fühle mich billig, wenn ich dich oral befriedige.«
- »Ich habe Angst, dass es mich würgt, wenn ich deinen Penis in den Mund nehme.«
- »Ich habe Angst, dass du in meinem Mund kommst.«
- »Ich denke daran, mit einem gleichgeschlechtlichen Partner Sex zu haben.«
- »Wenn ich die Initiative zum Sex ergreife, fühle ich mich zu aufdringlich.«
- »Ich sehe gerne Pornos.«
- »Manchmal würde ich gerne einen Vibrator benützen.«
- »Wenn du nicht da bist, masturbiere ich.«

Wenn Sie hören, was Ihr Partner eingesteht, ist es wichtig, dass Sie sich klarmachen, dass Ihnen zutiefst persönliche Informationen anvertraut werden. Behandeln Sie diese mit höchstem Einfühlungsvermögen. Wenn Sie die Überzeugungen Ihres Partners für falsch halten, ist jetzt der richtige Zeitpunkt, dies zu sagen.

Als eine meiner Patientinnen namens Vera ihrem Mann sagte, wie sehr sie die schwarzen Haare hasste, die um ihre Brustwarzen wuchsen – wie sie sagte, fühlte sie sich dadurch unweiblich –, scherzte er: »Die einzigen Haare, über die ich mir je Gedanken gemacht habe, ist der Wald, der aus meiner Nase und meinen Ohren wächst. Ich werde mich nicht über deine Unvollkommenheit lustig machen, wenn du dich über meine nicht lustig machst.«

Wenn Sie gestehen, wofür Sie sich schämen, und Ihr Partner Ihnen hilft, den Stachel zu ziehen oder die Scham zu überwinden, entfernen Sie damit eine wichtige Barriere für Intimität.

Schlussbetrachtung

Angst vor Intimität, Angst vor Veränderung

Nachdem Sie Ihre Ansichten über sexuelles Verlangen, Erregung und Orgasmus überprüft, den Seitensprung-Partner aus Ihrem Schlafzimmer vertrieben haben, realistische Erwartungen über die Leidenschaft und die Nutzung von Fantasien aufgestellt und Ihre persönlichen Probleme mit der Intimität anerkannt haben, *werden Sie möglicherweise noch immer Angst haben, zu heilen und Ihren Partner wieder zu lieben.*

Angst vor einer neuen Investition in eine beschädigte Partnerschaft, Angst davor, sich selbst zu öffnen und sich vom Partner wieder lieben zu lassen, Angst vor der Hoffnung – diese Ängste kommen bei Partnern häufig vor, die darum kämpfen, nach einer Affäre neue intime Bindungen zu entwickeln.

Ebenso abschreckend ist die Angst vor Veränderung. Wenn Sie merken, wie alt und tief verwurzelt Ihre dysfunktionalen Muster sind, wie sehr sie Ihr Selbstgefühl bestimmen, werden Sie vielleicht sagen: »Ich bin, wer ich bin. Es ist zu spät, mich zu ändern.«

»Sie treten vom Randstein herunter und fangen an, die Straße zu überqueren, wobei Sie nicht wissen, was Sie auf der anderen Straßenseite erwarten wird«, sagte mir eine verletzte Partnerin. »Wenn ich liebevoller, sexuell interessierter, direkter werde, was meine Bedürfnisse angeht, werde ich meinen Mann und auch mich selbst anders empfinden. Ich werde ein anderer Mensch sein. Ich habe mich immer missachtet, enttäuscht, benachteiligt gefühlt. Wer werde ich sein, wenn ich das aufgebe?«

Es ist völlig natürlich, das zu wiederholen, was vertraut und gut einstudiert ist, egal, wie unangemessen es sein mag. Sie können jedoch fähiger zur Intimität sein, als Sie glauben.

Wenn Sie einander näherkommen wollen, könnten Sie damit anfangen, die Verantwortung dafür zu identifizieren und zu übernehmen, wie Sie Ihren Partner auf Distanz gehalten haben, wie Sie die Bemühungen Ihres Partners sabotiert haben, Sie kennenzulernen. Sie können an die Zeit vor der Affäre zurückdenken, an die Zeit, bevor Sie beide sich kennengelernt haben, und nach unangemessenen Verhaltensmustern seit Ihrer Kindheit in Ihrem Umgang mit wichtigen Nahestehenden suchen. Und Sie können sich ganz bewusst so trainieren, dass Sie neue, liebevollere Umgangsformen erleben.

Versuchen Sie, Ihren Ängsten zu widersprechen. Sie haben die Möglichkeit, sich selbst und Ihre Beziehung zu erneuern. Verspielen Sie diese Gelegenheit nicht, indem Sie blindlings an den Mustern der Intimität festhalten, die Sie in der Kindheit gelernt haben. Vergeuden Sie Ihre Energie nicht dafür, Ihre Beziehung kalt zu halten. Fragen Sie sich selbst: »Worauf warte ich? Wann werde ich mich eher bereit fühlen, wieder zu lieben? Wie viele weitere Chancen werden wir noch bekommen, unser Leben gemeinsam neu zu gestalten?« Sie werden viele korrigierende Erfahrungen brauchen, um sich emotional sicher zu fühlen, um eine Vertrauensbasis wiederherzustellen, auf deren Grundlage Sie »Ihre tiefsten Gefühle und Ängste in die Hand Ihres Partners legen können und wissen, dass sie sorgfältig behandelt werden«.[21] Aber ich ermutige Sie, die Schranke zu überwinden, die Sie voneinander trennt, und den Prozess zu beginnen.

Eine intimere neue Bindung entwickeln

Es wird viel dazu beitragen, Ihre emotionale und spirituelle Bindung zu stärken, wenn Sie realistische Erwartungen über Ihre körperliche Beziehung entwickeln. Wie es Mary Borden bereits vor über einem halben Jahrhundert ausdrückte: Wir sind nicht alle geborene oder großartige Liebhaber. Wir sind normale Menschen, schwach, tastend, wohlmeinend, verunsichert und einsam. Was wir uns wirklich wünschen, sind ein oder zwei Freunde und ein Gefährte, der froh ist, wenn wir froh sind, traurig, wenn wir traurig sind, der in der Not zu uns hält und bis zum Ende mit uns durchhält.[22]

Das Gefühl einer zärtlichen, geborgenen Bindung an Ihren Partner ist der Kern der meisten anhaltenden, engagierten Beziehungen, der mit Freude und Erfüllung über die momentanen Funken und Wunder der romantischen Liebe hinausreicht.

Sexuelle Intimität ist von emotionaler Intimität untrennbar, jede bezieht die andere mit ein, jede beleuchtet die andere. Beide bitten Sie darum, mit Akten der Freundlichkeit großzügig und in wichtiger Weise füreinander verfügbar zu sein.

Beide geben Ihnen die Kraft und die Vision, verbunden zu bleiben –, bis zum Ende durchzuhalten – auch in Zeiten, in denen Sie sich nicht sonderlich geliebt oder liebend fühlen.

KAPITEL 9
Vergeben lernen

Vergebung ist, genau wie Liebe, ebenso sehr ein Begriff wie ein Gefühl. Wenn Sie extreme oder unrealistische Ansichten dazu haben, können Sie vielleicht nie vergeben oder Sie vergeben zu schnell. In diesem Kapitel betrachten wir einige der häufigsten Ansichten dazu, damit Sie eine besser überlegte, eigennützige Entscheidung treffen können, ob Sie vergeben können oder wollen. Bedenken Sie, dass ich dabei nicht nur über die Untreue spreche, sondern auch über die vielen, weniger offensichtlichen, Gelegenheiten, bei denen Ihr Partner im Laufe Ihrer Beziehung Ihnen gegenüber versagt hat und in denen Sie selbst versagt haben.

Ansichten, die Sie davon abhalten können zu vergeben

Zu den überspanntesten Ansichten, die Sie über Vergebung haben können, gehören folgende:

1. »Vergebung erfolgt vollständig und einmalig.«
2. »Wenn Sie vergeben, werden Ihre negativen Gefühle gegenüber Ihrem Partner durch positive Gefühle ersetzt.«
3. »Wenn Sie vergeben, gestehen Sie damit, dass Ihre negativen Gefühle gegenüber Ihrem Partner falsch oder nicht gerechtfertigt waren.«
4. »Wenn Sie vergeben, verlangen Sie dafür keine Gegenleistung.«
5. »Wenn Sie vergeben, vergessen Sie die Verletzung.«

Lexika unterstützen diese idealisierten Vorstellungen. *The Random House Dictionary of the English Language*[1] ist dafür typisch. Vergeben, so heißt es dort, bedeutet: »1. Vergebung gewähren für, Erlassen von (Beleidigung, Schuld etc.), freisprechen. 2. Alle Ansprüche aufgeben, erlassen (eine Schuld, Pflicht etc.). 3. (einer Person) verzeihen. 4. Aufhören, Verbitterung gegenüber jemandem zu fühlen; *seinen Feinden vergeben*. 5. Eine Verbindlichkeit oder Verpflichtung aufheben.« Viele religiöse Autoritäten und Theologen würden hinzufügen, »sein Recht auf Vergeltung aufgeben«.[2]

Diese Definitionen, die als abstrakte Vorschriften nützlich sein mögen, lassen Vergebung eher unerreichbar erscheinen und bescheren Ihnen Gedanken wie:

»Wenn Vergebung das bedeutet, vergiss es. Nur ein Heiliger könnte auf eine so bedingungslose, selbstaufopfernde Alles-oder-nichts-Weise handeln.«

Wie ich in *How Can I Forgive You?*[3] ausführe, ist Vergebung kein reiner, selbstloser Akt, keine einseitig vom verletzten Partner erteilte Entschuldigung. Sie ist ein gemeinsames Unterfangen, das in dem Moment beginnt, in dem Sie Ihren Schmerz äußern, nachdem der Seitensprung offengelegt ist, und sich weiterentwickelt, während Sie und Ihr Partner nach korrigierenden Erfahrungen streben, die Vertrauen und Intimität wiederherstellen. Vergebung ist ein freiwilliges Angebot, das Tag für Tag verdient werden muss.

Ansicht #1: »Vergebung erfolgt vollständig und einmalig.«

Ich erinnere mich an die Zeit, als mein Sohn Aaron in den Kindergarten kam. Nachdem er herumspaziert war und sich eine Weile an einem Puzzle versucht hatte, drehte er sich zu mir und verkündete: »Ich kann hier nicht hingehen. Es ist zu schwer.« Ja, natürlich wäre es zu schwer gewesen – wenn er alles an einem Tag hätte schaffen müssen.

Wenn es darum geht, Ihrem Partner zu vergeben, können auch Sie sich überfordert fühlen. »Ich würde dafür ein Leben lang brauchen«, behaupten Sie. »Vielleicht sogar länger.« Und ich sage dazu: »Richtig. Genau.« Der Prozess der Vergebung entfaltet sich genauso langsam und setzt sich über die gesamte Zeit der Beziehung fort. Es gibt keinen Schlusspunkt, keinen Zeitpunkt, an dem Sie das Gerüst in Ihrem Leben abbauen und sagen können: »Nun können wir aufhören, uns daran zu erinnern, unsere Arbeit ist nun getan.« Um mit Kafka zu sprechen: Der entscheidende Moment der menschlichen Entwicklung ist immerwährend.

Vielleicht können Sie Ihrem Partner jetzt gerade 10 Prozent dessen vergeben, was er getan hat, und wenn Sie beide Ihre Beziehung neu aufbauen, vielleicht weitere 70 Prozent, aber niemals mehr. Das ist in Ordnung. »Das Trauma wird sich nie endgültig lösen, die Genesung wird nie vollständig sein«, sagt Judith Lewis Herman, Dozentin für klinische Psychiatrie an der Harvard Medical School, in ihrer Studie über psychische Schäden.[4] Sie sind nicht unbedingt ein guter Mensch, wenn Sie vollkommen verzeihen können, und sind nicht unbedingt ein schlechter Mensch, wenn Ihnen das nicht gelingt. Sie können nur das geben, wozu Sie in der Lage sind und was Ihr Partner verdient.

**Ansicht #2: »Wenn Sie vergeben, werden Ihre negativen Gefühle gegen-
über Ihrem Partner durch positive Gefühle ersetzt.«**

Einige von Ihnen werden sich vielleicht weigern zu vergeben, weil sie die Vergebung als »das Ende der Feindseligkeit«[5] ansehen – einen Zustand, in dem die
Bitterkeit verschwindet und Liebe und Mitgefühl deren Platz einnehmen.

Das ist in meinen Augen eine romantische Einstellung, denn in all den Jahren, in denen ich praktiziere, habe ich keinen einzigen Menschen kennengelernt,
der in der Lage gewesen wäre, eine derartige emotionale Kehrtwende zu vollzie-
hen. Psychische Schäden heilen oder verschwinden im Leben nie komplett und
werden auch nicht wie durch Zauberhand durch positivere Gefühle ersetzt. Ob
Sie nun der verletzte oder untreue Partner sind, die Erinnerung daran, wie Ihr
Partner Ihnen gegenüber versagt hat, wird Sie auch noch Jahre später zusam-
menzucken lassen. Wenn Sie erwarten, wieder bei null beginnen zu können, als
sei nichts geschehen, sorgen Sie selbst für eine spätere Desillusionierung.

Es ist unwahrscheinlich, dass Sie als der verletzte Partner jemals viel Mitgefühl für die Konflikte Ihres Partners durch die Affäre empfinden werden. Sie werden nie verstehen oder sich nie zu verstehen bemühen, welchen Kummer es für
Ihren Partner bedeutet hat, den Seitensprung-Partner aufzugeben. Das ist normal. Wenn Sie verzeihen, bekommen Sie keine warmen, leichten Gefühle, wenn
Sie an den Betrug Ihres Partners denken, sondern sind nur emotional weniger
empfindlich und weniger verbittert und wütend. Ihre Feindseligkeit wird weniger
zentral in Ihrer Beziehung und teilt sich den Platz mit anderen, positiveren Gefühlen. Sie stellen die Affäre in den größeren Kontext Ihres gemeinsamen Lebens
und sehen sie als das, was sie ist – ein Teil dessen, wer Sie beide sind, aber nicht
alles, was Sie beide sind. Und Sie sehen, dass Ihr Partner nicht nur ein Betrüger
ist und Sie nicht nur ein Opfer sind.[6]

Als der untreue Partner werden Sie es Ihrem Partner vielleicht nie vollständig
verzeihen, hinter Ihren Erwartungen zurückgeblieben zu sein, und auch das ist
normal. Vergebung erlaubt, genau wie die reife Liebe, die gleichzeitige Berücksich-
tigung widersprüchlicher Gefühle, die Integration von Hass und Liebe. Wenn Sie
vergeben, werden negative Gefühle nicht durch positive Gefühle ersetzt, sondern
beide bestehen nebeneinander. Ihre Verbitterung, Ihr Groll bleibt, wird jedoch
gegen die Feststellung abgewogen, dass Ihr Partner nicht so mangelhaft und der
Seitensprung-Partner nicht so perfekt waren – und Sie auch nicht so unschuldig.

Ansicht #3: »Wenn Sie vergeben, gestehen Sie damit, dass Ihre negativen Gefühle gegenüber Ihrem Partner falsch oder nicht gerechtfertigt waren.«

Ein weiterer Grund, warum Sie sich der Vergebung möglicherweise widersetzen, ist, dass Sie damit das Verhalten Ihres Partners billigen, entschuldigen oder bagatellisieren könnten. Die Vergebung scheint zu leugnen, dass eine Ungerechtigkeit erfolgt ist, dass Ihnen geschadet wurde, dass Sie sich wütend oder verletzt fühlen dürfen. Sie scheint zu sagen: »Was mein Partner mir angetan hat, war gar nicht so schlimm oder wichtig.«

Vergebung bedeutet jedoch nicht, dass Sie die Schuld Ihres Partners leugnen, sondern nur, dass Sie Ihren Partner von Strafe freisprechen. Die Pastorin Marjorie J. Thompson erklärt: »Vergeben bedeutet, sich bewusst dafür zu entscheiden, die Person, die uns verletzt hat, von unserem Urteilsspruch zu befreien, egal wie berechtigt das Urteil sein mag. Es steht für die Wahl, unseren Groll und unseren Wunsch nach Vergeltung hinter uns zu lassen, egal wie fair eine solche Vergeltung scheinen mag.«[7]

Sie können vergeben und dennoch anerkennen, dass Ihr Partner zu weit gegangen ist. Solange Sie sich nicht selbst eingestehen, dass Ihnen Unrecht widerfahren ist, gibt es für Sie tatsächlich nichts zu vergeben. »Schuldzuweisung ist nötig, um mit dem Leben zurechtzukommen«, schreibt Beverly Flanigan in *Forgiving the Unforgivable*.[8] »Jemand kann für eine Verletzung zur Verantwortung gezogen werden. Jemand hat Unrecht. Es sollte jemand identifiziert werden. Dann erst kann jemandem vergeben werden.«[9]

Ansicht #4: »Wenn Sie vergeben, verlangen Sie dafür keine Gegenleistung.«

Einige von Ihnen werden sich vielleicht weigern zu vergeben, weil sie die Vergebung als eine Art Absolution sehen, die ohne Erwartung einer Gegenleistung erteilt wird. »Warum sollte ich meinen Partner von jeglicher Verpflichtung befreien, den Schaden wiedergutzumachen?«, fragen sie sich vielleicht. »Warum sollte ich reinen Tisch machen?«

Wenn Sie Vergebung auf diese selbstverleugnende oder selbstkompromittierende Weise definieren, werden Sie sie wahrscheinlich mit dem Verlust von Macht und mit passiver Unterwerfung unter den Vertrauensbruch verknüpfen und Nietzsches Überzeugung teilen, dass Vergebung etwas für Schwächlinge ist – für diejenigen, die unfähig sind, ihr Recht auf eine gerechte Lösung durchzusetzen.[10]

Vergebung muss aber weder Sie schwächen noch Ihren Partner von seiner Haftung entbinden. *Wenn Ihr Ziel die Aussöhnung ist, verlangt Vergebung eine Entschädigung.* Sollte Ihr Partner verstorben oder körperlich nicht verfügbar sein, können Sie sich entscheiden, diese Person einseitig zu »entlassen«, um die Kontrolle über Ihren Schmerz und Ihre Genesung zu übernehmen. Wenn Sie jedoch versuchen, wieder eine Beziehung aufzubauen, müssen Sie dies gemeinsam tun. Vergebung ist ein Zwei-Personen-Stück. Sie können niemandem vergeben, der sich weigert, den Schaden, den er Ihnen zugefügt hat, anzuerkennen und Sie zu entschädigen – Sie werden sicher keine lebendige intime Beziehung mit einem solchen Menschen haben können. Judith Lewis Herman sagt dazu: »Wahre Vergebung kann erst erteilt werden, wenn der Schuldige um die Vergebung ersucht und sie durch ein Geständnis, durch Reue und Wiedergutmachung verdient hat.«[11]

Ein Partner, der körperlich und seelisch mit Ihnen verbunden sein möchte, muss sich bemühen, durch spezifische, konkrete Verhaltensweisen Vergebung zu erhalten. Unverdiente Vergebung verstärkt wie unerwiderte Liebe die Annahme, es sei allein Ihre Aufgabe, verbunden zu bleiben, Ihr Partner müsse die Last der Wiederherstellung nicht mit Ihnen teilen. Wenn Sie nur einen Hauch Selbstachtung haben, werden Sie diese Vorstellung als dysfunktional empfinden.

»Während Aussöhnung, psychologisch gesehen, ein wünschenswertes Ergebnis sein mag, muss Vergebung verdient werden«, schreibt der klinische Psychologe Robert Lovinger in *Religion and Counseling*. »Jemandem zu vergeben, der den verursachten Schaden nicht anerkennt oder, schlimmer noch, sein schädigendes Verhalten als berechtigt betrachtet, bedeutet, den Schaden vollständig zu unterstützen.«[12]

Ansicht #5: »Wenn Sie vergeben, vergessen Sie die Verletzung.«

Vielleicht weigern Sie sich, Ihrem Partner zu vergeben, weil Sie Angst haben, damit die Erinnerung an das Geschehene zu begraben. Sie glauben, die Erinnerung würde verhindern, dass es wieder geschieht. Zudem merkt Ihr Partner dann, dass Sie Ihren Schmerz nicht so leicht vergessen können.

Es ist nur so, dass Sie, der verletzte Partner, nie vergessen werden, wie Sie betrogen wurden, ob Sie nun vergeben oder nicht. Noch Jahre später werden Sie sich genau an den Augenblick der Enthüllung und an alle schmutzigen Details der Affäre erinnern. Sie, der untreue Partner, wünschen sich, dass Ihr Partner Ihnen vergibt und alles vergisst, damit Sie auf dem Weg zu einer friedlichen Aussöhnung vorankommen, aber Sie können diesen Prozess nicht beschleunigen. *Auch wenn Sie dem von Ihnen verursachten Schaden keine Beachtung schenken, wird Ihr Partner dies dennoch tun.*

Wenn Sie vergeben, vergessen Sie dadurch das erlittene Unrecht zwar nicht, aber Sie erlauben sich, nicht an diesem Punkt stehen zu bleiben. Ihre schmerzlichen Erinnerungen werden zwar lebendig bleiben, aber sie werden in eine Ecke Ihres Kopfes verbannt. Sie sehen den Schaden auch weiterhin, aber nur als Teil des Bildes, das auch die liebevollen Zeiten umfasst – die Zeiten, die Sie daran erinnern, warum Sie sich entschieden haben zusammenzubleiben. Die Vergangenheit mag Ihnen weiterhin einen Stich versetzen, wird Ihnen aber wahrscheinlich auch einige wichtige Lektionen erteilt haben und Sie anregen, es besser zu machen.

Vergeben bringt, kurz gesagt, *bewusstes Vergessen* mit sich, das die C.G. Jung-Anhängerin und Analytikerin Clarissa Pinkola Estés beschreibt als eine Weigerung, ein willentlicher Akt, die belastenden und aufwühlenden Erinnerungen nicht immer wiederaufleben zu lassen und sich hineinzusteigern. Durch diese bewusste Abkehr von dem Erlebten wird es möglich, neue Erfahrungen entstehen zu lassen.[13]

Ansichten, die Sie zu leicht vergeben lassen

Unverdiente Vergebung ist billige Vergebung. Es ist etwas, was Sie nicht deshalb gewähren, weil Ihr Partner es verdient, sondern weil Sie sich durch andere Menschen oder durch romantische oder moralische Ansichten über die Bedeutung von Vergebung unter dem Druck fühlen, sie zu gewähren. Hastig oder voreilig erteilte Vergebung begräbt den Schmerz lebendig und nimmt Ihnen und Ihrem Partner die Chance, sich den Lektionen aus der Affäre zu stellen und die Wunden des anderen sachgemäß zu versorgen.

Nachfolgend drei häufige Ansichten über Vergebung, die Sie dazu bringen könnten, zu schnell oder zu leicht zu vergeben, bevor der Fehler anerkannt und angesprochen wurde:

1. »Es ist immer gut für Sie, wenn Sie vergeben.«
2. »Durch Vergebung zeigen Sie, dass Sie ein guter Mensch sind.«
3. »Vergebung schaltet Konflikte aus und bringt die Beziehung weiter.«

Ansicht #1: »Es ist immer gut für Sie, wenn Sie vergeben.«

Üblicherweise wird davon ausgegangen, dass Vergebung nicht nur ein Geschenk an Ihren Partner ist, sondern im Interesse Ihres besten Selbst auch ein Geschenk an Sie selbst und dass es Sie, den Vergebenden, mit einem Gefühl von Wohlbehagen, psychischer und körperlicher Gesundheit erfüllt. Indem Sie vergeben, »entlassen Sie einen Gefangenen in die Freiheit, entdecken jedoch, dass Sie der wirkliche Gefangene waren«,[14] schrieb Lewis Smedes, ehemaliger Professor für Theologie und Ethik am Fuller Theological Seminary in Kalifornien.

Wenn Ihr Partner Sie verletzt oder enttäuscht hat, sehen Sie Vergebung vielleicht als Möglichkeit, sich selbst zu heilen und weiterzukommen. Vielleicht versuchen Sie, Ihren Partner aus dem Griff Ihrer Verbitterung oder Desillusionierung zu entlassen und die Energie zurückzugewinnen, die Sie in diese zerstörerischen Emotionen investiert haben. Indem Sie vergeben, so hoffen Sie, werden Sie sich aus der Opferrolle befreien und Ihr Leben weiterleben.

Dieser Gedanke, dass Vergebung grundsätzlich gut für Sie sei, ist sowohl in der öffentlichen Meinung als auch unter Fachleuten beliebt, hat Studien jedoch nicht standgehalten. In einigen Fällen hat diese Einstellung sich sogar als therapiefeindlich erwiesen, da sie bei der Person, die vergibt, Gefühle eines geringen Selbstwerts erzeugt hat.[15]

»Die Tendenz, zu bereitwillig zu vergeben, kann ein Zeichen mangelnder Selbstachtung sein und vermittelt – emotional – entweder, dass wir nicht glauben, Rechte zu haben, oder dass wir unsere Rechte nicht sehr ernst nehmen«, schreibt Jeffrie Murphy in *Forgiveness and Resentment*.[16] Murphy führt weiter aus, dass die Bereitschaft, für andere ein Fußabstreifer zu sein, kein Zeichen von Liebe oder Freundschaft ist, sondern das, was die Psychiaterin Karen Horney »morbide Abhängigkeit«[17] nennt. Meine eigene klinische Erfahrung bestätigt, dass unverdiente Vergebung innere Wunden nicht heilt, sondern nur unter einer Hülle aus Lächeln und Scherzen verbirgt und sie eitern lässt.

Ansicht #2: »Durch Vergebung zeigen Sie, dass Sie ein guter Mensch sind.«

Vielleicht haben Ihre Familie oder religiöse Führungspersönlichkeiten Sie gelehrt, dass Vergebung ein erlösender Akt ist – eine Form von Selbstopferung, den gute Menschen für ihre Feinde auf sich nehmen. Indem sie vergeben, beweisen sie ihr Mitgefühl und ihre Unschuld und bewahren oder erschaffen sich ein Selbstbild des Märtyrers oder Heiligen.

Vergebung ist für sich genommen jedoch nicht bewundernswert – es sei denn, Sie glauben, dass es bewundernswert ist, den Mund zu halten und sich eine gerechte Lösung selbst zu versagen. Was Sie für Edelmut halten, kann tatsächlich nichts anderes sein als eine Möglichkeit, Ihre moralische Überlegenheit über Ihren Partner zur Geltung zu bringen und sich dem eigenen Beitrag zu der Affäre nicht stellen zu müssen. Was Sie als Selbstaufopferung betrachten, kann dem größeren Zweck dienen, Ihren Partner unter Ihre Kontrolle zu bringen und ihm die Schuld der Dankbarkeit aufzuerlegen, die nie vollständig zurückgezahlt werden kann.

Ansicht #3: »Vergebung schaltet Konflikte aus und bringt die Beziehung weiter.«

Einige von Ihnen sind vielleicht so ängstlich auf eine Aussöhnung bedacht, dass sie alles tun würden, sogar Vergebung gewähren. Wenn Sie eine abhängige Persönlichkeit sind oder von alkoholkranken oder missbrauchenden Eltern erzogen wurden, wurden Sie wahrscheinlich darauf konditioniert, häufig durch Verleugnung oder Aufgabe Ihrer eigenen Verletzung oder Ihrer Verbitterung Konflikte zu glätten. Sie haben gelernt, anhänglich zu bleiben, indem Sie Ihren Kummer begraben. Sie vergeben leicht, weil Sie Ihre Wut nicht anerkennen oder ausdrücken können, und haben Angst, explosive Szenen auszulösen, Ihren Partner zu verstimmen und allein leben zu müssen.

Das Problem mit *zweckdienlicher Vergebung* – Vergebung, die dem Schuldigen ohne dessen emotionale Veränderung oder veränderte Haltung gewährt wird[18] – ist, dass sie mit der Zeit Gefühle von Depression und Kummer verstärken und eine zugrunde liegende Aggressivität gegenüber dem Partner verstärken wird. Wer zu schnell vergibt, neigt dazu, mit falscher oder herablassender Liebenswürdigkeit zu agieren, unterbrochen von Sarkasmus oder unverhohlener Verbitterung. Das Ergebnis ist eine von Feindseligkeit, belanglosen Streitereien, Gefühllosigkeit, oberflächlicher Ruhe und Selbstverleugnung dominierte Beziehung – eine Beziehung, der es an Lebendigkeit und Authentizität mangelt.

Eine Patientin namens Pat praktizierte die zweckdienliche Vergebung und ließ die Affäre ihres Mannes auf sich beruhen, lange bevor beide Partner deren Bedeutung erforscht und den Konflikt abgeschlossen hatten. »Ich weiß, dass

Henry nie aufgehört hat, mich zu lieben«, erzählte sie mir. »Ich brauche es nicht, dass er um Entschuldigung bettelt.« Acht Jahre später jedoch hatten sie noch immer mit Vertrauens- und Intimitätsproblemen zu kämpfen, obgleich Henry nie mehr fremdgegangen war.

Wie schon gesagt, klärt sich nichts, wenn man »auf nett macht«. Wenn Sie einer echten Vergebung den Weg bereiten wollen, können Sie das Geschehene nicht unter den Teppich kehren. Ihr Partner muss Ihren Schmerz verstehen, Gewissensbisse haben, sich entschuldigen und sein Engagement beweisen, die Beziehung neu aufzubauen. *Um heilen zu können, müssen Sie vergeben. Zuerst jedoch muss Ihr Partner Salbe auf Ihre Wunde auftragen.*

Selbstvergebung

Zusätzlich dazu, Ihrem Partner zu vergeben, weil er Ihnen Leid angetan hat, sollten Sie auch in Betracht ziehen, sich selbst das Leid zu vergeben, das Sie Ihrem Partner, Ihrer Familie und sich selbst angetan haben.

Für Sie, den verletzten Partner, kann Folgendes zu einer solchen Schuld gehören:

- übermäßige Naivität, blindes Vertrauen, Ignorieren Ihrer Verdachtsmomente über eine Untreue Ihres Partners;
- zu harsche Selbstbeschuldigungen für den Betrug Ihres Partners;
- Tolerieren oder Entschuldigen des inakzeptablen Verhaltens Ihres Partners, nur um die Beziehung zu erhalten;
- so schwach entwickelte Vorstellungen des Selbst und der Liebe, dass Sie sich zu mehr nicht berechtigt fühlen;
- Selbstkränkung und Selbstentwürdigung durch unfaire Vergleiche zwischen sich und dem Seitensprung-Partner;
- selbstdemütigendes Verhalten – vor dem Seitensprung-Partner, Ihrer Familie, Ihren Freunden – aus dem verzweifelten Wunsch heraus, Ihren Partner zurückzugewinnen;
- Verlust Ihres Selbstgefühls, Verlust des Blicks dafür, was Sie sich selbst wert sind;
- Hineinziehen Ihrer Kinder, die Sie zur Unterstützung gebraucht haben, um geliebt zu werden, und damit die Kinder gegenüber dem anderen Elternteil Partei für Sie ergreifen;

- so große Aufregung und Verunsicherung durch die Affäre, dass Sie für Ihre Kinder nicht da waren;
- unnötige Selbstisolierung. Da Sie versucht haben, unbedingt die Gefühle Ihrer Kinder und Ihrer Eltern zu schützen, haben Sie sich von deren Unterstützung abgeschnitten;
- Beitrag zur häuslichen Unzufriedenheit Ihres Partners (zum Beispiel, indem Sie es versäumt haben, den Kummer Ihres Partners ernst zu nehmen, indem Sie in Ihrem Beruf oder in der Kinderbetreuung aufgegangen sind, indem Sie zu kritisch, nicht verfügbar oder bedürftig waren).

Sie, der untreue Partner, sollten sich vergeben, dass:

- Sie sich so bedürftig gefühlt haben, so berechtigt, Ihre Bedürfnisse erfüllt zu bekommen, dass Sie Ihren Partner verletzt haben;
- Sie Ihren Partner – den Menschen, den Sie lieben, Vater oder Mutter Ihrer Kinder – der Gefahr einer lebensbedrohlichen Krankheit ausgesetzt haben;
- Sie Ihren Partner für Ihre Unzufriedenheit verantwortlich gemacht haben, ohne zu merken, wie sehr Ihre eigenen Fehlwahrnehmungen, Ihr Fehlverhalten und Ihre unrealistischen Erwartungen Ihre Beziehung beeinträchtigt haben;
- Sie Haltungen entwickelt haben, die Ihren Betrug gerechtfertigt und die Bedeutung Ihres Handelns bagatellisiert haben;
- Sie es versäumt haben, Ihren Partner mit Ihren wesentlichen Bedürfnissen zu konfrontieren, das heißt, dass Ihr Partner diese gar nicht erfüllen konnte;
- Sie unrealistische Gedanken über reife Liebe haben, die Sie unfähig gemacht haben, eine Entzauberung in Ihrer Beziehung zu tolerieren;
- Sie so schwach entwickelte Vorstellungen vom Selbst und von der Liebe haben, dass Sie nicht wussten, wie Sie Intimität schaffen und erhalten oder sich in einer engagierten Beziehung zufrieden fühlen können;
- Sie Ihren Kindern, Ihrer Familie, Ihren Freunden ein Chaos zugemutet haben.

Unabhängig davon, wie Ihr Partner zu Ihrer häuslichen Unzufriedenheit beigetragen haben mag, sind Sie, der untreue Partner, allein für den Betrug verantwortlich und müssen sich selbst für das Leid vergeben, das Sie verursacht haben, indem Sie Ihren Vertrauensbund verletzt haben. Sie sollten sich auch für den Schmerz vergeben, den Sie Ihren Kindern bereitet haben. Diese Aufgabe kann leichter sein, wenn Sie Ihren Kindern anhand Ihres eigenen Beispiels beibringen können, dass zwei Menschen, die sich lieben, Fehler machen, die Verantwortung dafür übernehmen und daran arbeiten können, ihr gemeinsames Leben zu erneuern.

Sie und Ihr Partner können sich vielleicht leichter vergeben, wenn Sie lernen, sich selbst als fehlbare, auf Abwege geratende menschliche Wesen zu akzeptieren – konditioniert, verwirrt, darum kämpfend, das Beste aus einem Leben zu machen, das sie weder vollständig verstehen noch kontrollieren. Selbstvergebung befreit Sie nicht von der Verantwortung für Ihre Worte und Taten, aber sie kann Sie von Selbstverachtung und einem »lähmenden Gefühl des Schlechtseins«[19] befreien, das Sie glauben macht: »Besser kann ich es nicht.« Durch Selbstvergebung sehen Sie sich und Ihr Handeln mit vorsichtigem Mitgefühl und gewinnen das zurück, was Sie an sich am meisten schätzen.

Vereinbarung von Zusagen

Zusagen bedeuten für sich genommen wenig, werden sie jedoch mit spezifischen, relevanten Verhaltensweisen kombiniert, können sie den Partner bezüglich des eigenen kontinuierlichen Engagements im Hinblick auf eine Veränderung beruhigen. Zusagen können Ihnen auch helfen, ehrlich und fokussiert zu bleiben. Daher ermuntere ich Sie, folgende Vereinbarung auszufüllen oder in eine eigene zu integrieren:

[Name Ihres Partners],

wir haben eine vernichtende Krise überlebt, die die Integrität unserer Beziehung zerstört hat. Ich weiß die Chance zu schätzen, mit dir daran zu arbeiten, etwas Neues, Stärkeres aufzubauen, basierend auf unserem bewussteren Verständnis dafür, wer wir sind und was wir voneinander brauchen. Mir ist klar, dass Treue allein keine erfolgreiche Beziehung hervorbringt.

Heute verstehe ich, dass ich dich oft für meine Unzufriedenheit verantwortlich gemacht habe. Ich vermochte nicht, nach innen zu blicken und meinen eigenen Beitrag zu meinem Unglücklichsein aufzudecken. Ich habe von dir erwartet, mich zu erfüllen, zu beglücken, zu heilen. Ich verstand nicht, wie meine persönlichen Probleme dazu führten, dich falsch wahrzunehmen und falsch zu behandeln, wie ich es dir unmöglich gemacht habe, mich zu kennen oder mir das zu geben, was ich brauchte. Ich habe mich genau in der Zeit von dir entfremdet, in der ich dich lieben und von dir geliebt werden wollte.

[Für den untreuen Partner anfügen:]
Ich erkenne jetzt, wie meine Gedanken über Treue und Liebe mich haben annehmen lassen, ich sei zur Untreue berechtigt. Ich habe in meine Vergangenheit zurückgeblickt und verstehe jetzt, woher diese Gedanken gekommen sind und wie sie mir gedient haben. Ich erwarte nicht mehr von dir, meinen idealisierten Fantasievorstellungen romantischer Liebe zu entsprechen. Ich verstehe jetzt, warum ich fremdgegangen bin, und dieses Verständnis schützt mich davor, erneut fremdzugehen. Ich halte vollständig zu dir und werde nicht nur durch Worte, sondern auch durch mein Verhalten weiterhin meine Bindung an dich beweisen.

Es wird immer Versuchungen geben, aber ich verspreche:
• der Türhüter meines Lebens zu sein und die volle Verantwortung dafür zu übernehmen, dir treu zu bleiben;
• mein Wort gehalten zu haben und mich von dem Seitensprung-Partner verabschiedet zu haben und dir mit Worten und Taten zu beweisen, dass diese Person keine Bedrohung für uns ist;
• meine Probleme im Zusammenhang mit unserem gemeinsamen Leben herauszufinden;
• dich nie mehr zu betrügen, es unnötig zu machen, dass du die Rolle eines Detektivs spielen musst, dir zu beweisen, dass du keine Angst zu haben brauchst, mir wieder zu vertrauen.

[Für den verletzten Partner anfügen:]
• Ich weiß dein Bemühen zu schätzen, Vertrauen und Intimität neu aufzubauen, und ich verspreche, dich zu ermutigen, indem ich mich dir öffne, indem ich dir vergebe, wenn du Vergebung verdienst, und indem ich mit dir daran arbeite, unser gemeinsames Leben neu zu beleben.
• Ich werde daran arbeiten, mich nicht durch Wut oder Liebesentzug zu stärken, sondern durch direkte Kommunikation mit dir.

• Ich werde damit fortfahren, meinen Beitrag zu der Affäre und zu den Problemen in unserer Beziehung herauszufinden, die bereits vor der Affäre bestanden haben, und die Verantwortung dafür zu übernehmen. Ich merke, dass ich nicht nur ein unschuldiges Opfer bin.

[Für beide:]
Ich dachte, ich würde verstehen, dass eine gute, liebevolle Beziehung echte Kosten und Opfer beinhaltet, dass ich mich manchmal benachteiligt und frustriert fühlen würde, aber erst jetzt merke ich, dass ich nicht wirklich verstanden hatte, was es bedeutet, jemanden zu lieben.

• Meine heutige Verpflichtung für dich basiert nicht auf momentanen Gefühlen, sondern auf einer vollständigen Betrachtung all dessen, was du in die Beziehung einbringst, und all dem, was ich brauche.
• Auch wenn es Zeiten geben mag, in denen wir uns verletzen oder sogar hassen, will ich unsere Beziehung nicht anhand einzelner Tage beurteilen. Ich bin auf Dauer bei dir.
• Ich werde daran arbeiten, meine gelegentliche Desillusionierung oder Unzufriedenheit nüchtern zu betrachten und das, was ich als deine Unvollkommenheiten sehe, zu akzeptieren. Du bist gut genug für mich.[20]
• Ich werde versuchen, geduldig zu sein. Ich erwarte nicht, dass unser Erholungsprozess spontan oder einfach sein wird.
• Ich reiche dir die Hände, um daran zu arbeiten, dass wir unser Gefühl für unsere gemeinsame Zukunft teilen können, eine Zukunft, die durch Optimismus und Freude lebendig gehalten wird.
• Es tut mir so leid, dass ich dich verletzt habe.
• Ich liebe dich und heiße dich wieder in meinem Leben willkommen.

[Ihr Name]

Was noch kommt: Hoffnung und Erneuerung

Manchmal müssen Sie etwas auseinandernehmen, um es in stärkerer, haltbarerer Weise wieder aufzubauen. Hummer müssen ihre Schale abwerfen, um sich entwickeln zu können. Wälder müssen manchmal brennen, um zu neuem Wachstum zu kommen. Und Sie haben vielleicht den verwandelnden Zusammenbruch und das Trauma der Untreue gebraucht, um aus einer faden, unbefriedigenden Beziehung auszubrechen und neu zu beginnen.

Eine Krise, sagt Erik Erikson, kann ein Wendepunkt sein. Indem sie Sie verletzlich macht, kann sie Ihr Potenzial für eine positive Veränderung steigern.[21] Manchmal erkennen Sie erst, wie wertvoll etwas ist, wenn dessen Verlust droht. Manchmal müssen Sie bis an die Kante vorgehen, um zu merken, dass Sie nicht springen wollen. Vielleicht merken Sie erst, dass Sie glücklich sind und bleiben möchten, wenn Sie sich genötigt sehen zu gehen.

Wahrscheinlich wünschen Sie die Erfahrung der Untreue Ihrem schlimmsten Feind nicht, aber wenn sie Ihnen hilft, Mängel in Ihrer Beziehung zu enthüllen und als Mensch und Partner zu wachsen, mag es das rückblickend wert gewesen sein. Wie C. G. Jung schrieb: »Eine Ehe entwickelt sich selten oder vielleicht nie reibungslos und ohne Krisen zu einer persönlichen Beziehung. Es gibt keine Bewusstwerdung ohne Schmerzen.«[22]

Letzten Sommer bestellte ich aus einem Versandkatalog ein schickes belgisches Waffeleisen. Beim Überfliegen der komplizierten Anleitung schloss ich leichtfertig: »Ein Kinderspiel, das kann ich.« Tatsächlich wurde die erste Waffel auch perfekt. Aber die zweite, dritte, ja sogar die zehnte waren absolute Misserfolge – eine Seite zu stark gebacken, die andere noch roh, und in der Mitte klebte der Teig an der Teflonbeschichtung fest. Nach vielen Versuchen und Fehlern gelang es mir, das Waffeleisen zu bedienen – wenn auch noch nicht zu beherrschen. Dabei lernte ich eine wertvolle Lektion fürs Leben: Manchmal muss man erst Mist bauen, um herauszufinden, wie man etwas richtig macht. Meine erste Waffel lehrte mich, obgleich sie perfekt war, gar nichts. Erst als ich mich damit herumschlagen musste zu verstehen, was falsch lief, stellte ich fest, was für ein heikler, bewusster und komplexer Vorgang das war.

Und so ist es auch mit intimen Beziehungen. Wir gehen sie blindlings, häufig mühelos ein, berauscht von Leidenschaft und einer idealisierten Wahrnehmung des Partners. Dabei bilden wir uns häufig etwas auf unsere Fähigkeit ein, die Leidenschaft zu erhalten. Die meisten sind völlig unvorbereitet auf das, was kommt, und wissen nicht, was von ihnen verlangt wird, um bis zum Ende durchzuhalten. Wir denken vielleicht, wir wüssten, was nötig ist, aber ach, wie naiv sind wir doch. Die Affäre stößt uns in die Wirklichkeit zurück. Zum Glück lädt sie uns auch ein, es erneut zu versuchen.

Es hat nichts Glanzvolles an sich, in eine alte, angeschlagene Beziehung zurückzukehren und daran zu arbeiten, den Schaden zu reparieren. Aber nachdem Sie so viel Geschichte miteinander geteilt haben – nachdem Sie gekämpft haben, um mit allem klarzukommen, was an Ihnen beiden unschön ist –, werden Sie sich jetzt enger verbunden, besser akzeptiert und akzeptierend fühlen als je zuvor, werden klüger und scharfsichtiger erkennen, was aus Ihrer Beziehung werden soll. Ihre Verpflichtung Ihrem Partner gegenüber ruht heute wahrscheinlich auf einem solideren Fundament als damals, als Sie sich das erste Mal schworen, einander zu lieben und zu ehren. Tatsächlich werden viele Menschen das Bewusstsein und die Offenheit beneiden, mit denen Sie heute Ihre intime Bindung aktiv schützen und fördern.

Dies ist eine Zeit, um neu zu gestalten, sich einer lebenslangen Erneuerung zu verpflichten, sich zu erlauben, über Ihre gemeinsame Zukunft hoffnungsvolle Gefühle zu hegen. Es ist die Zeit, in der Sie Ihre Energie dahin kanalisieren, etwas Neues zu schaffen, etwas, was besser ist, als es zuvor war. Haben Sie keine Angst, Erinnerungen an gesunde und glückliche gemeinsame Zeiten zu pflegen und von neuen zu träumen, die Sie unterstützen werden. Wann, wenn nicht jetzt?

KAPITEL 10
Sex, Geheimnisse und Affären im Cyberspace: Mit der »neuen« Untreue leben

Als 1996 die erste Auflage dieses Buches erschien, gab es weder Skype noch Facebook, YouTube, Match.com, YouPorn.com, Myspace, LinkedIn, AshleyMadison.com, Webcams, virtuelle Communities, Chat-Rooms, BlackBerries oder iPhones. Es gab noch kaum Internetanschlüsse. Aber es gab die Untreue – auch wenn keine allgemeine Einigkeit darüber herrschte, wie sie zu definieren war. Wie wir uns alle erinnern, leugnete Präsident Clinton, eine Affäre mit Monica Lewinsky gehabt zu haben, weil er, wie er sagte, nie mit ihr geschlafen hatte – sie hatten »nur« Oralsex gehabt, keinen Geschlechtsverkehr. Stellen Sie sich vor, wie viel verschwommener die Definition von Treue heute ist, wenn etwa zwei Milliarden Menschen[1] regelmäßig den virtuellen Spielplatz im Internet anklicken, sich grafisch und pornografisch mit anderen verbinden, die sie nie berühren, denen sie nie begegnen werden. Das Cyberspace ist die neue Single-Kneipe geworden – eine Fantasiewelt, in der Sie ein einmaliges sexuelles Abenteuer mit einer heißen Frau oder einem heißen Typen oder dem seelenverwandten Menschen Ihrer Träume haben, ohne überhaupt das Haus zu verlassen.

Was also macht eine Affäre im Cyberspace aus? Ist sie primär sexuell? Emotional? Geheimnisvoll? Ist die Schlüsselfrage, ob der Verstoß entdeckt oder offengelegt wird?[2] Ob er aus der virtuellen Welt ins echte Leben geholt wird? Sind Sie untreu, wenn Sie:

- eine alte Flamme von der Uni auf Facebook adden, ohne Ihrem Partner etwas davon zu erzählen?
- mit einer neuen Freundin/einem neuen Freund in einem Chat-Room flirten?
- sich mit einem Online-Partner sexuell austauschen?
- einem anonymen Bewunderer ein Foto Ihrer Genitalien senden (»Sexting«)?
- zu einem YouTube-Video Ihrer schwangeren Nachbarin masturbieren?
- eine Flut von E-Mails an Ihren frisch geschiedenen Tennislehrer über persönliche Themen senden, die mit dem Tennisspielen nichts zu tun haben?

- von einer allgemeinen Cyber-Unterhaltung (»Welche Art von Brustimplantaten fühlen sich am natürlichsten an?«) zu einer persönlicheren wechseln (»Würdest du meine Brüste gerne berühren?«)?
- es spannender finden, E-Mails von einer Online-Bekanntschaft als von Ihrem Ehepartner zu erhalten?
- mit einem Online-Partner über Ihr persönliches Leben sprechen (»Mein Mann verbringt mehr Platz auf dem Golfplatz als mit mir«)?
- eine Online-Bekanntschaft persönlich treffen?
- über Ihre virtuelle Bekanntschaft fantasieren, während Sie Sex mit Ihrem Partner haben?
- virtuellen Sex dem Sex mit Ihrem Partner vorziehen?
- erregt werden, wenn Sie Ihren virtuellen Partner über Skype nackt tanzen sehen, obgleich Sie auf einem anderen Kontinent leben und keine Absichten haben, sich zu treffen?

Bevor es das Internet gab, wurde eine Affäre normalerweise als Verletzung der sexuellen Ausschließlichkeit definiert, wenn ein heterosexueller Partner ohne das Wissen oder das Einverständnis des Ehepartners mit einem anderen als dem Ehepartner Geschlechtsverkehr hatte. Heute müssen wir die Definition erweitern und sie nicht nur auf gleichgeschlechtliche und unverheiratete Paare ausdehnen, sondern auf jede Menge heimlicher und sexueller Transaktionen einschließlich digitaler Affären.

Wie bereits in der Einleitung zu diesem Buch gesagt, hängt Ihre Definition eines Seitensprungs davon ab, was Sie und Ihr Partner vereinbaren. Entscheidend für die Gesundheit Ihrer Beziehung ist, dass Sie beide klar artikuliert vereinbaren, was auch immer Sie vereinbaren wollen. Einige Paare halten sich an das Motto: »Wenn du nicht fragst, erzähle ich nichts.« Andere wünschen sich eine Beziehung, die von absoluter Ehrlichkeit und Offenheit regiert wird, in der beide Partner eingestehen, wenn sie sich emotional oder körperlich zu jemand anderem hingezogen fühlen – *bevor* sie diesem Impuls folgen. Im echten Leben formulieren leider die meisten Paare die Regeln der Treue so lange nicht, bis ein Partner erfährt, dass der andere sie gebrochen hat und ihre Beziehung von diesem Zeitpunkt an zerrüttet ist.

Nachfolgend eine Definition, die Ihnen und Ihrem Partner vielleicht hilft, für die Zukunft zu planen: *Bei einer Affäre geht es im Kern um Geheimnisse und*

Vertrauensbruch. Das heißt, wenn Sie sich gegenseitig andere, vielfältige oder polyamoröse Beziehungen online oder offline erlauben, handelt es sich nicht um Affären, weil kein Betrug vorliegt. Oft jedoch weiß eine Person, dass ihr Partner Einwände hätte, und gibt sich selbst einseitig die Erlaubnis, eine Verbindung mit einer dritten Person aufzunehmen. Dies führt häufig zu Chaos. Feste Partner, die eine gesunde, respektvolle Bindung aufbauen und erhalten wollen, müssen sich über die Regeln für ihre Beziehung einigen.

Lassen Sie uns einige Begriffe klären. *Cybersex* bezeichnet eine sexuelle Begegnung, bei der zwei oder mehr Personen einander sexuell eindeutige Botschaften über den Computer senden. Eine *Cyber-Affäre* kann emotional, sexuell oder beides sein. *Sexting* ist das Versenden explizit sexueller Nachrichten oder Fotos, primär über das Mobiltelefon. *IMing* bezeichnet Online-Sofortmitteilungen (Instant Messaging), Chatten in Echtzeit.

In diesem Kapitel beziehe ich mich der Einfachheit halber bei dem verletzten Partner manchmal auf eine Frau und bei dem Online-Partner manchmal auf einen Mann, auch wenn die Realität sehr viel komplexer ist. Männer gehen jedoch eher für visuelle Stimulationen und einsame sexuelle Aktivitäten wie das Anschauen von Pornos online, während Frauen das Internet eher nutzen, um erotisch zu chatten und weitere Arten des persönlichen Austausches zu pflegen.[3] Cyber-Beziehungen wirken auf Frauen besonders anziehend. Im Internet haben sie den gleichen Zugang zu Partnern und die gleiche Macht und Kontrolle, ohne eine ansteckende Krankheit, Schwangerschaft, Missbrauch oder gesellschaftliche Verurteilung zu riskieren.[4]

Dieses Kapitel soll Ihnen helfen, mit sich selbst und Ihrem Partner ein gut informiertes Gespräch über die Probleme mit dem Cyberspace zu führen. Ihre Ansichten über Sex, Geheimnisse, Affären und Sucht werden sowohl das signifikant beeinflussen, wofür Sie sich entscheiden, als auch die Reaktion Ihres Partners darauf. Soweit Sie, die verletzte Partnerin, überreagieren, kann dieser Abschnitt helfen, Sie zu beruhigen. Und wenn Sie, der untreue Partner, bagatellisieren, kann dieser Abschnitt Ihnen helfen, den Ernst Ihres Handelns zu begreifen. Schauen wir uns die jeweiligen Meinungen bezüglich des Internets an.

Annahmen über Sex, Geheimnisse und Affären im Cyberspace

Verletzte Partner glauben normalerweise:

1. »Wenn du im Internet heimlich eine sexuelle oder emotionale Beziehung mit jemandem hast, haben wir ein Problem. Diese Person ist eine ernste Bedrohung für unsere Beziehung.«
2. »Ich habe Fotos von Leuten aufgerufen, mit denen du chattest und mit denen du online deine Fantasievorstellungen teilst. Ich bin völlig anders. Demnach wünschst du dir also jemanden, der völlig anders ist als ich.«

Online-Nutzer glauben normalerweise:

1. »Ich weiß, dass man sich im Cyberspace leicht zu jemandem hingezogen fühlen kann, aber ich lasse mich nicht einfangen. Meine Cyber-Beziehungen sind keine Bedrohung für uns.«
2. »Von Sexsucht im Internet sind nur wenige Leute betroffen, die sich nicht unter Kontrolle haben und unter ernsten psychischen Probleme leiden. Das trifft auf mich nicht zu. Ich bin nicht süchtig nach Cybersex.«
3. »Durch die Freiheit, online Beziehungen zu erkunden, fühle ich mich dir näher, das stärkt unsere Bindung tatsächlich.«

Lassen Sie uns jede dieser Ansichten und die Art, wie sie Sie und Ihre feste Beziehung schädigen können, genauer ansehen.

Ansichten verletzter Partner

Ansicht #1: »Wenn du im Internet heimlich eine sexuelle oder emotionale Beziehung zu jemandem hast, haben wir ein Problem. Diese Person ist eine ernste Bedrohung für unsere Beziehung.«

Die Entdeckung, dass Ihr Partner im Cyberspace mit jemandem eine Beziehung hat, kann ebenso vernichtend sein, als würden Sie die beiden nackt in Ihrem Bett überraschen. Aber geben Sie acht, welche Schlussfolgerungen Sie daraus ziehen. Ihre Mutmaßungen können nützlich sein, sie können aber auch dazu führen, dass Sie sich sehr viel stärker bedroht fühlen als nötig. Aus vielen verschiedenen Gründen nutzen die Leute das Internet und entwickeln Cyber-Bindungen; einige davon sollen ihre feste Beziehung sogar bewahren oder verbessern.

Nachfolgend ein Paradebeispiel: Als ein Patient namens John eines Abends zum Herz-Kreislauf-Training ging, schaltete seine Frau Robin seinen Computer ein und fand einen Ordner mit heruntergeladenen Sex-Videos. Als er heimkam, fragte sie: »Was ist xhamster.com? Und wer zum Teufel ist Barbie?« John gab zu, dass er in den vergangenen vier Monaten Chat-Rooms ausprobiert, Videos von Paaren beim Sex angeschaut und mit einer Frau namens Barbie gechattet hatte. Robin ging davon aus, ihre Ehe sei damit beendet. In der Paarberatung kam jedoch eine viel kompliziertere Geschichte heraus.

»Ich war immer schüchtern und habe mich als unzureichend empfunden«, erklärte John. »Vor vier Monaten, als ich vierzig wurde, sah ich eine Sendung über traumatisierte fettleibige Kinder, die das Essen dazu benützten, sich selbst zu trösten. Ich fing an, die Puzzleteile meines Lebens zusammenzusetzen. Als meine ältere Schwester starb – zu der Zeit war ich gerade auf die Welt gekommen –, fiel meine Mutter in eine Depression, von der sie sich nie mehr erholte. Sie konnte mir nichts geben und ich nahm das persönlich.« John kämpfte mit den Tränen. »Ich fand Trost im Essen und habe seither immer gefuttert«, sagte er zu seiner Frau gewandt. »Mein fehlendes Selbstvertrauen war für uns beide ein Problem. Es zeigt sich auch in unserer sexuellen Beziehung. Ich weiß nicht, ob ich dich jemals angetörnt habe. Ich möchte dich gerne befriedigen, aber ich fürchte, ich bin zu klein, es mangelt mir an der richtigen Technik. Ich weiß, dass ich zu wenig Selbstvertrauen habe. Ich ging ins Internet, um mich weiterzubilden. Das mag jetzt bescheuert klingen, aber es stimmt wirklich. Online beobachtete ich Leute beim Sex. Ich beobachtete, wie sie einander und sich selbst befriedigten. Ich fing an zu studieren, wie andere Paare es machen, genauso, wie ich meine Doktorarbeit im Maschinenbau in Angriff genommen habe. Ja, ich war angetörnt. Ja, ich habe masturbiert. Und ja, ich habe Chat-Rooms besucht und mit Fremden in einer Weise gesprochen, in der ich mit dir nie gesprochen habe. Diese Barbie wurde ein Mentor und eine Art Freundin. Ich möchte mich nicht mit ihr verabreden. Ich will sie nicht heiraten. Ich will sie nicht einmal im echten Leben kennenlernen. Was mich davon abgehalten hat, dir gegenüber offen zu sein, war nicht mein Wunsch, meine Spuren zu verwischen oder dich zu ersetzen, sondern meine Scham. Ich will nur mit dir zusammen sein, aber anders als bisher.«

Robin war nicht klar gewesen, dass John und Leute wie er ins Internet gehen könnten, um sich zu informieren und weiterzubilden, um ihre Selbstachtung zu stärken und als Partner begehrenswerter zu werden. Andere wollen einfach ihre Neugier befriedigen: »Wie sehen verschiedene Männer und Frauen nackt aus? Wie ist es, jemandem bei der Selbstbefriedigung zuzusehen?« Das Interesse der Zuschauer beim Cybersex hat nichts damit zu tun, dass sie ihre Partner ersetzen oder ihre Ehe beenden wollen.

Wieder andere nutzen das Internet, um sich normal zu fühlen. »Manchmal erregt es mich, an andere Frauen zu denken, wenn ich mit meinem Mann Sex habe«, erzählte mir eine Patientin namens Mary. »Bin ich pervers? Bisexuell? Was sagen meine Fantasien über mich aus?« Das Schöne am Internet ist, wie Mary entdeckte, dass sie zu virtuellen Communities gehen und viele Leute »treffen« konnte, die genau das tun, was sie tut. Durch das Chatten mit diesen Leuten fühlte sich praktisch alles normal an, wovon sie träumte. Ohne Angst vor Be- oder Verurteilung, ohne Informationen preiszugeben, die Ihr Leben aus der Bahn werfen oder verändern könnten, können Sie, wie Mary, Fragen stellen und Gleichgesinnte finden, die Unterstützung und ein Gefühl der Zugehörigkeit bieten.

Die Leute nutzen das Internet auch, um verborgene oder unterdrückte sexuelle Fantasien oder Fetische auszuleben – ausgepeitscht werden, Windeln tragen oder Armeestiefel, was auch immer. Häufig findet ein Partner etwas prickelnd, was der andere schockierend oder abstoßend findet. Das hat eine Spaltung zur Folge, die es verhindert, Fantasien miteinander zu teilen. Online-Communities können Ihnen geben, was Tammy Nelson als »sexuelle Empathie« bezeichnet – einen Zustand von Sicherheit und Verbindung, der es Ihnen erlaubt, erotische Bilder und Aktivitäten zu erkunden, die Sie erregen.[5]

Einige wenden sich dem Internet zu, um das Zusammenleben mit einem Partner auszuhalten, der andere sexuelle Vorlieben oder einen anderen Grad an sexuellem Verlangen hat. Wenn sie Sex wollen und ihr Partner kein Interesse hat oder nicht verfügbar ist oder sie Sex in einer bestimmten Form wollen, die ihren Partner beleidigen oder befremden würde, wenden sie sich dem Internet zu, um sich selbst anzutörnen. Sie gehen nicht online, um ihren Partner zu ersetzen, sondern um Bedürfnisse zu befriedigen, die ihr Partner nicht befriedigen kann oder will.

Manchmal nutzen die Leute das Internet als Ersatz für einen Partner, der wegen gesundheitlicher Probleme oder geografischer Entfernung nicht zum Sex zur Verfügung steht. Ein Mann beispielsweise entwickelte die Peyronie-Krankheit, die seinen Penis stark krümmte und den Geschlechtsverkehr schmerzhaft machte. Seine Frau masturbierte zu Bildern von erigierten Penissen oder nutzte solche Bilder in ihrer Fantasie, wenn sie mit ihrem Mann Oralsex praktizierte. Es war für sie eine gesunde Anpassung, die eine starke eheliche Bindung aufrechterhielt. Ein anderer Mann, dessen Frau Herpes hatte, nutzte diese Fantasie ähnlich. Wenn sie ansteckend war, konnten sie keinen Oralsex haben, aber er konnte seine im Internet angekurbelte Fantasie nutzen.

Ihr Partner kann gerne mit Ihnen Sex haben und trotzdem zur gelegentlichen Ablenkung von, sagen wir, den Erfordernissen des Lebens zu Cyber-Bildern masturbieren. Viele Männer würden dem Autor und Blogger Ian Kerner (Goodinbed. com) zustimmen, der schreibt: »Was Frauen nicht verstehen, ist, dass Porno für viele Männer eher einem gegrillten Käsesandwich als einer Feinschmeckermahlzeit entspricht ... eher einer 30-Sekunden-Dusche als einem Wochenende im Wellnessbad – inklusive Happy End. Es fühlt sich gut an, löst Stress und wirkt wie eine kleine schnelle Leckerei ... keine große Sache.«[6]

Eine der Herausforderungen für Sie und Ihren Partner ist es, zu lernen, wo die Linie zwischen unschuldiger sexueller Entspannung – einem momentanen Hochgefühl – und einer Obsession zu ziehen ist, die Ihre Beziehung vergiftet. Es gibt noch weitere Gefahren, vor denen man sich hüten muss. Der Online-Sex Ihres Partners kann zu Offline-Sex und tiefen emotionalen Bindungen führen, die Ihr Liebesleben zu Hause gefährden.[7] Masturbieren kann die sexuelle Energie Ihres Partners erschöpfen, sodass für Sie nichts mehr übrig bleibt. Dadurch, dass sich Ihr Partner an seinen festen Händegriff gewöhnt, kommt er durch Geschlechtsverkehr möglicherweise nicht mehr zum Höhepunkt. Da er sich auf intensiv erregende Bilder auf dem Bildschirm stützt und schnell den Höhepunkt erreicht, kann er das Interesse an dem intimen, aber häufig auch herausfordernden Geben-und-Nehmen der echten körperlichen Liebe verlieren und feststellen, dass er lieber selbst Hand anlegt. Woody Allen traf mit seiner scherzhaften Bemerkung den Nagel auf den Kopf: »Hey, sagt nichts gegen Masturbation. Das ist schließlich Sex mit jemandem, den ich liebe.«

Ansicht #2: »Ich habe Fotos von Leuten aufgerufen, mit denen du chattest und mit denen du online deine Fantasievorstellungen teilst. Ich bin völlig anders. Demnach wünschst du dir also jemanden, der völlig anders ist als ich.«

Bevor es das Internet gab, hat sich Ihr Partner vielleicht heimlich und regelmäßig sexuelle Bilder von anderen Leuten vorgestellt, um sich zu erregen – was auf Sie oder Ihre Beziehung wenig oder gar keinen Einfluss hatte. Wenn Sie heute mit der nackten Wahrheit auf dem Computerbildschirm konfrontiert werden, sind Sie vielleicht fassungslos oder getroffen und stellen sowohl Ihre Begehrtheit als auch die geistige Gesundheit Ihres Partners infrage. Aber prüfen Sie genau, welche Schlussfolgerungen Sie daraus ziehen.

Viele Leute nutzen Fantasien, um ihrem Leben kreativ Abwechslung und Würze zu geben, ohne ihre primäre Beziehung zu schädigen oder zu opfern. Sie sollten nicht annehmen, dass Ihr Partner, wenn er zu Bildern beispielsweise von Ihrer Cousine oder besten Freundin masturbiert, Sex mit ihnen haben will oder sein Leben mit jenen anstatt mit Ihnen verbringen möchte.

Was sexuelle Fantasien häufig so pikant und reizvoll macht, sind Erfahrungen, die neu, unanständig, verboten und grenzüberschreitend erscheinen, beispielsweise die, von Ihrem höchst ehrenwerten Familiendoktor während einer Schwangerschaftsuntersuchung verführt zu werden oder vom Gärtner leidenschaftlich genommen zu werden, nachdem er Sie gefesselt und Ihnen die Augen verbunden hat. Diese Fantasien liegen weit außerhalb Ihrer eigenen oder der Komfortzone Ihres Partners. Was Fantasien beim Cybersex so schön und vielfältig macht, ist, dass sie es Ihnen erlauben, Ihr gewöhnliches alltägliches Selbst zu überschreiten, sich auf das Sonderbare, Wilde und Geile einzulassen und das Tempo und den Rausch der Erregung in den Stoff Ihrer festen Beziehung einzuweben – ohne Kosten oder Konsequenzen.

Ihre Bestürzung mag daher kommen, dass Sie die Fantasien Ihres Partners (oder Ihre eigenen) zu wörtlich, für bare Münze nehmen. Fantasien haben häufig tiefe Wurzeln, ausgehend von Entbehrungen, Traumata oder Sehnsüchten in der Kindheit. Das Entschlüsseln, was hinter solchen Fantasien steckt, kann so aufschlussreich und intim sein wie jede andere sexuelle Erfahrung, die Sie und Ihr Partner teilen.

Bernices Geschichte illustriert dies. Als ihr Mann Don erfuhr, dass sie mit einem alten Mitstudenten von der Hochschule schlief, ging er heimlich auf

Facebook und masturbierte zu Fantasien über Bernice, wie sie mit anderen Männern in ihrer Klasse Sex hatte. Als er ihr dies beichtete, fühlte sie sich verwirrt, beleidigt und bedroht. War Don schwul? Versuchte er, ihr ihre Affäre unter die Nase zu reiben? Wollte er an seinem Groll festhalten? Was sie nicht verstand, war die persönliche Bedeutung, die diese Fantasien für Don hatten. Sein Leben lang war er der Versorger gewesen – für seinen behinderten Zwillingsbruder, seine Krebspatienten, seine alten Eltern. Seine voyeuristischen Fantasien erlaubten es ihm, ein Zuschauer zu sein, selbstsüchtig und ichbezogen, ohne für die Bedürfnisse anderer zu sorgen. Was Don dabei erregte, war die Art, wie er *sich selbst* in diesen Fantasien erlebte: absolut lebendig auf eine Weise, die nichts von ihm verlangte. Bernice, die sich zu sehr auf die Bilder auf dem Bildschirm fokussierte, übersah das Gesamtbild und merkte nicht, dass es oft gar nicht die Fantasie ist, die die Leute antörnt und es ihnen erlaubt, sich erotisch zu vergnügen und auszudrücken, sondern die *Bedeutung* dieser Fantasie.

Wann sollten Sie sich Sorgen über Fantasien machen, die Ihren Partner erregen? Mit dieser Frage müssen Sie sich beide auseinandersetzen, einzeln und als Paar. Wenn Ihr Partner Sie drängt, Fantasien auszuleben, die Sie beleidigen oder erschrecken, oder wenn er Szenarien durchspielen möchte, bei denen Sie sich ungeliebt oder unsicher fühlen, sollten Sie natürlich eine Linie ziehen und respektieren, womit Sie sich noch wohlfühlen können.

Genau das tat eine Scheidungsanwältin namens Judy. Obgleich sie verwirrt war, als sie ihren Mann überraschte, wie er zu Bildern von Gruppensex im Internet masturbierte, willigte sie ein, sie zusammen mit ihm anzuschauen, und stellte fest, dass sie selbst dadurch auch erregt wurde. Ihre Beziehung entgleiste jedoch rasch, als er begann, sie zu drängen, eine Freundin zu einer Ménage-à-trois einzuladen. Sie konnte seine Fantasien tolerieren, die Gründe erforschen, warum diese ihn erregten, und sie sogar selbst genießen, solange sie im Reich der Fantasie blieben. Für Judy, wie vielleicht auch für Sie, gibt es jedoch bestimmte Erfahrungen, die in einer virtuellen Landschaft bleiben müssen und nicht ins echte Leben herüberwechseln dürfen.

Nun lassen Sie uns dem zuwenden, was Sie, der Online-Partner, über Ihre Internetnutzung vielleicht glauben, und wie Ihre Ansichten Sie täuschen und einen Keil zwischen Sie und Ihre Partnerin treiben können.

Ansichten von Online-Partnern

Ansicht #1: »Ich weiß, dass man sich im Cyberspace leicht zu jemandem hingezogen fühlen kann, aber ich lasse mich nicht einfangen. Meine Cyber-Beziehungen sind keine Bedrohung für uns.«

Die wenigsten Leute surfen mit der Absicht im Internet, eine Affäre an Land zu ziehen.[8] Interaktionen im Netz beginnen normalerweise ganz unschuldig in einem Chat-Room oder einer Benutzergruppe (beispielsweise für Schach oder eine Umweltangelegenheit). Aber seien Sie gewarnt: Mit einem Mausklick kann sich die Anziehung aufheizen. Sie sagen, Sie lassen sich nicht hereinlegen, aber seien Sie nicht töricht. Die blind machende erotische Ladung einer Romanze im echten Leben, von Angesicht zu Angesicht, macht es schon schwer genug, dass Sie sich oder die Person Ihrer Zuneigung objektiv sehen. Das Internet hat seine eigenen Verlockungen. Nachfolgend drei davon.

1. Im Internet können Sie der sein, der Sie sein wollen
Es gibt eine berühmte Karikatur aus dem *New Yorker*, bei der zwei Hunde vor einem Computerbildschirm sitzen. Einer sagt glücklich zum anderen: »Im Internet weiß niemand, dass du ein Hund bist.«[9]

Wie befreiend ist das? Wie fabelhaft? Im Cyberspace kontrollieren Sie, wie Sie sich präsentieren, welchen Eindruck Sie vermitteln und wie Sie sich selbst ausdrücken. Sie stottern im realen Leben? Online können Sie ein flüssiger Schnellsprecher sein. Sie sind klein, dick, glatzköpfig oder pleite? Im Internet sind Sie der neue Brad Pitt. Wegen Ihrer Akne oder Ihres flachen Busens waren Sie immer schüchtern? Online können Sie so glatt und sexy sein wie Lady Gaga. Sie können behaupten, schwarz zu sein, obwohl Sie weiß sind, oder schwul zu sein, obwohl Sie heterosexuell sind. In Anbetracht »des praktisch universellen Wunsches, als interessant und begehrenswert empfunden zu werden«[10], verwundert es nicht, dass sich so viele Leute zum Cyber-Flirting hingezogen fühlen, denn dort können sie jede beliebige Person sein, die zu sein sie sich erträumen.

Die Anonymität des Internets erzeugt einen sicheren Hafen, in dem Sie neue Rollen ausprobieren können. Die Erfahrung, die Grenzen Ihres alten, vertrauten Selbst zu überschreiten, kann prickelnd sein, ja sogar magisch wirken. Sie werden vielleicht eine Intimität, eine Verbindung, eine Lebendigkeit erleben, die Sie überglücklich macht. Aber seien Sie vorsichtig. Sie riskieren, dieses umfassende Gefühl Ihrer neuen Freundin zuzuschreiben, dieser Person, der Sie nie begegnet sind, während der Reiz vielleicht eher von der Art herrührt, wie Sie sich selbst im Internet erleben, als von jemandem auf der anderen Seite des Bildschirms.

2. Im Internet können Cyber-Partner in jede Rolle schlüpfen

Auch die Cyber-Partner erfinden sich natürlich selbst. Es steht ihnen frei, den Eindruck zu manipulieren, den sie auf Sie machen, und sie zeigen Ihnen die Person, die sie gerne sein würden, oder die Person, die Sie gerne in ihnen sehen würden. Ohne auch nur einen Finger krumm zu machen. Oder einfach, indem sie einen Finger krumm machen.

Eine Patientin erzählte mir, sie chatte nachts mit einem »Priester«, dem sie sich anvertraute, während er sie zu ihrer ehelichen Unzufriedenheit beriet. War dieser Mann wirklich ein Priester? Ein Sexberater? Oder ein Sexsüchtiger? War dieser Mann überhaupt ein Mann?

3. Im Internet können Sie auf die Cyber-Partner Ihre Fantasien zu deren Identität projizieren

Das Internet ist der perfekte Ort, um auf eine Person, die Sie nicht kennen, alles zu projizieren, was Ihnen an sich selbst oder in Ihrem Leben fehlt. Plötzlich scheint Ihre neue Cyber-Gefährtin wie für Sie gemacht. Fehlerlos. Sie ergänzt und vervollständigt Sie. Sie ist das Gegenmittel zu den Traumata Ihrer Kindheit, den ehelichen Entbehrungen und alltäglichen Beschwerden. Es kommt zu einer unabsichtlichen Spaltung, bei der Sie Ihre Cyber-Gefährtin romantisch verklären und Ihren Ehepartner schlechtmachen. Bei Affären im echten Leben geschieht das bereits leicht genug, im Cyberspace regiert die Fantasie und ist für Projektionen noch anfälliger. Je weniger Sie über diese Person wissen, desto freier sind Sie, die Leerstellen auszufüllen und die Person mit allen Merkmalen auszustatten, nach denen Sie sich sehnen.

»Sie ist außergewöhnlich!«, rief ein achtundfünfzigjähriger Investmentbanker aus, der seit dreißig Jahren verheiratet war. Er bezog sich damit auf eine Frau, die er zwei Wochen zuvor im Internet kennengelernt hatte. »Sie ist wirklich in jeder Beziehung außergewöhnlich!« Man muss jemanden nur zwei Wochen kennen (noch dazu ausschließlich online), um mit derartiger Überzeugung etwas so Weitreichendes zu verkünden.

Aber genau das ist der Haken an der Sache: Niemand kann mit einer Fantasiefigur konkurrieren. Nicht nur der echte Partner kann nicht mit der Fantasievorstellung über den Online-Partner konkurrieren, auch der *Online-Partner* kann mit der Fantasievorstellung über den Online-Partner nicht konkurrieren. Würden Sie sich beide zusammentun, verspreche ich Ihnen, dass Sie zu kämpfen hätten, um über die schleichende Desillusionierung hinauszuwachsen, die in jeder dauerhaften Beziehung eintritt. Das bedeutet nicht, dass diese Person schlecht oder falsch für Sie ist. Es bedeutet nur, dass Sie gerade jetzt keine Ahnung haben, worüber Sie verhandeln. Ihre Gedanken und Emotionen werden Ihnen wahrscheinlich Streiche spielen und Sie zu jemandem führen, der größer und besser ist, als das Leben liefern kann.

Vielleicht hilft es Ihnen zu wissen, dass es dafür eine neurobiologische Erklärung gibt: Wir sind auf Sex programmiert, um zu überleben. Wenn dann eine feurige neue Cyber-Freundin auf dem Bildschirm auftaucht, werden unsere Herzen und Gehirne gekidnappt. Die Gehirnareale, die mit der Lust verbunden sind, werden in wortwörtlich einem Augenblick aktiviert – in weniger als zweihundert Millisekunden[11] oder um 20 Prozent schneller als durch jede andere Form der Stimulation.[12]

Und so kommt es, dass die Leute ihr Handy mit ins Bett nehmen und unaufhörlich mit jemandem twittern und SMS austauschen, den sie im echten Leben noch nie gesehen haben. Wer könnte so interessant sein, dass Sie dreißig, vierzig E-Mails pro Tag mit dieser Person austauschen wollen? Das ist eine Form von Unzurechnungsfähigkeit. Genauer gesagt ist es eine Form von »Cybercoke«[13] – durch und durch berauschend und mit Suchtpotenzial.

Ansicht #2: »Von Sexsucht im Internet sind nur wenige Leute betroffen, die sich nicht unter Kontrolle haben und unter ernsten psychischen Problemen leiden. Das trifft auf mich nicht zu. Ich bin nicht süchtig nach Cybersex.«

Cybersex-Süchtige sind häufig mit ernsthaften Stimmungs- oder Impulsstörungen und frühen Kindheitstraumata belastet[14], jedoch ist niemand immun gegenüber der suchterzeugenden Anziehung des Internets. Sind Sie erst einmal online, wird Ihr Gehirn mit vielfältigen sexuellen Bildern bombardiert, Sie picken sich Ihre Tagesfantasie heraus und rasen geradewegs auf den intensivsten Punkt sexueller Erregung zu, alles in völliger Anonymität und Hemmungslosigkeit. Und, wie Sie sich selbst überzeugen, scheinbar ohne jedes Risiko.

Wenn Sie nach Pornografie oder Cyber-Beziehungen surfen, masturbieren und zum Orgasmus kommen, setzt Ihr Körper wirksame berauschende chemische Stoffe wie Dopamin, Adrenalin, Serotonin und Endorphine frei[15], die das Bedürfnis nach mehr auslösen. Es gibt eine umfangreiche Literatur, in der die suchterzeugende Natur von Belohnung durch Hirnstimulation dokumentiert ist. In einer Studie betätigten Ratten über zwanzig Tage hinweg etwa neunundzwanzig Mal in der Minute einen Hebel, um das Lustzentrum im Gehirn zu stimulieren, während sie andere Hebel ignorierten, die ihnen wichtige Mengen an Futter oder Wasser geliefert hätten. Bei einer Fortsetzung des Experiments wären die Ratten verhungert.[16]

Sie können aus dieser Studie für sich mitnehmen, dass es bei Sexsucht im Internet nicht darum geht, Sex zu genießen oder sich so stark zu einem Cyber-Partner hingezogen zu fühlen, dass man die Finger nicht mehr von der Tastatur bekommt. Es ist in erster Linie eine Abhängigkeit von chemischen Substanzen, die im Gehirn freigesetzt werden, wenn Sie intensive erotische, häufig verbotene Stimulationen suchen und erleben, die im wahren Leben nur selten wiederholbar sind. Gefühle von Gefahr, Risiko oder Angst setzen ebenfalls chemische Stoffe wie PEA (Phenethylamin) und Testosteron frei, die die Erregung steigern und die Belohnungszentren im Gehirn aktivieren. Sie fühlen sich dann nicht high, weil Sie eine Substanz (wie Alkohol oder Kokain) zu sich genommen haben, sondern weil Sie sich auf Fantasien und Handlungen einlassen, die die Freisetzung Ihrer körpereigenen chemischen Stoffe im Gehirn stimulieren.

Diese endogenen, selbst produzierten stimmungsverändernden Drogen können Sie von allem ablenken, was in Ihrem Leben fehlt, und einen künstlichen Rausch erzeugen. Aber nur vorübergehend. Sobald der Zauber gebrochen ist (Sie kommen zum Orgasmus, Sie werden ertappt), setzt die Wirklichkeit wieder ein und damit auch Angst, Scham, Verzweiflung und ein Gefühl von Leere – Emotionen, die Sie zu einem neuen »Schuss« führen und davon abhängig machen. Durch die Entwicklung einer Toleranz für diese chemischen Stoffe verlangt Ihr Gehirn nach mehr, bis auch dieser Kreislauf wieder gebrochen ist. Kein Wunder also, dass Internet-Sexsüchtige normalerweise die Jagd dem Erlegen vorziehen.

Im Zentrum des Verhaltens liegt bei einem Süchtigen die *Zwanghaftigkeit*, gekennzeichnet durch einen Verlust der Selbstkontrolle und eine destruktive Missachtung persönlicher Werte, der Familie, der finanziellen Verhältnisse und des Berufs.[17]

Der suchterzeugende Kreislauf endet, wenn Sie nicht länger leugnen, dass Sie ein Problem haben und durch Ihr Verhalten neugierig und ernstlich besorgt werden. Nachfolgend neun Fragen, die Sie sich stellen können, um zu bestimmen, ob Ihre Internetnutzung das Merkmal Cybersex-Sucht verdient.[18]

1. Verbringen Sie regelmäßig signifikant viel Zeit damit, online intime Nachrichten an jemand anderen als Ihre Partnerin zu senden, pornografische Bilder herunterzuladen oder in Chat-Rooms zu kommunizieren?
2. Bleiben Sie länger online als eigentlich beabsichtigt oder länger, als Sie selbst das für gut halten?
3. Beschäftigen Sie sich damit, online Sexpartner zu finden, auch wenn Sie nicht online sind?
4. Verbringen Sie übermäßig viel Zeit damit, sich im Voraus mit der sexuellen Erregung online oder deren Befriedigung zu beschäftigen?
5. Verbergen Sie Ihre Online-Interaktionen vor den Ihnen Nahestehenden?
6. Stellen Sie fest, dass Sie weniger auf Ihren Sexpartner im echten Leben setzen?
7. Bevorzugen Sie Cybersex als primäre Form sexueller Befriedigung?
8. Haben Ihre Cybersex-Aktivitäten Sie gezwungen, Ihre Wertvorstellungen aufs Spiel zu setzen?
9. Haben Ihre Online-Aktivitäten eine signifikante Beziehung gefährdet? Einen Job? Eine Gelegenheit zur Fortbildung oder zum beruflichen Aufstieg? Ihre finanzielle Sicherheit?

Stephanie und Patrick Carnes zufolge kann es vier oder fünf Jahre oder sogar länger dauern, bis man sich von einer Sexsucht im oder außerhalb des Internets nachhaltig erholt hat.[19] Eine detaillierte Beschreibung der wichtigsten Schritte, die Sie dafür unternehmen müssen, sprengt den Rahmen dieses Buches, dazu gehören jedoch Maßnahmen wie (1) Verzicht auf jegliche sexuelle Aktivität für mindestens drei Monate; (2) bewusster zu erkennen, welche Gedanken, Emotionen und Verhaltensweisen die Online-Aktivitäten unterstützen; (3) einem Partner, dem Sie Rechenschaft schuldig sind (einem Freund, einem Therapeuten) mit absoluter Ehrlichkeit darüber zu berichten; (4) beruhigende Selbsthilfemaßnahmen zu ergreifen, um mit schädlichen Stimmungsschwankungen und mit den Herausforderungen des Lebens zurechtzukommen. In den Anmerkungen finden Sie eine Liste mit Büchern[20] und Organisationen[21], die weitere Anleitungen liefern.

Ansicht #3: »Durch die Freiheit, online Beziehungen zu erkunden, fühle ich mich dir näher, das stärkt unsere Bindung tatsächlich.«

Die Bereitschaft Ihrer Partnerin, Sie Online-Beziehungen erkunden zu lassen und sogar durch virtuelle Bilder sexuell erregt zu werden, kann sie emotional und körperlich besonders begehrenswert machen. Freiheit kann Intimität erzeugen. Auch wenn Sie sich in vieler Hinsicht von Ihrer Partnerin getrennt fühlen, kann es Ihnen paradoxerweise erlauben, sich ihr näher und körperlich stärker von ihr angezogen zu fühlen. Umgekehrt können Sie unter ihrem wachsamen Auge und gehemmt durch Verbote eine größere Distanz zu ihr empfinden und sich gereizt, bis ins Kleinste kontrolliert und eingesperrt fühlen.

Die Bereitschaft Ihrer Partnerin, eine offenere Beziehung zuzulassen, kann *sie* auch näher *zu Ihnen* ziehen. Indem sie Ihr Anderssein erkennt und respektiert und die Möglichkeit spürt, Sie zu verlieren, macht sie möglicherweise die Erfahrung, Sie zu wollen, aber nicht zu »besitzen«.[22] Indem sie Sie durch die Augen anderer sieht, kann sie feststellen, dass Sie zahllose Optionen haben, und Sie dadurch stärker schätzen und sich sexuell stärker von Ihnen angezogen fühlen.

Für diesen Gedanken gibt es neue Unterstützung. Paar- und Familientherapeutin Esther Perel stellt fest, dass »Feuer auch Luft braucht«.[23] Sie behauptet, Intimität sei in Amerika durch eine Mentalität des Alles-Erzählens, Alles-Wissens, Alles-Teilens definiert worden, die zu einer erstickenden Nähe geführt habe, häufig begleitet von einer Abnahme der sexuellen Lust und Lebendigkeit. Im Wesentlichen also tote Hose im Bett. Erregung erhält Nahrung, auf jeden Fall bei Affären, häufig durch Geheimnisse, Neues, Ungewisses, Neugier, Verbotenes, den Zauber des Unbekannten und die Spannung der Jagd. Intimität und Begierde gehen nicht unbedingt Hand in Hand. Je transparenter wir füreinander sind und je enger unsere Umarmung, desto größer wird der Wunsch zu flüchten.

Keine Frage, dass uns allen die Welt online die außergewöhnliche Gelegenheit verschafft, Freiheit zu kosten und uns innerhalb der Grenzen einer festen Beziehung zu profilieren. Das Problem dabei ist, dass des einen Himmel des anderen Hölle sein kann. Was Sie dazu bringt, Ihre Ihnen anvertraute Partnerin zu begehren, kann diese vollkommen abtörnen und dazu bringen, emotional und sexuell vor Ihnen zurückzuschrecken.

Die Ehe- und Familientherapeutin Susan Johnson und der Sextherapeut Dino Zuccarini führen aus, dass bei festen Partnern, insbesondere bei Frauen, die sich bedroht und unter Konkurrenzdruck fühlen – was leicht der Fall ist, wenn sie ihre Partner dabei ertappen, dass sie sich online Beziehungen angeln –, die Alarmglocken im Gehirn (Amygdala und Hippocampus) zu schrillen beginnen und es unwahrscheinlicher wird, dass sie entspannen, den Sex genießen oder zum Orgasmus kommen können. Was feste Beziehungen gesund und scharf hält, ist laut Johnson und Zuccarini der Grad des emotionalen Aufeinander-eingestimmt-Seins zwischen den Partnern – das Ausmaß, in dem sie sich verstanden, geborgen und geschätzt fühlen.[24] Wenn Ihre Ausflüge in die Online-Welt Ihrer Partnerin das Vertrauen in Sie nehmen und ihr Gefühl von Sicherheit und Verbindung zerstören, können Sie leidenschaftlichem, experimentierfreudigem Sex Adieu sagen – zumindest miteinander.

Nachfolgend eine Geschichte, die illustriert, wie Partner ihre unterschiedlichen Haltungen gegenüber außerehelichen Beziehungen verhandeln können, ohne ihre Integrität oder ihre Selbstachtung zu opfern.

Evan bekam eine E-Mail von seiner Exfreundin Sarah von der Highschool, in der sie Pläne für ein Klassentreffen nach fünfundvierzig Jahren ankündigte. Sie fingen an, sich täglich online zu schreiben. Er verbarg nichts vor seiner Frau Emma, diese wurde jedoch zunehmend beunruhigter, wenn sie ihn beobachtete, wie er sein BlackBerry checkte und sehr erfreut wirkte, wenn er seiner wiedergefundenen Freundin täglich schrieb. Als Emmas Unsicherheit zunahm, wurde sie immer wütender und kritischer. Evan wiederum wurde immer defensiver, gereizter und verschlossener. Das Paar begann zu streiten und hatte keinen Sex mehr. »Ich habe nicht sehr viele Freunde«, argumentierte Evan. »Sarah und ich kennen uns schon lange. Ich tue nichts Falsches. Warum muss sie mich kontrollieren?«

Emma verteidigte sich. »Verlange nicht, dass ich meine Sorge rechtfertige«, hielt sie dagegen. »Du hast mit dieser Frau geschlafen, als ihr früher zusammen gewesen seid. Während deiner ersten Ehe bist du fremdgegangen. Mein erster Mann hatte eine Affäre. Gib mir jetzt nicht das Gefühl, es wäre verrückt, wenn ich mich bedroht fühle. Ich sehe eine Gefahr und ich kämpfe um dich und um unsere Ehe. Ich brauche es, dass du dich darum kümmerst, welche Gefühle du mir bescherst – oder einfach wie *ich* mich fühle – und dass du mir hilfst.«

Nach vielen hitzigen Debatten fragte Evan Emma, was sie wollte und was ihr helfen würde, sich wohler zu fühlen.

»Hast du Sarah von uns erzählt?«, fragte Emma.

»Nein«, antwortete Evan. »Sie weiß, dass ich verheiratet bin.«

»Aber sprecht ihr über mich? Fragt Sarah etwas über mich?«

»Nein, natürlich nicht.«

»Dadurch fühle ich mich bedroht«, platzte Emma heraus. »Wenn ich mich mit meinen besten Freundinnen treffe, fragen sie immer nach dir. Es ist beängstigend, dass ihr beide nicht einmal meinen Namen erwähnt.«

Es gab für Evan und Emma jeweils einen Punkt, den sie vom anderen gehört haben wollten. Evan wünschte sich die Freiheit, Online-Beziehungen und nicht sexuelle echte Beziehungen mit anderen Frauen zu haben. Er wollte, dass Emma ihre Unsicherheit kontrollierte und dafür die Verantwortung übernahm. Emma wollte, dass Evan sah, dass ihre Sorge angemessen war und dass er etwas unternahm, damit sie sich sicher und besonders fühlte.

Schließlich kamen sie zu einer Einigung. Evan würde Emma in einigen seiner E-Mails an Sarah liebevoll erwähnen und Sarah wissen lassen, dass er glücklich verheiratet war (was er auch tatsächlich so empfand). Er stimmte auch zu, Emma wissen zu lassen, wenn er etwas von Sarah hörte, und seiner Frau Sarahs E-Mails zu zeigen. (Emma sagte, das sei nicht nötig, mehrere Wochen lang las sie die E-Mails jedoch heimlich, während er schlief.) Emma willigte ein, ihre lebenslangen Unsicherheiten mithilfe eines Therapeuten anzugehen.

Als Sarah sich mit Evan zum Mittagessen treffen wollte, erlaubte Emma es. Sie schätzte seine Offenheit. Aber als Sarah ihn zu einer Opernaufführung in die Met einlud, schlug er vor, als Paare dorthin zu gehen: Sarah sollte ihren Freund mitnehmen und er würde mit Emma kommen.

Dies ist eine Daueraufgabe: Evan verhält sich transparent und erklärt sich Emma gegenüber in einer Weise, dass sie sich geliebt fühlt, ohne dass er sein Selbstgefühl opfert. Emma arbeitet daran, Evan ein gewisses Maß an Autonomie und Privatsphäre zu erlauben – genug, um ihm Raum zum Atmen zu geben, sodass er er selbst sein kann. Sie haben einen unvollkommenen, aber ausreichend guten Kompromiss erarbeitet, und das ist durchaus ein Erfolg.

Ein ähnlicher Dialog findet überall statt, wo feste Paare damit kämpfen, eine vernünftige und praktikable Treue-Vereinbarung auszuhandeln, die angesichts der Wunder der modernen Medizin durchaus fünf Jahrzehnte oder länger Bestand haben könnte.

In einer umstrittenen Titelstory im *New York Times Magazine* mit dem Titel »Untreue hält uns zusammen: Neue Betrachtungen dazu, was eine gesunde Ehe ausmacht«, beschreibt der katholisch erzogene Sexberater und Kolumnist Dan Savage seine Ehe mit einem männlichen Partner als *monogamisch*. »Vom Menschen wurde nie erwartet, monogam zu sein«, erklärt er. »Eine realistischere Sexualethik würde Ehrlichkeit, etwas Flexibilität und, falls nötig, Vergebung höher schätzen als die absolute Monogamie.«

Wenn Sie nicht gerade immer »gut, gebend und einsatzfreudig sind«, argumentiert Savage – mit anderen Worten, wenn Sie nicht immer bereitwillig die sexuellen Präferenzen und Bedürfnisse Ihres Partners erfüllen –, sollten Sie ihm erlauben, die Bindungen der Ehe zu verlassen, wenn dadurch die Ehe funktioniert.[25] Die Soziologin Judith Stacey von der New York University schreibt: »Monogamie ist nicht natürlich, Nicht-Monogamie ist nicht natürlich. Das einzig Natürliche ist die Variation.«[26]

Savage und sein Partner ließen sich eine flexible Strategie einfallen, die bei ihnen funktioniert. Sie werden vielleicht eine orthodoxere Linie verfolgen wollen, eine, die keine Fantasien oder Freundschaften zulässt, die Sie bedrohen, ob on- oder offline. Es gibt kein Richtig oder Falsch, keine Einheitslösung. Was zählt, ist lediglich, dass Sie gemeinsam und im Detail die Bedingungen Ihrer Vereinbarung formulieren – wenn Sie wollen, nennen Sie diese Ihren Online-Treue-Vertrag – und sich über die Punkte klar sind, in denen Sie sich nicht einig sind. Vielleicht wollen Sie beispielsweise nur zustimmen, vor Fotos oder Videos zu masturbieren, nicht aber vor lebenden Personen, mit denen Sie in Chat-Rooms Kontakt haben. Wenn Sie nicht einverstanden sind, äußern Sie dies, wie schon gesagt, offen und ehrlich. Behalten Sie Ihre Vorbehalte oder Einwände nicht für sich. Sie werden noch immer genügend Minenfelder entschärfen müssen, die Sie aufdecken, aber zumindest wissen Sie, wo diese sind.

In einer elektronischen Welt verbunden bleiben

Sie und Ihr Partner können einen Seitensprung-Partner aus Ihrem Leben streichen, werden aber die Nutzung von Computern und Apps nicht unterbinden können. In einer digitalen Welt besteht die Herausforderung für den Online-Partner in der Lösung der Frage: »Wie kann ich dafür sorgen, dass sich mein Partner in unserer Beziehung sicher fühlt?«, und der verletzte Partner muss für sich herausfinden: »Wie kann ich meinem Online-Partner die Freiheit geben, die er braucht, um er selbst zu sein?«

Die folgende Übung zur Vertrauensbildung ist ähnlich wie die Übung, die wir in Kapitel 6 besprochen haben, abgesehen davon, dass die Verhaltensweisen hier nun den Cyberspace betreffen. Jeder von Ihnen schreibt eine Liste spezifischer Verhaltensweisen auf, die er sich von seinem Partner wünscht, um das Vertrauen wiederherzustellen und einander näher zusammenzubringen. Vielleicht hilft es, sich diese Verhaltensweisen als »Liebes-Schaltflächen« vorzustellen. Betätigen Sie diese, so wird sich Ihr Partner wahrscheinlich sicherer, umsorgter und besser verstanden fühlen. Betätigen Sie sie nicht, wird sich die Kluft zwischen Ihnen vergrößern.

Vertrauensbildende Verhaltensweisen, die sich der verletzte Partner wünscht

Nachfolgend eine Liste vertrauensbildender Verhaltensweisen, die sich der verletzte Partner vielleicht wünscht. Dabei handelt es sich nur um eine Ausgangsbasis. Sie müssen die Liste Ihren eigenen Bedürfnissen anpassen.

- Gib mir großmütig (ohne zu zögern, ohne Getue, ohne dass ich nachhaken muss) die Passwörter für deinen Computer, deinen E-Mail-Account, dein BlackBerry und für sonstige elektronische Geräte und Online-Accounts und mache es mir leicht, sie zu checken.
- Wenn ich ins Zimmer komme, wenn du am Computer bist, schalte den Bildschirm nicht ab.
- Installiere eine Software, die Pornoseiten blockt.
- Stelle mir deinen Einzelverbindungsnachweis fürs Telefon zur Verfügung, ohne dass ich darum bitten muss.
- Stelle mir deine Kreditkartenabrechnungen zur Verfügung, ohne dass ich darum bitten muss.

- Kündige Abos für Pornoseiten oder andere Seiten, gegen die ich Einwände habe.
- Schau dir Pornos oder bestimmte spezifische Online-Seiten nur mit mir zusammen an.
- Stimme zeitlichen Begrenzungen für die Computernutzung zu und halte dich auch daran.
- Nutze das Internet auf Geschäftsreisen nicht, wenn du Alkohol trinkst oder andere Drogen einnimmst.
- Ändere deine E-Mail-Adresse, damit Online-Kontakte, die ich als bedrohlich empfinde, dich nicht mehr erreichen.
- Wirf alle deine Handys weg mit Ausnahme derer, denen ich zustimme (so weiß ich, dass du nicht heimlich telefonierst).
- Wenn ich dich anrufe oder dir eine SMS schicke, antworte so bald wie möglich.
- Erzähle es mir, wenn du von jemandem hörst, den ich als Bedrohung sehe. Zeige mir am selben Tag alles, was du an E-Mails, SMS oder Bildern erhältst, und antworte dieser Person nicht, bevor wir darüber gesprochen haben.
- Wenn du dich durch unsere Online-Regeln verärgert oder kontrolliert fühlst, sage es mir und lass uns ruhig und in respektvollem Ton darüber sprechen.
- Übernimm einen angemessenen Teil der Verantwortung für jegliche Wut, die du empfindest, wenn ich dich über deine Internet-Nutzung befrage.
- Wenn du überlegst, zu einem Porno zu masturbieren, lade mich stattdessen ein, miteinander zu schlafen.
- Schaue dir Sexvideos mit mir zusammen an und erzähle mir, was dich daran erregt und wie du berührt werden möchtest.
- Erzähle es mir, wenn du von der Online-Seitensprungperson *nichts* gehört hast – ohne dass ich nachfragen muss. Ich will mich nicht wundern oder sorgen müssen.
- Wenn du von zu Hause weg bist, halte den Kontakt zu mir per Telefon, E-Mail oder SMS. Lass mich wissen, dass du an mich denkst und dass mit uns alles okay ist.
- Wenn du online masturbierst, schau dabei nur auf Fotos und Videos. Nimm dazu keinen Kontakt mit Leuten auf, mit denen du online verkehrst, tausche auch keine E-Mails aus und chatte nicht.

- Erzähle es mir, wenn du dich von jemandem angezogen fühlst (beispielsweise entdeckst du auf Facebook eine alte Freundin), und lass mich wissen, wie du mit deinen Gefühlen umgehst.
- Schicke an einem »heiklen« Tag eine E-Mail oder SMS (beispielsweise an dem Tag, an dem ich von deiner Affäre erfahren habe). Lass mich wissen, dass es dir leidtut, was du an Schaden angerichtet hast. Hilf mir, mich weniger allein zu fühlen.
- Versuche, deine negativen Gefühle zu identifizieren, die deine unangemessene Online-Aktivität auslösen. Achte darauf, wenn du dich gelangweilt, deprimiert, einsam, kritisch, wütend, angegriffen, eingesperrt oder im Recht fühlst, und arbeite mit einem Therapeuten daran, mit diesen Emotionen verantwortungsvoller umzugehen. Teile mit mir, was du dabei über dich erfährst.
- Definiere mit mir zusammen, was eine Affäre im Cyberspace ist. Wenn wir uns nicht einig sind, übernimm meine Definition. Definiere eine Bedrohung aus meiner Sicht, nicht aus deiner.
- Wenn meine Definition einer Cyberspace-Affäre im Widerspruch zu deiner Definition steht, äußere offen, dass du meiner Definition nicht zustimmst, und geh mit mir zu einer Paartherapie, damit wir unsere Differenzen bearbeiten können.
- Wenn dir jemand eine E-Mail, ein Foto oder eine SMS schickt, lass dich davon leiten, was *ich* für unangemessen halten würde.
- Respektiere es, dass wir nicht immer auf dieselbe Weise erregt werden. Arbeite mit mir daran, Möglichkeiten zu entdecken, wie wir uns gegenseitig befriedigen und uns beide dabei wohlfühlen können.
- Lade mich in deine Online-Welt ein. Teile mit mir deine Lieblings-Pornoseiten, Online-Sexfantasien und Chat-Rooms. Lass mich das zusammen mit dir anschauen.
- Sage es mir, wenn du dich durch die von mir gesetzten Grenzen für dein Cyberspace-Verhalten eingesperrt oder verstimmt fühlst. Lass uns über deine Gefühle sprechen und versuchen, Gemeinsamkeiten zu finden.
- Versuche zu verstehen, wie deine Cyberspace-Aktivität dazu führt, dass ich mich unsicher und ungeliebt fühle. Auch wenn du anderer Meinung bist, zeige mir, dass du mich verstehst, indem du mich spiegelst (meinen Standpunkt mit deinen Worten ausdrückst).

- Erkunde mit einem Therapeuten oder mit mir deine persönlichen Probleme, die bereits vor unserer Ehe bestanden und die zu deinem Cyberspace-Verhalten beitragen. Übernimm beispielsweise die Verantwortung für deine Probleme mit der Selbstachtung, für deinen Drogenkonsum, für deine Tendenz, dich herumkommandiert, kontrolliert, abgewertet oder im Recht zu fühlen, für die Probleme mit deiner Herkunftsfamilie, für deine Wunden aus früheren Beziehungen.
- Lass mich wissen, was an mir und unserer Ehe deine Online-Nutzung beeinflusst.
- Besuche eine Selbsthilfegruppe für Sexsüchtige oder lies ein Buch über Sexsucht und erzähle mir, ob und wie das für dich relevant ist.
- Erzähle mir, wozu du online deine Fantasievorstellungen hast und warum diese Fantasien stark auf dich wirken in Anbetracht deines Hintergrunds, deiner Verletzlichkeiten und Sehnsüchte.

Vertrauensbildende Verhaltensweisen, die sich der Online-Partner wünscht

Nachfolgend eine Liste vertrauensbildender Verhaltensweisen, die sich der Online-Partner möglicherweise wünscht – Verhaltensweisen, die ihm helfen, sich geschätzt, verstanden und respektiert zu fühlen und Vergebung gewährt zu bekommen.

- Erzähle es mir, wenn ich etwas tue, was dir hilft, dich sicherer und geliebter zu fühlen. Sei dabei konkret. Beispielsweise könntest du sagen: »Als ich ins Zimmer kam, habe ich bemerkt, dass du deinen Computerbildschirm nicht ausgeschaltet hast. Ich weiß das zu schätzen.«
- Lies ein Buch oder besuche einen Workshop mit mir zu dem Thema, wie wir offline intimer und sexueller werden können.
- Sprich mit mir über meine Online-Aktivitäten in einem ruhigen und respektvollen Tonfall. Stoße mich nicht weg.
- Spiegle meine Gefühle, auch wenn du mit ihnen nicht einverstanden bist. Lass mich wissen, dass du verstehst, was ich zu sagen versuche.
- Sage mir, ob meine Gefühle auf dich verständlich wirken und du ihnen zustimmen kannst.
- Lass mich wissen, welche Online-Regeln und -Einschränkungen ich lockern kann, wenn ich wieder mehr Vertrauen verdiene.

- Lass mich wissen, was von dem, was ich tue oder sage, dir Angst vor meiner Internetnutzung macht.
- Lass mich ohne Kontrolle online gehen. Wenn ich gegen unsere Vereinbarung verstoßen möchte, werde ich dir das vorher sagen. Ich werde es nicht heimlich tun.
- Arbeite mit mir daran, meine Online-Fantasien in unser Sexleben zu integrieren.
- Erkunde mit mir oder mit einem Therapeuten die Wunden früherer Beziehungen, die dich an meiner Online-Nutzung so verunsichern – Wunden, die bei dir die Angst hervorrufen, verlassen oder ersetzt zu werden oder nicht gut genug für die Liebe zu sein.
- Erkunde mit mir, wie wir mit solchen Zeiten umgehen können, in denen ich Sex möchte, du aber nicht.
- Interessiere dich für meine Einsamkeit und gehe auf mich zu, um den Raum zwischen uns zu wärmen.
- Gehe mit mir in eine Paartherapie, um zu besprechen, was an deinem Verhalten bei mir zu dem Wunsch geführt hat, online zu gehen, um dort Sex oder Gesellschaft zu finden (beispielsweise dein Alkoholmissbrauch, deine mangelnde Bereitschaft, dich mit deinem Gewichtsproblem zu beschäftigen, dein mangelndes Interesse an Sex, deine Wut, dein Rückzug von mir oder deine übermäßige Beanspruchung durch unsere Kinder oder deinen Job).
- Arbeite daran, deine Schutzmauer zu senken, während ich daran arbeite, dein Vertrauen zu verdienen. Ich verstehe, dass dein Misstrauen dein Schutz ist und du vielleicht Angst hast, darauf zu verzichten.
- Gib mir eine Chance, es wiedergutzumachen.

Wenn Sie gegenseitig Ihre konkreten vertrauensbildenden Bitten anerkennen, wird Ihnen dies helfen, als Einzelperson und als Partner zu wachsen. Beziehungen gedeihen durch Zusammenarbeit, nicht durch Zwang. Niemand möchte der Wärter oder der Gefangene des anderen sein. Und niemand wünscht sich einen Partner, der widerwillig einer Liste von »du solltest« gehorcht. Wichtig ist die Einstellung.

In jeder Beziehung existiert das Bedürfnis, Autonomie mit Sicherheit und Verbundenheit auszubalancieren. Das Ich mit dem Wir. Das Problem ist, dass

Sie und Ihr Partner nicht eins sind – das ist die große Illusion der romantischen Liebe. Sie sind zwei. Sie sind dazu bestimmt, die Dinge unterschiedlich zu sehen und unterschiedliche Dinge zu wollen. Was den einen beflügelt, lässt den anderen abstürzen, egal wie gut Sie einmal zusammenzupassen meinten.

Feste Beziehungen in einer Cyber-Welt sehen sich außergewöhnlichen Herausforderungen gegenüber. Es gibt heute so viele Versuchungen, so viele Gelegenheiten für Fehleinschätzungen und Betrug. Paare brauchen, um in ihrer Beziehung zu gedeihen oder auch nur zu überleben, eine großzügige Dosis Flexibilität und Einfühlungsvermögen in das Anderssein des Partners. Es kann helfen, sich daran zu erinnern, dass Ihre Bindung an Ihren Partner, im oder außerhalb des Cyberspace, ebenso sehr dadurch wachsen wird, wie weit Sie auf ihn *zugehen*, wie durch das, was Sie von ihm *erhalten*. Wenn Sie voller Mitgefühl in einer Weise aufeinander zugehen, die Ihren Partner erdet und erfreut, kommen Sie vielleicht dahin, die Weisheit des Kleinen Prinzen von Antoine de Saint-Exupéry zu erfassen: »Die Zeit, die du für deine Rose aufgebracht hast, macht diese Rose so wichtig.«[27]

EPILOG
Das Geheimnis enthüllen:
Die Wahrheit und ihre Folgen

Dieser Abschnitt soll Ihnen, dem untreuen Partner, bei der Entscheidung helfen, ob Sie Ihren Seitensprung enthüllen sollen oder nicht. Der Großteil dieses Buches basiert auf der Annahme, dass Ihr Partner die Wahrheit kennt und dass Sie beide darum kämpfen, Ihr Leben angesichts dieses Seitensprungs neu aufzubauen. Was aber ist, wenn Ihre Affäre noch ein Geheimnis ist? Muss Ihr Partner je davon erfahren? Ist es sinnvoll, sie zu beichten, wenn Sie Ihre Beziehung stärken wollen?

Es gibt einige überzeugende Gründe, die Affäre für sich zu behalten. Vielleicht möchten Sie an beiden festhalten, der Geliebten/dem Liebhaber und Ihrem Ehepartner, und wissen, dass Sie gezwungen sein werden, zwischen beiden zu wählen, wenn die Wahrheit herauskommt. Vielleicht fällt es Ihnen schwer, mit Konflikten umzugehen, und Sie wollen die emotionale Lawine verhindern, die Sie wahrscheinlich auslösen werden, wenn der Seitensprung bekannt wird. Vielleicht haben Sie das Gefühl, nicht genügend Kraft und Engagement zu besitzen, um die bösen Anschuldigungen Ihres Partners auszuhalten oder, vielleicht noch schlimmer, sein kummervolles Schluchzen.

Es gibt einige ebenso überzeugende Gründe, den Seitensprung zu beichten. Wenn Sie einer unglücklichen Ehe entkommen wollen, können Sie die Wahrheit als Visum für den Ausstieg nutzen. Wenn Sie Ihrem Partner wehtun wollen, weil er Sie nicht beachtet oder schlecht behandelt, können Sie die Enthüllung als Rachewerkzeug nutzen. Wenn Ihre Beziehung schwächelt oder einfach auf der Stelle tritt, können Sie sich aussprechen, um sie aus ihrer Lethargie zu reißen.

Wofür auch immer Sie sich entscheiden, wichtig ist, es wohlüberlegt zu tun, nachdem Sie alle Motive erforscht und die langfristigen Auswirkungen überdacht haben. Ist Ihr Geheimnis erst einmal heraus, gibt es kein Zurück mehr und Sie beide müssen für den Rest Ihres Lebens mit den Auswirkungen leben. Wenn Sie sich entscheiden, es nicht zu erzählen, müssen Sie mit den Auswirkungen Ihres Schweigens leben, das seinen eigenen Tribut fordern wird.

Die meisten von Ihnen, so vermute ich, werden von dem Wunsch motiviert sein, die Dinge mit ihrem Partner aufzuarbeiten oder zumindest herauszufinden, ob eine Versöhnung möglich ist. Der Rest dieses Abschnitts soll Ihnen helfen, Ihre Alternativen zu erkunden, die jeweiligen Vor- oder Nachteile abzuwägen und die für Sie richtige Entscheidung zu treffen.

Vergessen Sie nicht, dass es, selbst wenn Sie entschlossen sind, Ihre Beziehung neu aufzubauen, keine richtige Antwort gibt: *Es ist nicht immer besser, zu beichten oder zu verheimlichen.* Sie können sich dafür entscheiden, es zu erzählen, um einander wieder nahezukommen, oder es *nicht* zu erzählen, um einander wieder nahezukommen.

Therapeuten und Autoren, die über Untreue schreiben, sind schnell mit einer Meinung bei der Hand, welche die beste Option ist, aber es gibt keine endgültigen Forschungsergebnisse darüber, wie der Heilungsprozess eines Paares durch die Wahrheit unterstützt oder beschädigt wird. Vergessen Sie nicht, dass wir hier nur darüber sprechen, ob eine Affäre enthüllt werden soll, nicht darüber, ob sie aufgegeben werden soll. Das wird in Kapitel 3 und 4 besprochen.

Nachteile des Erzählens

Aufgrund meiner klinischen Erfahrung mit Paaren habe ich vier Situationen identifiziert, in denen es gegen Sie arbeiten kann, wenn Sie Ihren Seitensprung offenlegen:

1. Sie glauben, die Enthüllung werde die Seele Ihres Partners unheilbar vernichten.
2. Sie glauben, die Enthüllung werde einen zwanghaften Fokus auf die Affäre richten und Sie beide davon abhalten, die Probleme zu prüfen, die zu dem Seitensprung geführt haben.
3. Ihr Partner ist körperlich behindert und nicht in der Lage, als sexueller Partner aktiv zu sein, und Sie haben sich entschieden zusammenzubleiben, um diesem Menschen, der Ihnen wichtig ist, medizinische und emotionale Unterstützung zu gewähren.
4. Sie glauben, Ihr Partner würde Ihnen einen körperlichen Schaden zufügen.

Die letzten beiden Szenarien fallen nicht unter das Thema dieses Buches. Wir wollen uns die ersten beiden ansehen und sehen, wie sie auf Sie zutreffen.

Nachteil #1: Sie glauben, die Enthüllung werde die Seele Ihres Partners unheilbar vernichten.

Sie werden die Wahrheit nicht erzählen wollen, wenn Sie glauben, Ihr Partner sei zu fragil oder verletzlich, um daraus einen konstruktiven Nutzen zu ziehen. Besonders vorsichtig werden Sie bei Partnern sein, die durch früheren Betrug oder Verlust bereits vernichtet wurden und diese Nachricht als Bestrafung für ihr Versagen oder als Beweis für ihre eigene Wertlosigkeit sehen würden. Es gibt keine Möglichkeit, mit Gewissheit vorherzusagen, wie Ihr Partner heute oder mit der Zeit reagieren wird, aber wenn Ihre Kenntnis des Charakters und der persönlichen Geschichte Ihres Partners Sie vermuten lässt, dass Ihr Geheimnis das Selbstgefühl Ihres Partners zunichtemachen wird, ist es wahrscheinlich klüger, wenn Sie die Wahrheit für sich behalten.

Tim erzählte seiner Frau Tina von seiner Ex-Geliebten, um reinen Tisch zu machen, aber seine Beichte richtete mehr Schaden an, als sie nutzte. Hätte er ihre Kindheitserfahrungen berücksichtigt, hätte er ihre Reaktion vorhersehen können. Tina war als Teenager von ihrem Stiefvater sexuell missbraucht worden. Ein Ex-Verlobter hatte sie betrogen. Die Enthüllung ihres Ehemanns hatte erneut verheerende Auswirkungen auf sie und verstärkte ihre Überzeugung, dass Männer grausam und gemein sind. »Ich werde nie wieder einem Mann vertrauen oder mit einem Mann intim werden«, sagte sie ihm. Tim verbrachte die nächsten zwei Jahre mit dem Kampf, sie zurückzugewinnen. Es gelang dem Paar zusammenzubleiben, aber Tina blieb versunken in zwanghafte Gedanken über die Ungerechtigkeit der Welt und ihre grundsätzliche mangelnde Attraktivität. Heute sind beide emotional so weit voneinander entfernt wie zu dem Zeitpunkt, als Tim beichtete.

Jeremy, ein dreiundvierzigjähriger Werbemanager, hatte die Verletzlichkeiten seiner Frau Anna besser im Blick und legte ein anderes, produktiveres Taktgefühl an den Tag. Anna war von einer Mutter erzogen worden, die sie davon überzeugt hatte, sie sei zu unscheinbar, um für einen Mann attraktiv zu sein, und hatte ihren Körper gehasst. »Ich war siebzehn Jahre lang verheiratet«, erzählte mir Anne, »und ich fühle mich noch immer jedes Mal zurückgewiesen, wenn ich mich ausziehe und im Spiegel meinen Hängebusen und meine dicken Beine sehe.«

Ihr Mann Jeremy hatte all die Jahre angenommen, er sei sexuell inkompetent und sein Penis sei zu klein, um sie zu befriedigen – warum sonst sollte sie im Bett so teilnahmslos sein? Er hatte mit einer seiner Kundinnen geschlafen, hauptsächlich um sich zu beweisen, dass er ein guter Liebhaber war, und hatte dabei Erfolg gehabt. Nun, mit diesem korrigierenden Feedback ausgerüstet, erkannte er, dass seine sexuellen Probleme mit Anne eher das Ergebnis ihrer Unsicherheiten als ihres Aussehens und seiner Penisgröße waren. Da er nun weniger besessen war von seiner Männlichkeit, bemühte er sich, sie davon zu überzeugen, dass sie körperlich attraktiv für ihn war, und half ihr, ihre Schüchternheit zu überwinden. Er behielt seinen Seitensprung jedoch für sich, da ihm klar war, dass die Wahrheit ihr Selbstvertrauen nur wieder untergraben würde. Heute, vier Jahre später, hält er seine Entscheidung noch immer für richtig.

Es kann auch für Sie richtig sein, den Mund zu halten. Wenn Sie Grund zu der Annahme haben, dass Ihre Enthüllung der Beziehung ebenso schaden wird wie die Affäre selbst, wenn Sie fürchten, dass die Nachricht bei Ihrem Partner eine dauerhafte Wunde hinterlassen und zur Trennung führen wird, wenn Sie den Schaden begrenzen und Ihre Beziehung intakt halten wollen, kann es sinnvoll sein, das Geheimnis geheim zu halten.

Nachteil #2: Sie glauben, die Enthüllung werde einen zwanghaften Fokus auf die Affäre richten und Sie beide davon abhalten, die Probleme zu prüfen, die zu dem Seitensprung geführt haben.

Ein anderer Grund, die Affäre geheim zu halten, ist, dass Sie und Ihr Partner nicht die ganze Zeit damit verbringen wollen, alle schmutzigen Details zu zerpflücken, während Sie lieber daran arbeiten sollten, Ihre Beziehung zu verbessern. Wenn der Seitensprung bekannt ist, besteht immer die Gefahr, dass Ihr Partner von Bitterkeit und Feindseligkeit verschlungen wird und es Ihnen beiden nicht erlaubt herauszufinden, was mit Ihrer Beziehung los ist, dass Platz für eine dritte Person entstehen konnte. Vielleicht müssen Sie Ihr Geheimnis unter Verschluss halten, um beide den Fokus dort zu haben, wo er hingehört – bei Ihnen beiden.

Mehrere bekannte Therapeuten und Wissenschaftler unterstützen den Gedanken, dass die Wahrheit mehr schaden als nutzen kann. Auch Frederick Humphrey, emeritierter Professor für Familienstudien an der University of Connecticut, glaubt, dass das Enthüllen eines Seitensprungs eine Beziehung dauerhaft verändert, manchmal sogar zerstört, und dass Paare eine bessere Chance haben, wieder an einem Strang zu ziehen, wenn der untreue Partner zuerst versucht, seine eigenen Ambivalenzen und Unzufriedenheiten aufzuarbeiten, vorzugsweise in einer Einzel- oder Paartherapie. Humphrey kritisiert Therapeuten scharf, die ihre Patienten dazu drängen, ihr Geheimnis preiszugeben. »Verbale Exhibitionisten«, nennt er sie – Leute mit einem aufgeblähten Autoritätsgefühl und einem starren, nicht hinterfragten Gefühl für Richtig und Falsch, die Prinzipien über Forschungsergebnisse stellen.[1] Humphrey verfolgt ihre Erzählt-alles-Mentalität zurück zu dem Alles-rauslassen-Empfinden der 1960er-Jahre und zu der jüdisch-christlichen Auffassung, die Beichte sei gut für die Seele. Humphreys Position wird durch die statistische Evidenz gestützt, wonach Ehen sich wahrscheinlich verschlechtern oder in einer Scheidung enden, wenn Männer vom Geheimnis ihrer Frau erfahren.[2]

Mein Freund und Kollege Bert Diament kam zu einem ähnlichen Schluss. Er empfiehlt: »Wenn Sie Ihrem Partner einen Gefallen tun möchten, wenn Sie sich weniger schuldig fühlen und Ihre Liebe beweisen wollen, beenden Sie die außereheliche Beziehung, behalten Sie diese für sich und arbeiten Sie daran, mit Ihrem Ehepartner eine intime Partnerschaft zu entwickeln. Finden Sie heraus, was nicht gut läuft, und arbeiten Sie daran, es zu verbessern.«[3]

Vorteile des Beichtens

Es gibt ebenso überzeugende Gründe, sich zu offenbaren. Nachfolgend vier häufige davon, von denen einer möglicherweise bei Ihnen Anklang findet:

1. Normalerweise ist es besser, die Wahrheit zu erzählen, als dass der Partner zufällig darüber stolpert.
2. Wenn Sie es erzählen, haben Sie vielleicht bessere Chancen, anschließend treu zu bleiben.
3. Wenn Sie es erzählen, wird Ihr Partner möglicherweise aufwachen und den Bedarf erkennen, sich mit den Dingen zu befassen, die Sie stören, bevor es zu spät ist.
4. Wenn Sie es erzählen, stellen Sie die Vorrangstellung der Beziehung mit Ihrem Partner wieder her.

Vorteil #1: Normalerweise ist es besser, die Wahrheit zu erzählen, als dass der Partner zufällig darüber stolpert.

Wenn Sie die Affäre beenden und beichten, werden Sie sich mit Ihrer Ehrlichkeit möglicherweise einen Funken Vertrauen verdienen – sicher mehr jedenfalls, als wenn Sie bei einer Lüge erwischt werden. Muss Ihr Partner mit einer doppelten Enttäuschung fertigwerden – der Affäre und der Vertuschung –, wird es doppelt so schwer, sich davon zu erholen.

Gail und Chris sind hierfür ein gutes Beispiel. Chris verbrachte übermäßig viel Zeit auf Geschäftsreisen mit seiner Büromanagerin Sandy, er war kaum noch zu Hause. Gail stellte ihn mehrmals deswegen zur Rede, aber er leugnete hartnäckig jegliches Fehlverhalten und versuchte sogar, ihr das Gefühl zu geben, sich mit »solchem Unsinn« lächerlich zu machen. Sie versuchte, ihm mit einer eigenen Lüge eine Falle zu stellen: Sie behauptete, einen Privatdetektiv engagiert zu haben, der ihn beim Betreten von Sandys Wohnung gesehen habe. Er gab zu, dort gewesen zu sein, behauptete jedoch, sie lediglich für ein Firmenmittagessen abgeholt zu haben. Erst als Gail seine Mutter dazu brachte, ihn auf die Bibel seine Treue schwören zu lassen (er war gläubiger Katholik), gab er die Wahrheit zu.

Gail war wütend über die Affäre, was sie aber besonders aufbrachte, war die Art, wie Chris weiterhin gelogen und sie zum Narren gehalten hatte. Sie liebte ihn noch immer und wollte die Familie zusammenhalten, aber sie fühlte sich zu sehr beleidigt und zu sehr betrogen, um sich ihm wieder hinzugeben. Ihr Stolz sagte ihr, sie solle gehen, und das tat sie dann auch.

Es ist schwer genug, sich von einem Seitensprung zu erholen. Wenn Sie dessen Entdeckung aber auch noch dem Zufall überlassen – einer verdächtigen Rechnung, einer nicht gelöschten SMS oder anderen unbestreitbaren Beweisen (eine meiner Patientinnen erfuhr vom ehebrecherischen Leben ihres Mannes, als sie sich eine Gonorrhö zuzog) –, errichten Sie damit unter Umständen eine Barriere des Misstrauens, die sich nicht mehr einreißen lässt. Selbst wenn Sie beide beschließen zusammenzubleiben, können Sie davon ausgehen, dass Ihr Partner eine Wer-da-suchet-der-wird-finden-Mentalität annehmen und für immer auf der Lauer nach Anzeichen für eine Untreue liegen wird. Ihre doppelte Täuschung wird Ihrem Partner beigebracht haben, hinter jedem Wort und jedem Versprechen eine Lüge zu sehen. Ihre Zusage, treu zu bleiben, wird auf offenere Ohren stoßen, wenn Sie aus freien Stücken gebeichtet haben und nicht durch einen misstrauischen Partner zu einer Beichte in die Enge getrieben wurden.

Vorteil #2: Wenn Sie es erzählen, haben Sie vielleicht bessere Chancen, anschließend treu zu bleiben.

Wenn Sie die Wahrheit erzählen, ist die Wahrscheinlichkeit größer, dass Sie sich der Bedeutung des Seitensprungs bewusst werden und eine Wiederholung vermeiden. Ohne diese Art der unerschrockenen Selbstprüfung könnten Sie die Affäre zu einfach aufgeben und sich einbilden, alles sei in Ordnung und wieder in der Spur.

Wenn Sie es erzählen, wird zudem Ihr Partner wachsamer und das Betrügen wird für Sie schwerer. Der Psychologe Len Loudis aus Denver vertritt die Ansicht, Sie sollten beim Geständnis eines Seitensprungs alle Details nennen, nicht über Ihre sexuellen Eskapaden, aber über Ihre Vorgehensweise – die Ausreden, die Lügen, die Manöver, um Ihre Rendezvous zu organisieren –, als eine Art Versicherung dagegen, diese Methoden erneut zu benützen. Durch die Preisgabe Ihrer Schlachtpläne halten Sie sich selbst in Schach und geben Ihrem Partner zu verstehen, dass Sie es ernst damit meinen, ehrlich und engagiert zu bleiben.[4]

Vorteil #3: Wenn Sie es erzählen, wird Ihr Partner möglicherweise aufwachen und den Bedarf erkennen, sich mit den Dingen zu befassen, die Sie stören, bevor es zu spät ist.

Wenn Sie Ihr Geheimnis preisgeben, kann eine Alarmglocke schrillen, die besagt, dass Sie unglücklich sind. Sie kann Ihrem Partner die Chance geben, sich mit Ihren Beschwerden zu befassen.

Tom, ein neununddreißigjähriger Lehrer, beichtete seiner Frau seinen Seitensprung nicht, auch nicht, nachdem sie mit einer Paartherapie begonnen hatten. Sie wusste, dass sie Probleme hatten – sie hatten seit über vier Monaten nicht mehr miteinander geschlafen –, aber sie ging davon aus, er würde immer für sie und ihr Baby da sein und nahm seine Klagen nicht ernst. Erst als er verkündete, dass er sich mit einer anderen Frau traf, wurde ihr klar, wie wütend, wie herabgesetzt er sich gefühlt hatte und wie zerbrechlich ihre Ehe geworden war. »Ich weiß gar nicht mehr, wie oft er mir gesagt hat, dass er sich unglücklich fühlt«, bestätigte sie, nachdem er sie verlassen hatte, »aber irgendwie habe ich das nie registriert, bis es zu spät war.« Hätte Tom ihr erzählt, dass er sich für eine andere Frau interessiert, wäre ihr das Ausmaß seines Unglücklichseins möglicherweise rechtzeitig klar geworden.

Manchmal ist eine Beichte nötig, damit Ihr Partner Ihren Hilfeschrei hört. Die Enthüllung Ihres Geheimnisses kann verletzen, kann aber auch ein Akt der Freundlichkeit sein, den Ihr Partner im Nachhinein schätzen wird, wenn die Alternative ist, Sie zu verlieren oder mit jemandem durchs Leben zu treiben, der nur halb da ist.

Vorteil #4: Wenn Sie es erzählen, stellen Sie die Vorrangstellung der Beziehung mit Ihrem Partner wieder her.

Wenn nur Sie und der Seitensprung-Partner die Wahrheit wissen, schaffen Sie damit eine Verschwörung zwischen Ihnen, sogar noch über das Ende der Affäre hinaus. Wie Frank Pittman, ein Fachmann für das Thema Untreue, anmerkt, kann eine Heimlichkeit eine Beziehung genauso stark schädigen wie Sex. Das Problem ist nicht nur, mit wem Sie ins Bett gehen, sondern wen Sie belügen.[5] Die Person, die die Wahrheit kennt, wird die Person, der Sie näherstehen. Die Person, die im Dunkeln tappt, wird zum Außenstehenden. Wenn Sie Ihrem Partner Ihr Geheimnis offenbaren, geben Sie dieser Beziehung wieder die Vorrangstellung, die sie verdient.

Wissen ist Macht, und durch das Mitteilen Ihres Geheimnisses geben Sie Ihrem Partner beides. Ihre Beichte sagt tatsächlich aus: »Ich habe nicht das Recht, kritische Informationen über unsere Beziehungen zu kontrollieren, von denen ich weiß, dass sie für dich äußerst wichtig sind. Ich habe nicht das Recht zu entscheiden, was für dich am besten ist. Du solltest entscheiden können, ob du bei mir bleiben willst, jetzt, da du alles weißt und denselben Zugriff auf die Wahrheit hast wie ich.« Durch das Offenlegen Ihres Geheimnisses stellen Sie sich beide wieder auf dieselbe Basis und erlauben es sich, sich auf authentische Weise neu zu verbinden.

Eine Patientin namens Jane hielt ebenfalls ihre Affäre vor ihrem Mann Larry geheim. Als es mit seinem Geschäft den Bach hinunterging, begann er zu trinken und sich zurückzuziehen. Sie hatte einen anspruchsvollen Job aufgegeben, um sich um ihr gemeinsames Baby zu kümmern, und fühlte sich nun isoliert, überfordert und unattraktiv. Als ihr Gynäkologe sich an sie heranmachte, fühlte sie sich geschmeichelt.

Jane behielt ihr Geheimnis für sich und ließ ihren Mann denken, er sei der Einzige, der seine Familie enttäuschte. Aber schließlich wurde ihr klar, wie unfair sie war. »Wir liefen beide vor den Belastungen in unserem Leben davon«, erzählte sie mir. »Wer war ich denn, dass ich so selbstgefällig sein durfte? Ich bat ihn, sich hinzusetzen und erzählte ihm von meinem Seitensprung. Zuerst dachte ich, er würde aufstehen und gehen, aber er saß nur da und starrte vor sich hin. Dann fing er an zu weinen. Keiner von uns hatte eine Ahnung davon gehabt, womit der andere zu kämpfen hatte und wie einsam wir uns beide fühlten. Wir fühlten uns weniger beschämt, nachdem wir wussten, dass wir uns beide wehgetan hatten, und es lehrte uns, uns lieber gegenseitig zu unterstützen, als außerhalb nach Hilfe zu suchen wie im Alkohol oder bei einem Liebhaber.«

Wenn Sie, wie Jane, Ihr Geheimnis offenlegen, erlauben Sie Ihrem Partner, über Sie Bescheid zu wissen. Sich selbst erlauben Sie die Erfahrung, von Ihrem Partner akzeptiert zu werden. Ohne diese Akzeptanz können Schuld und Betrug zwischen Ihnen stehen und verhindern, dass Sie sich Ihrem Partner so nah fühlen wie dem Seitensprung-Partner.

Entscheiden, was am besten für Sie ist

Mehrere Fachleute für das Thema Untreue unterstützen die Ansicht, das Beichten des Geheimnisses sei der nicht verhandelbare erste Schritt zur Wiederherstellung von Vertrauen. »Jeder Versuch, Ihren Partner in die Irre zu führen, ist ein Machtspiel, das letztlich der Beziehung schaden wird«, sagt Frank Pittman in *Private Lies.* »Menschen, die belogen wurden, werden abhängig, ängstlich, empfindlich und reagieren über ... Unehrlichkeit ist der Feind der Intimität und für eine Ehe wahrscheinlich nicht gut. Unehrlichkeit schafft Distanz.«[6]

Gemäß Emily Brown, Autorin von *Patterns of Infidelity and Their Treatment*, macht Heimlichtuerei »verrückt«.[7] Das Offenlegen der Wahrheit, führt sie aus, diene dazu, eine häusliche Krise zu beschleunigen und damit die Gelegenheit zu ehrlichem Dialog und Selbstprüfung zu schaffen.

Mein Standpunkt ist, dass keine Situation der anderen gleicht und dass für ein Paar gut sein kann, was für ein anderes schlecht ist. Auch wenn Sie sich dafür einsetzen, Ihre Beziehung neu aufzubauen, gibt es keinen Königsweg, auf dem Sie dafür gehen könnten.

Für einige Paare kann die Wahrheit negative, ja sogar zerstörerische Folgen haben. Für andere ist sie entscheidend, um eine beschädigte Beziehung wiederherzustellen. Der Umgang mit der Wahrheit über Ihre Affäre hat Ähnlichkeit mit dem Umgang mit der Wahrheit über Krebs: Einige Menschen erholen sich besser, wenn sie genau Bescheid wissen, anderen geht es dadurch schlechter. Beim Ringen um die beste Strategie kann die Frage helfen: »Am besten für wen?« Was für Sie gut sein kann, erweist sich für Ihren Partner und Ihre Beziehung vielleicht als verheerend und umgekehrt.

Wenn Sie sich zu einer Beichte entschließen, bedenken Sie, dass die Reaktion Ihres Partners davon beeinflusst sein wird, wie er oder sie Ihre Motive auffasst. Werden Sie so wahrgenommen, dass Sie versuchen, das Recht Ihres Partners zu achten, ebenso gut informiert zu sein wie Sie, wird Ihr Geständnis wahrscheinlich eine eher positive Reaktion finden. Kommen Sie hingegen so herüber, als wollten Sie einfach nur von Ihrer Schuld freigesprochen werden, wird Ihr Partner für eine Vergebung weniger empfänglich sein. Ihre Absichten können natürlich auch missverstanden werden, daher ist es gut, sie deutlich zu machen.

Einige von Ihnen werden Stillschweigen über Seitensprünge wahren wollen, bei denen es sich um One-Night-Stands gehandelt hat oder die bereits lange zurückliegen, da sie diese nicht mehr für eine Bedrohung ihrer Beziehung halten. Andere mögen das Gegenteil behaupten: Wenn die Affäre so unschädlich war, wenn sie so lange zurückliegt, warum sollte man sie dann *nicht* offenlegen? Durch die Geheimhaltung erhält sie eine Bedeutung, die sie gar nicht verdient.

Falls Sie die Affäre gestehen und es versäumen, das zu verarbeiten, was der Seitensprung über Sie und Ihren Partner aussagt, werden Sie in Ihrer Beziehung langfristig wahrscheinlich keinen guten Zusammenhalt haben – die Beziehung wird lediglich halten. Die Wiederherstellung der Intimität verlangt mehr als das Beichten einer Untreue. Wenn Sie weder die Affäre beichten noch deren Ursachen und Hintergründe verarbeiten, werden Sie sich vielleicht von dem scheinbaren Mangel an Konflikten zwischen Ihnen beiden einlullen lassen und denken, es sei wieder alles in Ordnung. Es wird sich jedoch nichts verändert haben.

Viele untreue Partner beschließen, ihr Geheimnis für sich zu behalten, aber sich mit den Dingen zu befassen, die sie in der Beziehung stört. Diese Lösung ist eine Überlegung wert. Sie können Ihren Partner natürlich mit Ihrer Unzufriedenheit konfrontieren, ohne die Affäre zu enthüllen oder Ihren Partner die anstrengende und heikle Aufgabe bewältigen zu lassen, Ihnen wieder zu vertrauen und zu vergeben.

Für welchen Umgang mit Ihrem Geheimnis Sie sich auch entscheiden, der Gedanke, dass eine Lösung immer besser als eine andere ist, ist nach meiner Überzeugung eine Illusion. Wenn Sie X tun, folgt darauf nicht immer Y. Das menschliche Herz funktioniert nicht nach diesen Gesetzen. Sie können nur versuchen, eine gut überlegte und vernünftige Entscheidung zu treffen, bei der Sie sowohl Ihre Motive berücksichtigen als auch den Einfluss, den Ihr Verhalten wahrscheinlich auf Ihren Partner haben wird. Was letztendlich zählt, wenn Sie hoffen, wieder eine intime Bindung zu erreichen, ist nicht das Offenlegen oder Verheimlichen Ihres Seitensprungs, sondern dass Sie die daraus gelernten Lektionen nutzen, um Ihre Beziehung zu stärken.

Dank

Als ich anfing, Seminare für Paartherapie abzuhalten, reservierte ich die letzten fünfzehn Minuten für den Umgang mit Untreue. Als mir allmählich klar wurde, dass bisher praktisch noch nichts darüber geschrieben worden war, wie man Paaren helfen kann, sich von einer Affäre zu erholen, beschloss ich, mich in meinen Vorträgen und in meiner Privatpraxis auf dieses Thema zu konzentrieren und dieses Buch zu schreiben.

Anfangs waren die Reaktionen gemischt. Patienten und Kollegen sagten: »Super. Wann bekomme ich eine Kopie davon?« Freunde sagten: »Wie aufregend: Du schreibst ein Buch. Lass uns eine Party feiern.« Bekannte sagten: »Gott sei Dank hat das mit mir nichts zu tun.« Verleger und Lektoren sagten: »Ja, für so ein Buch besteht absolut Bedarf, aber wird es irgendjemand wagen, damit an die Kasse zu gehen?«

Als ich nach einem Verleger suchte, stellte ich fest, dass viele vor diesem Thema Angst hatten, weil sie fürchteten, es würde in ihren eigenen Beziehungen Probleme aufwerfen. »Ich führe eine gute Ehe«, sagte mir ein Verleger. »Ich habe die Sorge, dieses Material könnte uns anstecken.« Nachdem HarperCollins das Buch gekauft hat und mein Mann Michael einwilligte, mir beim Schreiben zu helfen, schien zum Glück jeder dahinterzustehen.

Ich hatte nicht gewusst, was es bedeutet und was alles nötig ist, um ein Buch zu schreiben. Jetzt weiß ich es. Und wenn ich heute in eine Buchhandlung oder eine Bücherei gehe, bin ich voller Ehrfurcht angesichts des unglaublichen Aufwands an Zeit und Energie, den so viele Menschen auf sich nehmen, nur um ihre Gedanken zu Papier zu bringen.

Zu Beginn dieses Projekts hielt ich mich für eine Expertin, aber je mehr Paare ich interviewte und behandelte, desto mehr lernte ich. Wie Anna in *Der König und ich* sagt: »Durch eure Schüler lernt ihr.« Indem ich meinen Patienten und anderen Menschen zuhörte, die betrogen wurden oder selbst eine Affäre hatten, verstand ich allmählich, wie jeder Einzelne mit den Krisen durch eine Untreue umgeht und sie löst – oder dabei scheitert, sie zu lösen. Ihre Aufrichtigkeit und Selbstprüfung ermöglichten es mir, Muster in dem zu erkennen, was Menschen erleben und was sie zur Heilung brauchen.

Bei vielen Menschen möchte ich mich dafür bedanken, dass sie mir geholfen haben, dieses Buch zu vollenden. Dazu gehören die Mentoren und Kollegen, die mich geschult haben. Direkt nach meinem Studienabschluss ließ Dr. Aaron T. Beck, der Begründer der kognitiven Therapie, mich bei seiner Supervision von Studenten am Center for Cognitive Therapy hospitieren. Er lehrte mich, wann man sich einschalten und wann sich still verhalten muss, wann man eine Überzeugung kritisch hinterfragen und wann man sie einfach stehen lassen sollte. Er stellte ein Therapiemodell für mich bereit und unterstützte mich in meiner Laufbahn, was mir geholfen hat, eine erfolgreiche Therapeutin zu werden. Auch hatte ich das Glück, Dr. David D. Burns als Supervisor zu haben, der mir mit Humor und Genialität viele Strategien beibrachte, mit denen man Menschen helfen kann, sich zu verändern. Meine tiefe Wertschätzung gilt auch Dr. Jeffrey Young, der die kognitive Therapie mit anderen bewährten Modellen verband und ihre Wirksamkeit bei hartnäckigeren klinischen Problemen signifikant ausweitete. Er nahm einige Abschnitte dieses Manuskripts genau unter die Lupe und versah sie mit detaillierten Kommentaren zu dem Thema, wie unsere Kindheit darüber bestimmt, wer wir heute sind. Mein Dank geht auch an Dr. Richard Stuart, Dr. Neil Jacobson, Dr. Norman Epstein, Dr. Don Baucom, Dr. Chris Padesky und Dr. David Bricker – sie alle haben mich dabei vorangebracht, die Prinzipien der kognitiven Verhaltenstherapie in der Behandlung von Paaren in Not anzuwenden. Auch Dr. Kathryn E. Hertlein und Dr. Kimberly Young bin ich zu Dank verpflichtet für aktuelle Hinweise über Cybersex-Affären und -Abhängigkeit.

Claire Quigley in der Westport Public Library und Kristina Coop von der University of North Carolina gaben mir die dringend benötigte bibliothekarische und Recherche-Unterstützung.

Während noch alle über die Verkäuflichkeit dieses Buches diskutierten, stand Chris Tomasino hinter mir und unterstützte mich. Sie las auch jedes Wort des Manuskripts und versorgte mich mit scharfsinnigen redaktionellen Vorschlägen. Ihr Assistent, Jonathan Diamond, stand mir bei Fragen stets zur Verfügung.

Ich danke Peternelle van Arsdale und Janet Goldstein, meinen Herausgebern bei HarperCollins, dass sie mich durch diesen Prozess geleitet haben. Dankbar bin ich auch Clio Manuelian, meiner Presseagentin für ihre ansteckende Begeisterung, Kristen Auclair, die zahllose redaktionelle Details gemanagt hat, Guy Kettelhack für seine Hilfe bei der Vorbereitung des Vorhabens und Scott Gould von RLR, meinem Agenten dieser zweiten Auflage.

Besonderer Dank geht an Gail Winston, meiner Freundin und Lektorin bei der Auflagen. Ich danke auch ihrer Assistentin, Maya Ziv, und Diane Burrows für ihre wertvolle Unterstützung.

Von ganzem Herzen danke ich zudem:

Meinen Eltern, Dolly und Louis Lieff, für die Jahre vieler Opfer, um mir eine großartige Ausbildung zu ermöglichen und mich zu ermutigen, meine eigene Stimme zu entwickeln.

Meinem Bruder, Joel, dass er so eine gute Seele ist und immer auf mich aufpasst.

Meinen Stiefkindern, Declan und Evan, für ihre Klugheit und die viele gute Zeit, die wir ohne Computer zusammmen verbracht haben.

Meinen Kindern, Max und Aaron, die Lachen und einen Sinn in mein Leben gebracht haben. Ich bin so glücklich über die Jahre mit ihnen an meiner Seite.

Meinem Mann Michael: Gibt es eine innigere Aktivität, als zusammen ein Buch zu schreiben? Ich achte (und beneide) sein perfektionistisches Auge und seinen außerordentlich klaren Geist. Ich werde diese Stunden vermissen, in denen wir, Ellbogen an Ellbogen, am Computer saßen und heftig über ein Wort oder einen Begriff stritten. Ich danke ihm für die viele Zeit, die er für dieses Manuskript aufgewendet hat, und für seine wunderbare gute Art, die uns weitergebracht hat.

Literatur

Abrahms, Janis Lieff: The restoration of trust following an extramarital affair: A cognitive-behavioral approach. ICTN 3(1), 1990, S. 2, 4

Abrahms, Janis Lieff; Spring, Michael: The flip-flop factor. *ICTN* 5(10), 1989, S. 1, 7–8

Abrahms, Janis Lieff; Spring, Michael: Responsibility sharing: A cognitive-behavioral intervention for distressed couples. *Behavior Therapist* 13(8), 1990, S. 176–178

Ahrons, Constance: *The Good Divorce: Keeping Your Family Together When Your Marriage Comes Apart.* New York: HarperCollins, 1994

Ahrons, Constance: *We're Still Family: What Grown Children Have to Say About Their Parents' Divorce.* New York: HarperCollins, 2004

Allen, E. S.; Baucom, D. H.: Adult attachment and patterns of extradyadic involvement. *Family Process* 43(4), 2004, S. 467–488

Amato, Paul R.; Keith, Bruce: Parental divorce and the wellbeing of children: A meta-analysis. *Psychological Bulletin* 110(1), 1991, S. 26–46

Amodeo, John: *Love and Betrayal: Broken Trust in Intimate Relationships.* New York: Ballantine, 1994

Anokhin, A. P.; Golosheykin, S.; Sirevaag, E.; Kristjansson, S.; Rohrbaugh, J. W.; Heath, A. C.: Rapid discrimination of visual scene content in the human brain. *Brain Research* 1093(1), 2006, S. 167–177

Atwood, Joan D.; Schwartz, Limor: Cyber-sex: The new affair treatment considerations. *Journal of Couple and Relationship Therapy* 1(3), 2002, S. 37–56

Avery, Carl S.: How do you build intimacy in an age of divorce? *Psychology Today,* 1989, S. 27–31.

Barbach, Lonnie Garfield: *For Each Other: Sharing Sexual Intimacy.* New York: Anchor, 1983

Baron, Reuben M.: The SRS model as a predictor of Negro responsiveness to reinforcement. *Journal of Social Issues* 26(2), 1970, S. 61–81

Barreca, Regina: *Perfect Husbands (& Other Fairy Tales): Demystifying Marriage, Men, and Romance.* New York: Harmony, 1993

Baucom, Donald; Epstein, Norman: *Cognitive-Behavioral Marital Therapy.* New York: Brunner/Mazel, 1990

Baumeister, Roy F.: *Meanings of Life.* New York: Guilford, 1991, S. 182–206

Beattie, Melody: *The Lessons of Love*. San Francisco: Harper, 1994

Beck, Aaron T.: *Cognitive Therapy and the Emotional Disorders*. New York: International Universities Press, 1976

Beck, Aaron T.: *Love Is Never Enough*. New York: Harper & Row, 1988

Beck, Aaron T.: Cognitive therapy: Past, present and future. *Journal of Consulting and Clinical Psychology* 61, 1993, S. 194–198

Beck, Aaron T.; Freeman, Arthur; Davis, Denise D.: *Cognitive Therapy of Personality Disorders*, zweite Ausgabe, New York: Guilford, 2007

Beck, Aaron T.; Rush, A. John; Shaw, Brian R.; Emery, Gary: *Cognitive Therapy of Depression*. New York: Guilford, 1979

Black, Aaron E.; Pedro-Carroll, Joanne: Role of parent-child relationships in mediating the effects of marital disruption. *Journal of the American Academy of Child and Adolescent Psychiatry* 32(5), 1993, S. 1019–1027

Blumstein, Philip; Schwartz, Pepper: *American Couples: Money, Work, Sex*. New York: William Morrow, 1983

Bly, Robert: *Iron John: A Book. About Men*. New York: Vintage, 1990

Borden, Mary: *The Technique of Marriage*. Garden City, N.Y.: Doubleday, Doran, 1932

Botwin, Carol: *Tempted Women: The Passions, Perils, and Agonies of Female Infidelity*. New York: William Morrow, 1994

Brown, Emily: *Patterns of Infidelity and Their Treatment*. New York: Brunner/Mazel, 1991

Brown, Lyn Mikel; Gilligan, Carol: *Meeting at the Crossroads*. New York: Ballantine, 1992

Bugen, Larry A.: *Love and Renewal: How to Get Past Disenchantment, the Impasse Between Romance and Lasting Love*. Oakland, Kalifornien: New Harbinger, 1990

Burns, David D.: *Feeling Good*. New York: William Morrow, 1980

Burns, David D.: *Feeling Good Together: The Secret of Making Troubled Relationships Work*. New York: Broadway Books, 2008

Burns, David D.: *Intimate Connections*. New York: William Morrow, 1985

Butler, Mark H.; Harper, James M.; Seedall, Ryan B.: Facilitated disclosure versus clinical accommodation of infidelity secrets: An early pivot point in couple therapy. *Journal of Marital and Family Therapy* 35(1), 2009, S. 125–143

Carder, David, mit Jaenicke, Duncan: *Torn Asunder: Recovering From Extramarital Affairs*. Chicago: Moody, 1992

Carnes, Patrick; Delmonico, David L.; Griffin, Elizabeth; Moriarty, Joseph M.: *In the Shadows of the Net: Breaking Free of Compulsive Online Sexual Behavior*, zweite Auflage, Center City, Minnesota: Hazelden, 2007

Carnes, Stefanie; Carnes, Patrick J.: Understanding cybersex in 2010. *Family Therapy Magazine*, 2010, S. 10–17

Cass, Vivienne: *The Elusive Orgasm: A Woman's Guide to Why She Can't and How She Can Orgasm*. New York: Marlowe and Co., 2007

Cherlin, Andrew J.; Furstenberg, Frank F., Jr.; Chase-Lansdale, Lindsay; Kiernan, Kathleen E.; Robins, Philip K.; Morrison, Donna R.; Teitler, Julien O.: Longitudinal studies of effects of divorce on children in Great Britain and the United States. *Science* 252, 1991, S. 1386–1389

Daneback, Kristian; Cooper, Al; Mansson, Sven-Axel: An Internet study of cybersex participants. *Archives of Sexual Behavior* 34(3), 2005, S. 321–328

Dattilio, Frank M.; Padesky, Christine A.: *Cognitive Therapy with Couples*. Sarasota, Fla.: Professional Resource Exchange, 1990

DePaula, Bella M.; Epstein, Jennifer A.; Wyer, Melissa M.: Sex differences in lying: How women and men deal with the dilemma of deceit. In: *Lying and Deception in Everyday Life*. Herausgegeben von Michael Lewis und Carolyn Saarni. New York: Guilford, 1993, S. 126–147

Dew, Brian; Brubaker, Michael; Hays, Danica: From the altar to the Internet: Married men and their online sexual behavior. *Sexual Addiction and Compulsivity* 13(2), 2006, S. 195–207

Dobson, Keith: A meta-analysis of the efficacy of cognitive therapy for depression. *Journal of Consulting and Clinical Psychology* 57, 1989, S. 414–419

Dyn, Barry; Glenn, Michael: Forecast for couples. *Psychology Today*, 1993, S. 54–56, 78–86

Edell, Ronnie: *How to Save Your Marriage from an Affair: Seven Steps to Rebuilding a Broken Trust*. New York: Kensington, 1983

Efran, Jay S.: Mystery, abstraction, and narrative psychotherapy. *Journal of Constructivist Psychology* 7, 1994, S. 219–227

Eldar-Avidan, Dorit; Haj-Yahia, Muhammad M.; Greenbaum, Charles W.: Divorce is a part of my life … resilience, survival, and vulnerability. *Journal of Marital and Family Therapy* 35(1), 2009, S. 30–46

Eliot, George: *Middlemarch*. New York: Penguin 1965

England, Paula; McClintock, Elizabeth Aura: The gendered double standard of aging in US marriage markets. *Population and Development Review* 35(4), 2009, S. 797–816

Erikson, Erik H.: *Childhood and Society*. New York: Norton, 1950²

Estés, Clarissa Pinkola: *Women Who Run with the Wolves: Myths and Stories of the Wild Woman Archetype*. New York: Ballantine, 1992. dt.: *Die Wolfsfrau – Die Kraft der weiblichen Ur-Instinkte*. München: Heyne, 1993

Etxebarria, I.; Ortiz, M. J.; Conjero, S.; Pascual, A.: Intensity of habitual guilt in men and women: Differences in interpersonal sensitivity and the tendency towards anxious-aggressive guilt. *Spanish Journal of Psychology* 12(2), 2009, S. 540–554

Faludi, Susan: *Backlash: The Undeclared War Against American Women*. New York: Crown, 1991

Ferree, Marnie: Women and the web: cybersex activity and implications. *Sexual and Relationship Therapy* 18(3), 2003, S. 385–393

Fisher, Helen E.: *Anatomy of Love: The Natural History of Monogamy, Adultery, and Divorce*. New York: Norton, 1992

Fitzpatrick, Laura: Why do women still earn less than men? *Time,* 2010

Flanigan, Beverly: *Forgiving the Unforgivable: Overcoming the Bitter Legacy of Intimate Wounds*. New York: Macmillan, 1992

Franck, Dan: *Separation*. New York: Knopf, 1993. dt.: *Die Geometrie der unwägbaren Beziehungen*

Friday, Nancy: *Men in Love: Men's Sexual Fantasies: The Triumph of Love Over Rage*. New York: Delacorte, 1998

Friday, Nancy: *My Secret Garden: Women's Sexual Fantasies*. New York: Pocket, 2008

Friedman, Sonya; Forsyth, Sondra: *Secret Loves: Women With Two Lives*. New York: Crown, 1994

Gerson, Randy: Genograms, family patterns, and computer graphics. Präsentation bei der American Association for Marriage and Family Therapy Conference. San Francisco, 1989

Glass, Shirley P.; Wright, Thomas L.: Sex differences in type of extramarital involvement and marital dissatisfaction. *Sex Roles* 12, 1985, S. 1101–1120

Glass, Shirley P.; Wright, Thomas L.: Clinical implications of research on extra-marital involvement. In: *Treatment of Sexual Problems in Individual and Couples Therapy*. Herausgegeben von Robert A. Brown und Joan Roberts Field. New York: PMA, 1988

Glass, Shirley P.; Wright, Thomas L.: Justifications for extramarital relationships: The association between attitudes, behaviors, and gender. *Journal of Sex Research* 29(3), 1992, S. 361–387

Goodrich, Thelma Jean: Turning down the temperature. *Family Therapy Networker*, 1994, S. 86–89

Gorer, Geoffrey: *Sex and Marriage in England Today*. London: Nelson, 1971

Gottman, John Mordechai: *What Predicts Divorce?: The Relationship Between Marital Processes and Marital Outcomes*. UK: Psychology Press, 1993

Gottman, John Mordechai; Gottman, Julie S.; De Claire, Joan: *10 Lessons to Transform Your Marriage: America's Love Lab Experts Share Their Strategies for Strengthening Your Relationship*. New York: Three Rivers Press, 2007

Gottman, John Mordechai; Silver, Nan: *Why Marriages Succeed or Fail*. New York: Simon & Schuster, 1994

Gray, John: *Men Are from Mars, Women Are from Venus*. New York: HarperCollins, 2004. dt.: *Männer sind anders. Frauen auch.*

Gregory, Alex: Male Prostitute. *The New Yorker*, 2003

Griffiths, Mark: Sex addiction on the Internet. *Janus Head* 7(1), 2004, S. 188–217

Gunn, Thom: The Hug. *The Man with Night Sweats*. New York: Farrar, Straus, & Giroux, 1992

Hammen, C.; Ellicott, A.; Gitlin, M.: Vulnerability to specific life events and prediction of course of disorder in unipolar depressed patients. *Canadian Journal of Behavioral Science* 21, 1989, S. 377–388

Harley, Willard F., Jr.: *His Needs, Her Needs: Building an Affair-Proof Marriage*. Old Tappan, N.J.: Fleming H. Powell, 1986

Heiman, Julia; LoPiccolo, Leslie; LoPiccolo, Joseph: *Becoming Orgasmic*. Englewood Cliffs, N.J.: Prentice-Hall, 1976

Hendrix, Harville: *Getting in Love You Want. A Guide for Couples*. New York: Henry Holt, 1988

Hendrix, Harville: *Getting the Love You Want: A Guide for Couples*. New York: Holt, 2001. dt.: *So viel Liebe wie Du brauchst*

Herman, Judith Lewis: *Trauma and Recovery*. New York: Basic, 1992

Hertlein, Katherine M.; Webster, Megan: Technology, relationships, and problems: A research synthesis. *Journal of Marital and Family Therapy* 34(4), 2008, S. 445–460

Hetherington, E. Mavis: Coping with family transitions: Winners, losers, and survivors. *Child Development* 60, 1989, S. 1–14

Hetherington, E. Mavis: Coping with marital transitions. *Monographs of the Society for Research in Child Development* Serial Nr. 227, 1992, S

Heyn, Dalma: *The Erotic Silence of the American Wife*. New York: Turtle Bay, 1992

Hibbs, B. Janet; Getzen Karen J.: *Try to See It My Way: Being Fair in Love and Marriage*. New York: Avery, 2010

Hite, Shere: *Women and Love*. New York: Knopf, 1987

Horney, Karen: *Neurosis and Human Growth: The Struggle Toward Self-Realization*. New York: Norton, 1950

Hunter, R. C. A.: Forgiveness, retaliation, and paranoid reactions. *Journal of Canadian Psychiatric Association* 23, 1978, S. 167–173

Jack, Dana Crowley: *Silencing the Self: Women and Depression*. Cambridge, Mass.: Harvard University Press, 1991

Janus, Samuel S.; Janus, Cynthia L.: *The Janus Report on Sexual Behavior*. New York: Wiley, 1993

Johnson, Robert R.: The neurobiology of misbehavior: Understanding and treating addiction, thrill-seeking, and dry-drunk behavior. Presentation in Westport, Conn., 2011

Johnson, Susan; Zuccarini, Dino: Integrating sex and attachment in emotionally focused couple therapy. *Journal of Marital and Family Therapy* 36(4), 2010, S. 431–445

Jung, Carl G.: *Basic Writings*. Herausgegeben von Violet de Laszlo. New York: Modern Library, 1959

Kelly, Joan B.: Current research on children's postdivorce adjustment: No simple answers. *Family and Conciliation Courts Review* 31(1), 1993, S. 29–49

Kelly, Joan B.: Children's adjustment in conflicted marriage and divorce: A decade review of research. *Journal of the American Academy of Child and Adolescent Psychiatry* 39(8), 2000, S. 963–973

Kernberg, Otto, interviewt von Linda Wolfe: Why some people can't love. *Psychology Today*, 1978, S. 55–59

Kerner, Ian: Does too much porn mess with a guy's sex skills? http://www.goodinbed.com/sex_on_the_brain/2010/08/does-too-much-porn-mess-with-a-guys-sex-skills/, 2010

Kingsolver, Barbara: *Pigs in Heaven*. New York: HarperCollins, 1993

Kinsey, Alfred C.; Pomeroy, Wardell B.; Martin, Clyde E.; Gebhard, Paul H.: *Sexual Behavior in the Human Female*. Philadelphia: Saunders, 1953

Koss, Mary; Goodman, Lisa; Fitzgerald, Louise; Russo, Nancy; Keita, Gwendolyn; Browne, Angela: *No Safe Haven*. Washington, D.C.: American Psychological Association, 1994

Kushner, Harold S: *When Bad Things Happen to Good People*. New York: Anchor Books, 2004. dt.: *Wenn guten Menschen Böses widerfährt*

Laumann, Edward O.; Gagnon, John H.; Michael, Robert T.; Michaels, Stuart: *The Social Organization of Sexuality*. Chicago: University of Chicago Press, 1994

Lawson, Annette: *Adultery: An Analysis of Love and Betrayal*. New York: Basic, 1988

Lerner, Harriet Goldhor: *The Dance of Intimacy: A Woman's Guide to Courageous Acts of Change in Key Relationships*. New York: HarperCollins, 1989

Lerner, Harriet Goldhor: *The Dance of Deception: Pretending and Truth-Telling in Women's Lives*. New York: HarperCollins, 1993

Lerner, Harriet Goldhor: *Marriage Rules: A Manual for the Married and the Coupled Up*. New York: Gotham Books, 2012

Lovinger, Robert J.: *Religion and Counseling: The Psychological Impact of Religious Belief*. New York: Continuum, 1990

Masters, William H.; Johnson, Virginia E.: *Human Sexual Inadequacy*. London: J. & A. Churchill, 1970

Mayo Clinic Staff: Depression in women: Understanding the gender gap. MayoClinic.com/health/depression/MH00035, 2010

McAdams, Dan P.; Constantian, Carol A.: Intimacy and affiliation motives in daily living: An experience sampling analysis. *Journal of Personality and Social Psychology* 45, 1983, S. 851–861

McCullough, Michael E.; Worthington, Everett L., Jr.: Encouraging clients to forgive people who have hurt them: Review, critique, and research prospectus. *Journal of Psychology and Theology* 22(1), 1994, S. 3–20

McNamara, Damian: Latest evidence on PTSD may bring changes in DSM-V: Subthreshold events can lead to disorder. *Clinical Psychiatry News* 35(11), 2007.

Mercer, Cheryl: *Grown-ups*. New York: Putnam, 1988

Michael, Robert T.; Gagnon, John H.; Laumann, Edward O.; Kolata, Gina: *Sex in America: A Definitive Survey*. Boston: Little, Brown, 1994

Money, John: *Love and Lovesickness: The Science of Sex, Gender Difference, and Pair Bonding*. Baltimore: Johns Hopkins University Press, 1980

Money, John: *Love Maps: Clinical Concepts of Sexual/Erotic Health and Pathology, Paraphilia, and Gender Transposition in Childhood, Adolescence, and Maturity*. Buffalo, N.Y.: Prometheus, 1988

Murphy, Jeffrie G.: Forgiveness and Resentment. *Midwest Studies in Philosophy* 7, 1982, S. 503–516

Nadler, Arie; Dotan, Iris: Commitment and rival attractiveness: Their effects on male and female reactions to jealousy-arousing situations. *Sex Roles* 26(7/8), 1992, S. 293–310

National Task Force: *Women and Depression: Risk Factors and Treatment Issues*. Herausgegeben von Ellen McGrath, Gwendolyn Puryear Keita, Bonnie R. Strickland und Nancy Felipe Russo. Washington, D.C.: American Psychological Association, 1990

Nelson, Tammy: *Getting the Sex You Want: Shed Your Inhibitions and Reach New Heights of Passion Together*. Beverly, Massachusetts: Quiver, 2008

Nietzsche, F. W.: *The Genealogy of Morals* (übersetzt von P. Watson). London: S.P.C.K., 1887

Nolen-Hoeksema, Susan: Sex differences in unipolar depression: Evidence and theory. *Psychological Bulletin* 101(2), 1987, S. 259–282

Norton, Arthur J.; Miller, Louisa F.: Marriage, divorce, and remarriage in the 1990's. *Current Population Reports*, S. 23–180. Washington, D.C.: U.S. Government Printing Office, 1992

Oppenheimer, Mark: Married, with infidelities. *New York Times Magazine*, 2010, S. 24

Parker-Pope, Tara: Marriage and women over 40. *New York Times*, well.blogs.nytimes.com/2010/01/26/marriage-and-women-over-40, 2010

Perel, Esther: *Mating in Captivity: Unlocking Erotic Intelligence*. New York: Harper, 2007

Person, Ethel: *Dreams of Love and Fateful Encounters: The Power of Romantic Passion*. New York: Norton, 1988. dt.: *Lust auf Liebe: Die Wiederentdeckung eines romantischen Gefühls*

Pittman, Frank: *Private Lies. Infidelity and the Betrayal of Intimacy*. New York: Norton, 1989

Quick Reference to the Diagnostic and Statistical Manual IV-TR. (2000). Washington, D.C.: American Psychiatric Association. *Random House Dictionary of the English Language*, zweite, ungekürzte Auflage. Herausgegeben von Stuart Berg Flexner und Leonore Crary Hauck. New York: Random House, 1987

Reibstein, Janet; Richards, Martin: *Sexual Arrangements: Marriage and the Temptation of Infidelity*. New York: Scribner's, 1993

Reinisch, June M.; Beasley, Ruth: *The Kinsey Institute New Report on Sex*. New York: St. Martin's, 1990

Rosenbloom, Stephanie: Ambition + desire = trouble. *New York Times*, 2011

Ross, M.; Holmberg, D.: Recounting the past: Gender differences in the recall of events in the history of a close relationship. In: *Self-Inference Processes: The Ontario Symposium, Volume 6*. Herausgegeben von J. M. Olson und M. P. Zanna. Hillsdale, N.J.: Erlbaum, 1990, S. 135–152

Saint-Exupéry, Antoine de: *The Little Prince*. New York: Harcourt Inc., 2000

Scarf, Maggie: Intimate partners. *Atlantic Monthly*, 1986, S. 49–54, S. 91–93

Scarf, Maggie: *Intimate Partners: Patterns in Love and Marriage*. New York: Ballantine Books, 2008

Shaver, Phillip R.; Hazen, Cindy: A biased overview of the study of love. *Journal of Social and Personal Relationships* 5, 1988, S. 473–501

Simon, Sidney B.; Simon, Suzanne: *Forgiveness: How to Make Peace With Your Past and Get on with Your Life*. New York: Warner, 1990

Smedes, Lewis B.: *Forgive and Forget: Healing the Hurts We Don't Deserve*. San Francisco: Harper & Row, 1984

Smith, Brendan L.: Are Internet affairs different? *American Psychological Association* 42(3), 2011, S. 48

Spring, Janis Abrahms: *How Can I Forgive You? The Courage to Forgive, the Freedom Not To*. New York: HarperCollins, 2005

Stanley, Scott M.: *Commitment and the Maintenance and Enhancement of Relationships*. Unpublished doctoral dissertation. University of Denver, 1986

Stanley, Scott M.; Markman, Howard: Assessing commitment in personal relationships. *Journal of Marriage and the Family* 54, 1992, S. 595–608

Steiner, Peter: On the Internet, nobody knows you're a dog. *The New Yorker* 69
(20), 1993, S. 61

Sternberg, Robert J.; Barnes, Michael L.: *The Psychology of Love.* New Haven,
Conn.: Yale University Press, 1988

Stuart, Richard: *Helping Couples Change: A Social Learning Approach to Marital
Therapy.* New York: Guilford, 1980

Stuart, Richard B.; Jacobson, Barbara: *Second Marriage: Make It Happy! Make It
Last!* New York: Norton, 1985

Tannen, Deborah: *You Just Don't Understand: Men and Women in Conversation.*
New York: Quill, 2001. dt.: *Du kannst mich einfach nicht verstehen. Warum
Männer und Frauen aneinander vorbeireden*

Thomas, Sandra P.: *Women and Anger.* New York: Springer, 1993

Thompson, Marjorie J.: Moving toward forgiveness. *Weavings: A Journal of the
Christian Spiritual Life* VII(2), 1992, S. 16–26

Thrall, Grace: *Forgiveness: At the Interface of Psychiatry and Spirituality.* Paper
presented at the Institute of Living, Hartford, Conn., 1995

Toufexis, Anastasia: The right chemistry. *Time Magazine,* 1993, S. 49–51

Valenstein, E. S.; Beer, B.: Continuous opportunity for reinforcing brain stimulation. *Journal of the Experimental Analysis of Behavior* 7, 1964, S. 183–184

Viorst, Judith: *Necessary Losses.* New York: Simon & Schuster, 1984

Walsh, Anthony: *The Science of Love: Understanding Love and Its Effects on Mind
and Body.* Buffalo, N.Y.: Prometheus, 1991

Weiner, Marcella Bakur; Starr, Bernard D.: *Stalemates: The Truth About Extra-
Marital Affairs.* Far Hills, N.J.: New Horizon, 1991

Weiss, Robert; Schneider, Jennifer P.: *Untangling the Web: Sex, Porn, and Fantasy
Obsession in the Internet Age.* New York: Alyson Books, 2006

Whisman, Mark A.; Dixon, Amy E.; Johnson, Benjamin. *Therapists' Perspectives of
Couple Problems and Treatment Issues in the Practice of Couple Therapy.* Unveröffentlichtes Manuskript

Williams, Warwick: *Rekindling Desire: Bringing Your Sexual Relationship Back to
Life.* Oakland, Calif.: New Harbinger, 1988

Winterson, Jeanette: *The Passion.* New York: Vintage, 1989. dt.: *Verlangen*

Winterson, Jeanette: *Written on the Body.* New York: First Vintage International Edition, 1994

Wise, R. A.: Addictive drugs and brain stimulation reward. *Annual Review of Neuroscience* (19), 1996, S. 319–340

Wright, Robert: Why men are still beasts. *New Republic,* 1988, S. 27–32

Wylie, Mary Sykes: The www.Addiction. *Psychotherapy Networker* 34(5), 2010, S. 30

Young, Jeffrey E.; Klosko, Janet S.: *Reinventing Your Life.* New York: Dutton, 1993

Young, Kimberly S.: *Getting Web Sober: Help for Cybersex Addicts and Their Families.* Ebooklet, 2000

Young, Kimberly S.: *Tangled in the Web: Understanding Cybersex from Fantasy to Addiction.* Indiana: 1stBooks, 2001

Über die Autoren

JANIS ABRAHMS SPRING, Ph.D., ABPP, zertifizierte klinische Psychologin, ist eine in den USA viel gepriesene Expertin für die Themen Vertrauen, Intimität und Vergebung. Sie ist die Autorin von *How Can I Forgive You? – The Courage to Forgive, the Freedom Not To*, einem Buch, das einen radikal neuen Ansatz zur Vergebung zwischenmenschlicher Verletzungen darstellt, und *Life with Pop: Lessons on Caring for an Aging Parent*. Dr. Spring, Empfängerin der von der Connecticut Psychological Association verliehenen Auszeichnung für einen hervorragenden Beitrag zur Psychologie-Praxis, unterrichtet jedes Jahr Tausende Therapeuten und ist für die Fülle und Originalität ihrer klinischen Fähigkeiten bekannt.

Dr. Spring machte ihren B.A., (Bachelor of Arts) magna cum laude an der Brandeis University, ihren Doktor (Ph.D.) in klinischer Psychologie an der University of Connecticut und absolvierte ihr Aufbaustudium bei Aaron T. Beck, M.D. am Center for Cognitive Therapy an der University of Pennsylvania. Sie war als klinische Supervisorin in der psychologischen Fakultät der Yale University tätig und wird in den Medien landesweit häufig als Expertin eingeladen. Seit 35 Jahren führt Dr. Spring ihre Privatpraxis und lebt in Westport, Connecticut. Sie erreichen Sie unter www.janisaspring.com. Sie und ihr Mann, Michael Spring, haben vier Söhne und vier Enkelkinder.

MICHAEL SPRING ist der ehemalige Verleger der *Frommer's Travel Guides* bei John Wiley & Sons. Er absolvierte seinen B.A. am Haverford College und seinen M.A. in englischer Literatur an der Columbia University.

ANMERKUNGEN

EINLEITUNG – Kann ein Paar eine Untreue überleben?

[1] 1992 führte das National Opinion Research Center an der University of Chicago eine landesweite Studie durch (Laumann, Gagnon, Michael, und Michaels, 1994, S. 215 f.), bei der 3432 Männer und Frauen im Alter zwischen 18 und 59 Jahren gefragt wurden: »Hatten Sie während Ihrer Ehe jemals Sex mit jemand anderem als Ihrem Ehemann oder Ihrer Ehefrau?« Der Prozentsatz von Männern, die mit Ja antworteten, lag zwischen 7,1 Prozent (18- bis 29-Jährige) und 37 Prozent (50- bis 59-Jährige). Der Prozentsatz von Frauen, die mit Ja antworteten, lag zwischen 11,7 Prozent (18- bis 29-Jährige) und 19,9 Prozent (40- bis 49-Jährige). Nur 12 Prozent der Frauen in der Altersgruppe 50–59 Jahre berichteten über außereheliche Affären. Aus den Ergebnissen zog man Durchschnittswerte, sodass die Jüngsten, mit weniger Ehejahren, mit den Älteren, mit mehr Ehejahren, zusammengefasst wurden. Die Wissenschaftler zogen keine Schlussfolgerungen, sie gaben lediglich in einer Tabelle an, dass etwa 25 Prozent der verheirateten Männer und 15 Prozent der verheirateten Frauen in ihrer Studie berichtet hatten, mindestens eine außereheliche Affäre während ihrer Ehe gehabt zu haben. Diese Statistik, die in den Medien am häufigsten zitiert wird, stellt die Zahlen falsch dar. Bei den Männern dürfte der Prozentsatz von 37 Prozent genauer sein, denn er gibt den Prozentsatz derer an, die im Lauf ihres Lebens untreu waren. Bei den Frauen dürfte der Prozentsatz von 20 Prozent genauer sein. Dass Frauen über fünfzig einen niedrigeren Prozentsatz zeigten, könnte an der Tatsache liegen, dass sie die sexuelle Revolution verpasst haben. Etwa 20 Prozent der designierten Studienteilnehmer wollten sich nicht befragen lassen oder konnten nicht ausfindig gemacht werden. Somit bleibt die Frage offen, wie viele von ihnen nicht bereit waren, ihre Affären offenzulegen.

2010 stellte NORC, ein Forschungszentrum an der University of Chicago fest, dass unter denen, die mindestens einmal verheiratet gewesen waren, 14 Prozent der Frauen und 20 Prozent der Männer Seitensprünge zugaben. Die statistischen Angaben schwanken stark von Studie zu Studie, je nachdem, wer teilnimmt, wer die Wahrheit sagt und wie eine Affäre definiert wird.

[2] Laut einer Umfrage des U.S. Census Bureau vom März 2007 gab es 58 945 000 verheiratete Paare in den Vereinigten Staaten.

[3] In Annette Lawsons britischer Studie (1988, S. 37) berichteten über 40 Prozent der Teilnehmer über eine Beziehung, die sie als »ehebrecherisch" bezeichneten, obgleich kein Geschlechtsverkehr dazugehörte.

[4] In einer neueren Umfrage stufte eine zufällig ausgewählte Gruppe praktizierender Paartherapeuten (alles Mitglieder der American Psychological Association oder der Association for Marriage and Family Therapy) außereheliche Affären als drittschwerstes Behandlungsproblem ein und als zweitschwerstes schädigendes Problem, dem Paare sich gegenübersehen. Sie berichteten außerdem, dass Untreue für beinahe 30 Prozent der von ihnen behandelten Paare ein Problem war (Whisman, Dixon, und Johnson, unveröffentlichtes Manuskript).

[5] Herman (1992), S. 158. Dort heißt es: »Nicht mehr in der Wortlosigkeit des Traumas gefangen, entdeckt sie, dass es für ihre Erfahrung eine Sprache gibt. Sie entdeckt, dass sie nicht allein ist, andere haben ähnlich gelitten. Sie entdeckt außerdem, dass sie nicht verrückt ist, traumatische Syndrome sind eine normale Reaktion des Menschen auf extreme Umstände. Und sie entdeckt schließlich, dass sie nicht dazu verurteilt ist, endlos unter diesem Zustand zu leiden. Sie kann erwarten, sich davon zu erholen, wie andere vor ihr sich erholt haben.«

KAPITEL 1 – Die Reaktion des verletzten Partners

[1] Ein verletzter Partner, der von der Untreue seines Partners erfährt, zeigt häufig psychische und physiologische Symptome, die denen bei Menschen mit der Diagnose »posttraumatische Belastungsstörung« ähneln. In der Vergangenheit war diese Diagnose nur bei Menschen möglich, die eine lebensbedrohliche Erfahrung hinter sich hatten (*Schnellreferenz Diagnosekriterien des DSM-IV*, 1994, S. 209). Es wird viel darüber diskutiert, ob in das geplante neue *Diagnostic and Statistical Manual* (*DSM-V*) »unterschwellige« Ereignisse mitaufgenommen werden sollen, die keine tatsächliche Bedrohung für das Leben einer Person darstellen (McNamara, 2007).

[2] Abram Kardiner, zitiert in: Herman (1992), S. 35.

[3] Franck (1993), S. 126.

[4] Jack (1991), S. 32, Übersetzung von Christa Trautner-Suder.

[5] Kushner (2004), S. 2.

[6] Nadler und Dotan (1992), S. 308–309.

[7] Jack (1991), S. 128–182.

[8] Brown und Gilligan (1992), S. 4.

[9] Ebd., S. 37.

[10] Im Februar 1986 berichtete der Yale-Soziologe Neil Bennett erstmals in einem Telefoninterview mit dem *Stamford Advocate*, dass Frauen mit akademischer Ausbildung, die das Heiraten um ihrer Ausbildung und ihres Berufes willen verschieben, schwerer einen Mann finden. In: Faludi (1991), S. 9–14.

[11] Ebd., S. 14.

[12] Richardson, »Dreaming Someone Else's Dreams", *New York Times Magazine*, Jan. 28, 1990, S. 14, zitiert in: Faludi (1991), S. 103.

[13] England und McClintock (2009, S. 814) berichteten, dass Frauen über 40, die heiraten oder wieder heiraten wollen, feststellen, dass ältere Männer häufig jüngere Bräute nehmen. Männer über 60 wählen normalerweise Frauen, die rund zehn Jahre jünger sind.

[14] Fitzpatrick (2010) bemerkte, dass Frauen sehr viel eher eine Auszeit nehmen, um eine Familie zu gründen, oder in Teilzeit arbeiten, während sie ein Kind aufziehen, wobei sie häufig ein ganzes Kalenderjahr nichts verdienen.

[15] Hewlett, *A Lesser Life*, 1989, S. 63; Deborah L. Rhode, «Rhode on Research«, *Institute for Research on Women and Gender Newsletter*, Stanford University, 13, Nr. 4 (Sommer 1989): 4; zitiert in: Faludi (1991), S. 24.

[16] Fitzpatrick (2010)

[17] Mayo Clinic Staff, 2010.

[18] Jack (1991), S. 21.

[19] Reinisch mit Beasley (1990), S. 74.

[20] DePaula, Epstein und Wyer (1993), S. 133.

[21] Nolen-Hoeksema (1987, S. 259–282) stellte fest, dass Frauen dazu neigen, länger bei depressiven Episoden zu verweilen, wodurch sich ihre depressiven Symptome verstärken und länger anhalten. Männer hingegen tendieren dazu, sich von depressiven Episoden abzulenken, indem sie an andere Dinge denken, ihre Probleme ignorieren oder sich körperliche Aktivitäten suchen.

KAPITEL 2 – Die Reaktion des untreuen Partners

[1] Carder mit Jaenicke (1992), S. 115.

[2] Beattie (1994), Einleitung. Das genaue Zitat lautet: »>Es ist nicht die vergehende Zeit, die heilt‹, flüsterte er. ›Es ist das Durchleben der Erfahrungen.‹«

[3] Person (1988), S. 322.

[4] Allen und Baucom (2004).

[5] Glass und Wright (1988), S. 318.

[6] Glass und Wright (1992), S. 379.

[7] Botwin (1994), S. 62.

[8] Gregory (2003).

[9] Harley (1986), S. 72–85.

[10] Glass und Wright (1985, S. 1115) stellten fest, dass 56 Prozent der Männer in ihrer Studie, die außerehelichen Sex hatten, berichteten, sie seien glücklich verheiratet, gegenüber 34 Prozent der Frauen in ihrer Studie.

[11] Wright (1988), S. 29.

[12] Brown (1991), S. 7.

[13] Janus und Janus (1993), S. 332.

[14] Die Wissenschaftler Etxebarria, Ortiz, Conjero und Pascual (2009) stellten fest, dass Frauen eher Schuldgefühle haben als Männer, wenn sie andere leiden lassen. Frauen, insbesondere im Alter zwischen 25 und 35 Jahren, erreichen in Tests zu zwischenmenschlichem Einfühlungsvermögen höhere Werte als Männer.

[15] Botwin (1994), S. 39, 62, 120.

[16] Jack (1991), S. 87.

[17] McAdams und Constantian (1983), S. 856.

[18] Ross und Holmberg (1990); in: DePaula, Epstein und Wyer (1993), S. 127.

[19] Glass und Wright (1985), S. 1114.

[20] Michael, Gagnon, Laumann und Kolata (1994), S. 156.

[21] Botwin (1994).

[22] Heyn (1992).

[23] Botwin (1994), S. 44–53.

KAPITEL 3 – Ihre Gedanken über die Liebe sondieren

[1] Otto Kernberg, interviewt von Linda Wolfe (1978), S. 56.

[2] *Quick Referenz to the Diagnostic and Statistical Manual IV-TR* (2000), S. 291–292.

[3] Barreca (1993), S. 198.

[4] Beck, Freeman und Davis (2007).

[5] Person (1988), S. 322.

[6] Winterson (1989), S. 13.

[7] Toufexis (1993), S. 50.

[8] Person (1988), S. 48.

[9] Walsh (1991), S. 188.

[10] Fisher (1992), S. 171.

[11] Dyn und Glenn (1993), S. 54–57, 78–86.

[12] Stuart und Jacobson (1985), S. 57.

[13] Gottman, persönliche E-Mail-Korrespondenz (2. Sept. 2011).

[14] Gottman (1993).

[15] Money (1988).

[16] Ich bin Dr. Reuben Baron (1970) zu Dank verpflichtet für seine Entwicklung der Theorie der sozialen Verstärkung und Dr. Harville Hendrix (1988) für seine Imago-Theorie.

KAPITEL 4 – Stellen Sie sich Ihren Zweifeln und Ängsten

[1] Stanley und Markman (1992), S. 595.

[2] Baumeister (1991), S. 182–206.

[3] Shaver und Hazen (1988), S. 491; siehe Stanley (1986).

[4] Cherlin, Furstenberg et al. (1991), S. 252.

[5] Amato und Keith (1991, S. 30) fügen jedoch an, dass die Unterschiede zwischen geschiedenen und intakten Familien nicht so stark und tiefgreifend sind, wie häufig dargestellt wird.

[6] Eldar-Avidan, Haj-Yahia und Greenbaum (2009).

[7] Ahrons (1994), S. 14; auch Ahrons (2004).

[8] Kelly (1993), S. 45.

[9] Ahrons (1994), S. 2.

[10] Kelly (1993), S. 35.

[11] Franck (1993), S. 76.

KAPITEL 5 – Aus dem Seitensprung lernen

[1] Ich bin Dr. Jeffrey Young für die Entwicklung der Schema-basierten Lebensfallen zu Dank verpflichtet. Siehe Young und Klosko (1993) als Hilfe zum Verständnis und zur Heilung.

[2] Hendrix (1988).

[3] Anaïs Nin, zitiert in Efran (1994), S. 221.

[4] Efran (1994), S. 221.

[5] Baron (1970).

[6] Person (1988), S. 233.

[7] Ebd., S. 232.

[8] Sie können Maggie Scarfs *Intimate Partners* (2008) oder Jeffrey Young und Janet Kloskos *Reinventing Your Life* (1993) zurate ziehen, um zu identifizieren, wie Sie und Ihr Partner möglicherweise in einer Weise interagieren, die jeweils das Schlechteste im anderen heraufbeschwört.

[9] Gerson (1989), in: Brown (1991), S. 15.

[10] Brown (1991), S. 15.

[11] Abrahms and Spring (1989).

[12] Scarf (2008), S. 93.

[13] Hammen, Ellicott, und Gitlin (1989).

[14] Abrahms und Spring (1990).

KAPITEL 6 – Das Vertrauen wieder herstellen

[1] Stuart (1980), S. 200. Adaption seiner Übung mit einer »Liste liebevoller Verhaltensweisen«, die er entwickelt hat, um Paaren zu helfen, das Empfinden von Zufriedenheit in ihrer Ehe zu verbessern.

[2] Abrahms (1990).

[3] Hibbs und Getzen (2010).

[4] Burns (2008).

[5] Hendrix (2001).

[6] Bly (1990), S. XI.

KAPITEL 7 – Wie sie über das Geschehene sprechen können

[1] Siehe Brown und Gilligan (1992), S. 4.

[2] Thomas (1993), S. 26, 46–47.

[3] Burns (1980), S. 128–131.

[4] Für eine vollständigere Diskussion darüber, wie verschieden Männer und Frauen einen Konflikt äußern und einem Konflikt zuhören, empfehle ich *John Gray: Männer sind anders. Frauen auch.* (Goldmann, 1992) und *Deborah Tannen: Du kannst mich einfach nicht verstehen: Warum Männer und Frauen aneinander vorbeireden* (Goldmann, 1991).

[5] Gottman (1994), S. 95.

[6] Jack (1991), S. 42.

[7] Lerner (2012).

[8] Gottman, Gottman und De Claire (2007).

KAPITEL 8 – Wieder Sex haben

[1] Glass und Wright (1985), S. 1113.

[2] Michael, Gagnon, Laumann und Kolata (1994), S. 124.

[3] Nelson (2008).

[4] Barbach (1983).

[5] Williams (1988), S. 172.

[6] Masters und Johnson (1970), S. 71–75.

[7] Reinisch mit Beasley (1990), S. 98.

[8] Diese Statistiken betreffen Männer und Frauen im Alter zwischen 25 und 29 Jahren. *The Kinsey Institute, National Survey of Sexual Health and Behavior* (Landesweite Umfrage zur sexuellen Gesundheit und zum sexuellen Verhalten), 2010. Für weitere Informationen besuchen Sie www.NationalSexStudy.indiana.edu/.

[9] Reinisch mit Beasley (1990), S. 91.

[10] Michael, Gagnon, Laumann und Kolata (1994), S. 165.

[11] Ebd., S. 158.

[12] Ebd., S. 165.

[13] Winterson (1994), S. 21.

[14] Kinsey, Pomeroy, Martin und Gebhard (1953) besprechen die anatomischen Gründe, warum viele Frauen keinen vaginalen Orgasmus haben. »Dass die Vagina als Zentrum für erotische Stimulation relativ unbedeutend ist, wird durch die Tatsache weiter bestätigt, dass sich relativ wenige Frauen beim Masturbieren etwas tief in die Vagina einführen.« (S. 580) Zur weiteren Erörterung des Mythos vom vaginalen Orgasmus siehe Cass, *The Elusive Orgasm* (2007).

[15] Michael, Gagnon, Laumann und Kolata (1994), S. 123.

[16] Goodrich (1994), S. 88.

[17] Williams (1988), S. 15.

[18] Heiman, LoPiccolo und LoPiccolo (1976), S. 80.

[19] Friday (1998).

[20] Friday (2008).

[21] Avery (1989), S. 27.

[22] Borden (1932), S. 300.

KAPITEL 9 – Vergeben lernen

[1] *Random House Dictionary of the English Language*, Großwörterbuch (2. Auflage, 1987), siehe unter »vergeben«.

[2] Thrall (1995), S. 3.

[3] Spring (2005), S. 123.

[4] Herman (1992), S. 211.

[5] Hunter (1978), S. 171.

[6] Simon und Simon (1990).

[7] Thompson (1992), S. 19, Übersetzung von Christa Trautner-Suder.

[8] Flanigan (1992), S. 122.

[9] Ebd., S. 107.

[10] Nietzsche (1887).

[11] Herman (1992), S. 190.

[12] Lovinger (1990), S. 177–178.

[13] Estés (1992), S. 371.

[14] Smedes (1984), S. 133.

[15] McCullough und Worthington (1994), S. 8.

[16] Murphy (1982), S. 505.

[17] Horney (1950), S. 239–258.

[18] McCullough und Worthington (1994), S. 4.

[19] Thrall (1995), S. 9.

[20] Bugen (1990), S. 344.

[21] Erikson (1950), S. 247–274.

[22] Jung (1959), S. 535.

KAPITEL 10 – Sex, Geheimnisse und Affären im Cyberspace

[1] Internet World Stats. Internet Usage Statistics. Die Informationen zur Internetnutzung stammen von Daten, die von Nielsen Online, von der International Telecommunications Union, von GFK, von lokalen Behörden und anderen zuverlässigen Quellen veröffentlicht wurden. Copyright © Miniwatts Marketing Group.

[2] In einer Online-Umfrage stellte die Expertin für Untreue Peggy Vaughan fest, dass die verletzten Partner oft stärker traumatisiert sind, wenn die Affäre entdeckt als wenn sie gebeichtet wird. Persönliche E-Mail-Korrespondenz, 7. Juli 2011.

[3] Ferree (2003), S. 385–393; auch: Smith (2011), S. 48.

[4] Daneback, Cooper und Mansson (2005), S. 326.

[5] Nelson (2008).

[6] Kerner (2010).

[7] Hertlein und Webster (2008) dokumentierten viele negative Auswirkungen von Online-Sex wie beispielsweise weniger Interesse an Sex in der festen Beziehung und Vernachlässigung der Arbeit und der Zeit für die Kinder. Eine Studie des sexuellen Online-Verhaltens verheirateter Männer enthüllte, dass etwa 78 Prozent der Teilnehmer berichteten, im letzten Jahr eine persönliche sexuelle Begegnung mit jemandem gehabt zu haben, den sie online kennengelernt hatten. Aus: Dew, Brubaker und Hays (2006), S. 195–207.

[8] Atwood und Schwartz (2002), S. 37–56.

[9] Steiner (1993), S. 61.

[10] Atwood und Schwartz (2002), S. 37–56.

[11] Stephanie Ortigue, Assistenzprofessorin an der psychologischen Fakultät der Universität Genf in der Schweiz und Francesca Bianchi-Demicheli, zitiert in der *New York Times* von Rosenbloom (2011).

[12] Anokhin, Golosheykin, Sirevaag, Kristjansson, Rohrbaugh und Heath (2006), S. 167–177.

[13] Wylie (2010), S. 30.

[14] Carnes und Carnes (2010), S. 13.

[15] Präsentation von Robert R. Johnson, Medical Director, Sierra Tucson (2011).

[16] Wise (1996), S. 319–340; Valenstein und Beer (1964), S. 183–184.

[17] Weiss und Schneider (2006), S. 35.

[18] Adaption mit freundlicher Genehmigung von Dr. Kimberly Young's *Cybersex Self Test and Internet Addiction Test* (Cybersex-Selbsttest und Test zur Internetsucht), www.netaddiction.com. Siehe auch Griffiths (2004), S. 200.

[19] Carnes und Carnes (2010), S. 15.

[20] Empfohlene Bücher über Cybersex-Sucht: *In the Shadows of the Net: Breaking Free of Compulsive Online Sexual Behavior* (Carnes, Delmonico, Griffin und Moriarty, 2004). *Untangling the Web: Sex, Porn, and Fantasy Obsession in the Internet Age* (Weiss und Schneider, 2006). *Tangled in the Web: Understanding Cybersex from Fantasy to Addiction* (Young,

2001). *Getting Web Sober: Help for Cybersex Addicts and Their Families* (Young, 2000) ebooklet

[21] Empfohlene Organisationen für die Behandlung einer Cybersex-Sucht: Sex and Love Addicts Anonymous, www.slaafws.org; Sex Addicts Anonymous, www.sexaa.org; Sexual Compulsives Anonymous, www.sca-recovery.org; Sexaholics Anonymous, www.sa.org; SMART Recovery, www.smartrecovery.org; Codependents of Sex Addicts, www.cosa-recovery.org.

[22] Perel (2007).

[23] Ebd.

[24] Johnson und Zuccarini (2010), S. 434.

[25] Oppenheimer (2011), S. 24.

[26] Ebd., S. 27.

[27] Saint-Exupéry (2000), S. 64.

EPILOG – Das Geheimnis enthüllen

[1] Dr. Frederick Humphrey, persönliche Mitteilung, September 1993.

[2] Blumstein und Schwartz (1983, S. 313) stellten fest, dass die nicht monogame Frau, egal ob lesbisch oder heterosexuell, eher als der nicht monogame Mann die Beziehung mit dem Partner beendet, zum Teil, weil sie sich in jemand anderen verliebt und »die neue Person nicht als Nebenperson zu ihrer bestehenden Beziehung behandeln will«. Als weitere Erklärungen bieten sie an, dass (1) der männliche verletzte Partner weniger vergebend ist als der weibliche verletzte Partner und daher weniger dazu neigt, seine Partnerin zurückzunehmen, und (2) der verletzte männliche Partner ökonomisch und emotional weniger abhängig ist (oder sich weniger abhängig fühlt) als der verletzte weibliche Partner und daher mehr dafür spricht, die Beziehung zu beenden.

[3] Dr. Bert Diament, persönliche Mitteilung, August 1995.

[4] Dr. Len Loudis, persönliche Mitteilung, August 1995.

[5] Pittman (1989), S. 53. Für eine weitere Erörterung der negativen Auswirkungen nicht gebeichteter Affären siehe Butler, Harper und Seedall (2009).

[6] Pittman (1989), S. 66, 70.

[7] Brown (1991), S. 53.